헌법 위의 악법

국가보안법을 폐지해야 하는 이유

헌법 위의 악법

국가보안법을 폐지해야 하는 이유

2021년 7월 26일 초판 1쇄 펴냄
2021년 10월 5일 초판 2쇄 펴냄

지은이 민주사회를 위한 변호사모임
편집 김도언
펴낸이 신길순

펴낸곳 도서출판 **삼인**
등록 1996년 9월 16일 제25100-2012-000046호
주소 03716 서울시 서대문구 성산로 312 북산빌딩 1층

전화 (02) 322-1845
팩스 (02) 322-1846
전자우편 saminbooks@naver.com

디자인 디자인 지폴리
인쇄 수이북스
제책 은정제책

ISBN 978-89-6436-203-7 03360

값 20,000원

헌법 위의 악법

국가보안법을
폐지해야 하는
이유

민주사회를 위한 변호사모임

삼인

발간사

　국가보안법 피해자 변론의 역사는 민변의 역사이기도 하다. 한국 현대
사에서 국가보안법은 정치적 목적으로 남용되고 사회운동 탄압 수단이 된
악법의 대명사다. 1988년 창립된 민변은 시작부터 국가보안법 피해자 변
론을 자신의 사명으로 받아들였다. 2004년 국가보안법 폐지 운동이 활발
히 벌어질 당시, 민변은 서적 발간, 단식농성, 서초동 집회와 거리행진 등
열과 성을 다하여 함께하였다. 그 후로도 이어지는 국가보안법 사건에 대
해 민변의 여러 회원들이 변론을 맡아 피해자의 인권을 보호하기 위해 노
력을 기울였다. 2017년 이후 법원에서도 두 건의 위헌제청을 제기하는 등,
법조계에서는 계속하여 국가보안법에 대하여 위헌 문제를 제기해왔다.

　민변은 통일위원회 주관으로 1999년 이후 2017년까지 꾸준히 국가보
안법 보고서를 발간하였다. 또한 회원들이 맡았던 국가보안법 사건 기록
을 수집하여 보관해왔다. 장차 폐지 운동의 중요한 자료가 될 것으로 보았
기 때문이다. 2019년에는 〈국가보안법을 박물관으로〉 전시를 인권사회단
체들과 함께 준비하면서 그간 모아 온 사건 기록들을 분석하여 요약 전시
하기도 하였다. 이 노력들의 성과로 2020년에는 민변을 넘어 다수 변호사
들이 참여한 국가보안법 제7조 제1항, 제5항 위헌소송 공동대리인단이 구
성되었고, 대리인단이 헌법재판소에 제출한 의견서들이 이 책의 토대가
되었다. 민변은 2021년 3월 국가보안법 폐지 TF(단장 조영선)를 구성하고,
이 책 발간을 포함하여 국가보안법에 대한 깊이 있는 분석과 쉬운 해설을

위해 연구하고 활동하고 있다.

　이 책은 1990년대 초 출간된 박원순 변호사의 『국가보안법 연구 1, 2, 3』 이후로, 국가보안법의 위헌성을 폭넓게 망라하여 30여 년 만에 발간되는 책이다. 그간 많은 판례가 나왔고 학계와 법원에서도 다방면의 연구가 진척되었는데, 이 책에서는 그 성과를 종합하면서도 새로운 관점과 날카로운 분석을 더하고 있다. 1권은 국가보안법을 개관한 다음 제7조를 폐지해야 할 이유에 집중하고, 2권에서는 다른 조항 전체를 다룰 예정이다. 국가보안법 위헌소송 공동대리인단과 국가보안법 폐지 TF 구성원들의 노고에 깊이 감사드리며, 조속히 위헌 결정이 선고되기를 기대한다.

　2021년 3월 국가보안법 폐지 국민행동이 출범하였다. 민변도 책임을 다하여 함께 활동해 나가고자 한다. 폐지 운동에 이 책이 작은 도움이 되기를 바란다.

民主社會를 위한 변호사모임
회장　김도형

민변 국가보안법 폐지 TF

단장 : 조영선

간사 : 이주희, 허진선

구인호 김무락 김은진 김인숙 김진형 문은영 박천우 박치현 박현서 백수범 서채완
송봉준 신의철 심재환 엄기섭 오민애 윤영태 이명춘 이정희 임종인 전다운 정이명화
조세현 조지훈 채희준 최봉태 최혁용 하인준 하주희

국가보안법 제7조 제1항, 제5항 위헌소송 공동대리인단

단장 : 최병모

부단장 : 김칠준

간사 : 조지훈

고지환 권정호 김인숙 김재용 김종귀 김진형 김하나 류다솔 박현서 변형관 서채완
송봉준 신윤경 신의철 심재환 엄기섭 오민애 이보람 이은우 이주희 임승규 장경욱
전다운 조세현 조지훈 조현삼 천낙봉 최석군 천지선 하인준 하주희 한택근

집필에 수고하신 분들

서문 : 이정희

1부·2부 : 송봉준 윤영태 조세현 하인준

3부 : 권정호 김진형 박현서 서채완 신윤경 신의철 심재환 오민애 이정희 이주희
        장경욱 전다운 조지훈 최석군 하주희

목차

2부 국가보안법이 만들어낸 인권침해

수사과정에서의 인권침해와 자기검열의 내면화

사례로 살펴보는 국가보안법의 폐해

3부 국가보안법 제7조의 위헌성

기본권 침해

국제평화주의 및 평화통일원리 위배

다시 국가보안법 폐지를 말한다

"아직도 국가보안법이 있어?" 국가보안법 폐지를 말하면 나오는 첫 반응이다. 홍콩 국가보안법은 최근에도 언론에 종종 보도되지만, 우리나라 국가보안법은 별달리 언급되지 않는다. 군사정부 시절에나 고문 피해가 많았을 뿐, 이제는 고문도 없고 요즘에는 별로 적용되지도 않는 사문화된 법률인데 꼭 없앨 필요가 있느냐는 질문도 있다.

2016년 촛불집회와 2017년 박근혜 대통령에 대한 탄핵 결정 이후로는 국가보안법 기소 사례가 줄고 있다. 하지만 2017년 3월 기무사가 헌법재판소의 탄핵 선고를 앞두고 계엄령을 준비하면서 촛불집회 참가자에 대해 불법 사찰하고 조총련과 연계된 '간첩'사건을 조작하려고 했다[1]는 문제가 알려진 바 있듯, 73년 국가보안법 체제 아래서 키워진 공안수사기관은 반민주적 집권세력의 정치적 이익을 위해 최근까지도 국가보안법 사건을 조작해오고 있었다. 기무사의 이 조작 기획의 피해는 단순히 몇 명이 부당하게 구속될 수도 있었다는 데서 끝나지 않는다. 기무사가 굳이 간첩 사건 조작을 준비한 이유는, 전 국민을 대상으로 한 계엄령을 정당화하는 명분으로 국가보안법 사건이 필요했기 때문이다. 전두환 정권 하에서 광주학

---

[1] 한겨레, 2019. 6. 16., 「[단독] 기무사, 촛불집회 엮어서 간첩 사건 기획했다」

살의 명분으로 북한 간첩 남파설이 나왔던 것과 유사하다.

심지어 문재인 정부 아래에서도 공안수사기관의 국가보안법 사건 조작은 끊이지 않았다. 국가정보원은 2014년 10월부터 2019년 8월까지 5년 동안, 학생운동 전력자를 프락치로 활용해 그에게 직접 주체사상을 교육하고, 매월 4백만 원을 지급했으며, 내란음모 사건의 프락치처럼 10억 원을 받게 해주겠다며 국가보안법 위반 사건 증거를 날조하기까지 했다.[2]

존재하는 법률은 언제든 다시 적용될 논리를 만들어내고, 명목만이라도 남아 있는 법률은 언제든 정치적 목적으로 악용되어 피해자를 만들어낼 수 있다. 악법은 그래서 반드시 없애야 한다.

첫 번째 기회, 첫 번째 실패

국가보안법은 해방 직후 처벌되었어야 할 반민족행위자들이 권력에 재진입하기 위해 되살려 낸 일제 식민 통치의 유산이다. 일제 치하에서 행정관료, 경찰, 군인으로서 식민 지배의 충실한 집행자였던 세력이 해방 이후 미군정의 비호 아래 다시 그 자리로 돌아오면서 내세운 명분이 바로 '반공'이었다. 그들은 독립운동가를 탄압하고 살상했던 범죄를 '빨갱이 때려잡은 공적'으로 탈바꿈시켰다. 1948년 8월 정부 수립 직후 반민족행위자 처벌법이 시행되자 위기에 처한 집권세력이 여순사건을 명분으로 1948년 12월 1일 급히 제정한 법이 국가보안법이다. 그 정치적 동기는 반민족행위자 처벌 정국을 반공 정국으로 바꾸려는 것이었다. 국가보안법 조문 내용조차, 식민 지배의 집행자들이 익숙하게 활용했던 치안유지법 제정 법

---

2 머니투데이, 2019. 8. 26., 「[단독] 국정원, 文대통령 뜻 거역한 민간인사찰 이어왔다」

률과 유사했다. 하지만 일제 치안유지법과 다를 것 없는 사상탄압법이라는 비판이 거세지자, 이승만 정부와 집권세력조차 '형법이 제정되기 전 건국 초기의 비상사태에서만 적용되는 임시조치법'임을 전제하고서야 국가보안법을 제정할 수 있었다.

국가보안법 폐지의 첫 기회는 바로 이 전제에서부터 예고되어 있었다. 일제의 구 형법을 대체할 신 형법을 제정할 때, 폭동과 전면전이 종료되는 때가 바로 비상사태 임시조치법이었던 국가보안법이 폐지되어야 할 때였다. 정부도 국가보안법 폐지안을 국회에 제출했다. 그러나 1953년 휴전협정 체결 직전 신 형법이 제정될 당시, 국회는 전시의 치안 상태 및 국민에게 주는 심리적 영향을 고려해야 한다는 이유로 국가보안법을 존속시키고 말았다.

폐지의 첫 번째 기회를 잃자, 국가보안법은 정권안보의 수단으로 악용되면서 처벌 대상과 범위를 확대하고, 형량을 강화하며, 비대화된 공안 수사기관에 일반 형사 절차보다 큰 권한과 재량을 부여하는 방향으로 개정을 거듭했다. 특히 1958년 이승만 정부가 위기에 몰리자 신설한 인심혹란죄 규정 및 1961년 5.16 쿠데타 직후 박정희 정부가 만든 반공법에서 유래한 국가보안법 제7조는 제정 당시에는 처벌 대상으로 하지 않았던 국민의 생각과 표현까지 통제하게 되었다. 국가보안법은 유신 정권은 물론 전두환 정권까지 군사정부 내내 정권 유지의 핵심 수단이었다.

두 번째 기회, 두 번째 실패

국가보안법은 2차 세계대전 이후 극심했던 미국과 소련의 냉전체제가 한반도에 만들어낸 분단체제의 산물이다. 1950년대 전반까지 미국 사회를 뒤흔든 매카시즘의 소용돌이는 미군정하에서 우리나라로 그대로 옮겨

왔고, 한국전쟁의 참혹한 기억을 바탕으로 수 십 년 넘게 질기게 살아남았다. 1961년 5.16 쿠데타를 일으켜 4월혁명을 좌절시키고 집권한 전직 만주군 장교 박정희는 자신의 남로당 전력을 지우기 위해 '반공'을 내세웠고, 반공법을 제정해 국민의 생각을 묶어두려 했다. 철도 역장이 직원들에게 훈시하면서 "과학적 관리법은 소련이 미국보다 앞서 있다."고 말하여 처벌[3]되고, 월남 및 월맹의 지도자 트랑방트라와 호찌민이 사심 없이 공公만을 위하여 살았다고 말한 것도 처벌[4]받아야 했다. 1961년 반공법, 이를 흡수한 1980년 국가보안법은 "국외공산계열"까지 모두 처벌하여 말 그대로 "전 세계를 향하여 적대의 시선을 보이고 있는 법률"이었다. "세계 사회주의 체제 아래 살고 있는 그 나라의 사람 전부도 반국가단체 구성원임에 틀림없는 사실이다. 오늘날의 이 지구상은 말할 것도 없거니와 인류 역사상 인구 4천만의 나라가 이처럼 세계 인구의 절반에 상당한 인구 20억의 반국가단체 구성원을 만들어 대결하는 나라가 있었을까?"[5]라는 한탄이 이어졌다.

폐지의 두 번째 기회는 바로 여기서 왔다. 1980년대 말 동서교류가 시작되면서 1990년대 초 미소 냉전체제가 해체되었다. 노태우 정부는 1988년 7월, 서울 올림픽 개최를 앞두고 중국, 소련 및 공산권 국가와도 교류하고 수교하겠다는 7.7 선언을 내놓았다. 기업들이 공산권 국가로 진출하기 시작했다. 대북정책도 대결과 단절에서 교류와 협력으로 바뀌어 갔다. 1988년 7월 22일 정부는 "7.7선언을 뒷받침하고 남북한 인적, 물적 교류 활성화에 따른 법적 근거를 마련하기 위해 국가보안법 관련 조항 적용을 정지하는 '남북한교류에 관한 특례법(가칭)'을 제정키로"[6] 했다는 발표

---

3 대법원 1973. 3. 13. 선고 73도166 판결.

4 대법원 1978. 6. 27. 선고 78도880 판결.

5 권태수, 「국가보안법을 해부한다」, 월간 남녘 1989년 8월호, 205-206쪽.(박원순c, 『국가보안법 연구3』, 역사비평사, 1991, 122쪽에서 재인용)

6 박원순c, 위의 책, 53쪽.

를 내놓았다. 1990년 7월 20일에는 "광복 45주년을 즈음한 8월 13일부터 17일까지 5일 간을 민족대교류의 기간으로 선포하고 이 기간 중 북한동포들을 제한 없이 받아들일 것이며 우리 국민 누구라도 자유로이 북한을 방문할 수 있게 하겠다."고 하면서, 이 기간 중에 방북하는 사람들의 간첩 활동을 제외한 단순한 북한 체제 찬양, 고무, 동조 등 이른바 '이적성 국가보안법 위반' 사항에 대해서는 일체 처벌하지 않을 것을 검토하고 있다고 밝히기도 했다.[7] 1991년 9월 17일 남북한 유엔 동시 가입이 이루어졌고, 1991년 12월 13일 남북 사이의 화해와 불가침 및 교류·협력에 관한 합의서가 채택되었다. 국가보안법을 만들어낸 냉전이 무너지고 남북대결이 화해협력으로 바뀌는 순간, 국가보안법의 논리적 근거는 이미 상실되었다.

그러나 두 번째 실패였다. "국외공산계열" 처벌 조항은 없어졌으나 "반국가단체" 규정은 그대로였다. 사실상 북한만이 반국가단체로 남았다. 북한 조국평화통일위원장 초청에 응해 1989년 1월 24일 방북한 정주영 현대그룹 명예회장은 각계로부터 남북교류에 대한 기대감 가득한 관심을 받았다. 그러나 같은 기관의 초청으로 1989년 3월 25일 방북한 문익환 목사는 국가보안법으로 감옥에 가야 했고, 민주화운동세력 안에서도 노태우 정권에 공안정국 조성 빌미를 주었다는 시선에 시달려야 했다. 누가 한 행위인지에 따라 처벌 여부가 달랐다. 헌법재판소는 1990년 4월 2일 국가보안법 제7조 제1항 및 제5항에 대해 지나치게 다의적이고 적용 범위가 넓다고 지적하면서도, 그 행위가 국가의 존립·안전을 위태롭게 하거나 자유민주적 기본질서에 위해를 줄 경우에 적용되도록 해석하면 헌법에 위반되지 않는다는 한정합헌결정을 내렸다. 이에 따라 국회에서는 야당의 폐지론과 정부 여당의 일부 개정론이 부딪혔지만, 국가보안법에 대한 공포

---

7 박원순c, 위의 책, 116쪽.

와 피해자에 대한 배제가 여전한 상황에서 국가보안법의 완전한 폐지는 수포로 돌아갔다.

일부 개정으로 '반국가단체'구성 처벌규정은 남았지만, 1991년 남북대화가 본격화된 이후 이 조항은 실제로는 북한 간부나 주민에게 적용되지 않았다. '반국가단체' 규정이 실제 사용된 것은, 북한에 대해 동조하는 표현 등을 한 대한민국 국민을 처벌하기 위한 전제로서였다. 국가보안법의 주 기능이 '반국가단체'인 북한의 해체와 구성원 처벌이 아니라, 대한민국 국민 가운데 '내부의 적'을 색출하고 말을 금지하는 것으로 바뀌어버린 것이다. 1990년대 내내 노동운동 단체들에 대한 이적단체 규정, 노동운동 활동가들에 대한 유죄판결이 이어졌고, 1994년 김일성 사망 조문 파동, 1997년 한총련 이적단체 규정, 1998년 사회과학 출판사와 서점에 대한 대대적인 검거 등이 벌어졌다. 냉전이 해체되고 남북 교류가 시작된 이후인 1990년대에도 국가보안법 입건 및 구속자가 줄지 않았다. 김영삼, 김대중 정부 10년 동안 국가보안법 전체 구속자 3,047명의 90.6%가 제7조 위반 혐의였다. 없애지 못한 국가보안법은 더욱 강화되어 피해자를 양산해냈다.

세 번째 기회, 세 번째 실패

세 번째 기회는 2004년 헌정 사상 처음으로 민주개혁 세력이 국회 과반수를 점하면서 왔다. 노무현 대통령이 직접 "국가보안법이라는 낡은 칼을 칼집에 넣어 박물관으로 보내야 한다."[8]고 하면서 국가보안법 폐지 운동에 불이 붙었다. 2004년, 정부가 국가보안법 개폐 추진을 발표했고,

---

8 2004. 9. 4. 노무현 대통령의 MBC TV 시사매거진 2580 발언.

2004년 8월 23일 국가인권위원회가 국가보안법 폐지를 권고했다. 10월 20일 최용규 의원이 폐지법률안을 발의했다. 150인(열린우리당)이 이 안에 찬성했다. 10월 21일에는 노회찬 의원 등 10인(민주노동당)이 폐지법률안을 발의했다. 민주진보적 사회단체 다수가 국가보안법 폐지 운동에 힘을 합해 나섰다. 그러나 2004년 12월 제7조 5항 폐지에 대해 열린우리당과 한나라당의 합의가 이루어졌을 뿐, 전부 폐지 문제에 대해 국회는 합의도 이루지 못하고 표결처리도 하지 않으면서 폐지와 개정 모두 불발되었다. 세 번째 실패였다.

다음 해인 2005년 4월 14일 장윤석 의원 등 7인이 국가보안법 개정법률안을 발의했고 111인(한나라당)이 이에 찬성했다. 제7조 제1항 중 '정情을 알면서'를 '목적으로'로 바꾸고, 제1항 중 '찬양·고무·동조'를 삭제하며, 제5항 중 '소지·운반·취득'을 삭제하고, 불고지죄를 삭제하는 것이었다. 또 참고인의 구인·유치와 구속기간 연장 등 특별형사소송규정, 수사기관 종사자에 대한 상금지급규정도 삭제하는 내용이었다. 적어도 국가보안법 제7조 제1항과 제5항의 일부 요건, 제10조 불고지죄, 특별형사소송규정 폐지에 대해서는 의원 대부분의 동의가 형성되었다고 볼 수 있었다. 그러나 이후 노무현 대통령과 열린우리당의 지지율이 급락하며 국가보안법 개정 논의는 더 이어지지 못했다.

2004년 당시 국가보안법 폐지를 반대한 정치세력은, 남용을 막으면 될 뿐 없앨 필요까지는 없다고 주장했다. 고문도 없어졌으니, 국가보안법으로 불편한 사람들은 종북들뿐이라고 했다. 하지만 기무사와 군검찰은 2011년에도 해군사관학교 국사교관의 이적 목적을 입증하기 위해 한총련 대의원 전력을 캐냈다. 외박 시 누구를 만났는지 뒤쫓거나 싸이월드 미니홈피를 뒤져 그의 강의 노트를 제7조 위반으로 몰았다. 1심에서 유죄판결이 나왔다. 2012년에는 경찰이 트위터에 북한 게시물을 풍자 의미로 올린 사람의 트윗을 모두 뒤졌다. 종북으로 신고하겠다는 말을 들었어도 북한 게시물을 계속 올렸으니 이적 목적이라는 1심 유죄 판결이 내려졌다. 2015년에도 국가보안법은 북한 영화 연구자의 이적 목적을 입증하기 위해 대학교 때 가입한 동아리, 네이버 카페 활동 내역, 지인 관계 등을 모조리 털어내 뒤지는 명분이 되었다. 지인이 간첩죄라는 이유로 이적 목적을 인정하는 1심 판결이 나왔다. 이 사건들은 모두 최종적으로 무죄판결이 내려졌지만, 당사자들이 겪어야 했던 압박과 고립은 누구도 보상하지 않았다.

국가보안법 남용만이 문제였던 것이 아니다. 국가보안법의 존재 자체가 문제였다. 사상과 말을 처벌하는 법이 국가보안법이다. 1991년 개정 이후 전체 위반자의 절대다수를 차지한 제7조 처벌 대상은 '국가의 존립안전이나 자유민주적 기본질서를 위태롭게 한다는 정'을 아는 사람이어야 한다. 하지만 사람의 머릿속을 열어볼 수는 없는 노릇 아닌가. 그러니 그의 전력과 지인 관계, 그리고 말과 행동의 모든 것을 캐내고 분해하여 '정을 알면서', 이른바 이적지정의 틀에 끼워 맞춘다. 이것이 국가보안법의 본모습이다. 남용을 막는다고 해결되는 문제가 아니다. 국가보안법을 폐지해야만 이런 일이 되풀이되지 않는다.

세 번째 폐지 위기에서도 살아남은 국가보안법은 이명박·박근혜 정부에서 집요한 종북 공격으로 진화했다. 남북관계가 다시 경색되면서 북에 대해 날선 비난을 가하지 않는 사람들에게 여론의 반감이 집중되었다. 반민주적 집권세력은 이를 놓치지 않고 공권력을 휘두를 명분으로 삼았다. 어떤 사상이나 정치적 의견을 지지하지 않는 것은 자유다. 그러나 사상이나 정치적 의견에 대한 국가권력의 형사처벌은 차별이다. 더구나 국가기관이 특정 사상이나 정치적 의견을 막기 위해 공권력을 행사하는 것은 직권남용 범죄다.

이명박·박근혜 정부는 사상이나 정치적 의견이 다른 사람을 공론장으로부터 고립·배제·축출했다. 국가보안법 체제하에서 안보 관련 정보수집과 수사의 사령탑으로 기능해온 국가정보원이 그 핵심에 섰다. 이명박 정부 당시 원세훈 국정원장은 국정원 직원들에게 "좌파들이 여기 자생적인 좌파도 아니고 북한 지령받고 움직이는 사람들", "종북세력이 연말 대선을 앞두고 다양한 방식으로 국정 성과를 폄훼하는 등 종북정권 수립 야욕에 몰두하는 상황", "그런 사람들에 대한 확실한 싸움을 해"야 한다며 인터넷 댓글 공작을 지시해 정권 재창출에 국가정보기관을 불법 동원했다.

2011년 8월 12일 한상대 검찰총장은 취임사에서 "종북좌익세력을 뿌리뽑아야 합니다.", "북한을 추종하며 찬양하고 이롭게 하는 집단을 방치하는 것은 검찰의 직무유기입니다.", "이 땅에 북한 추종세력이 있다면 이는 마땅히 응징되고 제거되어야 합니다."라며 "종북"을 국가보안법의 핵심 처벌 대상으로 지목했다. 박근혜 정부 초기 국정원 댓글 사건으로 정권이 위기에 처한 2013년 8월 21일 김기춘 대통령 비서실장은 "정권 초 종북인사들에 대한 사정을 서둘러야 하고 그것이 비정상의 정상화로서 무엇보다 중요한 국정과제"라고 지시했다. 일주일 뒤인 8월 28일 국가정보원은 이석기 의원 등 내란음모 조작 사건을 발표했다. 2013년 11월 30일 TV조선과 미디어리서치 실시 여론조사에서 한국 사회의 '종북세력'에 대해 67.7%가 심각하다고 답변할 정도로 이명박·박근혜 정부의 국가보안법 활용은 사회 전반을 얼어붙게 했다. 2014년 12월 19일 헌법재판소는 국가보안법 전력자들이 북한이 주장해온 혁명노선을 유지한 채 통합진보당을 장악했다며 통합진보당 해산 결정을 내렸다. 박근혜 대통령이 탄핵소추된 이후인 2016년 12월 황교안 대통령 권한대행 체제의 국무회의는 '국가보안유공자 상금 지급 등에 관한 규정 일부 개정령'을 통과시켜, 2005년 한나라당도 폐지하자고 발의했던 상금 조항의 액수를 크게 늘렸다. 국가보안법 신고 포상금이 기존 5억 원에서 최대 20억 원으로 올랐다.

세 번의 폐지 기회마다 살아남은 국가보안법은 더욱 정교하게 국민 개개인의 내면과 사상과 가치관을 통제하며 우리 사회 의식 전반을 지배하는 거대한 체제로 위력을 키워왔다. 국가보안법으로 지목당한 사람에 대한 혐오와 배제는 한국민들에게 결코 낯설지 않다. 뭔가 빌미를 줬을 것이라는 의혹, 가까이하면 위험하다는 내면의 두려움 없는 시선은 찾아보기 어렵다. 재산과 직업, 학력, 성, 장애, 인종, 종교, 성적 지향 등에 따른 모든 종류의 차별이 부당하다는 진보적 태도를 지켜온 사람들도, 국가보안법 피해자들을 국가기관이 자행한 사상과 정치적 의견에 따른 형사처벌이라는 차별 피해자로 보고 손잡는 데 어색하다.

국가보안법은 해방 이후 냉전과 대결의 76년 역사 속에서 우리 사회 구성원 모두의 내면을 점령한 법이다. 국민 각자의 인권과 평등을 지켜주지 못하는 헌법을 밟고 올라 인간존엄을 파괴하고 사상·양심의 자유와 표현의 자유를 훼손하고 평등권을 침해하면서도 그 침해의 부당성조차 느끼지 못하게 만든, 말 그대로 헌법 위의 법이다. 종북 척결을 내세우며 서초동을 누비는 태극기 집회 참가자들의 혐오는 물론, 국가보안법이 사상에 따른 차별이라는 말에 바로 고개를 끄덕이기 어려운 민주적 시민들의 거리두기도, 국가보안법 폐지를 시급한 일로 여겨온 사람들의 고립감도, 국가보안법에 자신의 내면을 점령당한 흔적이라는 점에서는 다르지 않다.

다시 네 번째 기회를 만들기 위해

세상을 바꾸려면 자기 자신부터 바꾸는 것이 가장 빠른 길이다. 국가보안법의 피해자들이 국가보안법이 만든 배제와 고립에서 벗어나는 것, 민주적 시민들이 국가보안법이 만든 생각의 금지선을 뛰어넘는 것이 자신을 옭아매는 국가보안법으로부터 풀려나는 첫 걸음이다. 국가보안법을 폐지할 네 번째 기회는 여기에서 시작될 것이다.

국가보안법이 있어야만 나라를 지킬 수 있다고 믿는 사람들이 아직도 많다. 하지만 역사를 되돌아보면, 대한민국을 지킨 것은 이 나라에서 국민들이 지키고 발전시켜온 민주주의에 대한 자긍심이었지, 반민주적 정권이 악용해온 국가보안법이 아니었다. "생각을 처벌하는 것이 민주주의인가"를 물으면 누구나 고개를 저을 것이다. 처벌되는 생각에 동의하지 않는 사람이라도 말이다. 다시 국가보안법 제정 당시로 돌아가 본다. "이 법률이야말로 히틀러의 유태인 학살을 위한 법률이나 진시황의 분서 사건이나 일제의 치안유지법과 무엇이 다르겠습니까?" 제정에 반대한 제헌국회 노일환 의원의 본회의 발언이다. 그는 몇 달 후 국회에 파견된 남로당 프락치라는 혐의로 구속되어 국가보안법 유죄판결을 받아야 했다. 2010년에도 국가보안법 철폐 주장은 "북한의 상투적인 대남선전선동 활동을 찬양 고무·선전하거나 이에 동조하는 내용"이라는 이유로 국가보안법 처벌 대상이 되었다.[9] 생각을 처벌하고 말을 금지하는 시대는 이제 완전히 끝내야 하지 않는가.

나라를 위태롭게 하는 폭력과 폭동, 국가기밀 누설을 처벌하는 규정은 형법 제정법률안부터 모두 들어 있었다. 그러기에 김병로 초대 대법원장이 "이 형법전 가지고 국가보안법에 의해서 처벌할 대상을 처벌하지 못할 조문은 없지 않은가."라고 국회 본회의에서 설명하기까지 하였다. 국가보안법이 있어야만 처벌할 수 있는 대상은 행동이 아니다. 생각과 말이다. 생각과 말에 대한 처벌이 국가보안법의 존재 이유인 셈이다. 행동이 없는 생각을 처벌하는 사회는 민주주의의 초석조차 다지지 못한 사회다. 행동이 없

---

9 대법원 2010. 7. 23. 선고 2010도1189 전원합의체 판결.

는 말을 금지하는 사회는 민주사회가 아니다. 민주주의는 우리 국민 절대다수가 동의하는 가치다. 태극기로 지키기를 원하는 한국 사회가 전체주의가 아니라 민주주의 사회라면, 국가보안법 폐지는 빠르면 빠를수록 좋다.

북한이 바뀌지 않고 핵개발 등을 계속하는데 국가보안법이 아직 있어야 하지 않느냐는 주장도 있다. 군사적 대치 상태에서는 쌍방 군사력을 뒤로 물리는 작은 행위도 서로 합의하여 동시에 물러나는 방식이어야 맞다. 대립 관계의 국가와 외교관계도 상대방의 행동을 유도하며 한 단계씩 진전시키는 것이 옳다. 하지만 국가 내의 민주주의는 대립 상대방이 바뀌기 전이라도 먼저 진전시켜야 한다. 오늘의 국제관계에서는 민주주의가 국력이다. 생각과 말에 대한 처벌이 핵심인 국가보안법은, 국제사회에서 우리나라의 위상을 떨어뜨리는 걸림돌이다.

2015년 헌법재판소는 제7조 제5항에 대해 합헌결정을 내렸지만, 제7조 제1항 중 '동조'에 대해 1인, 제5항 중 '소지·취득'에 대해 3인 재판관이 위헌의견[10]을 냈다. 2018년에는 제14조 위헌소원에서 제7조 제1항 중 '동조'에 대해 1인, 제5항 중 '소지'에 대해 5인이 위헌 의견[11]을 냈다. 제7조 제1항, 제5항에 대해 2017년 수원지방법원[12], 2019년 대전지방법원의 위헌심판제청결정[13]이 다시 헌법재판소에 제기되어, 8번째 위헌심판이 진행되고 있다. 2020년 10월 22일에는 이규민 의원 등 15인이 제7조를 폐지하는 내용의 국가보안법 일부개정법률안을 발의했고, 2021년 5월 19일 국가보안법 폐지 국민동의청원이 10만 명의 동의를 얻어 성립되었다.

---

10 헌법재판소 2015. 4. 30 선고 2012헌바95 등 결정(제7조 제1항 등 위헌소원 등), 제7조 제1항 중 '동조' 위헌 1인(김이수 재판관), 제7조 5항 중 '소지, 취득' 위헌 3인(김이수, 이진성, 강일원 재판관).
11 헌법재판소 2018. 3. 29. 선고 2016헌바361 결정(제14조 위헌소원), 제7조 1항 중 '동조' 위헌 1인(김이수 재판관), 제7조 제5항 중 '소지' 위헌 5인(이진성, 김이수, 강일원, 이선애, 유남석 재판관).
12 수원지방법원 2017. 8. 4. 선고 2017초기1410 결정(판사 김도요).
13 대전지방법원 2019. 1. 28. 선고 2017초기226 결정(판사 김용찬).

5월 20일에는 강은미 의원 등 10인이 폐지법률안을 발의했고, 민주당 일부 의원들도 폐지법률안 발의를 준비 중이다. 73년 버텨온 낡은 벽에 구멍을 낼 때가 다가온다. 이 느리지만 일관된 움직임들이 네 번째 기회로 모아질 수 있을까. 이번에는 국가보안법 폐지에 성공할 수 있을까. 다시 국가보안법 폐지를 위해 공론장으로 나선 피해자들, 모든 차별을 함께 없애자고 나선 민주시민들의 연대의 온기와 협력의 끈기가 그 답을 만들어낼 것이다.

1부

국가보안법의 역사

1948년 7월 중순 주한 미 대사관 부영사로 부임한 그레고리 헨더슨 Gregory Henderson(1922~1988)은 여순사건과 곧이어 전개된 국가보안법 정국을 접한 외국인이다. 국가보안법이 소장파 의원들의 반대 속에 통과되는 과정을 지켜본 그는 1968년 펴낸 저서 『회오리의 한국 정치(*Korea: The Politics of the Vortex*)』에서 이렇게 썼다.

> "이 법안은 안보의 이름으로 공산주의를 불법화하고 공산주의자를 기소할 수 있게 한 것이지만, 행정부가 정적을 제거하기 위해 사법부를 이용하는 것이 가능할 정도로 모호한 정의와 지령을 규정하고 있었다. 사법부는 권리의 수호자 또는 권력 균형을 바로잡는 기구로서가 아니라 행정부의 지배 도구로서 식민 통치 시절보다 더욱더 강력하게 동원되었다."[1]

국가보안법에 대한 외부의 비판적 시선은 최근까지도 이어진다. 외신

---

[1] 김정기, 『국회 프락치사건의 재발견 I』, 도서출판 한울, 2008, 93-94쪽에서 재인용.

은 2011년 '박정근 사건'[2]을 보도하면서, 트위터 글을 리트윗하는 것으로 최대 징역 7년 형을 받을 수 있는 국가보안법 찬양·고무죄가 민주주의 측면에서 이상하고 이질적이라는 점을 강조했다. 법정형이 과도하고 국제 인권 단체들의 규탄을 받아왔다는 것이다.[3] CNN은 박정근 사건에 대해서 "남한의 농담은 감옥으로 이어질 수 있다."고 썼다.[4] 국가보안법은 제정 당시 규정 자체로도, 최근의 적용 실태로도, 민주주의 국가로서 대한민국의 정체성에 맞지 않는 것으로 계속 지적된 법률이다.

여순사건을 계기로 제정된 국가보안법은 언제든지 이념이 다른 타자를 악마로 만들 수 있는 구조[5]로 작동해왔다. 일제하 치안유지법을 본뜬 국가보안법은 좌익 성향 정당과 사회단체 다수를 국가변란 목적으로 몰고, 이 단체에 참여했다는 이유만으로 국민들을 처벌대상으로 삼았다. 해방 이후 정당과 각종 사회단체가 우후죽순처럼 생기던 당시 상황에서 실제로는 아무런 행동을 하지 않은 사람도 좌익 성향 단체 가입만으로 처벌하는 것은 곧 좌익 이념을 가진 사람은 모두 제거하겠다는 선언과 다르지 않았다. 일제하에서 독립운동을 하다 '국체를 변혁'하거나 '사유재산 제도를 부인'할 목적으로 단체를 만들었다는 이유로 치안유지법으로 구금되었던 인사들은 해방된 대한민국에서 국가보안법에 의해 제거되어야 할 적으로 지목되었다. 그러나 그조차도 신생 대한민국의 신 형법이 미처

---

2 2011. 9. 사진관을 운영하던 박정근은 북한 트위터 계정 '우리민족끼리' 글을 리트윗한 혐의로 경찰로부터 압수수색당했다. 박정근은 2012. 1. 구속되어 1심에서 공소사실 중 김정숙 초상화 등 일부의 게시물을 제외하고 모두 이적표현물이라는 이유로 징역 10월, 집행유예 2년을 선고받았으나(수원지방법원 2012. 11. 21. 선고 2012고단324 판결), 항소심에서 무죄판결을 받았고(수원지방법원 2013. 8. 22. 선고 2012노5706 판결), 대법원에서 무죄 확정되었다(대법원 2014. 8. 28. 선고 2013도10680 판결).

3 김도훈·윤진영, 「국가 특수적 개념이 언론에 번역 소개되는 방식: '국가보안법'과 '박정근 사건'의 국내 영자 신문과 외신의 보도 비교를 중심으로」, 『통번역교육연구』, 2014년 가을 제12권 3호, 16-17쪽.

4 CNN, July 4, 2012, Paula Hancocks, 「South Korean 'joke' may lead to prison」
"Everyone's made a joke they thought was funny only to see it fall flat, but Park Jung-geun's attempt at humor could see him jailed for up to seven years in South Korea."

5 한상철, 『한반도 이념전쟁 연구(1919-1950)』, 도서출판 선인, 2018, 353쪽.

제정되지 못한 국가 수립 과정에서, 눈앞에서 이념을 앞세운 무력충돌이 벌어지는 상황의 비상조치로서 임시조치법에 국한된다는 전제에 입각한 것이었다.

형법 제정 이전의 한시적 법률이라는 선언 위에서야 제정될 수 있었던 국가보안법은 한국전쟁 이후 남로당 등 좌익세력이 소멸되고 형법이 제정된 이후에도 폐지되기는커녕 오히려 계속 강화되었다. 제정 시부터 7차례 개정 시마다 헌법과 기본적 인권침해에 대한 우려와 비판이 컸다. 절차적으로도 쿠데타 직후 위법적 기구를 통해 개정이 이루어지거나 반대 의원들을 배제한 채 날치기로 개정된 경우가 많았다. 이 과정을 거치면서 국가보안법은 점점 더 국민의 생각과 표현에 대한 처벌로 무게중심을 옮겨 갔다. 특히 1990년대 들어 냉전이 해체되고 남북교류가 시작된 이후에는 표현과 표현물 관련 행위를 처벌하는 제7조가 국가보안법의 핵심 규정이 되었다.

국가보안법은 정치·사회적으로 우리 사회에 가장 강력한 영향력을 행사해온 법이며, 형사처벌을 넘어 그와 별개로 우리의 사고와 의사표현 하나하나를 눈에 보이지 않게 얽어매는 검열 장치로 작동한다. 그 결과 국가보안법은 견고한 분단 체제의 산물로서, 일개 법률이 아니라 하나의 체제로 공고하게 자리 잡았다. 한국 사회에서 국가보안법은 헌법이 보장하는 기본권을 순식간에 무력화하고 민주주의 실현과 기본권 보장이라는 헌법 이념에 반하여 오히려 그 위에서 국가와 사회를 규율하는 헌법 위의 법[6]이다.

국가보안법은 제1조 제1항 "이 법은 국가의 안전을 위태롭게 하는 반국가활동을 규제함으로써 국가의 안전과 국민의 생존 및 자유를 확보함을

---

6 홍세미·이호연·유해정·박희정·강곤, 『말의 세계에 감금된 것들』, 도서출판 오월의봄, 2020, 9쪽.

목적으로 한다."에서 존재 이유와 목적을 선언한다. 그러나 이 문언만으로는 국가보안법의 본모습을 찾아낼 수 없다. 국가보안법은 1948년 정부 수립 직후 제정되어 73년 동안 유지된 현존하는 가장 오래된 법률 중 하나다. 제·개정 과정, 적용 실태를 통해 국가보안법의 본모습을 파악해야만 국가보안법이 2021년 현재의 시점에서 정당성을 가질 수 있는지 제대로 판단할 수 있다.

특히 제7조의 제·개정 과정을 주의 깊게 살필 필요가 있다. 제7조는 1948년 국가보안법 제정 시가 아니라 1961년 5.16 쿠데타 직후 반공법 제4조로 첫 모습을 드러냈다가, 1980년 전두환 정권에서 국가보안법에 편입된 조항이다. 제7조는 사상과 정치적 의견 표현, 그 표현을 목적으로 하는 단체의 구성 및 가입, 사상과 정치적 의견을 담은 표현물 제작 및 소지 등 의견 표현과 관련된 모든 행위를 빠짐없이 처벌하는 조항인데, '반국가단체' 구성이나 반국가단체의 국가전복 시도와는 직접 관련이 없다. 제7조 등장과 함께 국가보안법의 본질이 국민의 자유와 안전으로부터 더욱 멀어졌다는 점에 주목해야 한다.

북한이 반국가단체임을 전제로 구축된 국가보안법 체제는, 냉전체제가 해체되고 남북교류가 시작된 1990년경, 남북교류협력에 관한 법률 제정과 함께 폐기되었어야 한다. 그러나 국가보안법은 이때에도 존속한 뒤, 북한 간부나 주민들은 실제로 반국가단체 구성죄로 처벌하지 않으면서, 대한민국 국민들의 북한에 대한 긍정적인 표현이나 표현물 소지 등에 대한 처벌만을 대대적으로 늘려나갔다. 북한에 동조적인 표현을 했거나, 그 표현을 목적으로 하는 단체에 가입했거나, 북측 체제에 긍정적인 표현물을 소지했다는 이유로 실제로 처벌받는 사람들은 세계에서 유일하게 오직 대한민국 국민들뿐이다. 국가보안법, 그 중에서도 제7조 때문이다.

결국 73년 동안의 적용 경과를 통해 드러나는 국가보안법의 실질적 목적은 국민의 사상 감시와 표현 통제다. 국가보안법이 처벌하는 '반국가활동'의 핵심은 폭동도 시설 파괴도 아닌, 말과 글이다. 국가보안법은 행동으로 이어질 명백하고 현존하는 위험도 없는 사상 자체를 금지한다. 국가보안법의 주요 처벌 대상은 구체적·즉각적인 위험을 일으키는 것이 뚜렷하지도 않은 말과 글이다. 특히 국가를 위태롭게 하는 '반국가단체'라는 북한의 주요 간부들은 실제로는 처벌하지 않고 신변 안전을 보장하는 반면 대한민국 국민들이 북한에 긍정적으로 말을 했다 하여 엄히 처벌하는 것은, '국가의 안전과 국민의 생존 및 자유를 확보'하는 것이 아니라 오히려 국민의 기본권을 침해하는 결과만을 낳아왔다. 더구나 반민주적 정권이 정치적 반대자와 사회운동세력을 말살하고 비판적 인사들의 입을 막는 수단으로 국가보안법을 악용한 역사까지 모아 보면, 국가보안법의 실제 목적은 '국가의 안전과 국민의 생존 및 자유'와는 별다른 관련 없는, 분단 상황을 명분으로 한 국민의 사상 감시와 표현 통제라고 할 수밖에 없다.

태생적 문제 : 치안유지법을 본뜬 국가보안법

1. 일제 식민 지배의 치안유지법을 계승한 국가보안법

해방 후 우리 민족 앞에 놓인 과제는 일제 식민 잔재를 청산하고 민주적이고 통일된 자주독립국가를 수립하는 것이었다. 그러나 미·소 양국의 분할점령과 군정통치는 남북 분단으로 이어지고 말았다. 분단 고착화를 막으려는 각계의 노력에도 불구하고 결국 1948년 5월 10일 남에서 단독선거가 이루어지고 이승만 정부가 수립되었으며, 북에서도 1948년 9월 9일 조선민주주의인민공화국이 창건을 선포하면서 분단이 현실화되고 이념적 대립도 커져 갔다.

그러나 단독선거를 반대하고 통일정부 수립을 요구하는 저항도 끊이지 않았다. 제주도에서는 1947년 이래 항의와 파업이 계속되어 1948년 4월 3일 단독선거에 반대하는 무장봉기가 일어났다. 1948년 10월 19일에는 제주 4·3사건 진압을 위한 출동 명령에 불응한 14연대 소속 군인들이 시민들과 합세하여 여수, 순천 등지를 점령한 '여수·순천사건(여순사건)'이 발발했다. 이승만 정부는 이를 반란으로 규정하여 계엄령을 선포하고 대규모의 토벌군을 투입하여 10월 27일까지 순천과 여수 등 지역을 탈환하였다. 여순사건에서 반란군 소탕과 협력자 색출 명목으로 많은 민간인이 학살되었다.[7] 이승만 대통령은 여순사건 담화에서 불순분자는 남녀를 불문하고, 아동까지 제거하라고 엄명을 내렸다. 정권에 대한 비판을 '북괴'에 동조한 것으로 몰아세우는 논법이 이미 여순사건 때 나타났다.[8]

여순사건은 국가보안법 제정의 주요 계기가 되었다. 집권세력은 좌익세력의 폭동을 막아야 할 '비상시기'라는 명분을 내세워 남로당과 좌익세력을 말살할 목적으로 '국가보안법' 제정에 나섰다.[9] 애초 1948년 9월 20일 '대한민국의 국체 보전'을 명분으로 「내란행위특별조치법」 제정안이 발의된 상태였는데, 이 법안은 국회 법사위로 이송된 상태에서 특별한 진전이 없었다. 그러던 중 여순사건이 발발하자 11월 9일 '내란행위특별조치법'의 명칭을 '국가보안법'으로 바꾼 전문 5개조의 초안이 국회 법사위를 통과해 제99차 본회의에 제출되었다.[10] 정부가 여순사건을 소련의 지령 아래 공산당에 의해 자행된 폭력적 반란으로 규정하고 좀 더 강력한 반공체제 구축의 계기로 삼으려 했던 것이다.[11]

그러나 제정안에 대해서는 정부 관계자도 시인할 정도로 여러 문제가 제기되었다. 권승렬 검찰총장조차도 내란죄와의 중복 문제와 '국가를 변란할 목적', '간부', '지도적 임무에 종사한 자'를 포함한 주요 구성요건 개념의 모호성 등 법률적 문제점을 지적했다. 이에 백관수 법제사법위원장이 "순천 여수 사건에 빛우어서[12] 여유를 둘 것이 없다고 본회의

---

7 진실·화해를위한과거사정리위원회, 「순천지역 여순사건」, 『진실·화해를위한과거사정리위원회 2008년 하반기 조사보고서 3권』, 2009, 510쪽 이하.

8 서중석, 「이승만과 여순사건」, 『역사비평』86호, 2009. 331-332쪽.

9 한홍구, 『대한민국史: 한홍구의 역사이야기 4』, 한겨레출판, 2006, 65쪽.

10 당초 제안되었던 '내란행위특별조치법'의 명칭이 구 형법상 내란죄와 중복된다는 이유로 '국가보안법'으로 변경된다.

11 백운선, 「제헌국회 소장파의 활동과 역사적 재평가」, 『역사비평』 가을호(통권 24호), 1993, 233-250쪽.

12 '비추어서'의 오기로 보인다.

에서 법제사법위원회로 하여금 이러한 법을 만들어 노라니까 이 법률을 기초해 낸 것"을 자인할 만큼, 국가보안법에 대해 많은 문제가 제기되었다.[13] 이인 법무부장관도 이 안에 대해 "이 법이 일반 국민에게 미치는 영향이 큰 관계상 각 방면으로 조사 연구해서 철저한 법안이 되도록 노력을 하고 검토를 했으면 좋을 걸 갖다가 그렇지 못한 것이 대단히 유감"이라고 밝혔다.

11월 16일 제105차 본회의에서 김옥주 의원 외 47인이 '국가보안법 폐기에 관한 동의안'을 제출했으나 폐기동의안은 37대 69로 부결되었다.[14] 11월 19일 제108차 본회의에서 다시 신성균 의원 외 20인이 제1조를 삭제하는 수정동의안을 제출하였으나 역시 부결되었다.[15] 결국 11월 20일 제109차 본회의에서 국가보안법 자구 수정이 보고된 후[16], 1948년 12월 1일 법률 제10호로 국가보안법이 제정되었다. 법률안 제출 뒤 11일 만에 본회의 자구 수정을 마치고 22일 만에 공포 시행될 정도로, 국가보안법 제정안은 초고속으로 처리되었다.[17]

국가보안법이 이처럼 급속히 제정될 수 있었던 이유 가운데 하나는, 일제 식민 지배하에서 독립운동 탄압법으로 악명을 떨친 '치안유지법'의 주요 내용을 거의 그대로 옮겨 만든 법이기 때문이다.

---

13 국회속기록 – 제헌국회 제1회 제99차 본회의(1948. 11. 9.) 중 백관수 법제사법위원장, 이인 법무부장관, 권승렬 검찰총장 발언.
14 국회속기록 – 제헌국회 제1회 제105차 본회의(1948. 11. 16.)
15 국회속기록 – 제헌국회 제1회 제108차 본회의(1948. 11. 19.)
16 국회속기록 – 제헌국회 제1회 제109차 본회의(1948. 11. 20.) 1-2쪽.
17 법률제정과정에 대하여는 박원순a, 『국가보안법연구 1』, 역사비평사, 1989, 80쪽 이하.

치안유지법	국가보안법
[시행 1925. 4. 29.] [조선총독부법률 제46호, 1925. 4. 21. 제정][18]	[시행 1948. 12. 1.] [법률 제10호, 1948. 12. 1. 제정]
제1조 ① 국체를 변혁하거나 사유재산 제도를 부인하는 것을 목적으로 결사를 조직하거나 이에 가입한 자는 10년 이하의 징역 또는 금고에 처한다. ② 전항의 미수죄는 벌한다.	제1조 국헌을 위배하여 정부를 참칭하거나 그에 부수하여 국가를 변란할 목적으로 결사 또는 집단을 구성한 자는 좌에 의하여 처벌한다. 1. 수괴와 간부는 무기, 3년 이상의 징역 또는 금고에 처한다. 2. 지도적 임무에 종사한 자는 1년 이상 10년 이하의 징역 또는 금고에 처한다. 3. 그 정을 알고, 결사 또는 집단에 가입한 자는 3년 이하의 징역에 처한다.
	제2조 살인, 방화 또는 운수, 통신기관 건조물 기타 중요시설의 파괴 등의 범죄행위를 목적으로 하는 결사나 집단을 조직한 자나 그 간부의 직에 있는 자는 10년 이하의 징역에 처하고 그에 가입한 자는 3년 이하의 징역에 처한다. 범죄행위를 목적으로 하는 결사나 집단이 아니라도 그 간부의 지령 또는 승인하에 집단적 행동으로 살인, 방화, 파괴 등

---

18 치안유지법은 이후 1941. 3. 8. 전부 개정되어 종전 7개 조문이 65개 조문으로 세분화되었고, 특별형사절차, 예방구금 등 조항이 신설되었다. 특히 지원결사(2조. 국체 변혁 목적 결사의 지원을 목적으로 하는 결사), 준비결사(3조. 국체 변혁 목적 결사의 준비를 목적으로 하는 결사) 처벌규정을 신설했는데, 이 중 지원결사처벌규정은 1949년 국가보안법 전부개정시 그대로 옮겨졌다. 1948년 제정 국가보안법은 1925년 제정 치안유지법과 유사한데, 1949년 1차 개정된 국가보안법은 1941년 전부개정된 치안유지법과 놀라우리만치 똑같다는 지적이 있다. 강성현a, 「한국전쟁 전 정치범 양산 '법계열'의 운용과 정치범 인식의 변화」, 『사림』 제36호, 수선사학회, 2010, 80쪽.

	의 범죄행위를 감행한 때에는 대통령은 그 결사나 집단의 해산을 명한다.
제2조 전조 제1항의 목적으로 그 목적이 되는 사항의 실행에 관하여 협의를 한 자는 7년 이하의 징역 또는 금고에 처한다.	제3조 전2조의 목적 또는 그 결사, 집단의 지령으로서 그 목적한 사항의 실행을 협의선동 또는 선전을 한 자는 10년 이하의 징역에 처한다.
제3조 제1조 제1항의 목적으로 그 목적이 되는 사항의 실행을 선동한 자는 7년 이하의 징역 또는 금고에 처한다. 제4조 제1조 제1항의 목적으로 소요 폭행 기타 생명 신체 또는 재산에 해를 가할 수 있는 범죄를 선동한 자는 10년 이하의 징역 또는 금고에 처한다.	
제5조 제1조 제1항 및 전3조의 죄를 범하게 할 것을 목적으로 하여 금품 기타의 재산상의 이익을 공여하거나 그 신청 또는 약속을 한 자는 5년 이하의 징역 또는 금고에 처한다. 공여를 받거나 그 요구 또는 약속을 한 자도 같다.	제4조 본법의 죄를 범하게 하거나 그 정을 알고 총포, 탄약, 도검 또는 금품을 공급, 약속 기타의 방법으로 자진방조한 자는 7년 이하의 징역에 처한다.
제6조 전5조의 죄를 범한 자가 자수한 때에는 그 형을 감경 또는 면제한다.	제5조 본법의 죄를 범한 자가 자수를 한 때에는 그 형을 경감 또는 면제할 수 있다.
	제6조 타인을 모함할 목적으로 본법에 규정한 범죄에 관하여 허위의 고발 위증 또는 직권을 남용하여 범죄사실을 날조한 자는 해당내용에 해당한 범죄규정으로 처벌한다.

제7조 이 법은 이 법의 시행구역 외에서 죄를 범한 자에게도 적용한다.	

1925년 제정 치안유지법은 "국체를 변혁한 자"에 대한 처벌이 아니었다. 국체를 변혁하거나 사유재산제도를 부인하는 것을 목적으로 "결사를 조직하거나 가입"한 것 자체를 처벌하는 법이었다. 결과 발생은커녕 행위도 없는데 조직에 가입한 것만으로 처벌했기에, 독립운동 조직 말살법이자 사상 탄압법이었다. 치안유지법의 핵심 규정은 국헌을 위배하여 정부를 참칭하거나 그에 부수하여 국가를 변란할 목적으로 "결사 또는 집단을 구성한 자"로 목적의 표현만 일부 바뀌어 국가보안법의 골격이 되었다. 제정 국가보안법의 핵심 내용 역시 조직과 사상에 대한 처벌이었다.

치안유지법은 "소요·폭행 기타 생명·신체 또는 재산에 해를 가할 수 있는 범죄를 실행한 자"를 처벌하는 법도 아니었다. 위 실행을 협의·선전선동한 자를 처벌하는 법이었다. 이 조항들도 국가보안법에 그대로 옮겨졌다. 이처럼 치안유지법과 국가보안법 모두 실행행위 이전의 사상 자체를 처벌한다는 기본적 틀이 같았다. 법률의 구성 자체도 대동소이했다.[19] 국가보안법이 일본 제국주의 사상탄압법인 치안유지법을 계승하였다는 점은 국가보안법의 본질과 실질적 목적을 드러내는 중요 지점이다.

2. 제정의 정치적 동기
—친일파 처단 정국을 반공 정국으로

---

19 민주사회를 위한 변호사모임·민주주의 법학연구회, 『국가보안법을 없애라』, 2004, 11-12쪽.

독립운동가들을 일제에 고발하고 탄압하며 사익을 취한 반민족행위자들에 대한 처벌은 식민통치에서 해방된 나라가 당연히 해야 할 일이었다. 그러나 2차 대전 직후 급속히 굳어지던 냉전체제 하에서 미군정은 행정 경험을 가졌다는 이유로 반민족행위자들을 행정 일선에 다시 불러들였다. 이승만은 단독정부 수립 과정에서 통일정부 수립을 요구하는 세력과 대립하면서, 반민족행위자들을 주요 기반으로 세력을 키워갔다. 반민족행위자들이 처벌을 면하고 권력 중심부에 재등장하는 명분이 바로 '반공'이었다.

이런 상황에서 정부 수립 직후 국회가 반민족행위처벌법을 제정, 시행하자, 반민족행위자들은 반공을 당면 과제로 내세우며 맞섰다. 반민족행위처벌법 시행 다음날인 1948년 9월 23일 이승만 대통령 등 '반공구국 총궐기 (및) 정부이양 대축하국민대회' 참가자들은 "북한 공산괴뢰정권을 찬양·지지하는 남한의 반역적 정당 단체와 언론기관을 해체, 봉쇄"하고 "동족 간의 화기和氣를 손상하게 하는 광범위의 반민법을 시정"하며 "이승만 대통령의 '단결하라.'는 주장에 귀일하여 국론을 통일하고 우리의 주권을 반석 위에 확립하자."고 주장했다.[20] 독립운동 조직 파괴와 독립운동가 탄압을 목적으로 한 일제의 치안유지법이 해방된 대한민국에서 좌익조직 말살과 이승만 정권의 정치적 반대자 탄압을 목적으로 국가보안법으로 대치된 배경은 바로, 국가보안법 제정의 정치적 동기가 친일파처단 정국을 반공정국으로 바꾸려는 데 있었던 데서 비롯된다.

국가보안법 제정 당시부터 제기된 반대론도 국가보안법의 정치적 동기에 대한 비판에서 출발한다. 반대론의 주요 논거는 ① 정치적 악용 가능성, ② 치안유지법과 같은 반민주악법, ③ 사상을 법으로 처벌할 수는 없다, ④ 법집행기관의 자의와 남용 위험성, ⑤ 구형법상 내란죄 등과 중복,

---

20 김두식, 『법률가들 - 선출되지 않은 권력의 탄생』, 창비, 2018, 378-379쪽.

⑥ 남북통일에 장애가 된다는 점이었다.[21]

특히 국가보안법이 남로당 등 좌익세력을 궤멸시킬 목적으로, 애초 독립운동가들을 탄압할 목적으로 제정된 치안유지법의 틀을 그대로 이어받아 제정되는 것에 대해, 제정 당시부터 명확한 비판이 제기되었다.

> "국가보안법은 포악무도한 일제 침략주의의 흉검이라고 할 수 있는 치안유지법과 똑같은 비민주적 제국주의의 잔재의 하나라고 볼 수 있습니다. 이제 우리가 민주독립국가를 재건하는 이 마당에 (…) 제국주의 잔재 폐물은 용납할 수 없습니다."(김옥주 의원)[22]
>
> "이 법률이야말로 히틀러의 유태인 학살을 위한 법률이나 진시황의 분서 사건이나 일제의 치안유지법과 무엇이 다르겠습니까?"(노일환 의원)[23]

3. 제정의 전제
─'비상시기 임시조치법'

애초 국가보안법은 여순사건 직후 반란사건 대응을 위한 '비상시기 임시조치법'의 성격으로 제정된 것이었다.[24] 국회의원 48인의 폐지 동의안이 제출되는 등 반대론이 거세자, 입법 필요성을 강조하던 국회의원이나 정부 인사들은 극도로 비상한 시기이기에 '일시적으로' 비상한 방법을 사용하는 것이 불가피하다면서 국가보안법이 '한시적 법률'임을 제정 명분으로 내세웠다.

---

21 박원순a, 위의 책, 86-91쪽.
22 국회속기록─제헌국회 제1회 제108차 본회의(1948. 11. 19.) 중 김옥주 의원 발언.
23 국회속기록─제헌국회 제1회 제105차 본회의(1948. 11. 16.) 중 노일환 의원 발언.
24 강성현b, 「한국의 국가 형성기 '예외상태 상례'의 법적 구조─국가보안법(1948·1949·1950)과 계엄법(1949)을 중심으로」, 『사회와 역사』, 제94집, 2012, 91-92쪽.

국가보안법 1차 개정 시 권승렬 법무부장관은 1949년 12월 2일 국회 본회의에 출석하여 개정법률안을 설명하면서 "이것은 물론 평화 시기의 법안은 아닙니다. 비상시기의 비상조치니까 인권 옹호상 조금 손상이 있더라도 불가불 건국에 이바지하지 않으면 안 되리라 생각합니다. (…) 좌익분자를 속히 없애버리고 건국을 속히 할려면 2심제 가지고는 도저히 안되겠습니다."라고 주장하였다.[25] 1차 개정 후 국내외 비난 여론이 빗발치자 발표한 담화에서도 "이와 같은 법률은 영구히 시행될 것이 아니고 다만 잠정적인 비상시의 탄환으로 알아야 할 것이다."라면서 국가보안법이 '비상시기 임시조치법'임을 재확인하였다.[26]

제정 당시 국가보안법은 6개의 조항에 불과한 간략한 법률이었다. 애초 국가보안법 제정의 직접적인 목적이 '좌익세력과 단체들을 소탕하고 처벌'하는 데에 있었기에, 주된 내용도 정부를 참칭한 북한과 시설 파괴 등을 목적으로 하는 조직 및 이들과 연계된 조직을 섬멸하는 것에 집중되었다.[27] 핵심 조항은 "국헌을 위배하여 정부를 참칭하거나 그에 부수하여 국가를 변란할 목적으로 결사 또는 집단을 구성한 자"를 지위에 따라 처벌하고(제1조), "살인, 방화 또는 운수, 통신기관건조물 기타 중요시설의 파괴 등의 범죄행위를 목적으로 하는 결사나 집단을 조직한 자나 그 간부의 직에 있는 자 또는 가입한 자"를 처벌하고(제2조), "목적한 사항의 실행을 협

---

25 국회속기록 – 제헌국회 제5회 제56차 본회의(1949. 12. 2.) 27-36쪽. 국가인권위원회a, 2004. 8. 23. 「국가보안법 폐지 권고 결정문」, 10쪽.

26 서울신문, 1949. 12. 9.(민주화실천가족운동협의회b,『국가보안법 적용상에서 나타난 인권실태』, 2004, 8쪽에서 재인용)

27 당시 백관수 법사위원장은 제안된 국가보안법 안의 법정형에 사형이 없는 이유에 대한 질문에 대하여, "가령 정부를 전복하려든가 국헌에 위배, 국가를 변란할 목적으로써 폭동한 자는 내란죄로 규정되어 있는 사형에 처해 가지고 있습니다. 그렇지만 이것은 내란죄라든지에 관계없이 다만 이것을 어떠한 단체를 만드러 가지고서 국가를 전복할려든지 지금 말과 같이 이북의 어떠한 관계를 연락을 한다든지 운운한다든지 하는 요것을 벌할 특별히 이런 법률을 만들어서 그것만 처단하자고 하는 것도 이 법의 목적이라 그 말씀이에요."라고 설명하였다(국회속기록 – 제헌국회 제1회 제99차 본회의, 1948. 11. 9.).

의선동 또는 선전"한 행위(제3조)를 처벌하는 등이었다.

국가보안법은 제정 직후부터 법의 목적이 '남로당 등 좌익조직 궤멸과 정치적 반대자 탄압'에 있음을 여실히 드러냈다. 1949년 1월부터 9월까지 국가보안법 위반 기소가 총 기소사건의 80%를 차지했고, 같은 해 9~10월 사이에 132개 정당과 사회단체가 해산되었다.[28] '국제연합 조선위원단'의 보고에 따르면 1949년 한 해에만 국가보안법으로 46,373건에 118,621명이 검거·투옥되었으며, 1950년 1월~4월 동안 총 32,018명이 체포되어 국가보안법 제정 후 약 15만 명이 체포되었다. 그 중 검찰에 송치된 숫자는 각각 85,414명과 26,832명, 재판에 회부된 사람은 33,027명과 5,186명에 달했다.[29] 전국 형무소에 80% 이상이 좌익수로 넘쳐 형무소를 신설하고 판검사를 특별 임용해야 했다.[30]

국가보안법 제정을 반대한 국회의원들은 얼마 지나지 않아 국가보안법의 희생양이 되었다. 1949년 5월 18일 3명의 의원 체포를 시작으로 김약수 부의장을 포함하여 노일환, 김옥주, 서용길, 이문원 의원 등 모두 13명이 남로당 프락치라는 이유로 구속되어 1950년 3월 14일 유죄판결을 받았다.[31]

4. 형법 제정과 함께 폐지되어야 했던 국가보안법

국가보안법은 당초 형사법제의 기본법인 형법이 제정되기 전에 비상시

---

28 민주화실천가족운동협의회b, 위의 글, 9쪽.

29 *Report of the United Nations Commission on Korea - Covering the Period from 15 December 1949 to 4 September 1950: General Assembly Official Records: Fifth Session Supplement No.16(A/1350)* (Lake Success, New York; 1950), p. 26.(박명림. 「전쟁과 인민: 통합과 분화와 학살」,《아시아문화》16호, 2000, 97-167쪽에서 재인용.

30 박원순a, 위의 책, 103쪽.; 한홍구, 위의 책, 67쪽.

31 박원순a, 위의 책, 84쪽.; 김두식, 위의 책, 387-388쪽.

기에 대응할 필요를 이유로 만들어진 '임시조치법'이었기에, 비상시기가 지나면 폐지될 운명이었다. 정부 수립 직후 만들어진 법전편찬위원회 위원장으로 형법 제정안 성안에 깊이 관여한 김병로 대법원장은, 1953년 정부 초안을 정리하면서 국가보안법 각 규정은 내란죄, 외환죄, 공안을 해하는 죄 등 형법 각칙의 여러 조문에 포괄하여 정비하고, 폐지법률 목록에 다른 13개 형사 특별법과 함께 국가보안법도 포함시켰다.[32] 정상적으로 형법이 제정되니, 비상시 임시조치였던 국가보안법은 필요한 부분을 형법에 흡수시키고 폐지해야 한다는 것이다.

1953년 4월 16일 형법 제정안을 심의한 국회 본회의에서 김병로 대법원장 및 법전편찬위원장은 형법과 국가보안법의 관계를 다음과 같이 설명하였다.[33]

"(…) 특수한 법률로 국가보안법 혹은 비상조치법 이러한 것이 국회에서 임시로 제정하신 줄 안다. 지금 와서는 그러한 다기다난한 것을 다 없애고 이 형법만 가지고 오늘날 우리나라 현실 또는 장래를 전망하면서 능히 우리 형벌법의 목적을 달할 수 있겠다는 고려를 해보았다. 지금 국가보안법이 제일 중요한 대상인데 이 형법과 대조해 검토해 볼 때 형에 가서 다소 경중의 차이가 있을런지도 모르나 이 형법전 가지고 국가보안법에 의해서 처벌할 대상을 처벌하지 못할 조문은 없지 않은가 하는 그 정도까지 생각했다."

1953년 7월 8일 국회 본회의의 형법안 심의 시, 윤길중 법사위원장은

---

32 한인섭, 「헌법수호자로서의 김병로 – 보안법 파동 및 경향신문 폐간에 대한 비평을 중심으로 –」, 『서울대학교 法學』 제56권 제2호(2015. 2.), 174쪽.
33 국가인권위원회a, 위의 결정문, 10쪽.

그간 논의를 바탕으로 "형법에 모두 포함시켰으므로 폐지해도 지장이 없고 법체계상 폐지가 옳다"고 보고하였다. 그런데 조주영 의원이 "존속해두는 것이 아주 없애는 것보다도 낫지 않을까 이런 느낌"이라면서 존치를 언급하자, 별다른 논의 없이 국가보안법 폐지 여부를 표결했는데 재석 102명 중 찬성 10, 반대 0, 기권 92로 폐지안이 부결되고 말았다. 대부분의 의원들이 기권한 주된 이유는 회의록에 명확히 기재되어 있지 않지만, 당시가 휴전협정이 체결되기 전이라는 점에 영향 받았을 가능성도 있을 것으로 보인다. 윤길중 법사위원장은 "법 이론적인 문제가 아니라 국민에게 주는 심리적 영향"을 고려한 것이라고 표현했다.[34]

국가보안법 제정을 주도했던 의원들과 정부조차도 국가보안법이 여순사건 이후 '비상시기'에 대응하기 위한 임시법이라는 점을 부정하지 않았던 바, 1953년 당시에는 이미 남로당 등 좌익세력의 궤멸, 한국전쟁 발발과 휴전 등 외부적 상황의 변화, 그리고 무엇보다 형법 제정으로 인하여 국가보안법은 이미 임시조치법으로서 목적을 달성했다. 게다가 1949년 한 해에만 12만 명에 가까운 사람들이 국가보안법으로 검거[35]되면서 남용과 인권침해가 극심했으므로, 국민의 기본권 보장을 위해서도 국가보안법은 폐지되어야 했다. 하지만 국회는 '국민정서'라는 모호한 이유로 명목상 남겨두자는 무책임한 결정을 했다. 명목만 남기는 것이니 남용은 없을 것이라는 막연한 예상이나 기대와 달리, 살아남은 국가보안법은 이후 70년이 넘도록 대한민국의 대표적 악법으로 군림했다.

---

34 국회속기록–2대국회 제16회 제19차 본회의(1953. 7. 8.) 중 윤길중 법사위원장, 조주영 의원 발언 등. 국가인권위원회a, 위의 결정문, 10쪽.
35 민주화실천가족운동협의회b, 위의 글, 9쪽.

개정 경과 : 일상시기 사상과 표현 제한법으로

1. 정권 안보법으로 강화된 국가보안법

애초 비상시기 임시조치법이었던 국가보안법은 형법 제정 이후에도, 남로당 등 좌익세력이 궤멸된 후에도, 정전협정이 체결된 후에도 폐지되지 않고 오히려 더 강화되었다. 민주적 정당성이 취약한 정권은 '반공'을 내세워 국가보안법을 '정권안보법'으로 활용하면서 처벌 대상과 범위를 확대하고, 형량을 강화하며, 수사기관에 일반적 형사절차보다 큰 권한과 재량을 부여하는 방식으로 국가보안법을 개정하였다. 1941년 개정 치안유지법을 판박이한 1949년 1차 개정을 필두로, 1958년 소위 '2.4파동'으로 국민의 강한 저항을 받은 3차 개정, 1961년 5.16 후 국가재건최고회의의 반공법 제정, 1980년 12월 31일 국가보위입법회의를 통한 6차 개정이 특히 그러했다.

(1) 1차 개정(1949년) - 국가보안법 사건 폭증하자 단심제와 사형 도입

국가보안법 제정 직후부터 검거·투옥된 사람이 폭발적으로 증가하고 재판업무와 수용시설 부족이 발생하는 상황에서, 정부는 남용을 방지하기는커녕 법 제정 후 불과 1년 만에 국가보안법 사건의 단심제, 사형제 신설

등으로 오히려 처벌을 강화하고 위압적 효과를 높이는 개정안을 제출하였다.[36] 정부 개정안은 국회 프락치 사건으로 크게 위축된 국회에서 별 저항 없이 통과되었다(법률 제85호, 1949. 12. 19. 전부개정). 가장 중요한 단심제 문제에 대해서조차 아무런 토론 없이 재석의원 113명에 가 67명, 부 4명으로 통과되었고, 법정형 사형 신설, 보도구금과 보도소 설치, 소급효 등 중요한 인권적 문제에 대하여 아무런 이의나 논쟁도 없이 통과되었다.[37]

제정법에서 불과 6개 조항이던 조문은 2장 18개 조문으로 늘어났다. 개정법에는 1941년 개정 치안유지법에 있던 지원결사 신설(제2조), 법정 최고형을 사형으로 인상(제1조, 제2조), 형사절차에 대한 특별규정 신설, 단심제(제11조), 선고유예한 자에 대한 보도구금제 신설(제12조 이하) 등이 규정되었다.[38]

그러나 정부는 시행조차 하지 못하고 1950년 1월 20일 다시 2차 개정안을 제출했다. 개정 법률이 위헌 및 인권유린 법률이라는 국내외의 비난에 직면했기 때문이었다. 개정안의 주요 내용은 사형선고를 받은 자에 한해 대법원에 상고할 수 있게 하고, 소급효에 관한 조항이 헌법에 위반된다고 판단되어 삭제한 것 등이었다. 국회는 정상적인 재판 절차의 회복이라는 측면에서 3심제를 부활시키고, 소급 적용 조항을 삭제하며, 2회 이상의 구류 경신을 금지하였다.[39][40]

---

36 민주화실천가족운동협의회b, 위의 글, 506쪽.

37 박원순a, 위의 책, 106쪽.

38 국가보안법(법률 제85호, 1949. 12. 19. 전부개정)
제11조 제1장에 규정한 죄에 관한 사건의 심판은 단심으로 하고 지방법원 또는 동 지원의 합의부에서 행한다.
제12조 법원은 적당하다고 인정하는 때에는 피고인에 대하여 형의 선고를 유예하는 동시에 피고인을 보도구금에 부할 수 있다. 단 사형 또는 무기로써 처단하여야 할 경우는 제외한다.

39 『제6회 국회속기록』 제31호(50/02/15), 제32호(50/02/16), 제37호(50/02/22) ; 국회사무처, 『국회사 : 제헌국회, 제2대 국회, 제3대 국회』, 270-273쪽.

40 박찬표, 『한국의 48년 체제: 정치적 대안이 봉쇄된 보수적 패권 체제의 기원과 구조』, 후마니타스, 2010, 183쪽.

(2) 3차 개정(1958년) - 정권 유지 목적으로 언론 자유 제한

사사오입 개헌과 이어진 부정부패 등으로 자유당 정권에 대한 반발이 커지자, 1956년 대통령 선거에서는 진보당의 조봉암 후보가 이승만 대통령의 강력한 경쟁자로 등장하였다. 정부는 조봉암을 1958년 1월 7일 구속하고 정당 등록을 취소하였으나, 1958년 5월 2일 시행된 제4대 국회의원 선거에서 민심 이반이 다시 확인되었다. 1960년 대통령 선거를 앞두고 정권 유지가 절박해지자 정부는 1958년 8월 9일 국가보안법 개정안을 제출했다. 종래 18개였던 조항을 전문 3장 40개 조문, 부칙 2조로 늘리고, 국가기밀 조항 신설 및 확대(제4조), 인심혹란죄(소위 언론조항) 신설(제17조 제5항)[41], 헌법기관에 대한 명예훼손죄, 사법경찰관 작성 피의자신문조서의 증거능력 인정 확대, 법원의 구속적부심과 보석 허가 결정에 대하여 검사의 즉시항고 허용, 적 개념 규정 신설 등이 주요 내용이었다.

당시 정부가 제출한 개정 제안이유서상의 개정 이유는 다음과 같다.

"현행 국가보안법은 (…) 국헌을 위배하여 정부를 참칭하는 결사 또는 집단과 기타 범죄단체를 단속하는 것을 목적으로 하는 것이나, 동법은 전문 6조[42]로서 규정 형식이 단순하여 현재 북괴의 전쟁에 의하지 아니한 침략을 의미하는 위장평화통일공작을 주임무로 하는 간첩과 국가변란을 목적으로 하는 천태만양의 범죄를 충분히 단속할 수 있는 법 조항이 결여되어 국헌문란행위와 같은 중대한 범죄를 방임하지 아

---

41 국가보안법(시행 1959. 1. 16., 법률 제500호, 1958. 12. 26., 폐지제정)
제17조 (약속, 협의, 선동, 선전 등) ⑤ 공연히 허위의 사실을 허위인 줄 알면서 적시 또는 유포하거나 사실을 고의로 왜곡하여 적시 또는 유포함으로써 인심을 혹란케 하여 적을 이롭게 한 자는 5년 이하의 징역에 처한다.
42 1958. 8. 9. 국가보안법 개정안 당시 국가보안법은 전문 18조였는데, 개정 제안이유서에는 '전문 6조'라고 하고 있다. 오기로 보인다.

니할 수 없는 경우가 있을 뿐 아니라…"[43]

그러나 인심혹란죄나 헌법기관에 대한 명예훼손 등의 신설된 조항들은 종래 '비상시기 임시조치법'이라는 제정 명분을 벗어나 국민의 자유와 권리를 제한하고 언론과 야당 정치인을 탄압하여 정권유지를 위해 국가보안법을 이용하려는 목적을 확연히 드러내는 것이었다.[44] 위 제안이유서는 더 이상 '비상시기' 내란 등의 위험을 내세울 수 없는 상황에서, 이제 국가보안법을 '일상시기'에 국민과 언론의 입을 막는 도구로 확대 적용하겠다는 의도를 명백히 드러내는 것이었다.

정부와 자유당은 야당과 여론의 강력한 반대에도 불구하고 법 개정을 강행했다. 1958년 12월 19일 법제사법위원회에서 자유당 의원들은 민주당 의원들이 자리를 비운 사이에 법안을 통과시켰다. 민주당 의원들이 국회 본회의장에서 무기한 농성에 들어가자, 자유당은 경호권을 발동한 뒤 1958년 12월 24일 무술경관을 동원하여 야당 의원들을 회의장 밖으로 끌어낸 후 여당 의원들만의 결의로 3분 만에 국가보안법 개정안을 통과시켰다. 이른바 '보안법 파동' 또는 '2.4 파동'이다(법률 제500호, 1958. 12. 26. 폐지제정).[45]

이 개악에 대해 법조계에서도 강력한 반대가 제기되었다. 대한변호사협회의 반대 및 시정요구가 있었고,[46] 특히 김병로 전 대법원장은 법률가의 입장에서 이 법이 국민의 기본권을 심각하게 침해함을 조목조목 비판하였다.

"단순히 공산주의자들의 행동을 엄중히 처단하는 데 그치지 아니하고

---

43 국가보안법 개정 이유(법률 제500호, 1958. 12. 26.)
44 민주화실천가족운동협의회b, 위의 글, 514쪽.
45 민주화실천가족운동협의회b, 위의 글, 514쪽.
46 민주화실천가족운동협의회b, 위의 글, 516쪽.

파생적 조항을 번잡하게 늘어놓음으로써 공산주의자들의 행동 이외
에 모든 국민의 사회활동에 영향을 줄 가능성이 있을 뿐만 아니라, 더
구나 절대로 자유스러워야 할 언론에 대하여 그것을 봉쇄하거나 또는
위협할 수 있는 조항을 늘어놓았다. (중략) 결론적으로 말하면 이 법
안은 공산주의자의 행동을 엄단한다는 입법취지에 너무나 상치되는
점이 많을 뿐만 아니라 오히려 국민의 기본권리를 침해할 가능성이
없지 않으므로 해서 개정의 필요성을 느끼지 않음은 물론 국민으로서
는 용인할 수 없는 것이다."[47]

김병로 전 대법원장은 인심혹란죄에 신설된 이른바 '이적利敵행위' 개념에
대해서도 강력히 비판하였다. 본질적으로 이념을 처벌하는 법인 국가보안법
이 수반하는 모호성과 자의성의 문제점을 60여 년 전에 이미 지적한 것이다.

"만일 이러한 조항을 널리 해석하여 신문·잡지상에 공무원의 비행이
라든지 강·절도의 발호라든지 국가재정의 남비濫費와 같은 사실을 보
도하였을 때에 적이 이런 것을 역용逆用하여 한국의 정치를 비난하는
일이 있다면 일응 우리 신문, 잡지의 기사에 대하여 이적행위라고 수
사를 개시할 수도 있을 것이며, 또는 야당에서 정부 정책을 혹평하는
문서를 반포한 경우에도 똑같은 이론으로 일응 이적행위라고 수사를
개시할 수도 있을 것이니, 이것이 재판에까지 이르러 무죄의 판결이
있으리라 하더라도 일반 언론은 공포심에 사로잡히지 아니할 수 없을
것이므로 결국 언론은 봉쇄되고 마는 상태에 이를 것이다."[48]

---

47 김병로, 「법으로 국민을 억제말라 : 국민의 입장에서」, 《신태양》, 제8권 제1호(통권 제76호) (1959.1)
64-66쪽. (한인섭, 위의 글, 176쪽에서 재인용).
48 김병로, 「보안법안과 나의 주장(1)」, 조선일보(1958. 11. 25), 1쪽. (한인섭, 위의 글, 177쪽에서 재인용).

3차 개정의 본질이 비상시기가 아닌 일상시기에도 국민과 언론을 탄압하는 데 있었기에, 법 개정 이전은 물론 이후에도 전국적으로 강력한 반대운동이 일어났다. 야당을 포함하여 전국민적인 국가보안법 무효화 데모가 전국에서 일어났고 언론도 이를 지지하였다. 김병로 전 대법원장은 개정 국가보안법은 적법절차를 거치지 않은 악법이므로 국민은 그 폐지를 위한 국민운동을 벌일 수 있고 경찰이 이를 억압할 수 없다며 국가보안법 폐지를 주창하였다.[49]

결국 4.19 혁명 이후에 인심혹란죄 등 2.4파동 개정법의 독소조항 중 인심혹란죄 등 일부를 제거하는 개정(4차 개정)이 이루어졌다(1960. 6. 10. 개정, 법률 제549호). 그러나 한편에서 불고지죄를 신설하고, 반국가단체 및 선동·선전 구성요건을 그대로 두는 등 2공화국의 한계도 뚜렷했다.[50]

2. 비상시기 비상조치법에서, 일상시기 전면적인 사상과 표현 통제법으로

당초 국가보안법은 비상시기 임시조치법으로 필요하다는 명분으로 만들어졌으나, 이후 개정을 거치며 그 성격이 바뀌어 갔다. 특히 1958년 3차 개정(이른바 2.4파동)으로 국가보안법은 국민의 생각과 표현 행위를 처벌하는 광범위한 체계가 되어, 좌익 조직 구성원뿐만 아니라 야당 정치인, 언론인, 지식인, 학자, 일반 시민들까지 처벌 대상으로 하였다. 국가보안법의 본질적 변화는 찬양·고무 등 죄와 이적표현물 제작·반포 등 죄로

---

49 동아일보(1959. 1. 10), 「법이론적으로 본 보안법 파동, 전 대법원장 김병로옹의 견해」. (한인섭, 위의 글, 183-184쪽에서 재인용).
50 박원순a, 위의 책, 163-164쪽.

대표되는 반공법 제4조와 이를 계승한 국가보안법 제7조로 인하여 전면화되었다.

이전의 국가보안법은 시설 파괴 등의 행위를 처벌하는 것을 넘어 북한 및 시설 파괴 등을 목적으로 하는 단체 구성·가입을 처벌했기에, 치안유지법과 같은 사상탄압법이자 좌익조직말살법이라는 비판을 받았다. 그마저도 '비상시기', '내란 상황'이라는 명분에서만 가능한 입법이었다. 그런데 반공법 제4조 신설로 평범한 국민 개개인이 사상과 가치관을 형성하고 표현하는 것, 표현을 목적으로 하는 단체 구성·가입, 표현물 제작·소지까지 처벌되기 시작했다. 국민 개개인의 생각과 말을 감시하고 처벌하는 치밀한 체계가 본격적으로 등장한 것이다. 이제 '일상시기'에도, 시설 파괴 목적의 좌익조직에 가입한 사람이 아니어도, 일체의 행동이 없어도, 모든 국민의 말과 사상이 처벌 대상이 되었다.

(1) 반공법 제4조(1961년) - 모든 국민의 사상과 표현 처벌

1961년 5.16 쿠데타 후 군사정권은 "반공을 국시의 제1의義로 삼고 지금까지 형식적이고 구호에만 그친 반공 체제를 재정비 강화할 것"을 선언했다. 반공체제 강화를 최우선의 국가과제로 내세운 쿠데타 세력은 1961년 6월 6일 국가재건비상조치법을 공포하고 입법·사법·행정권을 모두 장악한 불법적 절대권력기관인 '국가재건최고회의'에서 악법을 양산했다. 「특수범죄 처벌에 관한 특별법」과 「반공법」이 대표적이었다.[51]

반공법(법률 제634호, 1961. 7. 3. 제정)에는 종전 국가보안법에 없던 찬양·고무·동조죄(제4조 제1항), 이적표현물 제작·수입·복사·보관·운반 반포·판매·취득죄(제4조 제2항, 제3항)와 이에 대한 미수죄와 예비·음모

---

51 민주화실천가족운동협의회b, 위의 글, 20쪽, 521쪽.

죄(제4조 제4항, 제5항)가 신설되었다. 종전 국가보안법이 단체 결성·가입을 주요 처벌 대상으로 한 반면, 반공법은 단체 결성과 무관한 국민 개개인의 사상과 일상적 의사표현 행위까지도 처벌 대상으로 삼았다. 학생, 정치인, 학자, 예술가는 물론 평범한 농어민들이 술자리에서 내뱉은 신세 한탄이나 정부 비판도 찬양·고무죄로 처벌되었다. 반공법이 제정·시행된 1961~1980년에는 반공법 구속·기소자 규모가 국가보안법보다 2배 가량 많았다.[52]

[표] 반공법 제정 이후 반공법과 국가보안법 적용(1961년~1980년)[53]

	국가보안법	반공법
구속	1,968명	4,167명
기소	2,319명	4,275명

이는 최소한의 말조차 억압하는 반공법 제4조에 따른 것이다. 이 시기에 많은 '필화'사건이 발생한다. 김지하의 『오적』(1970년), 리영희의 『8억 인과의 대화』(1977년) 등 그 예를 열거하기도 어려울 지경이다.

(2) 6차 개정(1980년) – 반공법을 국가보안법으로 흡수 통합

1979년 12. 12 군사쿠데타로 등장한 전두환 정권은 1980년 5월 17일 계엄령 확대와 광주학살로 새로운 군부독재를 완성하였다. 5월 27일 국무회의 의결로 '국가보위비상대책위원회'를 설치해 10월 27일 위 위원회에서 '국가보위입법회의법'을 통과시킨 뒤, 전두환 정권은 '국가보위입

---

52 민주화실천가족운동협의회b, 위의 글, 23-24쪽.
53 구속자 수는 1961년~1980년, 기소자 수는 1961년~1979년 기준이다.

법회의'라는 위법적 입법기구[54]를 내세워 156일의 활동기간 동안 수많은 악법을 양산했다. 사회보호법, 형사소송법, 정치자금법, 언론기본법, 대통령선거법, 노동관계법들이 제·개정되었고, 국가보안법도 이때 개정되었다.

전두환 정권은 1980년 12월 31일 반공법을 폐지하였다. 국가보안법과 반공법이 동일한 목적으로 중복되었을 뿐 아니라, '반공법'(Anti-communist Law)이라는 이름의 법을 가진 유일한 나라라는 지속적인 비판을 피해 나갈 국내외적 명분이 필요했기 때문이다.[55] 그러나 폐지는 형식에 그쳤을 뿐 주요 독소조항은 국가보안법으로 옮겼다. 핵심 조항인 반공법 제4조는 거의 그대로 국가보안법 제7조로 흡수, 통합되었다. 더구나 이적단체구성·가입죄 형량이 크게 올랐고, 이적단체 구성원의 허위사실 유포죄가 더 높은 형량으로 신설되었다(법률 제3318호, 1980. 12. 31. 전부개정).

[표] 반공법 제4조와 국가보안법 제7조 비교

반공법	국가보안법
(1980. 12. 31. 법률 제3318호로 폐지되기 전의 것)	[시행 1980. 12. 31.] [법률 제3318호, 1980. 12. 31. 전부개정]

---

54 대통령령(국가보위비상대책위원회 설치령, 대통령령 제9897호)에 의해 설치된 국가보위비상대책위원회가 법률을 제정한 것으로서 법률체계의 모순이 있을뿐더러, 국민이 선출한 정당한 대표권을 가진 국회의원으로 구성되지 아니한 기구가 제한없이 입법 권한을 행사한 것으로서, 이는 5.16 군사쿠데타 직후의 국가재건최고회의와 같은 쿠데타 입법기구에 불과한 것이다(박원순a, 위의 책, 214쪽).

55 민주화실천가족운동협의회b, 위의 글, 29쪽; 국가보안입법회의 사무처, 「제22차 법사위 회의록」 7쪽, 김영균 국가보안법 개정법률안 기초소위원회 위원장의 제안설명.

제4조 (찬양, 고무등) ① 반국가단체나 그 구성원 또는 국외의 공산계열의 활동을 찬양, 고무 또는 이에 동조하거나 기타의 방법으로 반국가단체(국외공산계열을 포함한다)를 이롭게 하는 행위를 한 자는 7년 이하의 징역에 처한다. 이러한 행위를 목적으로 하는 단체를 구성하거나 이에 가입한 자도 같다.	제7조 (찬양 고무등) ① 반국가단체나 그 구성원 또는 그 지령을 받은 자의 활동을 찬양·고무 또는 이에 동조하거나 기타의 방법으로 반국가단체를 이롭게 한 자는 7년 이하의 징역에 처한다.
	② 국외공산계열의 활동을 찬양·고무 또는 이에 동조하거나 기타의 방법으로 반국가단체를 이롭게 한 자도 제1항의 형과 같다.
	③ 제1항 및 제2항의 행위를 목적으로 하는 단체를 구성하거나 이에 가입한 자는 1년 이상의 유기징역에 처한다.
	④ 제3항에 규정된 단체의 구성원으로서 사회질서의 혼란을 조성할 우려가 있는 사항에 관하여 허위사실을 날조·유포 또는 사실을 왜곡하여 전파한 자는 2년 이상의 유기징역에 처한다.
② 전항의 행위를 할 목적으로 문서·도화 기타의 표현물을 제작·수입·복사·보관·운반·반포·판매 또는 취득한 자도 전항의 형과 같다.	⑤ 제1항 내지 제4항의 행위를 할 목적으로 문서·도화 기타의 표현물을 제작·수입·복사·소지·운반·반포·판매 또는 취득한 자는 그 각항에 정한 형에 처한다.
③ 전항의 표현물을 취득하고 지체없이 수사, 정보기관에 그 사실을 고지한 때에는 벌하지 아니한다.	

④ 제1항, 제2항의 미수범은 처벌한다.	⑥ 제1항 내지 제5항의 미수범은 처벌한다.
⑤ 제1항, 제2항의 죄를 범할 목적으로 예비 또는 음모한 자는 5년 이하의 징역에 처한다.	⑦ 제1항 내지 제5항의 죄를 범할 목적으로 예비 또는 음모한 자는 5년 이하의 징역에 처한다.

반공법을 흡수한 후 국가보안법을 통한 인권탄압 사례가 크게 늘었다. 제7조가 중심이었다. 한홍구 교수는 반공법 폐지 이후 전두환 정권에서 '국가보안법의 대중화'가 완벽하게 이루어졌다고 평가한다.[56] 국가보안법의 다른 조항들은 형법 등 기존 법과 중복되지만, 제7조는 다른 법에는 없는 조항으로 이후 국가보안법의 '상징'으로 일컬어졌다.[57]

(3) 7차 개정(1991년) – 1990년 헌법재판소 한정합헌결정에 부합하지 않는 개정

1990년 경 공고하던 국제적 냉전체제가 무너지고, 사회주의권과 교류가 시작되었다. 사회주의권 전체에 대한 긍정적 표현을 모두 처벌하던 국가보안법 제7조는 더 이상 유지될 수 없었다. 정부는 1988년 7.7 선언을 내놓으며 남북관계 개선을 선도하고자 하였고, 기업인의 방북이 실현되는 등 북과 교류협력이 시작되었다. 1988년 1월 북의 조국평화통일위원장 초청으로 방북한 현대그룹 정주영 회장은 국가보안법 처벌 대상이 되지 않았다. 그러나 같은 기관의 초청에 따라 방북한 문익환 목사는 중형을 선고받았다. 삽시간에 공안정국이 펼쳐졌다. 귀에 걸면 귀걸이 코에 걸면 코

---

56 한홍구, 위의 책, 70쪽.
57 민주화실천가족운동협의회b, 위의 글, 104쪽.

걸이라는 국가보안법의 자의적 적용이 심각한 문제로 부각되었다.

1987년 6월 항쟁의 성과로 대통령 직선제 개헌이 이루어졌고, 개정 헌법은 위헌 판단 기관으로 헌법재판소를 신설했다. 헌법재판소는 설치 직후인 1990년 국제환경변화와 남북관계 변화 속에서 국가보안법 제7조 제1항, 제5항 위헌 여부를 최초로 심리했다. 결론은 한정합헌이었다.[58] 범죄 구성요건인 '구성원', '활동', '동조', '기타의 방법', '이롭게 한'의 다섯 군데 용어가 "지나치게 다의적이고 그 적용범위가 광범위"하여 이를 문언 그대로 해석, 운영할 경우 헌법상의 언론, 출판, 학문, 예술, 양심의 자유를 침해할 개연성이 있고, 법 운영 당국의 자의적인 법집행을 허용할 소지가 있으며, 헌법 전문과 헌법 제4조의 평화적 통일 지향 조항과 양립하기 어려운 점이 있는 등 위헌적 요소가 있다는 것이다. 그러면서도 "국가의 존립·안전이나 자유민주적 기본질서에 위해를 줄 명백한 위험이 있을 경우에만 축소 적용"하는 것으로 해석하는 범위 내에서 합헌이라고 하였다.[59]

위 헌법재판소 결정 이후 국가보안법의 폐지 또는 전면 개정을 요구하는 각계의 목소리가 이어졌다.[60] 그러나 폐지는 이루어지지 못했다. 1991년 5월 31일 국회의장이 반대하는 야당 의원들의 접근을 차단하기 위해 본회의장에서 절대다수 여당 의원들을 방패막이로 둘러 세워놓고 무선 마이크로 가결을 선포한 날치기 개정만 있었다(7차 개정, 법률 제4373호, 1991. 5. 31. 일부개정).

개정 내용의 첫 번째는 반국가단체에서 국외공산계열을 제외한 것이다.

---

58 헌법재판소 1990. 4. 2. 선고 89헌가113 결정.
59 "국가의 존립·안전이나 자유민주적 기본질서에 무해한 행위는 처벌에서 배제하고, 이에 실질적 해악을 미칠 명백한 위험성이 있는 경우로 처벌을 축소제한하는 것이 헌법 전문·제4조·제8조 제4항·제37조 제2항에 합치되는 해석일 것이다"(헌법재판소 1990. 4. 2. 선고 89헌가113 결정).
60 민주화실천가족운동협의회b, 위의 글, 530-532쪽.

[표] 1991년 개정 전후 국가보안법 제2조 비교

1991년 개정 전 국가보안법 제2조 [시행 1988. 2. 25.] [법률 제3993호]	1991년 개정 국가보안법 제2조 [시행 1991. 5. 31.] [법률 제4373호]
제2조 (반국가단체) ① 이 법에서 "반국가단체"라 함은 정부를 참칭하거나 국가를 변란할 것을 목적으로 하는 <u>국내외의 결사 또는 집단</u>을 말한다.	제2조 (정의) ① 이 법에서 "반국가단체"라 함은 정부를 참칭하거나 국가를 변란할 것을 목적으로 하는 <u>국내외의 결사 또는 집단으로서 지휘통솔체제를 갖춘 단체</u>를 말한다.
② 제1항의 목적으로 공산계열의 노선에 따라 활동하는 국내외의 결사 또는 집단도 반국가단체로 본다.	〈삭제〉

개정 내용의 두 번째는 제7조 개정으로, 지금까지 30년 넘게 그대로 유지되고 있다. 개정 내용이 과연 '구성요건의 위헌성'을 제거하고 '명백한 위험성이 있는 경우'로 처벌을 축소하라는 헌법재판소의 요구에 맞는 것이었는지, 헌법적 관점에서 면밀히 살펴볼 필요가 있다. 개정 내용에 대한 분석과 함께, 실제 적용 시 제7조의 자의성이 제거되거나 통제되었는지 검토가 필요하다.

7차 개정 시 국외공산계열 조항 삭제 외에 제7조에서 바뀐 내용은 아래 사항들이다.

① "국가의 존립·안전이나 자유민주적 기본질서를 위태롭게 한다는 정을 알면서"라는 초과 주관적 요건이 추가되었다. 헌법재판소가 한정합헌 결정에서 "국가의 존립·안전이나 자유민주적 기본질서에 위해를 줄 명백한 위험이 있을 경우에만" 법을 적용할 것을 요구했지만, '명백한 위험성' 판단을 가능하게 할 객관적 구성요건은 보완되지 않고 '위태롭게 한다는

정을 알면서'라는 주관적 요건만 삽입되었다.

② 개념의 자의성과 다의성으로 위헌성이 지적된 구성요건 중 '구성원', '활동', '동조'는 그대로인 채, '기타의 방법', '이롭게 한'만 삭제되었다.

③ 반면 새로운 행위 유형으로 '선전'을 추가하고 '국가변란을 선전·선동'하는 행위를 처벌 대상에 포함하였다. '국가변란' 개념은 제정 국가보안법에도 포함되었던 것인데 제정 당시 검찰총장조차도 개념의 모호성을 지적한 바 있을 만큼,[61] '정부참칭'과 어떻게 구별되는지, 폭력의 행사를 수반하는 것인지 명확한 내용을 확정할 수 없는 자의적 개념이다.[62]

④ 국가보안법 제7조 제1항과 제5항에 대한 예비·음모죄가 삭제되었다.

[표] 1991년 개정 전후 국가보안법 제7조 비교

1991년 개정 전 국가보안법 제7조 [법률 제3318호] [1980. 12. 31, 전부개정]	1991년 개정 국가보안법 제7조 [법률 제4373호] [1991. 5. 31, 일부개정]
제7조 (찬양·고무 등) ① 반국가단체나 그 구성원 또는 그 지령을 받은 자의 활동을 찬양·고무 또는 이에 동조하거나 기타의 방법으로 반국가단체를 이롭게 한 자는 7년 이하의 징역에 처한다.	제7조 (찬양·고무 등) ① 국가의 존립·안전이나 자유민주적 기본질서를 위태롭게 한다는 정을 알면서 반국가단체나 그 구성원 또는 그 지령을 받은 자의 활동을 찬양·고무·선전 또는 이에 동조하거나 국가변란을 선전·선동한 자는 7년 이하의 징역에 처한다.

---

61 국가보안법 제정 당시 국회에 출석한 권승렬 검찰총장은 제정법안의 국가변란 개념의 모호성을 다음과 같이 지적하였다. "그 다음에 국가를 변란할 목적이라고 했는데 국가를 변란하는 것은 글자가 좀 모호합니다. 즉 나라를 變㪰하고 흔들게 하는 것인데 범위와 행위가 무엇이라는 것을 알아볼 수가 없습니다. 그래서 변란을 목적이라는 것은 좀 모호한 것이라고 생각을 하고"(국회속기록-제헌국회 1회 제99차 본회의(1948. 11. 9.) 중 권승렬 검찰총장 발언).
62 박원순C, 『국가보안법연구 3』, 역사비평사, 1992, 67쪽.

② 국외공산계열의 활동을 찬양·고무 또는 이에 동조하거나 기타의 방법으로 반국가단체를 이롭게 한 자도 제1항의 형과 같다.	② 〈삭제〉
③ 제1항 및 제2항의 행위를 목적으로 하는 단체를 구성하거나 이에 가입한 자는 1년 이상의 유기징역에 처한다.	③ 제1항의 행위를 목적으로 하는 단체를 구성하거나 이에 가입한 자는 1년 이상의 유기징역에 처한다.
④ 제3항에 규정된 단체의 구성원으로서 사회질서의 혼란을 조성할 우려가 있는 사항에 관하여 허위사실을 날조 유포 또는 사실을 왜곡하여 전파한 자는 2년 이상의 유기징역에 처한다.	④ 제3항에 규정된 단체의 구성원으로서 사회질서의 혼란을 조성할 우려가 있는 사항에 관하여 허위사실을 날조하거나 유포한 자는 2년 이상의 유기징역에 처한다.
⑤ 제1항 내지 제4항의 행위를 할 목적으로 문서·도화 기타의 표현물을 제작·수입·복사·소지·운반·반포·판매 또는 취득한 자는 그 각항에 정한 형에 처한다.	⑤ 제1항·제3항 또는 제4항의 행위를 할 목적으로 문서·도화 기타의 표현물을 제작·수입·복사·소지·운반·반포·판매 또는 취득한 자는 그 각항에 정한 형에 처한다.
⑥ 제1항 내지 제5항의 미수범은 처벌한다.	⑥ 제1항 또는 제3항 내지 제5항의 미수범은 처벌한다.
⑦ 제1항 내지 제5항의 죄를 범할 목적으로 예비 또는 음모한 자는 5년 이하의 징역에 처한다.	⑦ 제3항의 죄를 범할 목적으로 예비 또는 음모한 자는 5년 이하의 징역에 처한다.

개정법은 헌법재판소의 예상 또는 기대와 달리 국가보안법의 자의성과 남용을 통제하는 효과를 가져오지 못했다. 7차 개정 직후인 1991년 9월 남북 유엔 동시가입, 12월 13일 「남북 사이의 화해와 불가침 및 교류협

력에 관한 합의서」가 채택되자 국가보안법의 존재 근거가 크게 약화되었다. 남북합의서 채택으로 북한을 휴전선 이북 지역의 통치권을 가진 실체로 인정한 이상, 북한을 정부 참칭 단체로 보는 제2조, 제7조 제1항 '반국가단체' 규정은 존속 근거를 잃을 수밖에 없었다. 실제로 그 이후 북한 간부나 주민은 국가보안법상 반국가단체 구성죄 처벌 대상이 되지 않았다. 더구나 2000년대 이후로는 새로이 반국가단체로 지목되는 단체도 나오지 않았다. 하지만 국가보안법상 반국가단체 규정은 여전히 가장 대표적으로 북한을 지칭하는 것으로 해석되고, 대한민국 국민이 북한에 대해 긍정적인 표현을 하거나 그러한 표현물을 소지하는 것을 처벌하기 위한 전제로 계속 존속되었다. 대한민국 국민의 말과 글에 대한 제7조 처벌사례는 오히려 늘어났다. 1990년대 국가보안법 기소 인원이 줄지 않고 90년대 후반에는 오히려 늘어난 주 원인은, 제7조 적용이 확대된 데 있다.[63]

[표] 연도별 국가보안법 기소자 현황(단위 : 명)[64]

연도	88	89	90	91	92	93	94	95	96	97
기소자	104	312	414	357	342	136	403	226	413	633

전두환, 노태우, 김영삼, 김대중 정부까지도 국가보안법 전체 입건자 및 구속자는 크게 줄지 않았다. 그 대부분은 제7조 구속자였다. 김영삼 정부와 김대중 정부 10년간(1993. 2. 25.~2003. 2. 24.) 통계를 보더라도 국가보안법 전체 구속자 3,047명 중 제7조 구속자가 2,762명으로 90.6%에 이르

63 민주화실천가족운동협의회b, 위의 글, 40쪽.
64 민주화실천가족운동협의회b, 위의 글, 36-44쪽.

러, 제7조의 자의성과 남용이 통제되는 결과는 나타나지 않았다.[65] 오히려 뒤에 살피듯 개정 이후에도 제7조는 여전히 공안수사기관의 대대적 단속과 공안정국 조성의 주된 근거로 쓰였고, 사회과학 서적 출간·소지는 물론 문학, 연극, 미술, 음악과 컴퓨터통신 등 모든 표현행위에 대한 처벌 근거로 사용되었다.[66]

[표] 각 시기별 국가보안법 구속자 현황[67]

시기	전두환 정부 (1980~1987)	노태우 정부 (1988~1992)	김영삼 정부 (1993~1998.2.)[68]	김대중 정부 (1998~2002)
전체	입건 2,232명 구속 1,565명	입건 2,347명	구속 1,966명	입건 1,975명 구속 1,125명
제7조	입건 2,072명 구속 1,495명	*89.9.~90.8. 구속 759명 중 727명 제7조 1항 - 173명 제7조 3항 136명 제7조 5항 - 418명 *90.9.~91.8. 구속 724명 중 686명 제7조 1항 128명 제7조 3항 234명 제7조 5항 - 324명	구속 1,791명	구속 971명

65 국가인권위원회a, 위의 결정문, 11쪽.
66 민주화실천가족운동협의회b, 위의 글, 47쪽.
67 민주화실천가족운동협의회b, 위의 글, 32, 42, 45, 67쪽,; 박원순b, 위의 책, 37쪽,; 사법연감, 법무부, 이재정 의원실 제출 국가보안법 현황 답변자료, 2020. 3. 등 종합.
68 1993. 2. 25.~1998. 2. 24.

적용 실태

1. 정권 안보 유지와 정치적 반대자 탄압의 도구

(1) 1991년 개정 이전

국가보안법은 제정 이후 최근까지 반민주적 집권세력이 국가의 존립·안전이나 자유민주적 기본질서를 침해한다는 빌미로 정치적 반대자를 탄압하는 데 계속 악용되었다. 주요한 정치적 시기마다 반민주적 집권세력은 수사기관을 통하여 정치적 반대 세력을 궤멸시키거나 위축시키고 정권의 위기를 타개하기 위하여 국가보안법을 적극 활용하였다. 이승만 정부 시기 국회 프락치 사건(1949년), 진보당 사건(1958년)은 물론 박정희 정부 시기 재일동포 간첩단 조작 사건(1975년), 노태우 정부 시기 1991년 분신정국(유서대필 사건도 자살방조죄와 함께 국가보안법으로 수사하여 함께 기소) 등, 위 정부들은 위기마다 국가보안법을 활용하였다. 국가보안법, 특히 제7조는 한총련(1997년) 등 수많은 학생운동 단체, 민주화추진위원회(1985년)·진보연대(2010년) 등 재야단체, 범민련(2009년)·남북공동선언실천연대(2008년) 등 통일운동단체들을 탄압하는 대표적인 수단이었다. 최근에도 박근혜 정부에서 서울시 공무원 간첩 조작사건(2013년), 내란음모 조작사건(2013년), 2016년 탄핵 촛불집회 당시 촛불단체 간첩 조작 시도(2016, 2017년), 국정원 프락치 사건(2019년 드러남) 등 국가보안법이 정치적 목적을 위해 활용되었다.

정부별로 주요 사건을 개관하면, 우선 이승만 정부에서는 국가보안법이 제정되자마자 1949년 한 해에만 국가보안법에 의하여 118,621명이 검거되었고, 같은 해 9~10월 사이에 132개 정당과 사회단체가 해산되었다. 국가보안법 제정에 반대했던 국회의원들이 대거 국회 프락치 사건으로 구속되고(1949년), 이승만 대통령의 강력한 경쟁자인 조봉암이 진보당 사건(1959년)으로 사형당했다. 국가보안법 제정 당시 법조문이 불과 6개였고, 찬양고무죄와 이적표현물 관련 죄가 없던 시기였음을 감안하면 정권이 비상시기라는 명분을 내세워 무소불위로 국가보안법을 남용하여 좌익세력과 정치적 반대자를 처벌하였음을 알 수 있다.

박정희 정부 시기에는 국가보안법에 더해 반공법이 쌍두마차로 정치적 억압의 도구로 사용되었다. 1961년-1980년 국가보안법 구속자가 1,968명, 반공법 구속자가 4,167명이었다. 납북어부, 재일동포, 유학생 등 간첩 조작사건이 계속되었고, 반공법 제4조가 적용되면서 최소한의 말조차 억압하는 다수의 필화사건이 잇따랐다.

	반공법	국가보안법/기타
1961~1980 (박정희 정부)	1964 MBC 황용주 사장 〈강력한 통일정부에의 의지〉 구속 1964 이만희 감독 〈7인의 여포로〉 구속[69] 1965 남정현 작가 소설 『분지』 구속	1961 조용수 민족일보 사장 사건 1967 동백림 사건 1968 통일혁명당 사건 1968 태영호 납북어부 사건 1974 울릉도 간첩단 사건

---

69 서울지검 공안부가 "국군을 무기력한 군대로 그린 반면, 북괴의 인민군을 찬양하고 미군에게 학대받는 양 공주들의 비참상을 과장되게 묘사하여 미군 철수 등 외세 배격 풍조를 고취하였다"는 이유로 감독과 제작자를 입건함(한홍구, 위의 책, 78쪽에서 재인용).

1970 김지하 시인 담시 『오적』 구속	1974 인민혁명당재건위 사건
1975 한승헌 변호사, 「어느 사형수의	1975 재일동포유학생 간첩 사건
죽음 앞에서 - 어떤 조사」 구속	1979 삼척간첩단 사건
1977 리영희 『8억인과의 대화』 구속	1979 남민전 사건

1980년대 전두환, 노태우 정부 시기에는 1980년 반공법이 폐지되고 주요 조항이 국가보안법 제7조 등으로 흡수되면서 국가보안법 제7조가 위세를 떨쳤다. 1980년대 민주화운동이 성장하면서 민중 주도의 통일운동 및 '북한 바로 알기 운동'이 활발해지자, 국가보안법은 가장 중심적인 탄압 도구로 사용되었다.

	국가보안법 제7조 제1항/제5항	국가보안법 제7조 제3항/기타
1980년대 (전두환, 노태우 정부)	1981 무협소설 『무림파천황』 사건 1987 『한국민중사』 출판 사건 1987 이산하 시인 『한라산』 사건 1989 신학철 작가 〈모내기〉 그림 사건 1989 홍성담 작가 〈민족해방운동사〉 그림 사건	1980 김대중 내란음모사건 1980 아람회 사건 1981 학림사건, 부림사건 1981 전국민주노동자연맹(민노련) 1982 오송회 사건 1985 민주화추진위원회 사건(깃발사건), 김근태 사건, 구미간첩단 사건, 민중교육지 사건 1985 서울노동운동연합(서노련) 1986 구국학생연맹 사건, 서울노동운동연합 사건, 삼민투위 사건 1987 제헌의회그룹 사건, 보임다산기획 사건 1989 문익환 목사 방북, 임수경 방북

(2) 1991년 개정 이후

1990년 헌법재판소 한정합헌결정 후 1991년 국가보안법 개정이 이루어졌으나, 그 이후에도 확대해석의 위험성은 전혀 통제되지 않았다. 1994년 검찰총장이 전국 공안부장검사 회의에서 "문학, 연극 등 예술 활동과 컴퓨터 통신 등 각종 통신매체를 통한 이적 표현 활동에 대한 단속을 크게 강화하라"고 지시할 정도로, 국가보안법 제7조는 학문과 예술의 영역도 제한 없이 침범했다. 1994년 김일성 조문 파동으로 신공안정국이 조성되고 1997년 한총련 사건으로 대규모 검거 선풍이 부는 등, 문민정부라는 김영삼 정권에서도 수시로 국가보안법을 통한 대대적 처벌과 공안몰이가 반복되었다.[70] 해마다 되풀이되는 한총련 이적단체 규정과 대의원들에 대한 무조건적 수배·구속은 김대중 정부에 들어서서도 잦아들지 않고 계속되었다.

	국가보안법 제7조 제1항/제5항	국가보안법 제7조 제3항/기타
1991~ 2000 (김영삼, 김대중 정부)	1993 천리안 컴퓨터통신 게시글 사건[71] 1993 노래극단 '희망새' 대본 사건 1993 황석영 작가 「사람이 살고 있었네」 사건 1994 한국사회의 이해 사건[72]	1990-1994 사노맹 사건[73] 1992 남매간첩단 사건 1994 조문파동 신공안정국 1995 범민련 남측본부 사건 1997 이후 한총련 사건

---

70 민주화실천가족운동협의회b, 위의 글, 47쪽.
71 서울경찰청이 1993. 12. 8. 천리안 사회비평동호회 회장 김OO을 이적표현물 반포등의 혐의로 구속한 사건.
72 대학교수 9명이 대학 교재로 집필한 『한국사회의 이해』를 출간 후 4년이 지난 시점에서 갑자기 "계급대립을 강조, 계급혁명과 폭력혁명을 선동"한다면서 구속기소한 사건.
73 1990. 10. 국가안전기획부는 '남한사회주의노동자동맹'(사노맹)이 무장봉기를 통해 사회주의혁명을 달성하고자 하는 지하조직이라면서 노동계 등에서 1,600여 명이 활동해 왔고 당시 40명을 구속했으며 150명을 추적·수배중이라고 발표함. 핵심인물로 지목된 박기평(필명 박노해)이 1991. 3. 구속되어 법원에서 무기징역형이 선고됨. 이후 1994년까지 관련자들의 구속이 계속됨. 사노맹은 이적단체 조항이 아닌 반국가단체 조항이 적용됨(대법원 1992. 4. 24. 선고 92도256판결 등).

1994 출판사 대표들 이적표현물 구속사건[74]
1994 소설 『태백산맥』 고발사건
1997 사회과학서점상 구속 (서울대 그날이오면, 성대 풀무질, 고대 장백, 연대 오늘의 책, 서강대 서강인, 성대 논장 등)
1997 인권영화제 〈레드헌트〉 상영, 서준식 구속[75]

1991년 개정으로 국가보안법 제7조를 '국가의 존립·안전이나 자유민주적 기본질서를 위태롭게 한다는 정을 알면서' 행위한 사람만 처벌하도록 바꾸었으니 더 이상 남용의 우려가 없다고 헌법재판소와 대법원이 선언한 이후에도, 1990년대 내내 제7조 남용은 오히려 확대되었다. 검찰은 컴퓨터 통신, 노래, 영화제에 출품된 영화는 물론이고 대학교 교양 교재, 공개적으로 출판된 소설과 사회과학서적 소지자 등까지 모두 국가보안법 제7조를 적용하여 구속하였다. 학생, 작가, 예술가, 학자, 출판사, 서점 운영자 등 학문 탐구와 영리 추구가 주된 목적인 사람들도 처벌에서 벗어나지 못했다.

(3) 21세기에도 현재진행형으로 적용되는 국가보안법

2000년대 들어서면 과거 군부 독재 정권에 비하여 국가보안법 사건 수

---

74 일빛출판사 대표가 『강의 노동자의 경제학』, 『강의 노동자의 철학』 등 5권, 힘 출판사 대표가 『사랑과 통일의 실천철학』, 『90년대 도약 청년학생운동』, 도서출판 일터 대표가 북한소설 『용해공들』, 백산서당 대표가 『제국주의론』 등 4권, 도서출판 가서원 대표가 『세기와 더불어』, 도서출판 살림터 대표가 북한소설 『벗』을 출판했다는 이유로 구속된 사건.

75 1997. 11. 5. 제2회 인권영화제 집행위원장 서준식(인권운동사랑방 대표)이 '이적표현물'인 제주도 4·3항쟁을 다룬 영화 〈레드헌트〉를 상영하고 그 비디오 테이프를 소지하고, 자택에 〈해방전후사의 인식 2〉, 〈참된 시작〉 등 이적표현물을 소지했다는 이유로 구속된 사건.

는 줄어드는데, 노무현 정부 시기 국가보안법 적용이 다소 줄었다가 이명박, 박근혜 정부 시기 다시 늘어나는 것이 눈에 뜨인다. 문재인 정부에서도 2018~2019년 2년간 국가보안법 입건자로 수사받은 사람이 583명에 이르러, 국가보안법 적용과 수사는 여전히 계속되고 있다.

[표] 연도별 국가보안법 위반 사건처리 현황[76] (단위 명)

	사건접수	처분계	구속 구공판	불구속 구공판	구약식	불기소	기타
2001년	240	234	112	21	0	93	8
2002년	236	265	118	36	0	100	11
2003년	178	163	80	31	0	51	1
2004년	117	123	38	43	0	38	4
2005년	63	84	14	27	0	41	2
2006년	107	112	15	19	0	77	1
2007년	81	91	14	22	0	47	8
2008년	73	70	17	25	0	23	5
2009년	81	79	12	39	0	21	7
2010년	186	149	32	44	0	62	11
2011년	207	171	21	70	0	62	18

---

76 법무부, 이재정 의원실 제출 국가보안법 현황 답변자료, 2020. 3.

2012년	203	210	32	78	0	82	18
2013년	289	260	35	162	0	25	38
2014년	306	270	8	75	0	134	53
2015년	245	183	28	45	0	80	30
2016년	167	142	22	13	0	97	10
2017년	120	118	7	20	0	84	7
2018년	144	277	4	22	0	243	8
2019년	305	306	0	15	0	278	13

2019년 국정원 프락치 사건으로 드러났듯, 공안수사기관은 최근까지도 국가보안법 수사를 빌미로 사찰과 감청, 통신회사를 통한 통신자료 확보 등을 지속해왔다. 국가보안법이 국민 감시 통제 수단으로 활용되고 서울시 공무원 간첩 조작 사건, 내란음모 조작 사건과 통합진보당 해산 등 정권의 정치적 목적으로 남용되는 것은 2000년대에 들어서도 바뀌지 않았다.

다만 문재인 정부 들어 국가보안법 기소는 줄어들었으나, 국가보안법 은 여전히 '사상 검열 체계'로 온존하고 있다. 최근까지도 북한을 긍정적 으로 표현했다는 이유로 연예인[77], 드라마(TV 드라마 〈사랑의 불시착〉), 예 술작품, 일반 시민의 행위(홍대 앞 주점[78]), 대통령의 정치 행위[79]에 대해서

---

77 2018. 12. '김정은 위인맞이 환영단' 단장의 발언을 방송했다는 이유로 방송 진행자인 김제동이 국가보안 법 위반으로 고발된 사건.

78 2019. 9.경 홍대앞에서 개업 준비중인 주점에서 홍보 목적으로 건물에 인공기와 김일성, 김정일 사진을 부 착한 것에 대하여 국가보안법 위반 주장으로 민원이 제기되고 해당 지자체가 이를 수사기관에 이첩한 사건.

79 대통령이 '북한의 비핵화 의지가 확고하다'는 등의 발언을 했다는 등 이유로 국가보안법 제7조 위반으로

도 국가보안법 제7조 위반 고발이 이어졌다. 국가보안법은 여전히 정치적 견해가 다른 상대방을 고발하거나 공격하는 강력한 수단이자, 국민 각자로 하여금 표현행위를 자기검열하게 하는 통제장치로 작동하고 있는 것이다.

	국가보안법 제7조 제1항/제5항	국가보안법 제7조 제3항/기타
2001 ~현재	2005 강정구 교수 '통일전쟁' 칼럼 사건 2007 이시우 작가 사건 2011 해사장교 사건 2011 박정근 리트윗 사건 2011 자본주의연구회 사건	2003 송두율 교수 사건 2006 일심회 사건 2008 남북공동선언실천연대 사건 2009 범민련 사건 2010 한국진보연대 사건 2011 왕재산 사건
	2012 평통사 회원 구속, 자주민보 이창기 기자 구속 2015 통일콘서트 사건 2017 노동자의 책 사건 2019 홍대 앞 주점 인공기 게양 2020 TV 드라마 〈사랑의 불시착〉 피고발, 문재인 대통령 피고발	2012 노동실천해방연대 사건, 새시대교육운동 사건[80] 2013 서울시 공무원 간첩 조작사건, 내란음모 조작사건 2017 성직자 노동자 간첩단 사건 (김성윤 목사 등) 2019 국정원 프락치 사건

고발된 사건.

80 전교조 부위원장인 박미자 교사 등이 '새시대교육운동'이라는 이적단체를 구성하여 남북교류사업을 빌미로 회합·통신, 이적표현물 소지하였다며 기소한 사건. 결국 앞의 혐의는 모두 무죄가 되고 제7조 제5항 중 이적표현물 소지로 유죄판결을 받은 사건.

2. 노동운동 탄압 수단

국가보안법은 노동자와 노동운동을 탄압하는 대표적인 수단이기도 했다. 제정 직후부터 한국전쟁 시까지 조선노동조합전국평의회(전평)에 가입한 많은 노조원들이 국가보안법으로 처벌되었다.[81] 이후 박정희 정부 시기까지 노동운동에 대한 국가보안법 적용례는 많지 않다가, 1970년대 말부터 노동운동이 성장하면서 1980년대 들어 노동운동단체와 노동자에 대하여 국가보안법 적용이 본격화되었다.

1980년 국가보안법에 흡수된 제17조[82]는 이미 1961년 반공법 제9조로 만들어진 것으로, 쟁의행위에 들어간 노동자를 구속해 파업을 파괴하기 위한 조항이었다. 1997. 3. 13. 제정된 노동조합 및 노동관계조정법 제39조[83]와 달리, 1997. 2. 이전까지 적용된 노동쟁의조정법 제9조(1963년 이전에는 제13조)는 줄곧, 근로자는 쟁의행위 기간 중에는 현행범 외에는 여하한 이유로도 그 자유를 구속당하지 아니한다고 정하고 있었다. 쟁의행위 기간 중에 범죄를 저질렀다는 이유로 노동자를 구속하면 단체행동권이 무력화될 수 있는 위험이 있으므로, 헌법 제33조 제1항[84]에서 보장하는 노동자의 단체행동권을 보장하기 위해 둔 규정이다. 그런데 반공법 제9조는 명시적으로 근로자의 구속제한 규정 적용을 배제했다. 파업 중에도 반공법 또는 국가보안법 위반이라면 현행범이 아니어도 구속할 수 있

---

81 예를 들자면 1949. 9. 20. 조선노동조합전국평의회 금속노조 조합원들이 전평 가입과 임금인상 파업참가 혐의로 국가보안법으로 구속되었다는 기록이 있다. 민주화실천가족운동협의회b, 위의 글, 12쪽.
82 국가보안법 제17조(타법적용의 배제) 이 법의 죄를 범한 자에 대하여는 노동조합및노동관계조정법 제39조의 규정을 적용하지 아니한다.
83 노동조합 및 노동관계조정법 제39조(근로자의 구속제한) 근로자는 쟁의행위 기간중에는 현행범 외에는 이 법 위반을 이유로 구속되지 아니한다.
84 헌법 제33조 ① 근로자는 근로조건의 향상을 위하여 자주적인 단결권·단체교섭권 및 단체행동권을 가진다.

게 한 것이다.[85] 이적표현물 소지죄 하나라도 나오면 노동자를 구속해 파업을 깨고 노동조합을 무너뜨릴 용도로 활용된 것이 국가보안법이었다.

국가보안법이 노동운동에 적용된 구체적 양상은, 이적단체 또는 반국가단체로 기소하여 처벌한 경우, 단체로 엮으려고 기도하였으나 실패하여 결국 이적표현물 소지 등의 혐의만으로 기소한 경우, 순전히 노동운동을 탄압할 목적으로 개인 또는 특정인들에 대하여 이적표현물 소지 등의 혐의로 처벌한 경우로 나눌 수 있다.[86] 공안수사기관은 노동운동단체를 제7조 제3항으로 규율하여 기소하고, 단체의 기소가 어렵더라도 집이나 노조 사무실 압수수색을 통해 노동자와 활동가를 제7조 제5항과 제1항으로 기소하여 처벌하였다.

[표] 노동운동에 대한 국가보안법의 적용 양상(1980, 90년대)[87]

유형	내역과 사건
이적단체 또는 반국가단체로 기소하여 처벌 한 경우	1981 전국민주노동자연맹 1986 서울노동운동연합, 전국노동자연맹추진위 1987 안산노동자해방투쟁위원회, 노동운동후원회, 노동자 해방사상연구회, 서울남부지역노동자동맹 1987 성남지역 민족해방민주주의노선 현장활동가그룹 1989 인천·부천지역민주노동자회, 안양민주노동자일동그룹 인천지역민주노동자연맹

85 황교안은 국가보안법 제17조의 취지를 아래와 같이 설명한다. "북한공산집단을 비롯한 공산주의자들이 그들의 혁명전략의 일환으로 소위 노동자·농민에 의한 사회주의 혁명을 주장하며 노동자들에 의한 파업·태업을 선동하고 과격한 노사분규를 유발시켜 사회혼란을 도모할 것이 우려되는바, 국가보안법위반 범죄의 위험성에 비추어 근로자들에 대한 특별보호규정이 악용되는 사례를 미연에 방지하기 위해 본조는 보안법위반 범인에 대하여는 비록 쟁의기간 중이라 하더라도 필요한 경우 구속할 수 있음을 명시하고 있는 것이다." 황교안, 『국가보안법』, 박영사, 2011, 547-548쪽.
86 박원순b, 『국가보안법연구 2』, 역사비평사, 1992, 290쪽.
87 박원순b, 위의 책, 290쪽 이하.

	1990 노동계급, 기독교문화노동운동연합, 일꾼노동문제연구원, 인천노동자대학, 민족통일민주주의노동자동맹, 혁명적노동자계급투쟁동맹, 남한사회주의노동자동맹, 민중민주주의노동자투쟁동맹
	1991 노동문학실, 경수지역노동자연합
	1992 일동그룹, 한국사회주의노동당, 안산민중민주주의노동자투쟁동맹, 노동자문화마당 일터, 국제사회주의자들, 노동자계급해방투쟁위원회, 노동자정치활동센터
	1993 혁명적 국제사회주의노동자투쟁동맹
	1994 노동과 해방을 위해 투쟁하는 사회주의자들, 성남지역노동자회, 노동자민족문화운동연합
	1995 전국노동운동단체협의회
	1996 한국노동청년연대, 노동자해방통일전선, 노동자 중심의 진보정당추진위원회
	1997 노동정치연대, 북부노동자회, 한국노동청년연대, 참세상을 여는 노동자연대, 부천민주노동청년회
	1998 관악노동청년회, 안양민주화운동청년연합, 진보민중청년연합, 민족사랑청년노동자회 등
단체로 엮으려고 기도하였으나 실패하여 결국 이적표현물 소지 등의 혐의만으로 기소한 경우	■개요 : 공안수사기관에서 단체로 엮어 수사를 진행하고 관련자들을 처음 연행하여 구속할 때에는 이적단체 등의 혐의를 씌우고 또 언론에도 그렇게 보도한 후에 수사과정이나 재판과정에서 이적단체로서의 실체가 없다든가 또는 입증에 실패하여 이적단체 부분을 빼버리고 가택수색 등을 통해 나온 소위 이적표현물 소지 등의 혐의만으로 기소하거나 판결을 받은 경우 ■사례 -북부지역노동자연맹(북노련): 공안수사기관은 1990. 2. 13.경부터 같은 해 4. 29.경까지 공개단체인 북부노동자회관 노동자정치학교 강사 등을 연행하여 북부지역노동자연맹(북부노련)이라는 이적단체를 구성하였다는 혐의로 구속하고 이를 대대적으로 발표함. 수사과정에서 이

	적단체 혐의 적용이 어렵게 되자 관련자들이 『노동운동론 연구』 등의 이적표현물을 소지하였다는 혐의만으로 기소함 1987 노동운동후원회, 노동자해방사상연구회, 성남지역민 족해방인민민주주의노선 현장활동가그룹 1990 남도주체사상연구회, 북부지역노동자연맹, 민족해방민 중민주주의노동자투쟁조직(인천노동상담소) 1994 한누리노동청년회 등
순전히 노동운 동을 탄압할 목 적으로 개인 또 는 특정인들에 대하여 이적표 현물 소지 등의 혐의로 처벌한 경우	■ 개요 : 노동운동가나 활동가들에 대하여도 특별히 흠잡을 것이 없는 경우에 노조사무실이나 집 등에 대해 압수수색 을 실시하여 확보한 자료를 이적표현물로 기소하는 방식 ■ 사례(비슷한 유형이 많아 일부만 소개) -1989. 5. 10. 전태일기념사업회 부설 구로노동상담소 실 무간사로서 구로공단 일대의 노조결성과 활동을 지원한 신○○은 『사적 유물론』, 『세계와 인간』 등의 이념서적을 소지했다는 혐의로 구속됨 -1990. 5. 17. 금성사 창원 제1공장의 도장공인 김○○은 1989. 3.경에 있었던 임금협상 당시 노조집행부가 사용자 측과 결탁한 어용노조라고 생각하고 민주노조추진위원회 측의 파업지도부에 동조한 것을 빌미로 『노동해방문학』, 『한국민중사』, 『함께 여는 세상』 등 이적표현물을 소지한 혐의로 구속됨

    1981년 노동운동 단체로는 최초로 전국민주노동자연맹(민노련)이 제7
조 제3항 이적단체로 규정된 이후, 1987년 노동자대투쟁을 전후해 국가
보안법을 통한 탄압이 더욱 심해졌다.[88] 1990년 노동자 구속자 가운데 국
가보안법 위반이 23.1%인 101명에 이르러 업무방해죄 구속자(27.7%) 다

---

88 민주화실천가족운동협의회b, 위의 글, 216쪽.

음으로 많을 만큼 국가보안법은 노동운동 탄압의 주요 수단이 되었다.[89] 국가보안법은 노동운동가들에게 '빨갱이' 멍에를 씌워 일반 노동자들로부터 분리·고립시키는 효과적인 수단이었다. 노동실천해방연대(2012년) 등 노동운동단체, 노동자의 책(2017년), 민주노총 조합원 등 활동가에 대한 국가보안법 적용은 최근까지 계속되었다.

2017년 8월 4일 수원지방법원이 국가보안법 제7조 제1항 및 제5항에 대해 위헌심판제청결정[90]한 사건도 국가보안법을 수단으로 한 노동운동 탄압사건이었다. 국가정보원이 '민주노동자전국회의'라는 노동자들로 구성된 공개적인 단체를 오랫동안 전국에 걸쳐 이적단체 구성 혐의 등으로 수사해오다[91] 여의치 않자, 위 단체 회원들인 피고인들로부터 압수한 〈제26차 중앙위원회 자료집〉, 〈제8기 정기총회 및 총노선 선포대회 자료집〉, 〈2010 회원 교양지〉. 〈2009 노동대학 자료집〉, 〈전국회의 2010 교양지〉 등 위 단체 활동에 사용된 자료집을 이적표현물로 보고 취득·소지죄로 기소한 것이다. 이적단체로 수사하다 실패하자 결국 이적표현물 소지 등으로 기소하는 것은 국가보안법으로 노동운동을 탄압해온 전형적 방식이다.

3. 제7조 제5항의 또 다른 역할
─정치공작의 최후 안전장치, '보험용' 기소 수단

국가보안법 수사 시 수사기관은 거의 예외 없이 피의자의 주거와 직장

---

89 민주화실천가족운동협의회b, 위의 글, 38쪽.
90 수원지방법원 2017. 8. 4.자 2017초기1410결정.
91 수원지방법원 2011고단5396, 2012고단6180(병합) 국가보안법위반(찬양·고무등)등 사건 제13회 공판조서 중 이필영 증인신문조서, 속기록 4쪽.

등을 압수 수색하고 그가 소지한 서적과 문서, 컴퓨터와 USB에 저장된 파일들을 찾아낸다. 이 때 확보한 자료를 이적표현물 반포·소지·취득 등 제7조 제5항 혐의사실로 끼워 넣어 경합범으로 기소하는 것이 전형적인 방식이다. 애초 적용한 혐의로 기소가 여의치 않으면 결국 이적표현물 소지죄만으로 기소한다. 수사기관은 어떻게든 국가보안법으로 기소하고 일부라도 유죄판결이 나오도록 하기 위해, 다른 혐의가 무죄가 될 것을 대비하여 이른바 '보험용으로' 제7조 제5항 혐의사실을 끼워 넣어 기소해왔다[92]. 무죄판결로 종결될 경우 수사권 남용 비판이 쏟아질 것을 막기 위해서다. 제7조는 조항 자체의 모호성과 자의성 때문에 수사기관의 악용의 도구가 되었고, 압수수색은 그러한 찬양·고무·동조행위나 이적표현물 '색출'을 위한 효과적인 수단이 되어 왔다.[93]

---

92 북한 교원단체들과 합법적으로 교류했던 박미자 전교조 수석부위원장 등에 대한 제7조 제5항 기소가 대표적인 사례다. 검찰은 애초 교류 자체를 문제삼아 국가보안법상 회합·통신, 이적단체 구성 등으로 기소하였으나, 이 혐의는 모두 무죄로 판명났다. 그러나 교원들의 남북교류 당시 북의 서점에서 구입해 아무 문제 없이 반입한 『민족의 세시풍속 이야기』 책자 등이 이적표현물 소지죄로 기소된 것은 유죄판결이 확정되었다.
93 한홍구, 위의 책, 72쪽.

2부

국가보안법이
만들어낸 인권침해

민주주의 국가의 헌법은 헌법제정권자인 국민의 기본권 보장을 위한 국가의 의무를 규정하고 국가권력의 남용을 통제한다. 모든 법률은 헌법의 틀 내에서 만들어지고 작동되어야 한다. 대한민국 헌법은 사상과 양심의 자유, 표현의 자유 등 일련의 민주주의 기본권을 규정한다.

그러나 국가보안법은 헌법에 따른 하위 법률이 아니라 사실상 헌법 위의 법으로 군림했다. 국가보안법은 헌법을 정점으로 한 법체계의 위계질서와 민주주의 체제라는 이상형 안에서 작동하지 않았다. 국가보안법은 그 자체가 하나의 체제로, 한국 사회를 반헌법적·비민주적 모습으로 변형시켰다. 그 배경은, 해방 직후 분단과 함께 냉전 체제에 편입된 대한민국의 이념적 기초와 실천을 담은 것이 헌법이 아니라 국가보안법이었던 것과 관련된다. 헌법은 현대 국가가 원칙으로 하는 기본원리들을 받아들였지만, 현실에서는 냉전 반공 체제가 압도하고 있었다. 냉전 반공 체제 아래서는 헌법의 자유민주주의적 기본권마저 형해화시키는 압도적 힘[1]이 작동되었다. 사상과 이념, 가치를 국가가 독점한 체제[2]는 민주주의의 기본 가치에 반하므

---

1 박찬표, 『한국의 48년 체제: 정치적 대안이 봉쇄된 보수적 패권 체제의 기원과 구조』, 후마니타스, 2010, 36-37쪽.
2 박찬표, 위의 책, 69쪽.

로 헌법상 허용될 수 없다. 하지만 반민주적 정부 아래에서 헌법은 이상일 뿐이었다. 현실을 점령한 냉전 반공 체제는 국가보안법을 사상을 처벌하는 법률적 근거로 삼고 국가보안법을 헌법 위에 올려 세웠다.

근대 헌법의 시초가 국민이 부당하게 처벌받지 않도록 하는 데 있었던 것을 떠올리면, 형사법 체계가 헌법의 통제 아래 만들어지고 운용되게 하는 것이 매우 중요하다. 그러나 국가보안법은 특별형사절차를 두어, 형사법체계 전반에 관철되어야 할 헌법의 통제를 벗어던졌다. 강력한 반공독재체제에서 국가보안법 수사 권한을 틀어쥔 공안수사기관은 사상과 표현을 처벌하기 위해 혐의자의 일상 전부를 감시하고 추적하면서 필연적으로 인권 침해 사례들을 양산했고, 불법 수사까지 서슴지 않았다. 반민주적 집권세력의 정치적 반대자는 물론 일반 국민들도 국가보안법으로 심각한 기본권 침해를 겪어야 했다.

국가보안법은 사회 전체에 자기검열을 내면화한 생각의 검열체계를 만들어 양심과 사상의 자유를 보장한 헌법을 무력화했다. 국민 각자의 내면 깊이 스며들어 스스로 생각을 통제하게끔 함으로써, 국민들이 민주주의 국가의 주권자로 자리 잡는 것을 가로막았다. 국가보안법 체제를 그대로 둔 채 헌법상 기본권을 보장하는 민주사회의 정상성을 회복하기란 불가능에 가깝다.

국가보안법 체제는 생각이 다른 사람, 정부나 체제에 비판적이거나 반대하는 사람을 적으로 규정하고 사회적으로 배제하고 고립시킨다. 끊임없이 내부의 적을 찾아내고 생명을 박탈하거나 공존의 공간에서 쫓아내는 국가보안법 체제의 동력은, 불온한 사상을 가진 자는 공동체의 안전을 위태롭게 한다는, 이념과 정치적 의견을 이유로 한 혐오에 기반해 있다. 한국 사회에서 국가보안법 체제는 내부의 적은 쫓아내도 된다는 혐오의 원형이자 출신 지역 등 다양한 이유의 혐오에 기반한 차별의 뿌리다.

수사과정의 인권침해와 자기검열의 내면화

1. 일반 형사 절차와 다른 특수 규정

(1) 상금 조항—탄핵 정국에서도 증액된 공안수사기관 포상금

국가보안법 제21조[3]는 '국가보안법상의 죄를 범한 자를 인지하여 체포한 수사기관 또는 정보기관에 종사하는 자'에 대해 상금을 지급하도록 한다. 제24조는 위 보상대상자를 심의·결정하기 위하여 법무부 장관 소속하에 국가보안유공자 심사위원회를 두도록 정한다.

보안 분야 경찰관들은 국가보안법 위반 혐의자를 붙잡아 구속할 때마다 법무부로부터 1명당 20~40만 원의 '국가보안유공자 수당'을 받는 것으로 드러났다.[4] 법무부는 위 규정에 근거해 1981년부터 수당을 지급해왔으며, 1998년과 1999년 각 1억3,339만 원을 예산으로 책정한 것으로 밝혀졌다. 보안 수사관들에 대한 금전적 특혜가 무리한 인신체포를 부추

---

3 국가보안법 제21조(상금) ① 이 법의 죄를 범한 자를 수사기관 또는 정보기관에 통보하거나 체포한 자에게는 대통령령이 정하는 바에 따라 상금을 지급한다.
② 이 법의 죄를 범한 자를 인지하여 체포한 수사기관 또는 정보기관에 종사하는 자에 대하여도 제1항과 같다.
③ 이 법의 죄를 범한 자를 체포할 때 반항 또는 교전상태하에서 부득이한 사유로 살해하거나 자살하게 한 경우에는 제1항에 준하여 상금을 지급할 수 있다.
4 한겨레, 1999. 4. 13., 「마구잡이 보안법 수사…특진-포상제가 부채질」(민주화실천가족운동협의회b, 위의 글, 327쪽에서 재인용).

기고 이른바 '실적올리기'식 수사의 배경이 된 것이다.[5]

2020년 법무부가 밝힌 '국가보안법 상금 내역과 환수 여부'에 따르면, 상금은 2000년-2019년에 45억 원 가량 집행됐고, 그 중 68.5%가 검찰, 경찰, 국정원 등 수사기관 공무원에게 지급되었다. 특히 2000년-2009년 집행된 상금의 99%는 검찰, 경찰, 국정원 등 수사기관 공무원에게 지급되었다.[6] 국가보안법 상금 조항은 결국 국가보안법 사건을 수사하는 공무원에 대한 포상으로 전락했다. 수사·정보기관 공무원이 국가보안법 위반 사범을 체포·인지한 대가로 받은 상금은 박근혜 정부 들어 급증했다. 2013년 상금 지급 건수는 전년도에 비해 2배 이상, 상금액은 3배 이상 늘었다.[7]

[표] 상금 지급 내역

	2009년	2010년	2011년	2012년	2013년
상금 지급 건수	34	21	29	33	78
총 상금액 (원)	1억 5,825만	6,400만	9,675만	8,150만	2억 5,900만

상금 지급 관련 규정은 1991년 이후 국가보안법과 그 부속 법령 가운데 유일하게 정부가 자발적으로 내용을 개정한 조항이다. 개정 시점은 박근혜 대통령이 탄핵소추당한 후인 2016년 12월 황교안 대통령 권한대행 체제에서다. 당시 국무회의는 '국가보안유공자 상금 지급 등에 관한 규정

5 민주화실천가족운동협의회b, 위의 글, 327-328쪽.
6 경기신문, 2020. 10. 15., 「김용민 의원 "공무원들의 국가보안법 포상금 잔치…사건 조작해도 환수 안해"」
7 한겨레, 2014. 4. 3., 「[단독] 국정원 증거조작 논란 거센데…보안법수사 포상금은 3배 급증」

일부 개정령'을 통과시켜 국가보안법 위반자에 대한 신고 포상금을 기존 5억 원에서 4배 인상된 최대 20억 원으로 올렸다.[8]

수사기관 종사자에 대한 포상 규정은 일반 형법상 범죄에는 존재하지 않는 이례적인 규정이다. 국가보안법은 금전적 동기까지 동원해 수사기관의 인권침해를 조장해온 셈이다.

(2) 공소보류 - 전향 강요, 프락치 공작 수단

국가보안법 제20조 공소보류제도는 검사가 국가보안법의 죄를 범한 자에 대하여 형법 제51조[9]의 상황을 참작하여 공소제기를 보류할 수 있게 한 것이다. 공소 제기 없이 2년을 경과하면 공소권은 소멸된다. 반면 공소보류된 자가 감시, 보도에 관한 규칙을 위반한 때에는 공소보류를 취소하여 동일한 범죄사실로 재구속할 수 있다. 다른 중요한 증거를 발견한 경우를 제외하고는 동일한 범죄사실로 재구속하는 것을 금지한 형사소송법 제208조[10]의 예외인 셈이다.

법 규정상으로는 일반 형사절차에서 고려되는 양형 사항을 공소보류 결정에 참작하도록 되어 있지만, 실제 중요한 요인은 '범인의 성향, 전향의 완전성 여부, 공범자 등 관련범 검거의 기여도' 등이다. 일반 형사법상 기소유예사유는 행위 결과의 중대성 또는 동기나 정황 등이지만, 공소보

---

8 한겨레, 2016. 12. 27., 「국가보안법 위반 신고 포상 4배 올려」
9 형법 제51조(양형의 조건) 형을 정함에 있어서는 다음 사항을 참작하여야 한다.
1. 범인의 연령, 성행, 지능과 환경
2. 피해자에 대한 관계
3. 범행의 동기, 수단과 결과
4. 범행 후의 정황
10 형사소송법 제208조(재구속의 제한) ① 검사 또는 사법경찰관에 의하여 구속되었다가 석방된 자는 다른 중요한 증거를 발견한 경우를 제외하고는 동일한 범죄사실에 관하여 재차 구속하지 못한다.
② 전항의 경우에는 1개의 목적을 위하여 동시 또는 수단결과의 관계에서 행하여진 행위는 동일한 범죄사실로 간주한다.

류는 이와 무관하게 '전향했는가', '수사기관에 협조했는가' 여부에 따라 결정된다. 공소보류가 취소되면 동일한 범죄사실로도 재구속될 수 있으므로, 공소보류자는 검사 및 수사기관의 감시와 통제하에 놓이게 되며 불안한 상황을 벗어날 수 없게 된다.

공소보류제도는 피의자의 연령, 가정환경, 범행의 정도, 반성 여부와 정도 등 양형사유를 주요 고려사항으로 하여 피의자의 사회복귀를 돕기 위한 형사정책적 배려인 기소유예제도[11]와는 완전히 다르다. 기소유예는 피의자에게 향후 수사기관이 요구하는 어떤 행동을 하지 않으면 다시 기소될 수 있다는 압박을 가하지 않는다. 그러나 공소보류는 수사권 및 소추권을 가지고 있는 국가기관이 처벌하지 않는 조건으로 '사상전향'과 '충성맹세'를 강제하는 수단[12]이다. 이에 더하여 기존에 알고 있는 정보를 제공하라는 압박이자, 앞으로도 관련자 검거를 위해 협조자 내지 프락치가 되지 않으면 공소보류가 취소되어 재구속 기소될 수 있다는 위협으로도 작동한다. 공소보류 취소 가능 기간이 끝나기까지 공소보류자는 공안수사기관에 덜미를 잡힌 채일 수밖에 없다. 자의에 의하지 않은 변심과 정보 제공을 강요하는 공소보류제도는 양심의 자유에 대한 중대한 침해다.

공소보류 결정 과정 또한 일반 형사절차와 완전히 다르다. 검사를 제외한 정보수사기관은 국정원장에게 통보하여 조정을 받아야 하고, 검사는 국정원장과 협의하여야 한다.[13] 정보수사기관의 권력화, 비대화가 초래될 수밖에 없는 구조다.

---

11 형사소송법 제247조(기소편의주의) 검사는 「형법」 제51조의 사항을 참작하여 공소를 제기하지 아니할 수 있다.
12 민주화실천가족운동협의회b, 위의 글, 392-394쪽.
13 정보 및 보안업무기획 조정규정 제9조(공소보류 등)

(3) 참고인 구인·유치 - 일반 형사절차에서 용납되지 않는 강제수사권 남용

형사소송법 제199조 제1항[14]은 강제처분은 형사소송법에 특별한 규정이 있는 경우에 한해 허용된다고 규정한다. 원칙적으로 인신구속은 범죄혐의를 받는 피의자나 피고인에 대해서만 가능하다. 사건의 제3자로서 사건 수사에 필요한 사실을 확인하기 위하여 필요할 뿐인 참고인은 구금할 수 없다. 형사소송법 제221조 제1항[15]은 참고인에 대해서는 출석을 요구해 진술을 들을 수 있다고 정할 뿐이다. 그러니 일반 형사절차에서는 참고인을 구속해 강제수사할 수는 없다.

그런데 국가보안법 제18조[16]는 피의자나 피고인이 아닌, 참고인도 구인유치할 수 있도록 정한다. 형사소송 일반원칙에 어긋나는 예외다. 참고인을 강제구인하여 진술을 확보할 수 있도록 강제하려는 것이다. 유죄 증거를 확보하려는 수사 편의적 목적으로, 일반 형사절차에서 용납되지 않는 강제수사권 남용을 허용한 것이다. 더구나 국가보안법 사건 관련자 가운데는 참고인 임의동행 형식으로 구인되었다가 피의자로 바뀌는 경우가 적지 않았다.[17] 국가보안법은 형사소송법상 엄격히 규제되는 강제수사에 대한 통제에서도 벗어나 작동해온 것이다.

---

14 형사소송법 제199조(수사와 필요한 조사) ① 수사에 관하여는 그 목적을 달성하기 위하여 필요한 조사를 할 수 있다. 다만, 강제처분은 이 법률에 특별한 규정이 있는 경우에 한하며, 필요한 최소한도의 범위 안에서만 하여야 한다.

15 형사소송법 제221조(제3자의 출석요구 등) ① 검사 또는 사법경찰관은 수사에 필요한 때에는 피의자가 아닌 자의 출석을 요구하여 진술을 들을 수 있다. 이 경우 그의 동의를 받아 영상녹화할 수 있다.

16 국가보안법 제18조(참고인의 구인·유치) ① 검사 또는 사법경찰관으로부터 이 법에 정한 죄의 참고인으로 출석을 요구받은 자가 정당한 이유없이 2회 이상 출석요구에 불응한 때에는 관할법원판사의 구속영장을 발부받아 구인할 수 있다.
② 구속영장에 의하여 참고인을 구인하는 경우에 필요한 때에는 근접한 경찰서 기타 적당한 장소에 임시로 유치할 수 있다.

17 민주화실천가족운동협의회b, 위의 글, 388쪽.

(4) 패킷 감청 - 사람의 생각을 들여다보다

통신비밀보호법은 '범죄수사 또는 국가안전보장을 위하여' 전기통신의 감청(이른바 '통신제한조치')을 일정한 요건을 갖춘 경우 허용한다.[18] 통신비밀보호법은 '전기통신'을 '전화·전자우편·회원제정보서비스·모사전송·무선호출 등과 같이 유선·무선·광선 및 기타의 전자적 방식에 의하여 모든 종류의 음향·문언·부호 또는 영상을 송신하거나 수신하는 것'으로 정하고(제2조 제3호), '감청'을 '전기통신에 대하여 당사자의 동의없이 전자장치·기계장치 등을 사용하여 통신의 음향·문언·부호·영상을 청취·공독하여 그 내용을 지득 또는 채록하거나 전기통신의 송·수신을 방해하는 것'이라 한다(제2조 제7호).

과거 인터넷이 없던 때는 공안기관의 '전기통신의 감청'은 특정인의 전화 통화에 대해 감청하거나, 특정인의 주거지나 사무실 근처에 무선 도청장치를 설치한 후 이를 이용해 감청하는 것이었다.[19] 그러나 오늘날 사람들의 정보 교환, 의사 전달을 위한 핵심 수단으로 인터넷이 자리잡은 뒤로는, 인터넷 통신 자체를 감청하는 방식의 수사가 보편화되었다. 법원도 "인터넷 통신망을 통한 송·수신은 통신비밀보호법 제2조 제3호에서 정한 '전기통신'에 해당하므로 인터넷 통신망을 통하여 흐르는 전기신호 형태의 패킷packet을 중간에 확보하여 그 내용을 지득하는 이른바 '패킷 감청'도 같은 법 제5조 제1항에서 정한 요건을 갖추는 경우 다른 특별한 사정이 없는 한 허용된다."고 판시하여 수사기관의 '패킷 감청'을 통한 강제수사의 길을 열어주었다.[20]

패킷packet은 포장물을 뜻하는 패키지package와 덩어리를 의미하는 버

---

18 통신비밀보호법 제3조 제1항, 제2항, 제4조, 제5조, 제6조, 제7조, 제8조, 제9조, 제9조의 2.
19 한겨레21, 1998. 12. 31. 「영남위 사건 '냄새'가 난다」
20 대법원 2012. 10. 11. 선고 2012도7455 판결.

킷bucket의 합성어로, 네트워크network 통신에서 데이터를 일정한 규격에 맞게 쪼개어 포장한 데이터 단위를 의미한다. 패킷 감청의 위헌성을 다룬 헌법소원 사건에서, 국가정보원은 '장비를 통해 해당 인터넷회선을 통과하는 모든 패킷이 중간에 수집·복제되어 국가정보원 서버로 즉시 전송 저장'되고, '이와 같이 수집·저장된 패킷들은 국가정보원이 자체 개발한 서버처리프로그램을 통해 재조합 과정을 거쳐, 열람 가능한 형태로 전환'된다고 밝힌 바 있다.[21]

위 사건에서 국가정보원이 상세히 밝히지는 않았지만, 쪼개진 데이터(패킷)를 '국가정보원이 자체 개발한 서버처리프로그램을 통해 재조합 과정을 거쳐, 열람 가능한 형태로 전환'한다는 말의 의미는 자명하다. 예를 들어 인터넷 사용자가 이메일을 보낼 때, 텍스트 파일의 형식으로 내용을 작성하였다면, 인터넷 회선을 통한 이메일 전송 과정에서 텍스트 형식의 데이터는 인터넷 프로토콜protocol[22]의 규격에 맞게 잘게 쪼개진 패킷의 형태로 전송된다. 이 이메일을 수신하는 인터넷 사용자의 인터넷 메일 프로그램(예컨대, 네이버 메일이나 구글 메일 등)은 수신된 데이터를 사용자가 육안으로 식별할 수 있는 텍스트 파일의 형태로 전환하여 사용자의 화면에 보여주게 된다. 텍스트 파일뿐만 아니라 사진, 음성, 동영상 등 멀티미디어 파일도 마찬가지 원리다. 즉 국가정보원이 밝힌 '열람 가능한 형태로 전환'하는 '국가정보원이 자체 개발한 서버처리프로그램'은 이러한 패킷을 조합하여 텍스트, 이미지, 음성, 동영상 등으로 전환하는 프로그램을 의미한다. 한마디로 패킷 감청은, 해당 인터넷 회선 사용자가 컴퓨터나 스마트폰을 통해 보는 화면을 수사기관이 이를 거의 실시간으로 들여다보는

---

21 헌법재판소 2018. 8. 30. 선고 2016헌마263 결정.
22 복수의 컴퓨터 사이나 중앙 컴퓨터와 단말기 사이에서 데이터 통신을 원활하게 하기 위해 필요한 통신 규약을 의미한다.

것을 의미한다.

이러한 패킷 감청의 기술적 특성 때문에, 감청 대상자는 자신도 알지 못하는 사이에 수사기관에 의해 모든 일상을 전부 감시당하는 상황에 놓이게 된다. 헌법재판소도 '오늘날 메신저, 이메일·전화 등을 통한 의사소통뿐만 아니라 물품구매, 금융거래, 영상물 시청, 게시글 등록, 블로그 활동 등 생활의 대부분이 인터넷을 통해 이루어진다는 점을 고려할 때, 인터넷회선 감청이 감청 범위의 포괄성 면에서 다른 전기통신 감청과 본질적인 차이가 없다고 쉽게 말할 수 없다.'고 하여 수사기관의 권한 남용과 국민의 기본권 침해의 위험성을 경고한 바 있다.[23]

1) 이적표현물 소지 혐의만으로도 패킷 감청 허용 가능

패킷 감청에는 위와 같은 심각한 위험성이 있어, 통신비밀보호법도 패킷 감청이 포함된 전기통신의 감청은 '범죄수사 또는 국가안전보장을 위하여 보충적인 수단으로 이용되어야 하며, 국민의 통신비밀에 대한 침해가 최소한에 그치도록 노력하여야 한다.'고 규정하고 있기는 하다(제3조 제2항). 그러나 통신비밀보호법이 국가보안법과 만나는 순간, 통신비밀보호법의 입법 취지, 통신비밀보호법 일부 조항에 대한 헌법불합치 결정들[24]은 모두 물거품이 되고 만다.

통신비밀보호법 제5조 제1항은 '다음 각호의 범죄를 계획 또는 실행하고 있거나 실행하였다고 의심할 만한 충분한 이유가 있고 다른 방법으로는 그 범죄의 실행을 저지하거나 범인의 체포 또는 증거의 수집이 어려운

---

23 헌법재판소 2018. 8. 30. 선고 2016헌마263 결정.
24 헌법재판소 2010. 12. 28. 선고 2009헌가30 결정(통신비밀보호법 제6조 제7항 단서 중 전기통신에 관한 '통신제한조치기간의 연장'에 관한 부분은 헌법에 합치하지 아니한다.), 헌법재판소 2018. 8. 30. 선고 2016헌마263 결정(통신비밀보호법 제5조 제2항 중 '인터넷회선을 통하여 송·수신하는 전기통신'에 관한 부분은 헌법에 합치되지 아니한다.).

경우에 한하여 허가할 수 있다.'고 규정하여 형법과 특별형법이 규정하는 범죄 중에서 패킷 감청 등 '통신제한조치'가 가능한 범죄를 제한적으로 열거하고 있다.[25] 범죄 혐의가 있거나 수사 필요가 있다고 하여 모두 전기통신 감청을 허용하지는 않는다는 것이다. 전기통신 감청은 형법상으로는 내란 및 외환의 죄, 군형법상으로도 이와 유사하게 반란 및 이적죄 등 중대 범죄 수사에 꼭 필요한 경우로 한정되어 있다.

그러나 위 조항도 국가보안법에 대해서는 그 범죄의 중대성 여부는 따지지도 않은 채 '국가보안법에 규정된 범죄' 전체에 대해서 통신제한조치가 가능하도록 한다. 한마디로 국가보안법은 '헌법 위의 법'으로 특별대우를 받고 있는 셈이다. 이 때문에 국가보안법 제7조 제1항 '이적동조', 제5항 '이적표현물 소지', 제9조 '편의제공', 제10조 '불고지' 등 상대적으로 경미한 범죄에 대해서도 예외 없이 패킷 감청이 가능하다. 특히, 사람의 생각을 처벌할 수 있게 하는 제7조 제1항의 '국가의 존립·안전이나 자유민주적 기본질서를 위태롭게 한다는 정을 알면서'라는 초과주관적 구성요건의 입증을 위해서도, 수사기관은 얼마든지 패킷 감청을 할 수 있다. 오히려 제7조의 특성상 다른 범죄보다 더 용이하게 패킷 감청의 요건은 충족된다.

---

25 통신비밀보호법 제5조(범죄수사를 위한 통신제한조치의 허가요건) ① 통신제한조치는 다음 각호의 범죄를 계획 또는 실행하고 있거나 실행하였다고 의심할 만한 충분한 이유가 있고 다른 방법으로는 그 범죄의 실행을 저지하거나 범인의 체포 또는 증거의 수집이 어려운 경우에 한하여 허가할 수 있다.
1. 형법 제2편 중 제1장 내란의 죄, 제2장 외환의 죄 중 제92조 내지 제101조의 죄 (중략)
2. 군형법 제2편 중 제1장 반란의 죄, 제2장 이적의 죄, 제3장 지휘권 남용의 죄 (중략)
3. 국가보안법에 규정된 범죄
4. 군사기밀보호법에 규정된 범죄
5. 「군사기지 및 군사시설 보호법」에 규정된 범죄
6. 마약류관리에관한법률에 규정된 범죄 중 제58조 내지 제62조의 죄
7. 폭력행위등처벌에관한법률에 규정된 범죄 중 제4조 및 제5조의 죄
8. 「총포·도검·화약류 등의 안전관리에 관한 법률」에 규정된 범죄 중 제70조 및 제71조제1호 내지 제3호의 죄
9. 「특정범죄 가중처벌 등에 관한 법률」에 규정된 범죄 중 제2조 내지 제8조, 제11조, 제12조의 죄
10. 특정경제범죄가중처벌등에관한법률에 규정된 범죄 중 제3조 내지 제9조의 죄
11. 제1호와 제2호의 죄에 대한 가중처벌을 규정하는 법률에 위반하는 범죄
12. 「국제상거래에 있어서 외국공무원에 대한 뇌물방지법」에 규정된 범죄 중 제3조 및 제4조의 죄

예를 들어, 패킷 감청이 허용되는 형법상 범죄인 내란죄의 경우 '폭동'이라는 행위를 '계획 또는 실행하고 있거나 실행하였다고 의심할 만한 충분한 이유'가 있어야 통신제한조치가 허용될 것이다. 그러나 수사기관이 국가보안법 제7조 제1항의 초과주관적 구성요건에 따라 혐의자가 '국가의 존립·안전이나 자유민주적 기본질서를 위태롭게 한다는 정'을 알고 있는지 여부를 확인하기 위해 혐의자의 모든 인터넷 통신을 들여다보아야 한다는 식의 논리를 펼 때, 이러한 수사기관의 요청을 법원이 거절하기는 어려울 것이다. 실제로 국가정보원은 제7조를 포함한 국가보안법 위반 혐의로 조국통일범민족연합 구성원들을 수사하면서, 2003년 7월 30일부터 2009년 5월 7일 구속 시까지 약 6년간 매일 피고인들의 통신내용을 감청하였고, 2004년 7월 30일 이후부터 범민련 남측본부 사무실 및 피고인이 자택에서 이용한 인터넷 통신내용을 감청했다.[26][27][28] 제7조가 혐의자의 생각을 처벌하는 법이므로, 통신비밀보호법상 패킷 감청이 아닌 '다른 방법으로는' 혐의자의 생각에 관한 '증거의 수집이 어려운 경우'가 많을 수밖에 없다. 통신비밀보호법상 전기통신 감청의 남용을 경고한 헌법재판소의 판시도, 제7조 앞에서는 아무런 통제력을 발휘하지 못한다.

2) 국가보안법 위반 명목이면 3년 동안 무차별 패킷 감청 가능

과거의 통신비밀보호법은 패킷 감청 등 "통신제한조치의 기간은 2개월을 초과하지 못하고, 그 기간 중 통신제한조치의 목적이 달성되었을 경우

---

26 권정호, 토론문, 〈패킷감청의 문제점과 개선방안에 대한 토론회 자료집〉, 2010. 2. 1. 51쪽.

27 법률신문 2009. 10. 28. 「법원 '패킷감청' 영장발부 신중해야」

28 2008. 6. 12. 서울중앙지방법원이 발부한 통신제한조치허가서에는 "대상자가 근무처 ○○○에 자신의 명의로 설치, 사용 중인 하나로텔레콤(주) '광랜W' 초고속 인터넷 회선에 대한 전기통신 내용의 지득·채록 및 실시간 착·발신 IP 추적' 그리고 '대상자 주거지 ○○○에 처 ○○○ 명의로 설치된 KT '뉴메가패스' 초고속 인터넷 회선 ○○○에 대한 전기통신 내용의 지득 채록 및 실시간 착 발신 IP추적"이 포함되어 있었다. 조기영, 「최근 주요 쟁점과 관련한 통신비밀보호법 개정방향」, 《형사법연구》 제26권 제4호, 한국형사법학회, 2014, 116쪽.

에는 즉시 종료하여야 한다."고 하면서도, "제5조1항의 허가요건이 존속하는 경우에는 제1항 및 제2항의 절차에 따라 소명자료를 첨부하여 2개월의 범위 안에서 통신제한조치기간의 연장을 청구할 수 있다."라고만 하고 있었다. 결국, 통신제한조치가 2개월 단위로 연장되면 그만일 뿐, 언제까지든 계속 연장하는 것이 가능했다.

헌법재판소는 2010년 12월 28일 통신비밀보호법 제6조 제7항 단서 중 전기통신에 관한 '통신제한조치기간의 연장'에 관한 부분이 헌법에 합치하지 아니한다고 결정하면서 '위 법률조항은 2011년 12월 31일을 시한으로 입법자가 개정할 때까지 계속 적용한다.'고 잠정 적용을 명령했다. 그러나 국회는 2011년 12월 31일 시한까지 위 법률 조항을 개정하지 않고 있다가 2019년 12월 31일 비로소 개정하였는데, 그 과정에서 헌법 위의 법인 국가보안법은 특별한 지위를 또다시 인정받았다. 통신제한조치의 총 연장기간은 1년을 초과할 수 없지만, 국가보안법에 규정된 죄는 3년까지 가능하도록 한 것이다.[29]

이로써 수사기관은 국민의 '이적성' 여부를 파악하기 위해 3년 동안이나 무차별적으로 인터넷 회선을 감청할 수 있게 된 것이다. 국민 누군가의 생각이 북한의 주장과 유사한지 여부를 알기 위해서, 국가정보원[30]을 비롯

---

29 통신비밀보호법 제6조 (범죄수사를 위한 통신제한조치의 허가절차) ⑧ 검사 또는 사법경찰관이 제7항 단서에 따라 통신제한조치의 연장을 청구하는 경우에 통신제한조치의 총 연장기간은 1년을 초과할 수 없다. 다만, 다음 각 호의 어느 하나에 해당하는 범죄의 경우에는 통신제한조치의 총 연장기간이 3년을 초과할 수 없다.
1. 「형법」 제2편 중 제1장 내란의 죄, 제2장 외환의 죄 중 제92조부터 제101조까지의 죄, 제4장 국교에 관한 죄 중 제107조, 제108조, 제111조부터 제113조까지의 죄, 제5장 공안을 해하는 죄 중 제114조, 제115조의 죄 및 제6장 폭발물에 관한 죄
2. 「군형법」 제2편 중 제1장 반란의 죄, 제2장 이적의 죄, 제11장 군용물에 관한 죄 및 제12장 위령의 죄 중 제78조·제80조·제81조의 죄
3. 「국가보안법」에 규정된 죄
4. 「군사기밀보호법」에 규정된 죄
5. 「군사기지 및 군사시설보호법」에 규정된 죄
30 2020. 12. 15. 개정된 국가정보원법에 따라, 2024. 1. 1.부터 국정원의 대공수사권은 경찰로 이관된다. 그러나 개정 국가정보원법 제4조 제1항 제1호 라항은 「국가보안법」에 규정된 죄와 관련되고 반국가단체와 연계되거나 연계가 의심되는 안보침해행위에 관한 정보의 수집·작성·배포'를 여전히 국정원의 직무로 규정하

한 수사기관이 국민의 인터넷 접속 현황을 실시간으로 들여다 볼 수 있는 것이 대한민국의 현실이다.

2. 공안 수사기관의 비대화와 인권 침해

(1) 인권 침해는 국가보안법의 필연적 결과

국가보안법 사건 수사를 담당하는 공안 수사기관은, 중앙정보부에서 국가정보원으로 이어지는 국가 정보기구를 비롯해 군의 정보기구, 사법당국으로서의 검찰, 일상적인 대민업무를 담당하는 경찰에 이르기까지 광범위하게 존재한다. 공안 수사기관은 해방 이후 분단과 전쟁을 거치며 한국에 강력한 반공주의 체제가 들어선 것과 밀접히 관련되어 성장했다.

공안 수사기관은 국가보안법에서 활동의 법적 근거를 제공받았다. 민주화 이후 공안 수사기관에 대한 비판이 제기되면서 그 역할은 축소되었으나 조작사건은 여전히 되풀이되고 2010년대에도 계속되었다. 독재정권은 사라졌으되 공안 수사기관의 활동을 뒷받침해주는 법적 근거인 국가보안법은 여전히 살아 있기 때문이다.[31]

국가보안법은 제정 이후 줄곧 위법 수사 문제를 낳았다. 빨갱이를 잡아들이고 종북을 척결하려면 무슨 수단이든 쓸 수 있어야 한다는 관념은 위

고 있다. 또한 통신비밀보호법 제7조 제1항은 '대통령령이 정하는 정보수사기관의 장'이 국가안보를 위한 통신제한조치를 할 수 있도록 정하고 있는데, 이 법률의 위임을 받은 통신비밀보호법 시행령 제6조 제1항은 "법제7조 제1항에서 '대통령령이 정하는 정보수사기관'이란 「정보 및 보안업무 기획·조정 규정」 제2조 제6호에 따른 기관을 말한다."고 재위임하였다. 한편 「정보 및 보안업무 기획·조정 규정」 제2조 제6호는 " '정보수사기관'이라 함은 제1호 내지 제5호에 규정된 정보 및 보안업무와 정보사범등의 수사업무를 취급하는 각급 국가기관을 말한다."라고 한다. 그러므로 개정 법에 따르더라도, 국가보안법에 규정된 죄에 대한 정보 수집을 명분으로 한 국정원의 전기통신 감청권한은 여전히 존속하는 것으로 보아야 한다.

31 김정인·황병주·조수룡·정무용·홍정완·홍종욱·유상수·이정은, 『간첩시대』, 도서출판 책과함께, 2020, 162쪽.

법 수사 관행을 오랫동안 유지시켰다. 국가보안법이 정치적 반대자와 비판 세력에게 주로 적용된 결과, 권위주의 정부 시절에는 국가보안법이 국가안보보다는 정권안보에 기여한 측면이 적지 않았다. 법 집행자의 자의적 판단으로 국민의 기본권을 부당하게 침해하거나 제한된 경우도 많았다. 특히 제7조 적용 시 인권침해 논란이 심했다.[32]

국가보안법 수사 과정에서 위법 수사가 끊이지 않았음은 정부도 인정하고 있다. 정부는 제3차 국가인권정책기본계획에서, 국가보안법의 남용 방지 및 인권침해 문제 해결을 제3차 기본계획 과제로 삼았다. 대책으로 국가보안법 위반 사건에 최대한 신중하고 엄격한 기준을 적용하여 수사 기소할 것, 사안의 경중·죄질·국가안보에 미치는 영향 등을 종합적으로 고려하여 불입건·기소유예 등 적극 검토할 것, 남용 방지를 위한 수사관계자 교육 및 수사지휘체계 확립을 계속할 것, 남북관계 변화상황 등에 따라 「국가보안법」 제7조 개정 필요성을 검토할 것 등을 열거했다.[33]

하지만 국가보안법 제정 이후 70여 년, 1991년 개정으로부터 30여 년이 지난 지금까지도 남용과 인권침해 문제가 제기되어 온 현실은, 남용 억제와 인권 보호 유의만으로는 근본적인 문제 해결이 불가능함을 시사한다. 국가보안법 남용과 인권침해의 본질적 원인은, 비상시도 아닌 일상 시기에, 행동만이 아니라 특정 사상과 정치적 의견의 표현, 표현을 위한 단체구성·가입, 표현물 제작·소지 등 표현과 관련한 일체를 처벌하는 국가보안법 자체에 있다.

행동을 처벌하려면 그 행동의 결과와 과정, 정황에 대한 객관적 증거를 수집하는 것이 수사의 핵심이다. 행동이 아닌 말을 처벌 대상으로 하는 경

---

32 국가인권위원회a, 위의 결정문, 11쪽.

33 대한민국정부, 「2018~2022 제3차 국가인권정책 기본계획」, 2018, 52쪽.

우, 곳곳에서 무력 충돌이 벌어지는 비상시도 아닌 일상 시기이니, 말이 어떤 즉각적 해악을 일으키는 일도 드물 수밖에 없어, 그 말의 의미나 목적이나 결과는 해석되고 추론되고 예상되는 것일 뿐 이에 관한 무슨 직접적·객관적 증거가 있을 수 없다. 더구나 '국가의 존립·안전이나 자유민주적 기본질서를 위태롭게 한다는 정을 알면서' 했다는 주관적 구성요건을 입증해야 하니 결국 혐의자의 평소의 언행을 빠짐없이 수집하고 인간관계를 탐지하며 사상을 파헤치고 배후를 캐내는 것이다. 지금까지 유지되는 대법원 판례 역시 피고인의 평소 언행과 단체 활동 내용을 '정을 알면서'의 판단 기준으로 삼으니, 공안 수사기관의 수사는 혐의자에 대해 의심스러운 모든 것을 수집하는 광범위한 수사가 된다.

혐의자가 쓰는 말투 가운데 북한의 그것과 같은 것, 그가 속한 단체의 활동 가운데 북한의 주장에 동조하는 듯한 것 또는 북한 출판물과 비슷한 것을 모두 그러모으고, 북한과 관련된 무엇이든 끄집어내어 한데 모아 부풀리고 조직도를 그려 처벌 근거를 만들 수 있는 법이 국가보안법이다. 공안 수사기관은 이 정보를 얻기 위해 혐의자의 주변에 끄나풀과 정보원, 프락치를 심고, 수사관들을 투입해 감청과 미행을 몇 년이고 계속한다. 최후의 결정적 증거는 혐의자와 그 주변인들에 대한 회유, 압박, 위협, 고문을 통한 허위 자백, 허위 진술이다. 그마저도 부족할 것 같으면 공안 수사기관이 나서서 증거를 조작한다.

국가보안법이 낳아온 수많은 직권남용과 인권침해 문제는, 공안 수사기관의 인권의식 결여나 정치적 의도 때문에만 일어나는 것이 아니라, 사상과 표현을 처벌하는 국가보안법 그 자체에서 나온다. 공안 수사기관의 비대화와 끊이지 않는 위법수사, 국가보안법에만 적용되는 특별형사절차역시 사상과 표현을 처벌하는 국가보안법의 필연적 결과다.

(2) 중앙정보부 - 국가정보원

과거 중앙정보부, 국가안전기획부에서 개칭된 국가정보원은 줄곧 정권 유지 목적의 국가보안법 사건 수사의 정점에 있었다. 조직, 구성, 활동 내용 등이 일체 비밀로, 오직 대통령의 지휘만 받을 뿐 외부의 어떤 기관도 통제할 수 없는 무소불위의 기관이었다. 2020년 12월 15일 개정 전 국가정보원법 제3조, 제16조에 따라, 국가정보원은 국가보안법 위반 사건의 수사권을 행사했다. 그 과정에서 기관 명칭이 고문, 용공조작, 프락치 공작, 불법사찰 등과 등치되는 이름이었을 정도로, 국가정보원은 인권유린의 온상으로 무수히 많은 사건 조작, 불법체포 및 고문 등을 자행해왔다.

1기 의문사진상규명위원회는 중앙정보부에서 사망한 최종길 교수 사건 조사 결과 중앙정보부의 고문으로 사망에 이르렀음을 확인했고, 1974년 인혁당 사건도 고문 등으로 조작한 사건이었음을 밝혀냈다. 안기부가 1987년 대선을 앞두고 범인으로부터 범행을 자백한 진술서까지 받아놓은 단순 살인사건을 '여간첩 수지김 사건'이라는 공안사건으로 조작한 사실이 드러나기도 했다.[34]

국가정보원으로 개칭된 이후에도 변호인의 접견을 거부하는 등 수사과정에서 인권침해 문제가 끊이지 않았다. 국정원은 관행이라는 명분으로 민간에 대한 도청과 감청을 지속했고, 이는 2005년 2명의 전직 국정원장이 구속되는 결과를 가져왔다. 2013년에는 탈북민 출신의 서울시 공무원을 간첩으로 만들기 위해 동생에게 증언을 강요하고 중국 공문서를 위조한 이른바 '서울시 공무원 간첩 사건'을 조작한 사건도 드러났다.

국정원의 위법 수사는 최근까지도 버젓이 계속되어 왔다. 2019년 8월 드러난 국정원 프락치 공작 사건이 그 실례다. 2019년 8월 26일 머니투

---

[34] 민주화실천가족운동협의회b, 위의 글, 343쪽.

데이의 "국정원, 문 대통령 뜻 거역한 민간인 사찰 이어왔다."는 기사[35]를 시작으로 "프락치에 한 달 400만 원 씩 (…) 국정원 'RO'처럼 10억 원 주겠다.", "국정원 '프락치 활동' 녹음장비 주고, 주체사상도 직접 교육" 등 기사로 알려진 국정원 프락치 공작 사건은, 국정원이 2014년 10월부터 2019년 8월까지, 약 5년 동안 학생운동 전력이 있는 김 대표를 '프락치'로 이용해 광범위하게 민간인을 사찰한 사건이다.[36]

국정원은 김 대표로 하여금 회원이 1,500여 명에 이르는 시민사회단체인 '통일경제포럼'에 가입하여 운영진으로 활동하게 하면서 김 대표에게 녹음기 등을 제공해 5년간 포럼의 모든 모임과 뒤풀이, 개인적 대화를 전부 녹음하여 국정원에 제공하도록 하였고, 지인들의 국가보안법 위반 혐의를 입증하는 내용의 허위 진술서를 국정원이 미리 메모하여 온 대로 작성하게 하였다. 국정원은 '프락치' 활동의 대가로 김 대표에게 한 달에 200만 원을 지급하고, 허위 진술서를 작성할 때마다 50~80만 원을 추가 지급하였다. 국정원은 김 대표가 진술서를 작성하거나 지방에 사찰 대상자들을 만나러 갈 때마다 미리 불러 룸살롱에서 술을 마시고 술값을 국정원 법인 카드로 결제하고, 성매매를 하기도 하였다. 이렇듯 국가보안법 사건에서 빚어지는 인권침해 및 위법 수사 문제는 근본에서 해소되지 않은 채 계속되었다.

(3) 보안사 - 기무사

국군보안사령부(보안사. 이후 국군기무사령부로, 다시 국군안보지원사령부로 명칭 변경)는 5공화국 '정권 창출의 주역'으로 중앙정보부, 검찰, 경찰

---

35 머니투데이, 2019. 8. 26., 「[단독] 국정원, 文대통령 뜻 거역한 민간인사찰 이어왔다」

36 국정원감시네트워크, 「국가정보원 '프락치' 공작사건 진상조사 보고서」, 2019, 3쪽.

등을 지휘하는 권력의 핵심이었다. 법령상 국방부 장관의 지휘·감독 아래 있지만 실제로는 대통령에게 직접 보고하는 등 군의 지휘체계를 무시하며 초법적 권한을 행사했다.[37] 보안사는 스스로 "1971년부터 1974년 말까지 공작과 부활과 대일공작계 신설에 따라 '공작 근원 발굴 작업'에 착수하여 총 384명의 대상을 선정하여 집요한 공작활동을 진행한 결과 김영작, 진두현, 최철교, 김철우 등 30여 명의 간첩을 일망타진했으며, 75년부터는 교포 유학생을 대상으로 737명을 선발하여 공작활동을 전개하여 강종헌 일당 20여 명의 간첩을 색출하였다."라고 밝힌 바 있는데[38], 재일동포 유학생으로 1983년 보안사에 의해 간첩으로 검거되었다가 공소보류된 뒤 보안사 문관으로 1984년과 1985년 2년 동안 일한 김병진은 일본으로 돌아가 보안사의 간첩 조작 사실을 폭로하기도 하였다.[39]

보안사는 군 수사기구인데도 민간인에 대해서도 사찰을 일삼고 수사권을 행사하며 고문을 가하고 사건을 조작하는 등 인권유린의 산실이었다. 그 일부분이나마 알려진 사건들이 서울노동운동연합사건(1986년), 충북민주화운동협의회 회원 폭행사건(1987년), 해고노동자 미행사건(1987년), 국민대생 김정환 생매장 사건(1989년)이다.

보안사는 1991년 1월 '국군기무사령부(기무사)'로 명칭을 바꿨지만, 민간인 사찰은 계속되었다. 2009년 8월에는 그해 1월부터 기무사가 재일민족학교에 우리말 책을 보내는 인터넷 카페 회원들과 민주노동당 당원들을 조직적으로 사찰해온 증거가 드러났고, 이유도 모른 채 사찰당해왔음을 알게 된 피해자 엄윤섭은 불안과 우울에 시달리다 결국 스스로 세상을

---

37 민주화실천가족운동협의회b, 위의 글, 333쪽.
38 국군보안사령부, 『대공30년사』, 1978, 435쪽(김정인 외, 위의 책, 257-258쪽에서 재인용).
39 김병진, 『보안사 - 보안사령부에서의 체험』, 소나무, 1988 : 김정인 외, 위의 책, 258쪽.

등져야 했다.[40]

보안사는 1980년대 강제 징집한 학생들을 공작원(프락치)으로 이용하고 숨지게까지 한 '녹화사업'의 배후였고, 기무사 개칭 이후에도 입대 전 활동을 단서로 군인들을 구속해 국가보안법 사건을 만들어내는 공장이었다. 기무사가 구속 수사한 서울사회과학연구소 사건(1991년)[41], 청주대 자주대오 사건(1991년)[42] 등에는, 수사대상 군인들의 국가보안법 위반 행위가 군 복무 중이 아닌 입대 전 활동(학생운동 경력 등)이라는 공통된 특징이 있다. 사회와 격리된 군대라는 밀폐된 공간에서 은밀하게 수사할 수 있다는 점을 악용해, 입대 전 활동 경력을 추적하는 실적 올리기식 마구잡이 수사가 계속되었다. 군인인 피의자로서는 방어권을 행사하기 어렵다는 점을 악용해 쉽게 자백을 받아내기 위해 인신구속도 남용되었다.

또한 기무사가 헌법재판소의 박근혜 대통령 탄핵 결정을 앞둔 2017년 3월 '전시 계엄 및 합수 업무 수행 방안', 이른바 계엄령 문건을 작성하고, 촛불집회 참가자에 대한 불법 사찰을 벌이고 조총련과 연계된 '간첩'사건을 조작하려고 준비[43]했다는 문제도 알려진 바, 기무사는 극히 최근까지도 반민주적 정권 유지를 위해 여전히 국가보안법을 동원한 정치공작을 기획해왔음이 밝혀졌다.[44] 결국 국군기무사령부는 해체 재편되어 군보안 방첩 업무를 수행하는 군사안보지원사령부로 2018년 9월 1일 새로이 창설되었다.

---

40 한겨레, 2012. 8. 25., 「딸과 우쿨렐레 치던 순한 그는 왜 투신자살을 했나」

41 1991년 서울사회과학연구소 소속(출신) 연구자들의 학위논문 작성과 연구과정에서 쓴 연구물들을 이적표현물로 규정하여 국가보안법을 적용한 사건으로, 군인 4명과 민간인 2명이 연행되어 그 중 4명이 구속되었다.

42 1991년 청주대 재학생 등 20명이 이적단체 활동을 한 혐의로 재판을 받은 사건으로 2007년 3월 8일 경찰청 과거사진상규명위원회는 "당시 경찰이나 국군 기무사가 신빙성이 약한 강령·규약을 증거로 채택해 그 일부 내용을 범죄사실로 인정한 점에 의혹이 있다."고 밝혔다.

43 한겨레, 2019. 6. 16., 「[단독] 기무사, 촛불집회 엮어서 간첩 사건 기획했다」

44 김정인 외, 위의 책, 190쪽.

(4) 경찰 대공분실(보안수사대)

제5공화국 시기 경찰에서는 대공 관련 기구가 가장 강력한 조직으로 자리 잡았다. 대공 관련 수사기구 특히 '대공분실'은 설립의 법적 근거나 공식 명칭은 물론이고, 소재지, 소속조차 전혀 알려지지 않았다. 수사기관들의 '익명성'은 국민들에게는 더욱 큰 두려움을 불러일으켰고, 법률적 통제를 어렵게 하는 요인이자 고문 등 인권유린의 온상이 되는 배경이기도 했다.[45] 1980년대 이후 발생한 크고 작은 국가보안법 조직사건의 상당수가 치안본부 남영동 대공분실에서 벌어진 위법한 밀실수사를 통해 만들어졌다. 그 과정에서 1985년 김근태 민청련 의장 고문 사건, 1987년 박종철 고문치사 사건 등이 연이어 일어났다. 이후 대공분실은 보안수사대로 개칭되었다.

(5) 검찰

해방과 함께 식민지 '검찰 사법'은 붕괴되었지만 식민지 검찰 기구와 형사 사법제도의 명맥은 유지되던 중, 사상검찰은 좌우 대립이 격화되는 틈을 타 조직의 부활을 시도해 1948년 국가보안법 제정 이후 재조직되었다. 1949년 '국회 프락치 사건'의 수사를 지휘한 오제도 검사의 서울지검 정보부를 중심으로 전국 사상검찰의 진용이 구축되었다.[46]

박정희 정부에서 공안검찰은 중앙정보부의 보조자 역할을 충실히 수행했다. 경찰, 중앙정보부 등에서 수사관들이 작성한 피의자신문조서, 의견서는 거의 그대로 검찰 공소사실로 옮겨졌다. 피해자가 수사기관 등에서 당한 고문, 불법 조사 행위들을 호소하더라도 검찰에서 피해 사실에 대해

---

45 민주화실천가족운동협의회b, 위의 책, 322쪽.
46 김정인 외, 위의 책, 166쪽.

조사하는 예는 거의 없었다. 이 호소를 들은 검사가 오히려 다시 중앙정보부로 돌려보내겠다며 피해자를 위협하는 경우도 있었다.[47]

문민정부 출범 이후에는 검찰이 공안 수사에서도 주도권을 확보했는데, 1990년대 초 남북관계 개선으로 국가보안법 폐지 여론이 끓어올랐다가 일부 개정에 그치자, 공안검찰은 국가보안법을 내세워 공안 정국을 이끌었다. 1996년 연세대 한총련 통일축전 사건을 계기로 공안검찰은 1996년 9월 '한총련 좌익 합동수사본부', 1997년 5월 '좌익사범 합동수사본부'를 발족시켰다. 학생과 노동자, 출판 관계자들에게 제7조를 적용한 대대적인 수사 결과, 국가보안법 위반 구속자는 군사정부에서보다 더 늘었다.

3. 자기검열을 내면화하는 생각의 검열체계 형성

(1) 행위에 이르지 않은 사상을 처벌

국가보안법은 1948년 제정 시부터, 아직 범행을 실행하지 않았을 뿐만 아니라 예비·음모 단계에도 이르지 않은 결사 또는 단체 구성·가입 자체를 처벌했다. 폭동 등 파괴행동은 형법 제정 전에도 이미 일본 제국주의 치하에서부터 시행되어 효력을 유지하던 구형법상 내란죄로 처벌하고 있었으므로 별도의 법이 필요하지 않았다. 국가보안법의 정확한 입법목적은 좌익조직을 붕괴시키고 좌익세력의 존재 자체를 말살하는 것이었다. 당시 법무부장관 권승렬은 "작년에 제정된 국가보안법으로 사법당국에서는 좌익공산분자를 박멸하는 소재로 썼습니다. 그 공로는 지극히 큽니다."라고

---

47 민주화실천가족운동협의회b, 위의 글, 350쪽.

평가하였다.[48]

폭동이나 파괴행위 등에 이르지 않아도 좌익 성향 조직에 참여했다는 것만으로도 처벌하는 것은 결국 사상에 대한 처벌이다. 국가보안법이 본질상 사상탄압법이라는 점은 제정 시부터 문제시되었다. 제헌의회의 노일환 의원은 다음과 같이 이의를 제기하였다.

> "그 사람의 마음속에 있고 그 사람의 사상 속에 있는 것을 추상적으로 판단해서 단죄한다는 것은 정당한 논리가 아닐뿐더러 부당한 처벌이 인민 대중한테 내려가기 쉬운 것입니다. (…) 현재의 대한민국 안에서 정치운동을 하고 청년단체 기타 학생단체를 망라해 가지고 독립과정에 있는 이 나라를 자주독립의 반석 위에 세우고자 하는 그네들이 추상적인 이 법률에 의해서 얽매이지 않으리라고 보증할 수 없습니다."[49]

한국전쟁 이후 좌익세력이 궤멸된 후에는 정부에 비판적인 정치·사회단체와 그 구성원들이 국가보안법의 적용대상이 되었다.[50] 그 처벌근거 역시 이들이 '빨갱이' 사상을 지니고 있다는 것이었다.

이러한 사상탄압법적 성격은 1961년 반공법 제4조로 찬양고무죄와 이적표현물 제작·반포 등 죄가 신설되고 1980년 국가보안법 제7조로 흡수통합되는 과정에서 극대화되었다. 치안유지법을 본뜬 1960년 이전의 국가보안법이 파괴행위 목적의 단체구성·가입을 주요 처벌대상으로 한 것

---

48 국회속기록 – 제헌국회 제5회 제56차 본회의(1949. 12. 2), 27쪽. 당시 법무부장관 권승렬의 국가보안법 1차개정안 제안설명.
49 국회속기록 – 제헌국회 제1회 제108차 본회의(1948. 11. 19), 3~4쪽, 노일환 의원 발언.
50 박원순a, 위의 책, 95쪽.

과 달리, 1961년 제정 반공법 제4조와 1980년 개정 국가보안법 제7조 제
1항, 제5항은 파괴행위 목적 단체구성·가입과 관계없거나 그 이전 단계
인 개개인의 생각과 사상을 문제 삼았다. 반국가단체를 이롭게 하는 모든
표현행위, 표현 목적 단체구성·가입, 단체표현물 관련 행위 일체가 주요
처벌 대상이 되었다. 제7조로 인해, 국가보안법의 처벌범위는 일제 치안
유지법보다도 크게 넓어졌다.

제7조는 개인이 대화나 인터넷상에서 한 실질적 해악을 끼칠 명백하
고 현존하는 구체적 위험이 없는 의사표현조차 찬양·고무 또는 동조로 고
발·처벌하는 근거가 되었다(신해철 고발사건, 박정근 사건 등). 시와 소설(소
설『분지』, 김지하의『오적』,『한라산』, 무협소설『무림파천황』,『태백산맥』등), 영
화(이만희 감독 〈7인의 여포로〉, 인권영화제 〈레드헌트〉), 미술(〈모내기〉, 〈민족
해방운동사〉), 음악(〈피바다〉, 〈혁명동지가〉)등 문화예술은 물론 학문·연구활
동(대학교양교재『한국사회의 이해』, 해사 장교 사건 등)의 결과물, 그리고 이
러한 책들을 단순히 모아 인터넷에 올린 행위(노동자의 책 사건 등), 심지어
수업시간에 사용할 강의안, 학생이 수업시간에 제출한 과제물, 재판받는
사건에서 자신을 변호하기 위하여 한 최후 진술조차 국가보안법 제7조로
인해 구속과 기소 대상이 되는 등,[51] 국가보안법 제7조의 처벌 대상은 수
사기관의 자의적 판단에 따라 무한정 확장되었다.

1991년 개정 국가보안법 제7조는 "국가의 존립·안전이나 자유민주적
기본질서를 위태롭게 한다는 정을 알면서"라는 주관적 요건을 추가하였
다. 그런데 이 요건은 국가보안법의 자의성을 엄격히 통제하기보다, 같은
행위를 하더라도 행위자에 따라 처벌 여부가 달라지는 결과를 초래했다.
과거 학생운동이나 특정 단체 활동을 한 사람은 처벌되고 그렇지 않으면

---

51 한홍구, 위의 책, 75쪽.

처벌되지 않는 자의적 차별적 처벌이 더욱 뚜렷해진 것이다.

대법원은 제7조 제5항의 이적 목적을 피고인의 경력과 지위, 피고인이 이적표현물과 관련하여 제5항의 행위를 하게 된 경위, 피고인의 이적단체 가입 여부 및 이적표현물과 피고인이 소속한 이적단체의 실질적인 목표 및 활동과의 연관성 등 간접사실을 종합적으로 고려하여 판단할 수 있다는 판례[52]로 이를 정당화하였다. 똑같이 북한 음악을 온라인에 게시해도 언론사는 처벌되지 않는데 과거 학생운동 경력이 있는 개인은 처벌된 사례[53] 등, 다수 사건에서 과거 한총련 등 학생운동 경력, 민주노동당 등 특정 정당 또는 특정 단체 활동 경력이 국가보안법 제7조 제1항과 제5항의 주관적 요건 인정 근거가 되고 있다.

(2) 분단 트라우마 - 생각의 자기검열체계

국가보안법은 반공 이데올로기가 체화된 형태이자 하나의 거대한 사회심리적 실체로 국민의 뇌리에 박혀 왔다.[54] 국가보안법은 우리 사회에 씻을 수 없는 공포를 불러왔다. 그 공포는 '빨갱이', '종북'으로 낙인찍히는 것이다. 빨갱이라는 용어는 한국 사회에서 천형과도 같은 낙인효과를 가진다. 한국 현대사에서 빨갱이로 몰린 이들은 대부분 권력의 손에 죽음을

---

52 대법원 2010. 7. 23. 선고 2010도1189 판결.
53 서울중앙지방법원 2012노3839 판결. "인터넷방송국 사업을 하던 윤모 씨는 홈페이지 홍보차 북한 가요들을 대량으로 긁어 mp3 파일로 올렸다. 그런데 2010년 어느 날 국가보안법 피고인이 되었다. 북한 노래를 공공연하게 올렸으니 당연히 처벌받아야 하는 일인가? 그런데, 실은 2000년 6·15 공동선언 이후 북한 알기 바람이 불면서 조선, 동아일보 같은 주요 언론사에서도 홈페이지에 북한 관련 코너를 두고 북한 가요를 누구나 다운받을 수 있도록 게시하였다. 그가 인터넷에 올린 북한 노래들은 주요 언론사들이 운영하는 홈페이지에서 내려받은 것이었다. 게다가 그중 상당수는 가사는 없는 경음악이었다. 이를 호소했으나 법원은 받아들이지 않았다. 똑같은 노래를 홈페이지에 올리는 같은 행동을 해도 윤 씨는 '북한을 이롭게 할 목적'이라며 처벌받아야 했다. 검사와 법원은 그 '이적 목적'이라는 것을 그의 과거에서 찾았다. 그가 '과거 한총련 학생운동을 했고', 통일운동 단체 활동을 한 경력이 있기 때문이었다. 반면 언론사들이 홈페이지에 북한 가요를 올린 일로 처벌되었다는 말을 들어보지 못했다"(오마이뉴스. 2020. 7. 22., 「언론사 사이트에서 받은 북한 노래, 국보법 위반이라니」).
54 박원순a, 위의 책, 38쪽.

맞거나, 용케 목숨을 건지더라도 사회에서 매장당하기 일쑤였고, 이는 국민 개개인의 내면에 색깔 공포증을 안겼다.[55] 빨갱이, 종북이라는 낙인은 죽음의 공포, 또는 사회에서 완전히 추방되는 공포와 결부된다. 국가보안법으로 인해 이러한 공포에 시달리는 사람들은 자연히 공포에서 벗어나기 위해서 혹은 공포를 방어하기 위해서 자기검열, 즉 자기의 사고를 억제하고 억압할 수밖에 없었다. 여순사건을 거치면서 '빨갱이'는 인간의 기본적 위엄과 권리를 박탈당한 '죽여도 되는' 존재, '죽여야만 하는' 존재가 되었다. 이후에는 '빨갱이'를 죽이는 것 자체가 애국하는 일이고 민족을 위하는 일이며 민주주의 체제를 수호하는 일로 여겨졌고,[56] 사회 각 영역에서 벌어진 빨갱이 축출의 든든한 배경은 바로 국가보안법이었다.

한 번 빨갱이로 호명되어 지목되고 나면 벗어나기란 대단히 어렵다. 빨갱이로 호명하는 것은 지극히 쉬운 반면, 그것을 부정하는 것은 매우 어려운 상황이 만들어진다. 빨갱이라 불리고 나면 거의 무제한의 비난과 공격이 가해진다. 즉 빨갱이라는 말 한 마디에 무시무시한 위협과 거대한 사회적 압력, 거부하기 힘든 낙인이 찍히게 된다.[57]

'빨갱이'에서 시작한 분단 트라우마로 인해 한국인들이 얼마나 극심하게, 또 얼마나 상시적으로 공포에 시달려왔는지에 대해 고길섶은 다음과 같이 말하기도 했다.[58]

"막걸리 국가보안법은 극소수의 '범법자'들에 대한 처벌보다도 전체 국민들에 대한 그 존재 자체의 효과가 무시무시했다. (…) 그 처벌의

55 김태형b, 『월북하는 심리학』, 서해문집, 2020, 18쪽.
56 김득중, 『'빨갱이'의 탄생』, 도서출판 선인, 2009, 47쪽.
57 김정인 외, 위의 책, 58-59쪽.
58 김태형a, 『트라우마 한국사회』, 서해문집, 2013, 257-258쪽.

내용이나 경중에 무관하게, 이미 국민들의 입속에서 튀어나오는 단어 하나하나를 일일이 체크하고 감시했다는 점에서 국가보안법의 막걸리적인 존재 자체만으로도 국민들은 일상적인 담화의 자유를 유린당했고, 따라서 국민들은 주둥아리를 잘못 놀리지 않기 위해 항상 공포에 시달려야 했다."

분단 트라우마에 의한 공포는 사람이 느낄 수 있는 공포 중에서 가장 거대한 공포인 '죽음에 대한 공포' 혹은 '사회적 생매장에 대한 공포'를 야기했다. 공포가 극심해지면 사고기능이 와해되어 피해망상 증세가 나타나기도 하는데, 분단 트라우마는 가장 거대한 공포를 강제하므로 필연적으로 과도한 피해의식과 피해망상을 동반하게 되었다.

한국인들은 '이 주장을 받아들일까?' 혹은 '이런 주장을 해볼까?' 생각할 때마다 항상 '그랬다가 혹시라도 빨갱이로 몰리지 않을까?' 걱정하고, 그 순간 무의식적 공포가 내면 깊은 곳에서 꿈틀거리게 되므로 자동적으로 자기검열이 이루어진다. 머릿속에서 위험한 생각을 지우려 애쓰고, 그런 머릿속 생각이 행여 입 밖으로 새 나가지 않게 하려고 모진 애를 쓰는 것이다. 이런 일이 반복되다 보면 위험한 생각들은 아예 자동적으로 무의식적으로 억압되기 마련이다.[59] 국가보안법 체제하에서 국민들은 빨갱이나 종북 딱지만큼은 피하려는 조건반사적 방어심리를 갖게 되었고, 스스로 생각과 표현을 검열하게 만드는 자기검열이 일상화, 내면화되었다.

사적 공간으로 여기고 올리는 온라인 상의 글 몇 줄만으로도 언제든 국가보안법으로 처벌받을 가능성 아래 놓이는 경험은 누구든 자신의 생각을 표현할지 여부와 그 내용을 일일이 사전에 검열하도록 만든다. 개인이

---

59 김태형a, 위의 책, 289-290쪽.

SNS에 간단한 의견을 올리는 것은 물론, 〈공동경비구역 JSA〉와 같이 분단의 문제를 제기하는 영화를 만든 관계자들조차도 제작 과정에서 국가보안법 고발과 수사를 각오해야 했다거나,[60] 〈사랑의 불시착〉 등 TV 드라마 제작사조차 북한을 긍정적으로 묘사했다는 이유로 국가보안법으로 고발되는 상황은, 개인의 사고체계를 규율하는 국가보안법의 실체를 드러내는 예다.

사람들은 혹시 어떤 말을 하면 종북으로 공격받지 않을까 자기 검열한다. 정치적 견해를 말할 때 '나는 종북이 아니다.' 등 말을 전제하고, 혹여 내가 그들과 같은 부류의 사람들로 찍히지 않을까 하는 걱정을 앞세우게 되었다.[61] 종북몰이는 국민 스스로 생각과 표현을 검열하게 만들었다. 또한 국가보안법이 정치적 반대 세력을 억압하는 수단이자 국민의 비판을 잠재우는 수단으로 활용되는 것은, 국민 일반에게도 특정 사상과 정치적 의견은 표현해서도 안 되고 이를 표현하는 단체에 가입해서도 안 되며 표현물을 제작·소지해서도 안 된다는 신호로 받아들여진다.

빨갱이, 분단 트라우마는 21세기에 '종북'으로 새롭게 전이하여 '나와 다른 생각을 갖고 있으면 종북, 간첩'으로 귀결되게 되었고, 종북몰이와 그에 따른 무차별 국가보안법 위반 고발을 회피하기 위해 국민 개개인은 스스로 생각과 표현을 검열하게 만드는 자기검열을 내면화할 수밖에 없었다. 자기검열의 과정에서 자유로운 사고는 억제될 수밖에 없었으며, 생각이 다른 자와 공존할 수 있다는 사고는 알지 못하는 사이에 제거되었다.

---

60 씨네21, 2015. 11. 4., 「"〈공동경비구역 JSA〉 없었다면 지금과는 다른 인생 됐을 것", 박찬욱 감독 인터뷰」
61 민주사회를 위한 변호사모임, 『2013 국가보안법 보고서』, 2014, 114쪽.

4. 비판 세력에 대한 고발과 협박, 혐오와 배제

국가보안법은 우리 내부에 적이 있다는 것을 전제로 하면서 머릿속 생각만으로 권력에 의해 국사범으로 몰릴 수 있다는 고정관념을 보편화시키고, 이웃 간에 서로를 불신하게 만들고 상대를 공존하는 데 필요한 동반자가 아닌 적으로 여기게 만든다.[62] 국가보안법 체제는 생각이 다른 사람, 반민주적 정부에 반대하거나 기존 체제에 비판적인 사람을 적으로 규정하고 사회적으로 배제하고 고립시킨다. 중요한 것은, 빨갱이 사냥, 종북몰이는 특정인에 대한 단순한 비난이나 배제에 그치지 않고 국가보안법 고발로 이어져 형사처벌 위협으로 구체화된다는 점이다. 바로 국가보안법이 있기 때문이다. 종북몰이가 반민주주적 정부에 비판하거나 반대하는 세력을 협박하는 수단으로 사용된 배경에는, 해방 이후 70여 년 넘게 유지·적용되어 온 국가보안법의 존재가 있다.

국가보안법 고발이 혐의없음 또는 무죄 판결로 종결된다고 하여 아무 문제도 없는 것이 아니다. 고발당한 사람은 수사 과정에서 불편함과 위축감을 겪어야 한다. 국가보안법 고발은 '빨갱이, 종북, 좌빨'이라는 공격과 함께 진행되고, 사실과 다른 공격과 비난이 확인 과정도 없이 언론과 SNS로 삽시간에 확산되면 유무죄 여부와 상관없이 여론재판을 통해 매장당하고 만다. 혐의없음 또는 무죄 판결을 받는다 하더라도 낙인은 사람들의 뇌리에서 지워지지 않고, 피고발인과 관련된 일이 있을 때마다 '국가보안법 위반 혐의가 있는 사람', '빨갱이, 종북' 등 표현이 계속 언급된다. 이전의 사회적 위치로 돌아갈 수 있는 것도 아니고, 인간관계가 저절로 회복되는 것도 아니다. 국가보안법 고발만으로도 피고발인은 사회적으로 배제당하

---

62 고승우, 『인문사회과학적 시각으로 본 국보법』, 유북스, 2018, 29쪽.

고 고립되는 고통을 겪게 된다.

특히 박근혜 정부에서는 정부를 비판하거나 반대하는 세력에게는 비판 내용에 무관하게 그 세력의 주요 구성원, 학연과 지연 등 친분 관계, 그들의 형사처벌 전력 등을 이유로 종북 공격이 가해졌고, 공격당한 사람은 종북 프레임을 벗어나기 위하여 침묵하거나 변명해야 하는 경우가 반복되었다. 다양하고 민주적인 토론을 저지하고 차단하는 데 국가보안법에 바탕을 둔 종북 공세가 악용된 것이다.[63]

국가보안법 체제는 불온한 사상을 가진 자는 공동체의 안전을 위태롭게 한다는, 이념과 정치적 의견을 이유로 한 혐오에 기반해 있다. 대한민국 국가 형성 과정에서 권리를 박탈해도 괜찮은 사람, 쫓겨나는 것이 마땅한 사람으로 지목되어온 사람들은 바로, 국가보안법 위반으로 지목된 사람들이었다. 한국 사회에서 국가보안법 체제는 '내부의 적'을 지목하고 공존을 거부하여 배제하고 고립시키는 혐오의 원형이자, 출신 지역 등 다양한 이유의 혐오를 유발한 혐오와 차별의 뿌리다.

국가보안법 체제가 만들어낸 형사법체계의 변형, 자기검열의 내면화와 생각의 검열체계, 생각이 다른 사람에 대한 혐오와 배제는 헌법이 전제로 하고 있는 민주주의의 지향에 부합하지 않는다. 우리 헌법이 지향하는 사회는, 사회 구성원 모두가 자유롭고 평등하게 공존할 수 있으며, 누구든 자유로이 양심과 사상을 형성할 수 있고, 규제 필요가 있더라도 적법절차 원리에 따른 형사법체계가 준수되는 사회다. 국가보안법은 형사처벌이라는 수단으로 이 지향의 실현을 저해할 뿐만 아니라, 감시와 검열체계를 통하여 이 지향을 유지·발전시킬 주권자인 국민 각자의 힘을 약화시킨다. 국가보안법을 존속시키고서는 우리 헌법이 지향하는 사회를 이룰 수 없

---

63 고승우, 위의 책, 유북스, 2018, 20쪽.

다. 헌법이 실현되는 사회로 가려면 국가보안법을 폐지해야 한다.

　국가보안법이 제정된 지 73년이 지났다. 국가보안법 없이 살아본 기억을 가진 사람을 찾아보기 어렵다. 생각을 스스로 검열하지 않아도 되는 사회, 생각이 다르다고 하여 혐오대상이 되고 배제당하지 않는 사회를 만드는 것은 한국 사회의 민주적 발전을 위해, 우리 국민 모두의 기본권 보장을 위해 꼭 필요하고 시급한 일이다.

사례로 살펴보는 국가보안법의 폐해

1. 금지된 탐구, 비판과 토론은 처음부터 배제되었다
   ─학문의 자유 침해

(1) 강정구 교수 사건

동국대 사회학과 강정구 교수는 「한국전쟁과 민족통일」 등 논문, 강의안, 토론회 자료집, 기고문 등 이적표현물을 제작·반포했다는 이유로 기소되었다. 당초 강 교수는 2001년 8월 평양에서 열린 8·15 민족대축전에 방북단 일원으로 참가하였다가, 만경대 방문시 방명록에 "만경대 정신"이라는 용어를 쓴 것이 언론에 대서특필되자 2001년 8월 21일 서울경찰청 보안수사대에 의해 국가보안법 위반 혐의로 긴급체포 구속되었다.[64] 하지만 수사 결과 막상 만경대 방명록 기재만으로는 처벌하기 어렵자,[65] 검찰은 강 교수의 학문 연구 결과를 제7조 위반으로 기소한 것이다.

---

[64] 1심 판결은 강정구 교수의 「한국전쟁과 민족통일」 논문 발표를 이적표현물 제작·반포로, 토론회 자료집 및 각종 기고문 발표를 동조로 판단하고 징역 2년과 자격정지 2년 집행유예 3년을 선고하였다. 대법원 2010. 12. 9. 선고 2007도10121 판결 역시 강 교수가 반국가단체인 북한의 활동을 찬양·고무·선전 또는 이에 동조할 목적으로 위 논문 등을 제작·반포하거나 발표한 것이어서 헌법이 보장하는 학문의 자유의 범위 내에 있지 않다고 본 원심판단을 유지해 유죄를 확정하였다.

[65] 민주화실천가족운동협의회b, 위의 글, 130쪽.

학자가 자신의 전공분야에 관련하여 학회 등에서 발표한 논문들은 학문적 토론과 비판의 대상이 될지언정 사법적 잣대로 처벌할 수는 없는 것[66]이다. 그러나 국가보안법은 학문 연구의 영역을 마구잡이로 침범하여 헌법이 보장하는 학문의 자유를 중대하게 침해하였다. 강 교수는 아래와 같이 국가보안법의 모순을 지적하였다.

> "분단과 전쟁의 한국 현대사를 학술적으로 접근하는데, (보수언론과 수사기관 등이) 자꾸 오늘날의 기준에서 몰역사적인 결과론을 펴고 있다. 학문적 결론은 어느 단체나 특정인의 이해득실에 따라 달라질 수 없기 때문에 원초적으로 찬양·고무라는 사법적 잣대는 학문적 자유와 양립할 수 없다. 박사학위 논문을 쓸 때부터 이런 시련을 예상했다. 하지만 이번에 쓴 글은 지탄의 대상은 될지언정 사법적 잣대가 동원되리라고는 예상 못했다. 이제는 소모적이고 과거지향적인 게 아니라 화해와 협력으로 가는 진통이 필요하지 않나 한다. 그러기 위해서는 국가보안법 폐지가 시급하다."[67]

---

66 1991년 개정 이후에도, 국가보안법은 학자의 학문적 연구 활동조차 '객관성'이 없다는 이유로 처벌 대상으로 삼아 학문의 자유의 본질적인 부분을 침해하였다. ① 강정구 교수 사건에서 대법원이 "위 논문이 비록 학문적인 연구물의 외형을 지니고 있고 피고인이 북한문제와 통일문제를 연구하는 학자이자 교수라는 점을 감안하더라도, 그 수록 내용이 현재 우리 사회에서 보편적으로 받아들여지는 객관적, 역사적 진실에 반하는 극단적인 경향성과 편파성을 띠고 있"다는 점을 이적행위 목적 인정 근거로 삼은 것(대법원 2010. 12. 9. 선고 2007도10121판결), ② 재독 철학자 송두율 교수가 북한에 대한 내재적 접근법을 주장하는 논문과 저서를 발간하고 통일학술회의에 참가하였다가 반국가단체를 위한 지도적 임무 종사로 기소된 사건에서, 1심 판결이 내재적 접근법을 사용하기 위해서는 "그 사회의 이념이 실현된 결과 스스로 드러나게 된 문제점과 모순 역시 함께 연구하고 이를 지적하고 비판함으로써 학자로서 객관성을 잃지 않도록 노력해야 할 것이다"(서울지방법원 2004. 3. 30. 선고 2003고합1205 판결), 2심 판결이 "순수한 학문적인 동기와 목적 아래 북한사회를 연구하는 학자의 입장에서 객관적으로 서술된 것이라고 보기는 어렵다"(서울고등법원 2004. 7. 21. 선고 2004노827 판결)라고 판단한 것 등이 대표적이다.
67 한겨레, 2005. 10. 11., 「"미·소 개입 안 했으면 여운형 집권했을 것"- [전격인터뷰] "6·25는 통일전쟁" 강정구 교수 심경 토로」

(2) 북한영화 전문가의 이적표현물 소지 사건

유영호[68]는 2007년 「1970년대 이후 남북의 민족관과 통일정책의 대립과 변화」라는 논문으로 통일학 석사학위를 취득한 북한영화 연구자인데, 연구 목적으로 북한영화 파일을 소지했다가 1심에서 유죄판결을 받고, 2심에서야 무죄판결을 받았다. "대학시절부터 남북문제와 통일문제에 이론적, 실천적 관심을 갖고 오랜 기간 활동해 오던 연구자"가 연구 목적에도 불구하고 국가보안법 위반으로 1심에서 유죄를 선고받아 연구 활동의 자유를 심대하게 침해당한 것이다.

국가보안법에 갇힌 대한민국에서는 전문 연구자들조차 학문 연구, 다양한 사상의 교류 및 그 표현을 억압당한다. 김민웅 경희대 미래문명원 교수는 이렇게 진단한다.

"현재 국가보안법은 분단 체제를 극복하는 것을 용납하지 않죠. 오고 가는 것, 교류하는 것, 그 사회를 연구하는 것, 그 사회를 연구하다 보니까 '이런 점은 우리가 좀 긍정적으로 다가설 수밖에 없지 않을까?', '이런 점은 아마 이러한 내부의 사연과 역사적 과정이 있었을 거야.' 라고 하는 자체가 금지되어 있잖아요. 그걸 찬양·고무라는 형태로 묶

---

68 유영호는 자신의 전자우편 계정 임시보관함에 「조선혁명의 진로」, 「혁명적 문화예술을 창작할 데 대하여」, 「주체사상에 대하여」 등 이적표현물 총 43건을 보관함으로써 소지하고, 외장형 하드디스크에 기록영화 〈강성대국 건설을 승리에로 이끄시는 위대한 영도.wmv〉, 기록영화 〈경제강국 건설의 돌파구를 연 150일 전투, 100일 전투.wmv〉, 기록영화 〈금수산기념궁전 수목원.wmv〉 등 이적표현물인 동영상 파일 총 20건을 보관하여 소지하였다는 사실로 기소되었다.
1심(서울서부지방법원 2015고단363 판결)은 전자우편 계정 임시보관함 보관 파일들에 대하여는 피고인이 통일 문제를 전공으로 적극적으로 연구하는 자이고 이적단체 활동 이력이나 국가보안법 위반 전력등이 없다는 이유로 이적 목적을 인정하지 않았다. 그러나 외장형 하드디스크 보관 파일들에 대하여는 피고인이 대학 재학 중 '자주·민주·통일'을 내세우는 동아리를 창립하고, 민통선을 방문하는 등 통일 기행을 진행하며 북한영화를 상영하였으며, 네이버 카페를 개설하여 북한영화를 다운로드받을 수 있는 웹주소를 제공하고, '왕재산 사건'으로 유죄판결을 받은 임○○과 가까이 지낸 사실 등을 들어 이적 목적을 인정하고 일부 무죄, 일부 유죄로 판단하여 징역 6월에 집행유예 1년을 선고하였다. 항소심(서울서부지방법원 2017노713 판결)은 임○○과 친분만으로는 유영호가 북한의 주장에 전적으로 동조하였다고 단정하기에 부족하다고 판단하고 공소사실 전부에 대해 무죄를 선고하였고, 이 판결은 검사가 상고하지 않아 확정되었다.

어버립니다. 우리의 사상과 우리의 사유와 우리의 자유로운 의견 개진을 봉쇄해버리는 것이죠. 그렇게 봉쇄된 사회에서 창의적인 발상이 가능할까요? 그렇지 않죠."[69]

유죄를 선고한 1심 판결 내용 가운데, 국가보안법 체제의 위압감을 새삼 실감하게 하는 대목이 있다. 혐의자가 '국가의 존립·안전 및 자유민주적 기본질서를 위태롭게 한다는 정을 알면서' 북한 영화 파일을 소지했다고 판단한 주요 근거 중 하나가 바로, 유영호가 이른바 '왕재산 간첩단 사건'으로 유죄판결을 받은 임 모씨와 가까이 지냈다는 점이었다. 친분관계가 있는 사람이 간첩이라면 그와 가까운 당신의 행위도 '정을 알면서' 한 행위일 것이라고 추론한 것이다. 국가보안법 제7조가 이적 목적 인정 근거로 혐의자의 전력은 물론 인간관계까지 들춰낸다는 점을 뚜렷이 보여주는 판결이다. 국민의 내면을 파헤쳐 재단하는 국가보안법 체계가 국민의 일상 전부에 대한 감시체계를 만들어왔음이 이 판결로 명백히 드러난다.

(3) 최장집 교수 「한국 민주주의의 조건과 전망」 고발사건

최장집 교수는 「한국 민주주의의 조건과 전망」 논문에서 한국전쟁을 민족해방전쟁으로 규정했다는 이유로 1998년 11월부터 1999년 3월 사이에 건국회 회장 등 16명에 의해 국가보안법 위반 등 혐의로 고발되었다. 서울중앙지방검찰청은 2005년 3월 31일 "정치학 교수로서 한국현대사의 연구 결과를 개진하면서 기존의 학설이나 주장과 다른 견해를 제시한 것으로, 전체적 내용과 집필 당시 상황으로 미뤄 학문 연구의 일환으로 판단되고 이적

---

69 김민웅, 「국가보안법이 만든 대한민국 체제」, 『심리스릴러 다큐멘터리 게임의 전환 인터뷰 모음집』, 2020, 15쪽.

인식을 했다고 인정하기 어렵다."며 최장집 교수에 대해 무혐의 처분했다.[70]

그러나 국가보안법 위반으로 고발된 이후 최장집 교수는 '친북파', '빨갱이'로 내몰리며 여론의 집요한 공격에 처했다. 무혐의처분을 받았지만, 국가보안법 앞에서는 저명한 정치학 교수도 자신의 연구 결과로 6년 이상 수사받는 곤경에서 벗어날 수 없었다.

2. 상상력은 암흑 속에 구속되었다
─예술의 자유 침해

(1) 신학철 〈모내기〉 사건[71]

1989년 8월 17일 서울시경 대공과는 당시 민족미술의 대표적 인물이며 민족미술협의회 전 대표 신학철 작가가 그림 〈모내기〉에서 김일성 생가를 묘사하는 등 북한의 폭력혁명에 동조했다며 국가보안법 위반 혐의로 구속하였다.

신학철 작가는 〈모내기〉가 통일의 이야기를 벼농사의 전 과정에 빗대어 완성한 작품이라고 설명하였다. "모를 심기 위해서는 논을 쟁기로 갈고 물을 끌어대고 써레로 고르면서 나뭇가지나 돌멩이, 비닐봉지 등 불필요한 쓰레기들을 걷어내야 한다. 모를 심는 것처럼 통일을 하려면 통일에 저해되는 요소들을 쓸어내야 한다. '통일에 저해되는 요소'는 뭘까, 통일을 가장 싫어할 것 같은 군사독재정권이고, 미국도 일본도 우리의 통일을 원하지 않을 것이라고 생각했다. 그리고 기득권을 가진 사람들도 세상이 바

---

70 경향신문, 2005. 4. 1., 「최장집 교수 소설 태백산맥 국보법 위반 무혐의」
71 대법원 1998. 3. 13. 선고 95도117 판결.

꿔는 것을 원치 않을 것이다. 또 통일된 세상에서는 38선의 철조망과 군사 무기도 없어져야 할 것들이다. 이런 저해 요소를 쓸어내고 모를 잘 심어서 거름을 주고 논을 매고 벼를 잘 자라게 하여 가을에 풍년이 되어 벼를 베며 돌밥을 먹으면서 즐거워하는 마을 사람들의 모습을 통일된 세상의 즐거움으로 나타내고자 했다."[72]는 것이다.

그러나 검찰은 "그림 상단부는 북한을 의미하는데 매우 풍요롭게 그려져 있고, 하단은 남한을 상징하는 것으로 매판자본과 독재권력을 묘사했다."며 국가보안법 위반으로 공소 제기하였다. 이에 대해 미술계는 "검찰의 편견에 찬 해석, 일종의 공안적 상상력의 산물"이라고 비판[73]하는 등 사회적으로 예술표현의 자유 침해에 대한 심각한 논쟁이 일어났다.

1심과 2심 판결은 무죄를 선고했다.[74] 특히 1심 판결은 "헌법에 보장된 예술표현의 자유는 자유민주주의 발전에 필수적인 만큼 예술작품에 대한 실정법 위반 여부의 판단은 신중해야 하며 법률적인 규제는 최소한에 그

---

72 오마이뉴스, 2008. 8. 24., 「이 그림에서 '김일성 생가' 찾아보세요 [세상을 바꾼 예술작품들 22] 법정에서만 전시되는 그림, 신학철 〈모내기〉」

73 특히 미술평론가 성완경은 재판부에 제출한 감정서를 통해 공안당국의 국가보안법 적용에 대해서, "… 이것이 예술의 경우에 적용될 때는 훨씬 섬세하고 신중하지 않으면 안 된다. 왜냐하면 예술적인 언어는 일상언어와는 달리 매우 주관적이고 복합적, 다의적이며 추상도가 높은 언어이기 때문에 어떤 일상적인 문자적 진술과 등치되기가 쉽지 않기 때문이다. 하나의 예술작품이 정확히 무엇을 의미하며 나아가 그것을 일상언어로 어떻게 옮길 것인가 하는 문제는 전문 미술비평가나 미술사가들에게 있어서도 결코 간단한 문제가 아니다. 이렇게 볼 때 미술작품의 내용을 두고 미술분야에 대해서는 비전문인이라 할 수 있는 행정당국이 구체적인 어떤 주장과 동일시하려는 시도에는 많은 위험이 따른다고 본다."고 비판했다. 성완경, 「모내기 감정서」, 1991. 1.(민주화실천가족운동협의회b, 위의 글, 147쪽에서 재인용)

74 1심 판결은 예술의 자유를 국가보안법으로 제한하는 문제와 관련하여, "첫째, 그림이 표현하는 사상이나 이념이 구 국가보안법 제7조 제5항에 위반되는 이적성이 있는지 여부를 판단함에 있어서는 그 시대의 상황에 있어서 사회일반이 갖는 건전한 상식과 보편적 정서에 기초하여 그림을 해석하여야 할 것이고, 둘째, 미술품이 실정법 위반인지 여부를 판단함에 있어서는 획일적, 임의적으로 해석하지 않도록 매우 신중하고 섬세하여야 하며, 셋째, 회화의 이적성 여부를 판단함에 있어서 어떤 특정부분을 전체 그림에서 분리하여 독립적으로 해석하여 그것이 이적성을 띠는 것인가 여부를 판단하여서는 아니 되고 각개의 구성부분은 주제의식을 드러내기 위해서 작품전체의 구성과 관련하여 어떠한 역할을 하는가 하는 관점에서 해석되어야 하고, 넷째, 헌법 제22조 제1항에서 예술의 자유를 보장하고 있으므로 국가안전보장, 질서유지, 공공복리 등을 위하여 이를 제한하는 경우에도 필요한 최소한의 규제에 그쳐야 할 것이어서 그 제한 법규는 가능한 한 한정적으로 엄격하게 축소해석하여야 할 것"이라는 해석방법을 기초로 무죄판결을 선고하였다(서울형사지방법원 1992. 11. 12. 선고 89고단7174 판결). 2심 역시 무죄 판결을 내렸다(서울형사지방법원 1994. 11. 16. 선고 93노7620 판결).

처야 한다."며, "그림의 하반부는 (…) 통일에 장애가 되는 요소로서의 외세와 저질 외래문화를 배척하고 우리 사회를 민주화하여 자주적, 평화적 통일로 나가야 한다는 조국통일에의 의지 및 염원을 나타낸 것이고, 하반부의 그림 중에 탱크, 미사일 등 무기를 써래질하는 모양은 비인간적이고 평화와는 상치되는 무기의 배제를 상징적으로 나타내어 평화통일을 이루어야 함을 표현하고자 하는 것이고, 그림의 상단부는 통일이 주는 기쁨과 통일 후의 평화로운 모습을 이상향으로 묘사하고 있"다고 설시하였다.

그러나 대법원은 "문제의 그림은 북한의 모습을 통일 저해 요소가 없는 평화롭고 풍요로운 곳으로, 남한을 미·일 제국주의와 독재권력, 매판자본이 가득한 곳으로 묘사하고 있다."며 "결과적으로 북한을 찬양하고 민중민주주의혁명을 일으켜 연방제통일을 실현하려는 북한의 주장과 궤를 같이하는 이적표현물에 해당한다."며 무죄판결을 파기하였다.[75]

예술가들에게 가장 필요한 것은 무한한 상상력이고, 이를 위해 보장되어야 할 가장 중요한 요소는 자유로운 표현이 허용되는 창작 환경이다. 자신 또는 동료의 창작활동이 국가보안법 위반으로 지목되어 조사받거나 기소되는 것을 경험한 문화예술인은 누구든, 이후 창작과정에서 의식하든 의식하지 않든 '자체검열'할 수밖에 없다. 작가가 설명한 창작 배경도 국가보안법의 시각에서는 얼마든지 무시되거나 부정되고 북한에 대한 찬양으로 곡해될 수 있음을 보았기 때문이다.

국가보안법은 작가들의 예술창작 및 예술표현의 자유의 가장 중요한 부분을 심각하게 침해하여 자유로운 창작활동을 억압하는 결과를 불러온다. '국민의 자유로운 상상과 표현행위에 대한 억압', 그 자체만으로도 심판대상 조항이 지닌 위헌성은 명백하다.

---

75 대법원 1998. 3. 13. 선고 95도117 판결.

(2) 노래극단 <희망새> 사건

노래극단 <희망새>는 해방 전후를 배경으로 한 오봉옥의 시집 『붉은 산 검은 피』를 참고하여 노래극 <아침은 빛나라> 제작을 준비하면서 대본과 위 시집 일부를 공연 홍보 차원에서 컴퓨터 통신 전자게시판에 올렸다. 대본이 완성되지도 않았고 공연이 이루어지지도 않은 상태였지만 검찰은 13명 단원 전부를 이적표현물 제작·반포 등 혐의로 구속하였다. 대표는 실형을 선고받았고, 단원들은 항소심에서 집행유예를 선고받기까지 9개월여 구금되었다.[76]

이 사건은 아직 발표에 이르지 않은 예술창작 활동을 국가보안법으로 처벌한 것으로, 국가보안법이 사전 검열 수단으로 사용된 대표적 사례다. 예술창작의 자유는 예술의 자유의 본질적인 부분으로 침해되어서는 안 되고, 예술 형태·예술 내용··예술 경향 등에 대한 국가의 간섭은 허용될 수 없다. 무엇보다 사전 검열은 헌법상 명문으로 금지되어 있다. 더구나 창작 중인 작품에 대한 개입은 머릿속의 생각을 국가보안법으로 처벌한 것과 마찬가지라는 점에서 국가보안법 제7조의 위헌성은 명백하다.

(3) 혁명동지가 제창 사건[77]

<혁명동지가>는 가수 백자가 대학교 2학년이던 1991년 작사·작곡한 노래로, 1995년 건대노래패연합 '아침햇살' 3집, 1996년 경기남부총련 노

---

76 부산지방법원 형사 1단독(재판장 유수렬 판사)은 "예술의 자유도 공공의 안전보장과 질서유지를 위해서는 제한될 수 있다"면서, <희망새> 단원 허명순, 안성혜, 최경아에 대해 유죄를 선고하였고, 서울형사지법 2단독(재판장 부구욱 판사)도 "전국대학 순회공연을 통하여 북한의 혁명가요 등을 소개하려 한 것은 단순한 북한음악의 소개에 그치지 않고, 반국가단체인 북한을 찬양하기 위한 것이 명백하다"며 희망새 대표 김태일에게 1년의 실형을 선고하였다.

77 대법원은 안소희에 대한 2013. 5. 10. 및 2013. 5. 12. 회합 참석으로 인한 반국가단체 등 활동 동조 부분 및 홍성규, 김양현, 안소희에 대한 혁명동지가 제창으로 인한 반국가단체 등 활동·찬양·선전·동조 부분을 유죄로 판단한 제1심 판결을 그대로 유지한 원심(2심)판결을 그대로 유지하고 피고인들의 상고를 기각하였다 (대법원 2020. 5. 14. 선고 2020도2596 판결).

래단 '천리마' 1집에도 수록되었고 작곡 이후 20년 넘게 아무런 문제가 제기된 바 없다. 사건은 2013년 검찰이 통합진보당 이석기 전 의원 등을 내란음모 등의 혐의로 기소하면서 시작되었다. 당원들이 행사에서 '혁명동지가'를 제창한 것을 국가보안법 제7조 제1항 중 '동조'로 기소한 것이다.

백자는 재판부에 제출한 의견서에서 "당시 힘들어하는 친구들에게 격려하는 차원으로 독립군들처럼 우리도 힘내서 살아가자는 마음으로 만들었다. 만든 지 22년이나 되어 이렇게 뉴스에 등장할 줄은 꿈에도 몰랐다."며 "작곡자인 저도 모르는 사이 이적표현물이 된 이 노래를 불렀다는 이유로 누구도 처벌받는 것을 원치 않기에 판사님께 청원드린다."고 밝혔다. 그러나 결론은 혁명동지가는 이적표현물이고 이 노래를 제창한 것은 이적동조라는 것이었다.[78]

혁명동지가가 발표된 지 20여 년이나 지나서 이적표현물로 규정된 이유는, 이를 부른 사람들이 통합진보당 당원이고 그들이 내란음모 조작사건의 수사대상이었다는 것 외에는 찾기 어렵다. 제7조를 자의적·차별적으로 적용한 극단적 사례다. 노래를 부른 사람이 누구인지에 따라 예술창작의 자유마저 소급하여 침해할 수 있는 것이 국가보안법 제7조다.

(4) 드라마 '사랑의 불시착' 고발사건

2020년 1월 드라마 〈사랑의 불시착〉을 제작한 tvN은 북한을 미화하고 국민들을 선동한다며 국가보안법 위반으로 고발당하였다. 고발인 기독자

---

78 1심에서 피고인들은 〈혁명동지가〉의 작곡가가 국가보안법 위반으로 처벌받은 적도 없어 이적성이 없고, 의례적으로 따라 부른 것에 불과하다는 등 의견을 피력했으나 재판부는 이를 받아들이지 않았다. 재판부는 〈혁명동지가〉의 가사 중 첫머리 부분이 '동만주를 내달리며 시린 장백을 넘어 진격하던 전사들의 붉은 발자국 잊지 못해'는 김일성의 항일무장투쟁을 선전하고 미화하는 내용이고, 가사 중 후렴 부분이 '몰아치는 미제에 맞서 분노의 심장을 달궈 변치말자 다진 맹세 너는 조국 나는 청년'은 대한민국을 미 제국주의의 식민지로 보고 반미혁명투쟁을 선동하는 내용이므로, 혁명동지가는 그 내용이 국가의 존립·안전과 자유민주적 기본질서를 위협하는 적극적이고 공격적인 것으로서, 이른바 '이적성'이 인정된다. 그 제창 행위에 국가의 존립·안전이나 자유민주적 기본질서에 실질적 해악을 끼칠 명백한 위험성도 인정된다."고 판시하였다.

유당은 "한국의 주적인 북한은 어떤 이유로도 미화될 수 없는데 드라마 안에서 북한군은 총칼을 겨누는 존재가 아닌 평화로운 인물로만 묘사되고 있다."며 "적을 구분하지 못하는 대통령과 방송사로 인해 국민들이 선동됐다."고 주장했다.[79] 허구의 요소를 가미해 작품을 만들어내는 드라마의 특성도 무시한 채 국가보안법을 내세워 형사처벌받게 하려 한 것이다.

국가보안법을 내세워 허구의 드라마 창작까지 문제 삼는 일은 이것만이 아니다. SBS는 1994년 소설 『장길산』을 드라마로 만든다는 방침에 따라 황석영 작가와 5년 시한의 판권계약을 맺고 제작계획을 세웠다. 그러나 1995년 6월 당시 오정소 안기부 1차장이 SBS 고위 관계자에게 "황석영이 국가보안법 위반으로 복역 중인데 이런 여건에서 『장길산』이 영상화되는 것은 적절치 않으니 영상화를 작가 출소 시점 이후로 미뤄달라."고 요구하여 결국 드라마 제작은 무기한 중단됐고,[80] 그로부터 10여 년이 지난 후에야 제작, 방영될 수 있었다. 과거에는 공안 수사기관이 직접 압력을 행사했고 현재는 극우단체 고발이라는 점은 다르지만, 국가보안법은 여전히 예술창작·표현의 자유를 침해하는 수단으로 사용되고 있다.

(5) 시 낭송극 '남누리 북누리' 고발사건

2019년 11월 3일 (사단법인)성남민예총은 성남시 평화통일 시민공모 사업으로 선정된 〈남누리 북누리〉 콘서트를 열었다. 11월 6일 자유청년연합은 이 콘서트에서 참가자 중 한 명이 북한의 김일성 배지 모양 자수를 놓은 마크를 가슴에 달고 나와 시를 낭송했다며 은수미 성남시장과 행사를 주최한 한국민족예술단체총연합(민예총)의 송창 지부장 등 3명을 국가

---

79 중앙일보, 2020. 1. 22., 「"북 미화·선동".드라마 '사랑의 불시착', 국보법 위반 고발당해」
80 국민일보, 2005. 8. 6., 「SBS드라마 '장길산'비화. 95년 안기부 압력에 무기한 제작중단」

보안법 위반 혐의로 고발하였다.[81]

성남민예총이 "해당 장면은 남쪽에 있는 어머니를 그리워하는 북한 시인이 시를 낭송하는 장면으로 남북 이산가족의 아픔을 담은 것."이라며 "배지를 프린트해 가슴에 붙인 건 북의 아들을 표현하기 위한 것이었다."고 해명했음에도 불구하고, 자유청년연합은 출연자가 김일성 배지를 달고 나온 것은 제7조 제1항 찬양·고무라며 고발한 것이다.

이에 성남민예총은 "현장에서 공연을 지켜보지 않고, 공연 전반의 내용과 흐름을 전혀 알지도 못하면서 공연 의상을 문제 삼아 내용을 왜곡하여 SNS를 통해 공론화시키는 것은 이해가 되지 않을뿐더러, 시 낭송 퍼포먼스를 퍼포먼스 그 자체로 보지 못하는 이념의 잣대를 들이대는 모습에 아연실색할 뿐입니다."는 입장을 밝혔다. 예술공연의 출연자 의상마저도 극우단체에 의해 국가보안법 고발 대상이 되는 지경에 이른 것이다.

수원지방검찰청 성남지청은 2020년 3월 17일 각하결정[82]을 내렸다. 하지만 고발 이유가 극우단체의 생각과 다르다는 것에 지나지 않아 각하결정이 마땅한 사안이더라도, 예술가들로서는 이유가 어떻든 국가보안법으로 공격당하는 것이 두렵고 싫은 일이 아닐 수 없고, 이러한 공격을 피하기 위해서라도 작품 제작 과정에서 대중에 공개되기까지 광범위하게 '자기검열'을 하게 될 수밖에 없다. 고발 자체만으로도 창작자의 표현의 자유가 침해되고 자유로운 창작활동은 제약당한다.

(6) 조정래 「태백산맥」 고발사건

해방 전후를 다룬 조정래 작가의 대하소설 『태백산맥』은 평론가들로부터

---

[81] 아시아경제, 2019. 11. 6., 「'김일성 배지' 논란에 보수단체, 은수미 성남시장 '국가보안법 위반' 고발」
[82] 성남피플, 2020. 6. 3., 「시 낭송극 '남누리 북누리', 국가보안법 고발사건 각하결정」

한국의 최고 소설로 뽑힐 정도로 높은 평가를 받으며 많은 독자들로부터 큰 인기를 누렸다. 그러나 이 소설도 국가보안법을 피해가지 못했다. 이승만 전 대통령의 양아들과 극우단체들이 1994년 4월 『태백산맥』이 이적표현물이라며 조 작가를 고발한 것이다. 수사기관은 조 작가를 불구속 입건하고 2005년 3월 31일에야 혐의없음 결정을 내렸다.[83] 조정래 작가는 마구잡이 국가보안법 고발 때문에 무려 11년 넘게 수사 대상이 되어야 했다.

그동안 조정래 작가는 빨갱이로 몰리며 숱한 공격을 받아야 했다. 조 작가가 고발당하는 것에 발을 맞추어 '조정래는 역사 왜곡한 빨갱이'라는 식의 대형 특집 기사가 보도되었다. 조 작가는 다음 작품을 준비하기 위해 외국 취재를 나갈 때마다 검찰청에 찾아가 담당 검사에게 사유서를 제출하고 허가를 받아야 했다. 고발인들은 고발에 그치지 않고 출판사에 출판을 중단하라고 협박하는 내용증명을 보내는가 하면, 『태백산맥』을 번역하는 일본 출판사에까지 번역을 중단하라는 편지를 보내고 전화를 거는 등 방해를 지속하였다. 11년 동안 수사에 시달리던 중 우익 단체의 조직적이며 매우 '진지한' 살해 위협이 계속되자 조 작가는 만일의 사태를 대비해 두 차례나 유서를 쓰기도 하였다.[84]

극우단체들이 이처럼 예술인들의 예술 활동에 대해서까지도 무분별한 고발과 공격을 되풀이할 수 있는 이유는 바로, 오래전부터 폐지대상으로 지목되었던 제7조가 여전히 존속하고 있다는 데 있다. 제7조에 대해 헌법재판소가 위헌결정을 내리거나 국회가 이 조항들을 폐지해야만, 이처럼 비합리적인 고발과 공격도 끝날 수 있다.

---

83 경향신문, 2005. 4. 1., 「최장집 교수·소설 태백산맥 국보법 위반 무혐의」
84 시사IN, 2009. 9. 21., 「그놈 목소리 그리고 또 다른 그놈 목소리」

3. 탈퇴하지 않으면 기소
—결사의 자유, 양심의 자유 침해

한총련 사건

1997년에서 2005년경까지 검찰은 한국대학총학생회연합(한총련)을 제7조 제3항 이적단체로 규정했고, 대법원은 1998년 7월 30일 이래 줄곧 이적 판정을 내렸다. 1997년 기준으로 한총련에 가입한 100여 개 대학의 총학생회장, 단과대학 학생회장 등은 모두 선출되는 순간 국가보안법 수배자가 되어 길게는 7년까지 수배당해야 했다. 매년 1,000여 명에 달하는 학생대표들이 대표로서 활동에 심각한 제한을 받았고, 1997년 191명이 구속되어 전원 기소되는 등, 2001년 8월까지 모두 594명이 구속되어 560명이 재판을 받았다. 한총련 수배자를 검거하면 경찰 특진과 포상이 이어지는 상황[85]에서, 과도한 경찰권 행사와 피해가 속출했다. 대학 내부까지 경찰체포조가 들어가 학생회실은 물론 교수연구실에서까지 한총련 대의원들을 연행하고, 총기로 위협하기도 했다.[86] 프락치 공작을 통한 검거 작전 중 수배된 학생이 사망하는 일까지 벌어졌다.[87] 이틀에 한 명 꼴로 한총

---

85 2002. 7. 9. 의문사진상규명위원회는 1997년 한총련 투쟁국장 김준배 사망사건 진상조사결과를 발표했다. 위원회는 국가보안법 위반자 검거 시 경찰 특진제와 포상제가 프락치 공작 등 무리한 검거 시도로 이어졌다고 조사 결과를 발표했다. 1997년 경찰 특진이 이루어진 300건 중 29%가 한총련 수배자 검거와 관련된 것일 정도였다. 당시 경찰은 김준배의 지인들에게 은신처에 관한 첩보를 제공하면 1300~1500만원의 돈을 주기로 약속하고, 500만 원을 먼저 지급하고 그 상당의 향응까지 제공하여 검거 작전을 펴는 등, 한총련 수배자 검거에 몰두했다. 오마이뉴스, 2002. 7. 9., 「경찰 피하려다 사망한 김준배, 의문사진상좇, '민주화운동' 인정」
86 민주사회를 위한 변호사모임, 한총련의 합법적 활동보장을 위한 범사회인대책위원회 법률지원단, 「2002 한총련을 위한 변론」, 2002, 121~122쪽.
87 1997. 9. 15. 제5기 한총련 투쟁국장이었던 김준배는 광주에서 경찰의 체포 작전 중 사망했는데, 이 사건에 대해 2002. 7. 9. 의문사위원회는 검거를 피해 아파트 외벽 케이블선을 타고 내려가던 김준배가 지면에서 3~4미터 높이에서 떨어져 쓰러져 있는 상태에서 경찰관이 발로 밟고 몽둥이로 가격해 심장파열로 사망했을 가능성이 매우 높다고 밝혔다. 의문사위원회는 김준배를 민주화 운동 관련 사망자로 인정하고 폭행 경찰관을 특정범죄가중처벌 등에 관한 법률(독직폭행) 위반죄로 검찰에 고발했다. 또한 정부와 국회에 국제인권기준에 맞게 국가보안법의 신속한 개정 내지 폐지를 위한 노력을 권고했다. 오마이뉴스, 2002. 7. 9., 「경찰 피하려다 사망한 김준배, 의문사진상좇, '민주화운동' 인정」; 위 고발에 대해 2003. 1. 7. 광주지검은 혐의없음 결정을 내렸다. 연합뉴스, 2003. 1. 10. 「"김준배 사건 무혐의 결론 '실망'"」

련 대의원들에 대한 구속 기소가 이어졌다. 김대중 정부에서 전체 국가보 안법 구속자의 53%가 한총련 대의원이었다.

[표] 한총련 대의원 구속 기소 실태(단위: 명)

	1997년	1998년	1999년	2000년	2001년(~8월)	합계
구속자 수	191	127	162	101	13	594
기소자 수	191	121	149	95	4	560

한총련 사건에서 가장 심각한 문제는 사상과 양심의 자유, 결사의 자유 가 근본적으로 침해당했다는 점이다. 민주화실천가족운동협의회는 2003 년 7월 8일~2003년 7월 16일 사이에 한총련을 탈퇴하지 않아 국가보안 법상 이적단체 가입 및 구성 혐의가 적용되어 수배 중인 30명을 대상으로 대면조사를 실시하였다. 이들은 공통적으로 '탈퇴＝불구속, 불탈퇴＝구속' 을 빌미로 한총련 탈퇴를 종용하는 공안당국의 회유, 협박에 시달리는 등 결사의 자유와 사상과 양심의 자유를 심각하게 침해당하고 있었다.

한총련 대의원인 대학생은 탈퇴하지 않으면 모두 국가보안법 제7조 제 3항 이적단체 가입죄로 처벌되었다. 아울러 상당수 대의원들은 '한총련 대의원대회 자료집 및 기타 간행물'을 소지하였다는 이유로 제7조 제5항 이적표현물 소지죄로도 처벌받았다. 대의원대회 자료집은 당시 한총련 대 의원이라면 회의를 위해 누구나 교부받고 소지하는 문서였다. 소속된 단 체의 공식 회의자료집 소지만을 문제 삼아 국가보안법 위반으로 처벌하는 것은 결사의 자유 및 표현의 자유에 대한 과도한 제한이다. 이마저도 탈퇴 하면 처벌에서 제외되나 탈퇴하지 않을 경우 처벌되었다는 것은 제7조가 양심의 자유에 대한 노골적인 침해 수단으로 악용되었음을 뚜렷이 드러낸다. 법원은 "한총련을 탈퇴하지 않으면 한총련의 친북 이적 활동에 동조하는 것으로 간주"하며 인간의 내심을 이분법적으로 재단하여 처벌하였다. 강제로 내심의 의사를 밝히게 하여 결사의 자유 및 사상과 양심의 자유의 본질적인 부분을 침해한 것이다.

한편 공안수사기관은 한총련 탈퇴 및 수배자 검거 실적을 올린다며 가족, 친지 등에게까지 무차별적으로 압박을 가했다. 한총련 수배자 가족들은 자녀나 형제 자매가 국가보안법 수배자라는 이유만으로 행해지는 공안당국의 회유와 협박, 사찰, 가택수색 등으로 인해 프라이버시권을 심각하게 침해당하고 인간다운 생활을 영위할 권리를 박탈당했다. 또한 가족들은 정신적, 육체적인 고통은 물론, 친지나 이웃과 관계 단절을 겪고 직장에서 불이익을 받기도 했다.[88] 수사기관에 의해 공공연하게 행해진 탈퇴 종용은 개인의 양심을 강제적으로 변경할 것을 강요하는 심각한 인권침해였다.

민주화실천가족운동협의회는 한총련을 탈퇴하지 않은 수배자와 그 가족에 대한 인권실태 조사 결과 드러난 피해를 다음과 같이 기록하였다.

경찰이 수시로 집이나 직장으로 찾아오기도 한다. "동네 통장에게 '저집 아들이 가끔씩 집에 오는지 확인하라'고 해서 통장이 집에 확인하러 왔다가 아버지와 크게 싸운 일이 있다. 그 후로 동네 사람들이 수군거린다고 한다."거나 "아파트 입구에 형사들이 서너 명 씩 서성거리는 통에, 결국 20년 이상 살던 동네에서 아무 연고도 없는 먼 동네로 이사를 해야 했다."는 경우처럼 동네 사람들에게 집 안을 감시하게 하거나 과도한 집 주변 탐문으로 인해 동네 사람들의 눈총을 받거나 아예 그 동네를 떠나 다른 곳으로 이사를 해야 하는 경우까지 발생했다.

---

[88] 민주화실천가족운동협의회a, 「한총련 수배자 인권실태」, 2003, 5쪽.

그 외에도 "혼자 사는 여동생 집에 경찰이 들이닥쳐 영장도 없이 집 안을 수색하는" 등 갑자기 집 안으로 들이닥쳐 불법 수색하여 그 충격으로 오랫동안 공포에서 벗어나지 못한 경우도 있다. 이렇듯 경찰의 잦은 방문으로 인해 수배자 가족들은 낮에도 낯선 사람이 문을 두드리면 깜짝 놀라거나 심한 정신적 스트레스를 받으면 살아야 했다.

뿐만 아니라 심지어는 "친지들에게 연락"을 하고 "사촌들에게 전화를 걸어 협박"하거나 "여동생의 남자친구를 수배자로 오인하여 강제로 연행하려던 과정에서 강제로 열손가락 지문을 채취해 동일인이 아님을 확인하고는 그냥 가버린 일.", "아버지가 경찰인데 관할 경찰서나 보수대로 불려 다니거나 직장에서 시말서를 쓴 일.", "경찰이 수시로 직장으로 연락하고 찾아오는 바람에 결국 아버지가 직장을 그만둔 일.", "아버지 친구(아들이 경찰이라고 함)가 찾아와 자수시키라는 이야기를 해서 결국 의절하고 만 일." 등[89]까지 일어나, 한총련 탈퇴를 강제하는 공안수사기관의 불법적 법집행으로 수배와는 무관한 사람들에게까지 피해를 주고 인권을 침해했다.

4. 대국민 겁주기와 길들이기

(1) 가수 신해철 고발사건

가수 신해철은 2009년 4월 자신의 홈페이지에 "조선인민민주주의공화국이 합당한 주권에 의거하여, 또한 적법한 국제 절차에 따라 로켓의 발사에 성공하였음을 민족의 일원으로서 경축한다."는 글을 올렸는데, 라이트

---

[89] 민주화실천가족운동협의회a, 위의 글, 5쪽.

코리아와 자유북한운동연합은 이를 반국가단체 활동 찬양·고무·선전이라며 고발했다. 서울중앙지검은 2010년 1월 29일 혐의없음 처분을 내렸는데,[90] 신해철은 그 직후 다음 내용을 포함한 소회를 피력했다.[91]

> "이 사안은 표피적으로 보면 단순한 해프닝입니다. 일개 가수가 자기 홈페이지에 쓴 글을 극우 단체가 고발했고, 검경은 수사 후 무혐의로 발표했습니다.… 많은 사람들의 주목을 받고 뉴스가 된 이유는 현 정권에서 시작된 대국민 겁주기 및 길들이기라는 민주주의의 명백한 퇴보 현상이 이 해프닝의 진원지이기 때문입니다. (중략) '주적'의 자리엔 '동족'을, '증오'의 자리엔 '화해'가 자리해야 한다고 생각하는 사람들은 저를 포함해 이미 엄청나게 많은 숫자가 되었습니다. 이렇게 생각하는 개인 개인들은 '좌빨'도 아니고 주체사상에 경도된 사람들도 아닙니다. 남북한의 경제력과 군사력, 국제정세를 판단할 수 있는 정보는 일반화되었고, 이는 한 개인이 증오와 공포의 무한 재생산에서 벗어나 미래를 재단하기에 충분한 양이므로 같은 생각을 하는 사람들은 더욱 늘어날 것입니다. 이는 국가보안법으로도 협박과 폭력으로도 제어할 수 없는 시대의 자연스런 흐름입니다. (중략) 내가 홈페이지에 미사일 경축 발언을 쓴 이유는 '증오와 공포의 무한 재생산'이라는 방법을 전가의 보도처럼 끊임없이 휘둘러대는 사람들에 대한 반발과 조롱 그 이상 그 이하도 아닙니다."

신해철은 국제정치상황의 변화와 남북관계 발전에도 불구하고 유지된

---

90 머니투데이, 2010. 1. 29., 「검 '북 로켓발사 축하글' 신해철 무혐의 처분」
91 오마이뉴스, 2010. 2. 1., 「신해철 "국보법 무혐의 유감"」

국가보안법의 시대착오적 이분법을 지적하면서, 극우단체들의 고발이 혐의없음으로 종결된다고 하더라도 각 개인에게 들이밀어진 국가보안법의 논리 자체가 폭력이었음을 아래와 같이 표현하였다.

"수사 과정에서 어떠한 폭력이나 폭언도 없었지만, 나이가 마흔 살이 넘고 두 아이의 아버지인 내가 '바뀔 가능성이 전혀 없는 나의 생각'에 대해 끊임없이 남에게 검토받아야 하는 시간 자체가 폭력이고 굴욕이었습니다."

(2) 박정근 리트윗 사건

박정근은 트위터에 북한을 찬양하는 글을 게시하였다는 이유로 제7조 위반으로 기소되어 1심에서는 유죄판결을 받았다가, 항소심에서 무죄판결을 선고받았다.[92]

이 사건은 우선, 국가보안법이 개인의 사적 말하기 수단인 SNS까지 감시하고 처벌하는 실상을 충격적으로 드러낸다. 사건의 발단 자체가, 경기경찰청 보안수사대가 박정근의 트위터를 지속적으로 관찰하다가 2011년 9월 박정근의 집과 사진관을 압수수색한 데서부터 시작되었다. 1심 판결은 "트위터 게시글은 사적 형태를 갖추려고 의도하더라도 불특정 다수인의 접근을 막을 수 없고", "신속하고 광범하게 전파될 수 있다는 측면에서 그 파급효과가 크다."며, "적극적으로 자신이 반국가단체 등 활동에 호응

---

92 박정근은 사회당 당원으로 사진관을 운영하면서 사회 현안에 대해 사진을 통해 의견을 밝히는 한편, 2010. 3.경 트위터에 가입해 활발하게 활동하던 중 2010. 9.경 북한 조국평화통일위원회의 '우리민족끼리' 트위터 계정을 팔로우하고 일부 트윗을 리트윗하였다. 이를 국가보안법 위반으로 본 경기경찰청 보안수사대가 압수·수색을 벌이자 박정근은 강력 반발하며 시민사회단체와 연계하여 국가보안법 폐지 투쟁에 참여하였다. 그러자 수원지검은 2012. 1. 11. 박정근을 구속하였고, 그는 2. 20. 보석으로 석방될 때까지 약 40여 일간 구금되어 있었다. 1심(수원지방법원 2012. 11. 21. 선고 2012고단324 판결)은 리트윗을 반국가단체 찬양 등으로 보고 징역 10월 및 집행유예 2년을 선고하였으나, 항소심(수원지방법원 2013. 8. 22. 선고 2012노5706 판결)은 무죄판결을 내렸고, 이는 대법원 2014. 8. 28. 선고 2013도10680 판결로 확정되었다.

.가세한다는 의사를 외부에 표시"한 것이라고 유죄판결을 내렸다. 7, 80년 대 지인들끼리 술자리에서 한 말도 처벌해 '막걸리 국가보안법'으로 비판 받았던 제7조 제1항은, 2012년에는 SNS 공간에서 개인의 사적 관심사에 대한 수다스러운 떠들기에 불과한 리트윗까지 처벌하는 법으로 모습을 바꿔 살아남은 것이다.

또한 이 사건은 제7조가 흑백 이분법의 단선적 논리로 개인의 내면을 추론하고 재단하는 것임을 단적으로 보여준다. 곧, 유죄를 선고한 1심 판결은 "피고인이 북한 체제를 상징하는 대상물을 소재로 욕설하거나 북한의 혁명가 가사나 구호 등을 바꾸어 표현하는 등의 방법으로 장난을 치는 듯한 게시글을 다수 게재"하였다는 점을 인정하면서도, "피고인이 주장하는 게시 의도를 그대로 받아들인다고 하더라도 이적 행위 목적은 배제할 수 없다."고 하였다. 그 이유는, "각 게시글에 피고인의 게시 의도를 명확히 알 수 있는 내용이 부가되어 있지 않고", "언팔로우되는 경우을 비롯하여 심지어 자신을 이른바 종북주의자로 신고하겠다는 반응이 있음에도 게시 행위를 중단하지 않"았다는 것이었다.[93]

말 한마디마다 북한을 비판하지 않으면 찬양했다고 모는 법이 국가보안법이다. 종북 아니냐는 의심의 눈길을 받는 즉시 아니라고 부정하지 않으면 처벌하는 조항이 국가보안법 제7조다.

"나는 김정일이 추모의 대상이라고 생각하지 않아요. 하지만 누군가가 그를 추모한다면 그걸 엎을 생각 없습니다. 거기까지입니다. 그걸 엎는 사람들은 통일이 되어도 그 귀한 김정일이 갖고 있던 영화, 건축물 등등을 다 때려부술 사람들이겠죠. 그것도 싫어요."라는 인터뷰에서 드러나듯, 박

---

93 2심 판결은 피고인의 경력과 지위, 트윗 작성 경위, 다른 트윗의 내용 및 흐름 등을 종합적으로 고려하여 판단해야 한다면서 "평소 북한에 대하여 비판적인 입장에서 북한의 태도나 자극적인 반응을 팔로어들에게 소개하기 위하여 그와 같은 트윗을 작성한 것"이라는 박정근의 주장을 받아들여 무죄판결을 내렸다.

정근은 북한에 비판적인 입장을 가진 사람이지만 흑백 이분법에는 동의하지 않았다. 그런 그가 이적 목적을 가졌다고 구속되고 1심에서 유죄판결을 받아야 했던 이유는, 국가보안법의 흑백 이분법에 저항했고 폐지 투쟁에 참여했기 때문이다.

2012년에도, 국가보안법의 감시·처벌대상은 북한을 찬양하거나 동의하는 사람에게만 국한되지 않았다. 흑백 이분법에 순종하지 않는 모든 사람이 감시와 처벌의 대상이다. 막걸리 국가보안법 시절인 1980년대에도, 국가보안법 남용은 옛말에 불과할 뿐 불편한 사람은 '종북'세력들 뿐이라는 말이 흔히 나왔던 2010년 이후에도 이는 마찬가지다. 국가보안법이 사회에 미치는 영향 가운데 핵심은, 누구든 흑백 이분법을 받아들이고 내면화하게 하는 것이다. 73년 동안 존속해온 국가보안법은, 이미 공고한 생각의 검열체계를 형성하여 국민 각자의 내면에 자리잡게 하고, 이를 받아들이지 않으면 처벌하고 위협해왔다.

5. 일상 전부를 감시당하다

(1) 해군사관학교 교관 사건[94]

"그는 사람이 많은 곳에는 잘 가지 않는다. 사람이 적은 곳에 있어야 누가 미행하는지 파악이 가능하기 때문이다. 그는 양복 입은 남자들만 보면 괜히 경계한다. 말도 안 되는 일이라고 생각하면서도 미행당하고 있다는 강박증을 떨쳐버릴 수 없다."[95]

---

94 대법원 2014. 9. 25. 선고 2012도9703 판결.
95 경향신문, 2014. 4. 5., 「평범하게 살고 싶다, 이제 나를 놓아주라」

김효성은 해군사관학교 교수부 사회인문학처 국사교관으로 3년만 복무하면 되는 단기장교였다. 국가보안법이 그를 뒤쫓기 시작한 것은 해군 소위로 임관한 직후인 2009년 7월 1일 출신 대학 학군단이 기무부대에 그가 단과대학 학생회장으로서 한총련 대의원이었음을 첩보 제공한 후부터다. 기무사 내사가 시작되자, 2014년 9월 대법원에서 무죄확정판결[96]을 받기까지 김효성은 5년 넘게 국가보안법으로 수사·재판받는 압박에 시달려야 했다.

그의 국사 강의노트는 기무사에 의해 국가보안법위반 수사대상이 되었고, 학생들에게 추천 서적을 알려준 것은 '이적표현물 탐독 권유'가 되었다. 기무사는 김효성이 외박 시 지인을 만난 것까지 확인하고 두 사람의 싸이월드 미니홈피까지 뒤져 '피내사자 외박기간 중 조직원 접촉'으로 둔갑시켰다.

대법원에서 전부 무죄판결을 받았지만, 기무사에 의해 그의 업무와 사생활 전반을 감시당하고 국가보안법으로 재판받아야 했던 김효성은 일상이 감시당할 수 있다는 강박에 오랫동안 시달려야 했다.

(2) 이시우 작가 사건[97]

"사실은 내가 자기검열이라는 것을 스스로 극복하려고 노력하지만 주

---

96 김효성은 "① 국사 수업 강의노트(피고인 작성), ②『청년을 위한 한국현대사』(박현채), ③『해방전후사의 인식』 1~6권, ④『우리나라에서 인민민주주의의 발생과 발전』(북한학자 김시중), ⑤『반제민족통일전선연구』(소볼레프 콘스탄티노프 등), ⑥『김일성의 만주항일유격운동에 대한 연구』(신주백), ⑦『조선인민혁명군-기억의 정치, 현실의 정치』(신주백), ⑧『아리랑』(님 웨일즈, 김산), ⑨『제국주의론』(레닌), ⑩『헤겔 법철학 비판』(칼 마르크스), ⑪『중국 근현대사』(小島晉治 등), ⑫『경제사총론』(芝原拓自)"의 이적표현물을 소지하였다는 국가보안법위반(찬양·고무 등), 집회 및 시위에 관한 법률 위반으로 기소되었다. 해군본부 보통군사법원은 2011. 11. 29. 국가보안법 위반 부분은 일부 유죄, 일부 무죄로, 집시법 위반은 전부 유죄로 인정하여 징역 1년, 자격정지 1년에 집행유예 2년과 벌금 20만 원을 선고하였고, 고등군사법원은 2012. 7. 27. 국가보안법 위반 부분을 전부 무죄로, 집시법 위반 부분만 유죄로 인정하여 벌금 20만 원을 선고하였으나, 대법원은 2014. 9. 25. 검찰관의 상고를 기각하고, 집시법 위반에 대하여도 무죄를 선고하였다.

97 대법원 2011. 10. 13. 선고 2009도320 판결.

위 사람들이 피해를 보게 되면 엄청나게 위축돼요. (…) 제가 강화에 살기 때문에 사람 접촉할 기회가 적기도 하지만 저 스스로도 사람을 많이 만나지 않게 됩니다. 혹시나 상대방한테 피해가 되지 않을까 하는 생각이 있는 거죠. 일본의 한통련 같은 조직에 있는 분들은 제가 찾아가면 혹시라도 자기들로 인해 제가 해를 당하지 않을까 항상 걱정을 했어요. 그때마다 저는 괜찮다고 했는데 제가 그 입장이 되고 보니까, 그들의 상황이 충분히 이해가 가는 거예요. 정상적 인간관계를 맺을 수 없죠. 그러니까 아마 그렇게 자살하는 상황까지 갈 수도 있겠다 생각이 들어요."[98]

사진가인 이시우 작가는 비무장지대, 미군기지 등 한반도 평화문제에 대한 사진창작작업을 해왔는데, 서울지방경찰청은 2004년 1월경부터 이 작가가 체포된 2007년 4월 경까지 3년이 넘는 기간 동안 아무런 통지 없이 이 작가의 모든 통화와 이메일을 감청하고 매일 '일일 녹취 일지'를 작성하였다. 그의 취재와 강의 등 활동 전부가 미행대상이 되었다. 이 작가는 2007년 1월 말 자택 압수수색 이후에야 비로소 수사 진행 사실을 알게 되었다. 이 작가가 2002년경부터 2007년 체포 전까지 한 모든 사진 촬영, 기고, 강연, 재일동포들과 만남 등이 모두 국가보안법상 자진지원, 찬양고무, 이적표현물 제작 등, 회합통신 등으로 기소되었고, 공소사실만 110개에 이르렀다.[99]

이 작가는 1심부터 3심까지 모든 공소사실에 대해 무죄판결을 받았다.

---

98 최진섭, 『법정콘서트 무죄』, 창해, 2012, 83-87쪽.

99 이시우 작가에게 적용된 혐의는 반국가단체나 구성원 또는 그 지령을 받은 자와 의사 연락 없이 국가기밀을 탐지 누설하여 자진지원(군사시설보호구역 등을 촬영하고 홈페이지에 게시), 반국가단체 찬양·고무 및 위 목적의 이적표현물 소지·반포(홈페이지에 한호석 작성 문건 및 북한 담화문 게시, 비무장지대 사진전 개최 및 강연, 통일뉴스 기고, 북한 출판물 소지) 등이었으나, 법원은 1심에서 3심까지 모두 전부 무죄판결을 내렸다.

그러나 무죄판결에도 불구하고 자신의 활동과 일상 전체가 국가보안법에 따른 감청, 미행, 기소 대상이 된 피해 자체가 사라지는 것은 아니었다. 이 작가는 이 경험을 다음과 같이 회상한다.

"오랫동안 사건과 관계없이 저의 인생이 다 도청되고 있었다는 현실 앞에서 다가온 '국가'라는 존재는 마치 커다란 산과도 같았죠. 그때부터 국가에 대한 고민이랄까, 그런 게 사실은 더 깊어졌어요. 이메일 같은 것도 사실은 전혀 개인의 영역이 아니구나, 국가 앞에 개인의 영역은 존재하지 않는다는 것을 처음 느꼈어요. 개인의 활동이 사실은 불가능하지 않을까 하는 생각도 뼈저리게 들었지요. 그래서 휴대폰도 안 쓰게 되고. (⋯) 저도 직접 겪어보니까, 사람이 아무리 사회적으로 활동하다가도 자기가 피하고 싶을 때 자기 개인만의 공간이라든가 이런 게 있어야 숨어들어 재충전할 수도 있는 건데, 그 공간이 사라져버린 거잖아요. 개인적 공간이라고 하는 게 사실은 국가라는 시스템에서는 국가보안법이라는 이름만 달면 언제든지 파헤칠 수 있는 거잖아요."

6. 벗어날 수 없는 고립

안소희 시의원 사건

앞서 살펴본 〈혁명동지가〉 제창 사건에서 안소희 파주시의원은 국가정보원으로부터 국가보안법 위반 혐의로 세 차례 압수수색을 당했다. 그때마다 언론은 '상당수 이적표현물이 확보된 것으로 보인다.'며 보도했고, 심지어 국정원이나 검찰도 주장한 바 없는 '북한 공작원과의 접촉', '북한 잠수정 지원 방안' 등이 종편 채널에 되풀이되면서 심각한 사회적 배제의 대상이 되어야 했다.

"남편이 아파트 동대표나 입주자대표회의 회장을 맡기도 하면서 마을
일을 오래 했어요. 저도 의정활동을 하다 보니 주민들과 만날 일이 많
았고요. 동네 사람들이 '아니, 무슨 일이야?' 하고 많이 물어보셨어요.
'별일 아니에요. 그냥 수색인데 별일 없을 거예요.' 그랬는데 일방적
으로 쏟아져 나오는 오보들을 접한 다음부터는 안 물어보시더라고요.
아예 접근을 안 했어요."

안소희 시의원의 회고는 현직 시의원으로 지역사회에서 활발히 활동하
던 사람조차도 국가보안법위반으로 한번 지목당하면 극단적인 배제와 고
립을 겪게 되는 현실을 선명하게 드러낸다.

"상황이 많이 안 좋았어요. 사람 관계는 서로 마주치고 대화하는 거잖
아요. 그렇게 소통하는 자체를 안 해주면 좋겠다는 눈치였어요. 연락
을 아예 하지 않으면 좋겠다고 직접 말한 분도 있었고, 대부분 바쁘다
고 하거나 연락을 안 받거나 그런 식이었죠. 같이 일하던 분들이 그만
두기도 했어요. 그런 일들이 한두 달 동안 계속됐어요. 그때는 진짜 딱
성당 분들만 우리 집에 오셨어요. 다른 사람들은 다 우리가 나가주길
바라는 분위기였어요."

행사에 참여해 강연을 들은 것, 노래 하나 부른 것이 유죄판결의 전부
이지만, 국가보안법이 불러온 배제와 고립은 어떠한 설명으로도 벗어나기
어려웠다.

"왜 그런 꼬투리 잡힐 일을 했냐는 식이더라고요. 평범한 사람이면 아무도 국가보안법에 저촉되지 않아. 근데 평범하지 않았겠지. 뭔가를 했겠지. 근데 사실은 굉장히 평범한 사람들이 평범하게 살면서 국가보안법의 혐의를 받았거든요. 그러니까 더 어렵더라고요. 저희가 어떻게 설명한다고 해서 되지 않는 상황인 거예요. 그래서, 결국 이사했어요. 그 동네에 못 있고."[100]

국가보안법이 피해자에게 가하는 수사와 기소의 불안, 감시와 처벌의 압박은 결코 작지 않다. 하지만 더 큰 피해는 유죄판결까지 가지 않아도 일단 이름만 거론되기만 하면 시작되는 사회적 배제와 고립이다. 한국전쟁 전후 국가보안법 위반자로 손가락질 당하면 목숨을 빼앗겼고, 군사독재 시절 국가보안법 위반으로 지목되면 고문을 피해갈 수 없었다. 민주화운동 이후 육체적 고문은 사라졌지만, 지금의 국가보안법은 사회적 배제와 고립을 통해 사회구성원으로서 살아나갈 가능성을 박탈한다.

국가보안법 위반 고발이 혐의없음 또는 무죄판결로 종결된다고 하여도, 고발당한 사람은 수사 과정에서 불편함과 위축감을 겪어야 하고, 사실과 다른 공격과 비난이 언론과 SNS로 삽시간에 확산되면 유무죄 여부와 상관없이 여론재판을 통해 매장당하고 만다. 혐의없음 또는 무죄판결을 받는다 하더라도 이전의 사회적 위치로 돌아갈 수 있는 것도 아니고, 인간관계가 저절로 회복되는 것도 아니다. 국가보안법 체제는 우리 사회 구성원 가운데 일부를 생각이 다르다는 이유만으로 차별하여 배제하고 고립시키는 혐오체제다.

---

[100] 홍세미 외, 위의 책, 322-324쪽.

7. 생활상 피해

(1) 국가보안법 기소휴직 – 해사교관사건

앞서 살펴본 해군사관학교 교관 사건에서 김 교관은 복무 중 국가보안법 위반으로 기소되어 대법원의 무죄 확정판결까지 2년 이상 기소휴직 상태로 강제 복무하였다. 국가보안법이 몰고 온 기소휴직은 김 교관을 군 법정에 묶어두었다.

> "해사 국사교관 김 중위는 지금 경계인이다. 의무복무기간이 훌쩍 지났는데도 3년째 제대를 기다리고 있다. 군인 신분이라 다른 직업을 가질 수도 없다. 월급 49만 8000원으로 생계를 꾸려가고 있다. 물구나무를 서도 간다는 그의 국방시계는 2011년 멈췄다. 군검찰이 그를 기소했다. 강의 노트가 국보법을 위반했다는 게 기소 이유다. 1심 유죄, 2심 무죄. 군검찰은 대법에 상고했다. 재판 일정은 21개월째 잡히지 않고 있다. 확정판결이 나기 전까지 그는 월 49만 8000원짜리 대한민국 해군 장교로 희망 없는 삶을 살아야 한다."[101]

김 교관은 대법원 무죄판결 확정 이후 군검찰의 공소권 남용, 군사법원의 공정한 재판을 받을 권리 침해(증거신청의 무분별한 기각 등 관련), 기소휴직제도 남용, 수업권 침해, 명예 및 인격권 침해(피의사실 공표 등 관련) 등을 주장하며 국가배상을 청구했고, 이 중 기소휴직제도 남용 부분 주장을 인정받아 2천만 원의 손해배상 지급 판결을 받았다(서울중앙지방법원 2016. 4. 20. 선고 2015가단5075028 판결, 위 판결은 항소기각, 상고기각으로 그

---

101 경향신문, 2014. 4. 5., 「평범하게 살고 싶다, 이제 나를 놓아주라」

대로 확정되었다).

그러나 국가보안법 때문에 기약 없이 기소휴직당하면서 김 교관이 멈춰서야만 했던 시간들은 위 배상금으로도 되찾을 수 없다. 재판은 무죄판결로 끝났지만, 국가보안법 때문에 빼앗긴 정상적인 생활도 되살릴 수 없다.

(2) 북한식 홍보도 빨갱이라고 비난 - 홍대 주점 사건

2019년 9월 서울 마포구 홍대 인근에서 북한 콘셉트로 인테리어 및 외장 공사를 진행 중인 한 주점에 대해서 마포구에 '북한식 술집'이라는 민원이 접수되었다. 마포구는 이를 서울지방경찰청 보안부에 이첩하였고, 경찰은 국가보안법 위반 여부를 수사하였다.[102]

전문가들은 이 주점에 대해서 "술집의 홍보 효과를 위한 것으로 보여 찬양·고무의 의사가 있었다고 하긴 어려울 것 같다", "북한을 찬양·고무할 목적이라기보다는 고객들의 눈에 띄기 위한 광고 목적이 더 큰 것이 아니겠나."라며 "국가보안법 위반으로 보기 애매하다."고 말하기도 하였으나, 이 주점은 2020년 7월 30일 폐업했다. 주점 사장은 폐업의 가장 큰 이유는 술집을 직접 방문하거나 앞을 지나가면서, 혹은 온라인상에서 "빨갱이"라고 지속적으로 부른 것에 대한 '스트레스'였다고 밝혔다.[103] 국가보안법 체제는 단순한 영업 목적조차도 곧이곧대로 받아들이지 않는 공고한 검열 체계를 한국 사회에 만들어놓았다.

---

102 중앙일보, 2019. 9. 16., 「[사진] 홍대 앞 주점에 인공기, 김일성 부자 사진」
103 헤럴드경제, 2020. 8. 9., 「[단독] 논란의 홍대앞 '평양술집' 폐업 "'조국' 끝나니 코로나 남북경색"」

8. 국가보안법 고발, 누구도 피할 수 없다

국가보안법 제12조 제1항은 "타인으로 하여금 형사처분을 받게 할 목적으로 이 법의 죄에 대하여 무고 또는 위증을 하거나 증거를 날조·인멸·은닉한 자는 그 각조에 정한 형에 처한다."고 정한다. 무고 등이 가져올 피해를 줄이기 위해서 근거 없는 무고와 증거날조 등을 막을 목적으로 둔 규정이다. 하지만 실제로는 국가보안법 고발은 생각이 불온하다고 지목되는 사람에 대한 무분별한 공격 수단이자 협박 수단으로 아무런 근거 없이도 남발되어 왔다. 이에 대한 처벌도 다른 방법의 규제도 거의 이루어지지 않았다.

(1) 축구선수 정대세 고발사건

정대세 선수는 재일동포 3세로 일본에서 태어나 조총련계 학교를 졸업한 뒤 북한 국가대표 축구선수로 월드컵 등에 출전하고 수원 삼성 소속으로 국내 프로축구리그에서 활약하던 중, 2014년 6월 국가보안법 위반으로 고발당했다. 변희재가 회장으로 있는 '한국인터넷미디어협회'가 정대세가 해외 방송 등에서 '김정일을 믿고 따른다.'라는 발언 등으로 국가보안법을 위반했다며 고발한 것이다.

수원지검 공안부는 2014년 9월 정대세 선수에 대해 혐의없음 처분을 내렸다.[104] 그러나 정치인뿐만 아니라 축구선수까지도 생각이 다르다는 이유만으로 국가보안법 위반으로 고발당한 이 사건은, 극우 단체들이 자신의 세력을 유지·확장하는 정치적 수단으로 국가보안법을 활용하고 있음을 드러낸다. 국가보안법이 존재하는 한, 극우 세력이 합리적 근거도 없이자신과 생각이 다른 사람을 고발해 국가보안법을 협박 수단으로 활용하는

---

104 KBS, 2014. 9. 30., 「검찰 '국가보안법 위반 고발' 정대세 무혐의」

문제는 계속될 수밖에 없다.

(2) 문재인 대통령 고발사건

자유연대 등 보수표방 시민사회단체는 2020년 6월 4일 문재인 대통령이 이적성 발언을 해왔다며 국가보안법 위반 등 혐의로 대검찰청에 고발했다고 밝혔다. 이들은 고발장에서 "문대통령은 국가보안법 위반 사범을 단속해 사법 처리를 지시해야 할 지위에 있으면서도 국가보안법 위반 행위를 사실상 방조하고, 앞장서서 국가보안법 위반 행위를 자행하고 있다"고 주장했다.[105] 현직 대통령마저 극우단체들의 생각과 다르다는 이유로 국가보안법 위반 혐의로 고발대상이 된 것이다.

(3) 활빈단 대표의 허위 고발 손해배상 사건

활빈단, 대한민국지킴이연대 등의 시민단체는 종북몰이에 편승하여 무차별적 국가보안법 위반 고발을 해왔는데, 통합진보당 이정희 대표도 활빈단 등으로부터 종북세력의 수괴라며 국가보안법 제7조, 형법 제98조[106] 위반으로 고발당하였다.

이정희 대표는 이것이 근거 없는 허위 고발이라는 이유로 활빈단 대표 등에게 손해배상을 청구하였다. 법원은 "여론 형성을 넘어 상대방에 대하여 국가기관을 통한 형사처벌을 시도하는 것까지 표현의 자유라는 미명 하에 보호받을 수 있는 것은 아니"라며, "간첩죄는 최저형이 징역 7년인 중범죄로서 고발 사실 자체만으로 피고발인은 상당한 정신적 압박을 받을 수밖에 없으므로, 이러한 범죄에 대하여 고발을 제기하기 위해서는 단순

---

105 연합뉴스, 2020. 6. 4., 「자유연대, 문재인 대통령 국가보안법 위반 고발.."이적성 발언"」
106 형법 제98조(간첩) ① 적국을 위하여 간첩하거나 적국의 간첩을 방조한 자는 사형, 무기 또는 7년 이상의 징역에 처한다. ② 군사상의 기밀을 적국에 누설한 자도 전항의 형과 같다.

히 고발인이 주관적으로 피고발인의 범행을 믿고 있는 것만으로는 부족하고, 이를 뒷받침할 수 있는 최소한의 근거를 갖추는 것이 고발인의 주의의무에 포함된다고 보아야 한다."며 자신들의 사상이나 이념에 부합하지 않는다는 이유로만 고발한 것은 중대한 과실 있는 허위 고발이라고 판시하였다.[107]

---

107 서울중앙지법 2019. 2. 13. 선고 2015나41564 판결.

3부

국가보안법
제7조의 위헌성

제7조(찬양·고무 등) ① 국가의 존립·안전이나 자유민주적 기본질서를 위태롭게 한다는 정을 알면서 반국가단체나 그 구성원 또는 그 지령을 받은 자의 활동을 찬양·고무·선전 또는 이에 동조하거나 국가변란을 선전·선동한 자는 7년 이하의 징역에 처한다.

② 삭제

③ 제1항의 행위를 목적으로 하는 단체를 구성하거나 이에 가입한 자는 1년 이상의 유기징역에 처한다.

④ 제3항에 규정된 단체의 구성원으로서 사회질서의 혼란을 조성할 우려가 있는 사항에 관하여 허위사실을 날조하거나 유포한 자는 2년 이상의 유기징역에 처한다.

⑤ 제1항·제3항 또는 제4항의 행위를 할 목적으로 문서·도화 기타의 표현물을 제작·수입·복사·소지·운반·반포·판매 또는 취득한 자는 그 각항에 정한 형에 처한다.

⑥ 제1항 또는 제3항 내지 제5항의 미수범은 처벌한다.

⑦ 제3항의 죄를 범할 목적으로 예비 또는 음모한 자는 5년 이하의 징역에 처한다.

기본권 침해

1. 모든 헌법적 관점에서 심사해야

(1) 침해되는 모든 기본권에 대하여 각각 심사해야

하나의 규제로 여러 기본권이 동시에 제약될 때, 그 법률이 위헌인지 여부를 판단함에 있어 기본권 침해를 주장하는 위헌제청신청인과 제청법원의 의도 및 기본권을 제한하는 입법자의 객관적 동기 등을 참작하여 사안과 가장 밀접한 관계에 있고 침해의 정도가 큰 주된 기본권을 중심으로 제한의 한계를 따져 보아야 한다는 것이 헌법재판소의 입장[1]이다. 헌법재판소는 국가보안법 제7조에 대한 가장 최근의 판시에서 위 입장에 따라, 보다 밀접한 기본권인 양심의 자유 및 표현의 자유 침해 여부에 대하여 판단하는 이상 인간의 존엄성이나 행복추구권, 행복추구권에서 파생되는 일반적 행동자유권 침해 여부에 대하여는 별도로 판단하지 아니한다[2]고 하였다.

그러나 제7조는 근본적으로 인간존엄과 깊게 관련되어 있고, 피해의 심각성으로 보면 학문과 예술의 자유 침해가 특히 문제된다. 또 인간존엄, 양

---

1 헌법재판소 1998. 4. 30. 선고 95헌가16 결정 등.
2 헌법재판소 2015. 4. 30. 선고 2012헌바95 등 결정.

심의 자유의 제한 법리는 표현의 자유의 제한 법리보다 더 엄격하다. 따라서 단순히 가장 밀접한 관계에 있고 침해의 정도가 큰 주된 기본권 침해만을 심사하는 기존 법리를 그대로 적용할 사안이 아니다.

제7조는 양심과 사상의 자유, 표현의 자유와 학문·예술의 자유, 결사의 자유 외에도 인간존엄, 평화적 생존권, 평등권을 침해하고, 위 기본권들은 모두 정신적 자유에 관계되거나 모든 기본권의 전제가 되는 인간의 존엄 및 생존에 관련된 중요한 기본권이다. 그러므로 침해되는 기본권 모두에 대하여 각각 그 제한이 합헌적인지 판단하여야 한다.

(2) 국제인권조약에 비추어 판단해야

헌법재판소는 위헌법률심판 시 심판대상규범의 모든 법적 효과를 고려하여 모든 헌법적 관점에서 심사한다는 기준을 명확히 하고 있다.[3] 오래전부터 국제사회가 형성해 온 보편적 인권기준에 해당하는 국제인권조약 위배는 헌법상 기본권 침해와 직결되는 문제이기 때문에, 국제인권조약에 위배되는지 여부도 위헌심사항목에 당연히 포함되어야 한다. 그러나 지금까지 헌법재판소는 사실상 국제인권조약의 위배 여부를 위헌심사에 고려하지 않거나, 국제인권조약을 헌법 해석의 참고자료 정도로만 검토하는 등 소극적 태도를 보여왔다.[4]

특히 제7조는 계속하여 국제인권기구 등으로부터 국제인권조약 위배를 지적받아온 대표적인 규정이다. 그러나 헌법재판소는 지금까지 제7조에 대한 수차례의 위헌심사에서 위와 같은 국제인권기구 등의 평가를 사실상 경시하였다. 오직 단 한 건의 결정에서 재판관 1인의 반대의견만이 제7

---

3 헌법재판소 1996. 12. 26. 선고 96헌가18 결정.
4 전종익, 「헌법재판소의 국제인권조약 적용」, 『저스티스』 제170-2호, 2019, 514-533쪽.

조를 폐지하라는 국제사회의 목소리에도 귀를 기울여야 한다고 판시[5]하며 국제인권조약을 언급했을 뿐이다.

국제인권조약은 모든 인간의 기본적 권리를 존중하여야 한다는 유엔 헌장 전문과 제1조 제3항[6]의 취지를 반영하여 유엔총회가 1948년 12월 10일 채택하고 선포한 세계인권선언(Universal Declaration of Human Rights)에 근거하여 만들어진 국제규범을 말한다. 국제인권조약은 선언적 효력만을 가진 세계인권선언에서 더 나아가 인권규범의 법적 구속력을 보장하기 위해 '협약'의 형태로 만들어진 국제규범이다. 유엔 인권최고대표사무소는 방대한 국제인권조약 중에서도 가장 중요한 9개의 국제인권조약과 선택의정서를 '핵심 국제인권조약'으로 정하고 있다.[7][8] 우리나라는

---

5 "1999년 유엔 자유권규약위원회(UNHRC)는 유엔의 '시민적·정치적 권리에 관한 국제규약'에 따르면 어떠한 사상이 단지 적성단체(enemy entity)의 주장과 일치하거나 적성단체에 대하여 공감을 형성하는 것으로 보인다는 이유만으로 그 사상의 표현에 대하여 제한을 가하는 것은 허용되지 않는다면서 우리 정부에 대하여 국가보안법 제7조의 긴급한 개정을 권고하였고, 2006년에도 국가보안법 제7조가 위 규약의 요건에 부합하도록 보장하는 것을 긴급한 사안으로 삼아야 한다고 재차 권고한 바 있다. 유엔 특별보고관(의사 및 표현의 자유에 관한 특별보고관)도 표현의 자유 증진과 보호에 관한 실태조사를 위해 우리나라를 공식 방문한 후 2011년 유엔 총회에 보고한 보고서에서, 국가보안법 제7조가 모호하고, 공익과 관련된 사안에 대한 정당한 논의를 억제하며, 오랜 기간 표현의 자유를 심각하게 침해한 역사가 있음을 이유로 위 조항을 폐지할 것을 우리 정부에 권고한 바 있다. 이 사건에 있어서는 위와 같은 국제사회의 목소리에도 귀를 기울일 필요가 있다."(헌법재판소 2015. 4. 30. 선고 2012헌바95 등 결정 중 김이수 재판관의 반대의견)

6 United Nations, Charter of the United Nations, 24 October 1945, 1 UNTS XVI, Art 1, para. 3. ··· encouring respect for human rights and fundamental freedoms for all.

7 Office of the United Nations High Commissioner for Human Rights(OHCHR), "The Core International Human Rights Instruments and their monitoring bodies" https://www.ohchr.org/en/professionalinterest/pages/coreinstruments.aspx(2021. 2. 5. 방문).
9개의 국제인권조약은 아래 각 조약을 말한다.
■ 모든 형태의 인종차별 철폐에 관한 국제협약(International Convention on the Elimination of All Forms of Racial Discrimination)
■ 시민적 및 정치적 권리에 관한 국제규약(International Covenant on Civil and Political Rights)
■ 경제적·사회적 및 문화적 권리에 관한 국제규약(International Covenant on Economic, Social and Cultural Rights)
■ 여성에 대한 모든 형태의 차별 철폐에 관한 협약(Convention on the Elimination of All Forms of Discrimination against Women)
■ 고문 및 그 밖의 잔혹한 비인도적인 또는 굴욕적인 대우나 처벌의 방지에 관한 협약(Convention against Torture and Other Cruel, Inhuman or Degrading Treatment or Punishment)
■ 아동의 권리에 관한 협약(Convention on the Rights of the Child)
■ 이주노동자권리협약(International Convention on the Protection of the Rights of All Migrant

핵심 국제인권조약 중 총 7개의 국제인권조약과 4개의 선택의정서에 가입·비준하여 국제사회에 위 각 국제인권조약상 의무를 성실히 이행할 것을 약속했다. 국가보안법 제7조와 관련하여서는 시민적 및 정치적 권리에 관한 국제규약(자유권규약), 경제적·사회적 및 문화적 권리에 관한 국제규약(사회권규약), 고문 및 그 밖의 잔혹한 비인도적인 또는 굴욕적인 대우나 처벌의 방지에 관한 협약(고문방지협약) 위배 여부가 문제 된다(위 세 조약[9]을 묶어 이하 '관련 국제인권조약들'이라 한다).

국제인권조약에 가입한 당사국은 "신의에 따라"(in good faith) 성실하게 조약상의 의무를 이행해야 한다. 당사국은 국제인권조약상 의무의 불이

Workers and Members of Their Families, 미가입)
■ 강제실종협약(International Convention for the Protection of All Persons from Enforced Disappearance, 미가입)
■ 장애인의 권리에 관한 협약(Convention on the Rights of Persons with Disabilities)

9개의 선택의정서는 아래 각 문서를 말한다.
－경제적·사회적 및 문화적 권리에 관한 국제규약 선택의정서(Optional Protocol to the Covenant on Economic, Social and Cultural Rights, 미가입)
－시민적 및 정치적 권리에 관한 국제규약 제1선택의정서(Optional Protocol to the International Covenant on Civil and Political Rights, 개인진정)
－시민적 및 정치적 권리에 관한 국제규약 제2선택의정서(Second Optional Protocol to the International Covenant on Civil and Political Rights, aiming at the abolition of the death penalty, 사형제 폐지, 미가입)
－여성에 대한 모든 형태의 차별 철폐에 관한 협약 선택의정서(Optional Protocol to the Convention on the Elimination of Discrimination against Women)
－아동의 권리에 관한 협약 제1선택의정서(Optional protocol to the Convention on the Rights of the Child on the involvement of children in armed conflict, 아동의 무력충돌 참여)
－아동의 권리에 관한 협약 제2선택의정서(Optional protocol to the Convention on the Rights of the Child on the sale of children, child prostitution and child pornography, 아동매매·성매매·음란물)
－아동의 권리에 관한 협약 제3선택의정서(Optional Protocol to the Convention on the Rights of the Child on a communications procedure, 개인진정, 미가입)
－고문 및 그 밖의 잔혹한 비인도적인 또는 굴욕적인 대우나 처벌의 방지에 관한 협약 선택의정서(Optional Protocol to the Convention against Torture and Other Cruel, Inhuman or Degrading Treatment or Punishment, 미가입)
－장애인권리협약 선택의정서(Optional Protocol to the Convention on the Rights of Persons with Disabilities, 미가입)
8 Office of the United Nations High Commissioner for Human Rights(OHCHR), 『The Core International Human Rights Treaties』, United Nations Publications, 2006.
9 자유권규약과 사회권규약은 1990. 4. 10. 가입·비준되어 1990. 7. 10. 발효되었고, 고문방지협약은 1995. 1. 9. 가입·비준되어 1995. 2. 8. 발효되었다.

행을 정당화하기 위하여 그 국내법 규정을 원용함으로써 국제법상의 책임을 회피할 수 없다.[10] 국제인권조약을 신의성실하게 이행하여야 할 의무는 입법, 행정, 사법기관을 포함한 당사국의 모든 국가기관이 부담하는 의무다. 당사국의 사법기관은 국제인권조약을 최대한 실현할 수 있도록 국내법을 해석·적용할 의무를 부담한다.[11] 헌법재판을 관장하는 헌법재판소 역시 위 의무를 진다. 헌법재판소에게는 국가보안법 위헌 여부 심리에서도 관련 국제인권조약들을 최대한 실현할 수 있도록 헌법을 해석·적용할 의무가 있다.

헌법재판에서 국제인권조약 최대 실현을 보장할 헌법재판소의 의무는 엄격하게 이행되어야 한다. 국제인권조약은 국제사회가 형성해온 보편적이고 불가침적 성격을 가진 자유와 권리를 내용으로 하는데, 이러한 자유와 권리는 헌법재판에 의해 규범적 효력이 관철될 때 비로소 실효성을 발휘하기 때문이다. 유럽이나 미주, 아프리카 대륙 나라들에서는 각 나라 최고법원 외에 지역인권법원도 법률의 인권침해 여부를 판단할 수 있다. 법적 구속력 있는 판결을 선고할 수 있는 대륙 차원의 지역인권법원에서, 각국 법률이 유럽인권협약 등 인권규범에 위배되는지를 판단한다. 그러나 동북아에는 지역인권법원이 따로 존재하지 않는다. 우리나라에서 국제인권조약상 자유와 권리를 근거로 법률의 위헌 여부를 선언할 수 있는 유일한 기관은 헌법재판소다. 이러한 상황에 비추어,[12] 헌법재판소의 국제인권조약 최대 실현 의무는 더욱 강조될 필요가 있다. 따라서 헌법재판소는 제7조 위헌 여부를 판단

---

10 조약법에 관한 비엔나협약
제26조(약속은 준수하여야 한다.) 유효한 모든 조약은 그 당사국을 구속하며 또한 당사국에 의하여 성실하게 이행되어야 한다.
제27조(국내법과 조약의 준수) 어느 당사국도 조약의 불이행에 대한 정당화의 방법으로 그 국내법규정을 원용해서는 아니 된다.
11 신윤진, 「국제인권규범과 헌법: 통합적 관계 구성을 위한 이론적·실천적 고찰」, 《서울대학교 법학》 제61권 제1호, 2020, 213쪽.
12 유사한 취지로 사법정책연구원, 「법원의 국제인권조약 적용 현황과 과제」, 2020, 5쪽.

할 때 관련 국제인권조약들에 위배되는지 여부를 반드시 심리하여야 한다.

국제사회에서 우리나라는 국제형사재판소 초대 재판관, 유엔 사무총장 등 국제기구의 수장을 배출하고 유엔 인권이사회(Human Rights Council), 안전보장이사회 등의 이사국으로 선정되는 등 그 위상을 지속적으로 높여가고 있다. 특히 우리나라가 유엔 인권이사회 이사국으로서 보편적 인권의 보호 및 증진을 위한 국제사회의 다양한 활동에 참여하고 있는 것[13]은, 국내적으로도 핵심 국제인권조약의 해석과 적용에 관한 국제기준에 부합하는 수준으로 인권을 보호하는 모범을 보일 책임을 지고 있음을 뜻하는 것이기도 하다. 그러므로 보편적 인권의 보호와 증진을 위한 핵심 역할을 맡고 있는 헌법재판소가 위헌심사에 있어 국제인권조약의 취지와 의미를 성실히 고찰하고 적극적으로 반영하는 것이 반드시 필요하다. 입법기관인 국회도 법률의 개정 또는 폐지를 의결하는 데서 국제인권조약 위배 문제를 중요한 판단기준으로 삼아 국제인권조약에 맞는 법체계를 형성할 책임이 있다.

(3) 위헌 판단시 국가보안법 관련 국제인권조약을 기준으로 삼아야

모든 나라에서 국제인권조약이 아무런 국내 입법 없이 바로 국내법적 효력을 갖는 것은 아니다. 미국은 아무리 조약을 체결했더라도 국내 이행입법이 있어야만 그 조약이 미국 내에서 효력을 발휘한다는 원칙을 유지하고 있다. 이와 달리 우리나라는 국제조약에 국내적 효력을 부여하는 데 훨씬 적극적이다. 헌법 전문에서 "항구적인 세계평화와 인류공영에 이바지함"을 선언하고, 제6조에서 '헌법에 의하여 체결·공포된 조약'과 '일반적으로 승인된 국제관습법'이 국내법과 같은 효력을 가진다고 명시한 것이다. 이 조항이 있으므로, 우리나라가 체결한 국제조약이 국내법적 효

---

13 외교부, 「2019 외교백서」, 2019, 174-208쪽.

력을 갖는 것에는 별도의 국내 이행입법이 필요없다. 헌법 전문과 제6조의 입법 경위는, 국제평화와 국제민주주의에 대한 열의를 가지고 국제법을 존중하겠다는 '국제법 존중주의'를 선명宣明[14]하겠다는 것이다. 헌법재판소와 대법원은 국제법 존중주의에 기반하여, 국제조약들이 별도의 입법 조치 없이도 국내적으로 직접 적용된다고 판단해왔다.[15] 그러므로 당연히, 국가보안법 관련 국제인권조약들도, 우리나라가 비준한 즉시 국제법 존중주의와 헌법 제6조에 따라 바로 국내적 효력을 획득했다.

관련 국제인권조약들이 국내적 효력을 가진다고 하면, 다음 쟁점은 헌법-법률-명령-규칙 등의 국내법의 위계질서 안에서 어떤 지위를 갖는지다. 헌법과 동급인지, 법률과 같은 지위인지, 명령이나 규칙에 불과한지 등이다. 이것이 왜 쟁점일까? 법률에 대해 위헌을 선언하려면 헌법재판소가 법률 상위 규범인 헌법에 근거해 판단하는 것이 유일한 방법이다. 다른 법률은 헌법재판의 기준이 되지 못한다. 그러니, 만일 국제인권조약이 헌법과 동급이라면 국내 법률보다 상위라는 것이어서, 헌법재판소는 국내 법률이 위헌인지 심사할 때 반드시 국제인권조약을 기준으로 삼아야 한다. 그러나 국제인권조약이 법률과 같은 지위라고 하면, 국내 법률의 위헌 여부를 판단할 때 국제인권조약을 기준으로 할 수 없다. 국가보안법 합헌 결정들이 국제인권조약 위배를 심사하지 않았다고 해서 잘못된 판단이라 할 수 없게 되는 것이다. 헌법재판소는 지금까지 국가보안법 관련 국제인권조약들의 국내법적 지위와 효력을 명시적으로 선언한 바 없다. 위헌심사 시 국제인권조약을 반드시 기준으로 해야 하는지, 판례로는 아직 확정되지 않은 것이다.

우리나라와 달리 국제인권조약을 직접 적용하지 않는 나라들에서는 어

---

14 유진오, 『신고 헌법해의』, 명세당, 1953, 53-54쪽.(한국헌법학회, 『헌법주석서 I』, 법제처, 2010, 118쪽에서 재인용)
15 대법원 2006. 4. 28. 선고 2005다30184 판결; 헌법재판소 1998. 11. 26. 선고 97헌바65 결정 등.

떨까? 이 나라들에서도, 상당수의 사법기관들은 적극적인 해석을 통해 국제인권조약에 사실상 혹은 기능상 헌법재판규범의 지위를 인정한다. 사법부가 국제법에 부합하는 해석을 해야 한다는 '국내법의 국제법 합치해석' 법리를 판례로 확립해온 것이다.[16] 미국 연방대법원은 1804년 Murray v. The Schooner Charming Betsy 판결에서 마셜 대법원장이 "의회의 법률은 다른 해석의 가능성이 남아 있는 한 결코 국제법에 위반하도록 해석되어서는 안 된다."고 선언한 이래,[17] 국내법의 국제법 합치해석 원칙을 확립해 왔다. 독일 연방헌법재판소도 최근 지역인권규범에 해당하는 유럽인권협약의 내용과 그 해석으로서 유럽인권재판소의 판결을 반드시 고려하여 이에 부합하는 해석이 필요하다는 원칙을 채택하여,[18] 국제인권조약에 사실상 헌법재판규범의 지위를 인정하고 있다.

그렇다면 국제인권조약을 직접 적용하는 우리나라에서는, 최소한 '국제인권조약에 부합하는 헌법 해석'이라는 간접 적용 방법을 통해, 국제인권조약에 적어도 '사실상' 혹은 '기능상' 헌법재판규범의 지위를 인정[19]하는 것은 지극히 당연한 일이다. 국제인권법에 부합하는 헌법 해석을 통해 국제인권조약을 위배한 공권적 작용이 헌법상 기본권 침해라고 인정하거나, 헌법 전문 및 제6조에 따른 국제법 존중주의 위반이라고 판단하는 것이다. 대법원 보충의견은 "자유권규약과 같은 국제인권규약의 경우, 법원은 헌법상 기본권을 해석할 때는 물론 법률을 해석할 때도 규약에 부합하도록 노력하여야

---

16 "전 세계의 다양한 국가의 사법부가 국내법의 국제법 합치해석의 관행을 확립해 온 것은 사실이다. 즉, 두 가지 이상의 다른 국내법령 해석이 가능할 때 국제법에 부합하는 해석을 국제법에 위반하는 해석에 대하여 우위에 두어 선택하는 것을 내용으로 하는 국내법의 국제법 합치해석 원칙은 상설국제사법재판소의 판례와 기타 국제법원의 판례에서도 수 차례 확인된 바 있다." 사법정책연구원, 위의 글, 77쪽.

17 미국 연방대법원은 최근 국제인권조약을 헌법상 국제법 존중주의를 규정하고 있는 미국 연방헌법에 따라 간접적인 방법을 통해 적용함으로써 규범력을 확보하는 경향성을 보이고 있다. 류성진, 「헌법재판에서 국제인권조약의 원용가능성」, 『아주법학』 제7권 제1호, 2013, 23-25쪽.

18 신윤진, 위의 글, 232-234쪽.

19 김선희, 「난민신청자의 권리에 관한 헌법적 검토」, 헌법재판연구원, 2015, 66쪽.

한다."[20]라고 판시한 바 있다. 국제인권조약이 '헌법상 기본권을 해석'하는 기준이 된다고 보면, 헌법재판에서 국제인권조약이 적어도 '사실상' 혹은 '기능상'으로라도 재판규범으로 기능한다고 보는 것이 마땅하다.

조금 더 나가보자. 헌법 제6조 제1항이 국제조약과 국제관습법의 효력을 '법률과 같은 효력'이라고 명기하지 않고 '국내법과 같은 효력'이라 규정한 점을 주목할 필요가 있다. 헌법 제6조 제1항은 개별 국제법이 국내법 질서에서 가지는 구체적 지위를 '법률' 또는 '명령' 등으로 특정하여 규정하지 않는다. 위 조항상 '국내법'은 헌법, 법률, 시행령, 시행규칙 등 다양한 종류의 법령을 의미하므로, 국제조약의 국내적 지위와 효력은 경우에 따라 헌법적 지위와 효력까지도 이를 수 있다. 즉 국제인권조약들의 국내적 지위와 효력은 결국 해당 조약의 목적과 내용, 국제적 위상과 역할, 국내법과 바람직한 규범적 연계방식이 무엇일지 등을 고려하여 판단될 수 있다.[21] 국가보안법 관련 국제인권조약들은 오늘날 현대 민주주의 국가가 반드시 보장해야 할 불가침의 인권을 망라한 헌법적 차원의 규범이다. 관련 국제인권조약들이 규정하는 자유와 권리는 대체로 헌법에 규정된 기본권과 유사한 수준의 내용을 담고 있다. 나아가 헌법 제10조 제2문에 따라 확인되고 보장되어야 할 개인의 불가침의 인권이다. 더구나 헌법은 제10조 제1문에서 '인간의 존엄과 가치'를 기본권으로 보장하고, 제37조 제1항을 두어 헌법에 열거되지 않은 기본권도 경시되지 않는다고 한다.[22] 그러니 관련 국제인권조약들이 보장하는 자유와 권리는, 우리 헌법에 열거되어

---

20 대법원 2018. 11. 1. 선고 2016도10912 전원합의체 판결 중 제2다수보충의견.
21 신윤진, 위의 글, 219쪽.
22 헌법 제10조 모든 국민은 인간으로서의 존엄과 가치를 가지며, 행복을 추구할 권리를 가진다. 국가는 개인이 가지는 불가침의 기본적 인권을 확인하고 이를 보장할 의무를 진다.
제37조 ① 국민의 자유와 권리는 헌법에 열거되지 아니한 이유로 경시되지 아니한다.

있지 않더라도 인간의 존엄과 가치를 보장하기 위한 헌법상 기본권[23]으로 인정되어야 한다. 관련 국제인권조약들은 헌법재판에서 '사실상', '기능상' 적용을 넘어 반드시 기준으로 삼아야 하는 헌법재판규범이다.

위헌법률심판을 제청한 수원지방법원은 자유권규약에 관련하여, "일반적인 조약과는 달리 현대적 민주국가라면 당연히 가지고 있는 헌법상 기본권과 동일한 내용을 담고 있고, 자유권규약 제19조에서 규정하고 있는 표현의 자유 부분은 헌법 제19조 및 제21조에서 규정하고 있는 양심의 자유 및 표현의 자유에 부합하며 더 구체적인 내용을 규정하고 있어 '헌법적 차원의 법규범'이라고 할 수 있으므로, 자유권규약 제19조는 헌법재판에서 재판규범으로 사용될 수 있다"고 명확하게 설시하였다.[24] 헌법재판소는 국제인권조약에 가입한 당사국의 사법기관으로서 의무를 이행하기 위하여, 국제인권조약을 헌법재판규범으로 인정[25]하여야 한다.

관련하여 대법원 2018. 11. 1. 선고 2016도10912 전원합의체 판결의 제2다수보충의견도 살펴본다. 위 보충의견은 "우리나라가 가입한 자유권규약의 경우에는 헌법 제6조 제1항에 의해 국내법과 동일한 효력을 가지고 직접적인 재판규범이 될 수 있"다고 했다. "자유권규약은 국회의 동의를 얻어 체결된 조약이므로 헌법 제6조 제1항의 규정에 따라 국내법적 효력을 가지며, 그 효력은 적어도 법률에 준한다"는 것이다. 자유권규약의 추상 수준과 규율 형식은 국내법상 개별 법률보다는 헌법에 훨씬 가깝다. 또 마치 헌법과 법률의 관계처럼, 자유권규약은 여러 국제인권조약들의 최상위에 존재하고 다양한 국제인권조약들이 자유권규약의 틀 안에서 그

---

23 유사한 취지로 정광현,「국제인권규약과 헌법상 기본권」,『헌법재판연구』 제6권 제1호, 2019, 43-74쪽.
24 수원지방법원 2017초기1410 위헌심판제청 결정, 12쪽.
25 이명웅,「국제인권법의 국내법적 효력 – 헌법과의 관계 및 헌법재판에서의 법원성」, 국제인권법의 국내이행에 있어 문제점 및 대안 국가인권위원회 심포지엄 자료집, 2004, 54-55쪽.

이행을 위해 만들어지고 있다. 자유권규약상 권리를 제대로 보장하기 위해서는 헌법상 기본권과 같은 수준으로 보장하는 것이 필수적이다. 이런 점들을 모아보면, 자유권규약의 국내적 효력이 '적어도' 법률에 준한다는 위 판시는, 자유권규약이 법률보다 상위에 있다고 볼 필요를 인지한 것으로 볼 수 있다. 자유권규약이 법률의 상위에 있다면, 법률의 위헌 여부 판단을 위한 판단기준이 될 수 있다. 위 판시는 자유권규약 등 관련 국제인권조약들이 헌법재판에서 직접적인 재판규범의 지위를 가질 수 있다는 가능성을 보여준다.[26]

참고로 해외의 여러 입법 및 사법기관들은 국제인권조약을 헌법재판에서 반드시 판단기준으로 삼아야 하는 헌법재판규범으로 적극적으로 수용하고 있다. 브라질 헌법은 국제인권조약은 헌법 개정과 동일한 효력을 가진다고 정한다. 아르헨티나 헌법은 국제인권조약의 헌법적 지위를 명시한다. 과테말라 헌법 및 네덜란드 헌법은 국제조약이 국내법에 우선하는 효력을 가진다는 점을 규정한다. 남아프리카공화국 헌법은 국제법을 재판규범으로서 고려해야 한다고 정한다. 국제인권조약에 헌법 개정적, 헌법적 지위 또는 국내법에 대한 우위의 지위를 부여한 것이다.[27] 개별 법률조항에 국제법 합치해석을 명시하는 방식도 있다. 영국 인권법(Human Rights Act 1998) 제3조 제1항은 가능한 한 입법이 유럽인권협약의 권리와 합치되는 방식으로 해석될 것을 요구한다. 캐나다의 '이민과 난민 보호법'(Immigration and Refugee Protection Act 2001)도 유사한 규정을 두고 있다.[28] 국제인권규약에 법률보다 우월한 지위를 인정하는 것이다. 또한

---

26 사법정책연구원, 위의 글, 66쪽; 국제인권조약에 국제관습법 내지 강행규범의 지위를 인정하여 헌법규범적 지위를 인정하고, 헌법재판소가 국제인권조약을 원용해야한다는 견해로는 류성진, 위의 글, 30-31쪽.

27 신윤진, 위의 글, 214-217쪽.

28 김대순, 『국제법론(제18판)』, 삼영사, 2014, 252쪽.(사법정책연구원, 위의 글, 78쪽에서 재인용)

사법부의 해석으로 국제인권조약상 인권을 헌법상 기본권으로 보고 헌법재판에 직접 적용하는 사례도 있다. 스위스는 지역인권규약인 유럽인권협약이 보장하는 권리를 헌법상 기본권에 준하는 정도로 보장하며, 유럽인권협약의 침해를 기본권 침해로 평가한다.[29]

요약하면, 국가보안법 관련 국제인권조약들은 보편적 인권의 실현을 보장하는 법적 구속력 있는 국제규범이다. 헌법재판소는 국제인권조약에 가입한 당사국의 사법기관으로서 국제인권조약에 부합하도록 헌법을 해석·적용할 의무를 부담한다. 따라서 헌법재판소는 기본권 침해 여부를 판단할 때 관련 국제인권조약들을 헌법재판규범으로 직접 적용해야 한다. 또는 최소한 헌법을 해석할 때 관련 국제인권조약들에 부합하게 하여 이 조약들에 사실상 또는 기능상의 헌법재판규범의 지위를 인정하고, 이에 위배되는 공권력 작용에 대해 즉시 위헌을 선고해야 한다. 국회도 당사국의 입법기관으로서 국제인권조약들에 위배되는 법률은 즉시 폐지하여 국제인권조약 이행을 보장할 책임이 있다.

2. 인간존엄 침해
─사상의 억압은 인간 정체성 부정

(1) 짓밟을 수 있는 등급으로 비하된다는 것
1) 인간존엄은 불가침이다

헌법 제10조는 "모든 국민은 인간으로서의 존엄과 가치를 가지며, 행복을 추구할 권리를 가진다. 국가는 개인이 가지는 불가침의 기본적 인권을

---

29 정광현, 위의 글, 2019, 55-57쪽.

확인하고 이를 보장할 의무를 진다."고 한다. 헌법재판소는 이를 "모든 기본권의 종국적 목적이자 기본이념이라 할 수 있는 인간의 존엄과 가치를 규정한 조항"으로 평가하면서, 인간의 존엄과 가치는 인간의 본질적이고도 고유한 가치로서 모든 경우에 최대한 존중되어야 한다고 하였다.[30]

인간중심 사상을 기초로 천부인권 개념이 생겨나고 생명권, 자유권 등 기본권이 권리장전에 명시되기 시작한 것은 17, 18세기 시민혁명 전후다. 그러나 '인간존엄'이 철학적 논변을 넘어[31] 헌법에 명시적으로 편입된 것은 제2차 대전 이후다.[32] 1945년 6월 26일 서명되어 이후 국제인권조약의 근거가 된 국제연합헌장 전문[33], 1948년 12월 18일 국제연합총회가 채택한 세계인권선언 전문[34] 및 제1조[35]는 모든 사람이 고유하고도 천부적인 존엄성을 가지고 있다는 점을 선언한다. 국제사회가 제2차 세계 대전에서 반복되어 자행되었던 중대한 인권유린을 경험하며 확인한 '인간의 존엄성'은 근대 국제인권법의 기초[36]이자 국제인권조약상 개별적 자유와 권리를 도출하는 근거가 되고 있다.[37]

---

30 헌법재판소 2001. 7. 19. 선고 2000헌마546 전원재판부 결정.

31 이상수, 「헌법재판소 결정문을 통해서 본 인간존엄의 의미-존엄개념의 과용과 남용」, 《서강법률논총》 제8권 제1호, 2019, 112-113쪽.

32 차수봉, 「인간존엄의 법사상적 고찰」, 《법학연구》 제16권 제2호(통권 제62호), 한국법학회, 2016, 13-14쪽.

33 국제연합헌장(the Charter of the United Nations) 전문
우리 연합국 국민들은 우리 일생중에 두 번이나 말할 수 없는 슬픔을 인류에 가져온 전쟁의 불행에서 다음 세대를 구하고, 기본적 인권, 인간의 존엄 및 가치, 남녀 및 대소 각국의 평등권에 대한 신념을 재확인하며….

34 세계인권선언(the Universal Declaration of Human Rights) 전문
모든 인류 구성원의 천부의 존엄성과 동등하고 양도할 수 없는 권리를 인정하는 것이 세계의 자유, 정의 및 평화의 기초이며…국제연합의 모든 사람들은 그 헌장에서 기본적 인권, 인간의 존엄과 가치, 그리고 남녀의 동등한 권리에 대한 신념을 재확인하였으며….

35 세계인권선언 제1조
모든 인간은 태어날 때부터 자유로우며 그 존엄과 권리에 있어 동등하다. 인간은 천부적으로 이성과 양심을 부여받았으며 서로 형제애의 정신으로 행동하여야 한다.

36 Barak, Aharon. 「The Role of Human Dignity as a Constitutional Value」, 『Human Dignity: The Constitutional Value and the Constitutional Right』, Cambridge: Cambridge University Press, 2015.

37 McCrudden, Christopher. 「Human dignity and judicial interpretation of human rights」, 『European Journal of international Law』 19.4, 2008, 656쪽.

국제인권조약이 명시하는 인간존엄은 오늘날 국제인권법상 인권 담론의 중심적 역할을 한다. 국제인권조약은 인간존엄을 단순히 개별 자유와 권리의 총합 또는 구속력 없는 선언적·도덕적 원리로 보지 않는다. 인간존엄은 국제인권조약이 규정하는 자유와 권리의 타당성과 보편적 권위를 부여하는 개념이자, 개인이 인격체로서 평등하게 사회에서 존중받을 수 있도록 하는 권리로서 역할을 수행한다. 국제인권조약은 인간존엄을 특정한 인권 분야에 있어 인권의 침해를 판단하는 규범이자 침해되어서는 안 될 개인의 권리로 인식한다. 자유권규약은 전문[38]과 제10조 제1항[39]에서, 사회권규약은 전문[40]과 제13조 제1항[41]에서, 고문방지협약은 전문[42]에서, 인간의 존엄성을 명시적으로 규정한다.

나치 치하를 경험한 독일 기본법 제1조 제1항 제1문은 "인간존엄은 불가침이다."라고 하여 인간존엄을 최상위의 헌법원리에 올려놓고 침해금지를 명시하였다. 제2차 대전 이후 만들어진 헌법들이 개별 기본권들의 상위에 인간존엄을 놓은 핵심 이유는 바로, 인간 존재 유지를 위해서는 훼손해

---

38 시민적 및 정치적 권리에 관한 국제규약 전문
이 규약의 당사국은, 국제연합헌장에 선언된 원칙에 따라 인류사회의 모든 구성원의 고유의 존엄성 및 평등하고 양도할 수 없는 권리를 인정하는 것이 세계의 자유, 정의 및 평화의 기초가 됨을 고려하고, 이러한 권리는 인간의 고유한 존엄성으로부터 유래함을 인정하며….
39 시민적 및 정치적 권리에 관한 국제규약
제10조 1. 자유를 박탈당한 모든 사람은 인도적으로 또한 인간의 고유한 존엄성을 존중하여 취급된다.
40 경제적·사회적 및 문화적 권리에 관한 국제규약 전문
이 규약의 당사국은, 국제연합헌장에 선언된 원칙에 따라 인류사회의 모든 구성원의 고유의 존엄성 및 평등하고 양도할 수 없는 권리를 인정하는 것이 세계의 자유, 정의 및 평화의 기초가 됨을 고려하고, 이러한 권리는 인간의 고유한 존엄성으로부터 유래함을 인정하며….
41 경제적·사회적 및 문화적 권리에 관한 국제규약
제13조 1. 이 규약의 당사국은 모든 사람이 교육에 대한 권리를 가지는 것을 인정한다. 당사국은 교육이 인격과 인격의 존엄성에 대한 의식이 완전히 발전되는 방향으로 나아가야 하며, 교육이 인권과 기본적 자유를 더욱 존중하여야 한다는 것에 동의한다. …
42 고문 및 그 밖의 잔혹한, 비인도적인 또는 굴욕적인 대우나 처벌의 방지에 관한 협약 전문
국제연합헌장에 천명된 원칙에 따라, 인류사회의 모든 구성원이 향유하는 평등하며 불가양의 권리를 인정하는 데서 세계의 자유·정의 및 평화의 기초가 이룩됨을 고려하고, 이러한 권리는 인간의 고유한 존엄성으로부터 유래함을 인정하며….

서는 안 되는 것이 있다는 판단을 전제로, "불가침"을 보장하기 위해서다. 우리 헌법이 기본권장의 첫 조문으로 명시한 "인간존엄" 역시, 위 역사적 맥락을 반영한 "불가침"의 대상으로 이해되어야 한다. 헌법 제10조는 인간 존엄을 명시하고 이어 "불가침의 기본적 인권"을 언급하고 있기도 하다.

인간으로서 존엄과 가치는 모든 기본권의 근원이 되는 원리이자, 동시에 가장 기본적이고 중요한 기본권이다.[43] 다수설은 인간존엄이 국가가 준수해야 하는 헌법원리일 뿐만 아니라 개인이 직접 국가를 상대로 주장할 수 있는 기본권이라고 본다.[44] 인간존엄의 기본권성을 부인하는 학설도 있다. 헌법 제11조 이하에서 정한 개별 기본권들을 근거로 인간존엄 침해를 구제할 수 있으니, 헌법 제10조를 근거로 따로 인간존엄을 기본권으로 인정할 필요까지는 없다는 이유다. 그러나 배제, 추방, 고문, 생체실험과 같은 극악한 인간성 유린을 완전히 차단하고자 "인간존엄은 불가침"이라고 명시하게 된 역사적 맥락, 사회가 빠르게 변화하면서 기존의 구체적이고 개별적인 기본권들이 모두 보호하지 못하는 인간 자체의 고유 가치 침해 사례가 생겨나는 현실[45]을 모두 고려할 때, 인간의 존엄과 가치를 각 개인이 직접 행사할 수 있는 주관적 권리로 인정하는 것이 합당하다. 유엔 제44차 및 제46차 총회 결의로 1993년 개최된 세계인권회의에서 채택된 '비엔나 인권선언 및 행동계획'은, 인간존엄이 인권의 기초에 그치지 않고, 고문 등의 금지, 젠더 폭력, 극빈과 의료윤리 등 분야를 다루는 규범으로서 의미를 가진다고 인정한 바 있다.[46]

헌법재판소 역시, 구치소에 과밀수용된 자가 인간으로서 존엄과 가치,

---

43 한국헌법학회, 『헌법주석서 I』, 법제처, 2010, 274쪽.
44 한국헌법학회, 위의 책, 278쪽.
45 한국헌법학회, 위의 책, 280쪽.
46 UN General Assembly, Vienna Declaration and Programme of Action, 12 July 1993, A/CONF.157/23, para 11, 18, 20, 25, 55.

행복추구권, 인격권 및 인간다운 생활을 할 권리를 침해받았다고 주장한 사건[47]에서, 인간으로서 존엄과 가치를 제한되는 기본권으로 보고 판단한 바 있다.

2) 이등 시민으로 격하시키는 것도 인간존엄 침해

인간존엄의 침해란 무엇을 말하는 것일까? 귄터 뒤리히Günter Dürig는 독일 기본법상 인간존엄의 해석방법으로 객체 공식을 제시했다. 칸트Kant 의 논의를 이어받아, "인간이 객체로, 단순한 수단으로, 짓밟을 수 있는 등급으로 비하되었을 때" 인간존엄성이 침해된다고 본 것이다. 객체공식의 기본 전제는, "인간은 존엄하고, 존엄성을 가진다는 것은 인격이 존재한다는 것"이다. 인간에게 있어서 인격은 자기의식을 형성하고, 자신의 의식에 따라 구체적인 사안을 결정하며, 자기의 정체성을 나타낼 수 있는 고유의 것이기 때문에, 인격이 침해되었을 때 존엄이 침해된다[48]고 본다.

독일 연방헌법재판소는 객체 공식을 수용하면서 "잔혹하고, 비인간적이고, 경멸적인 처벌", "경멸, 낙인, 박해, 추방" 등을 존엄 침해의 구체적 내용으로 설시하였다.[49] 또 인간존엄은 "도덕적 인격과 인간의 사회적 가치, 존중 요구"라고 보면서, 인간을 국가적 행위의 단순한 객체로 만드는 것은 인간존엄에 반한다고 보았다.[50] 또 공동체 구성원 중 특정 집단을 경멸·멸시하거나 이등 시민으로 격하시킴으로써 대등하고 평등한 구성원들로 이루어진 공동체의 형성을 가로막는 차별적 입법도 인간의 존엄성을 침해한다고 해석[51]된다.

---

47 헌법재판소 2016. 12. 29. 선고 2013헌마142 결정.
48 차수봉, 위의 글, 15쪽.
49 BVerfGE 96, 375(차수봉, 위의 글, 16-17쪽에서 재인용·)
50 한국헌법학회, 위의 책, 290쪽.
51 최규환, 「인간존엄의 형량가능성」, 헌법재판소 헌법재판연구원, 2017, 11쪽.

국제인권조약에서는 인간존엄에 대한 구체적인 정의를 내리지는 않았다. 하지만 유엔 총회 등 공식 기구의 결의, 유엔이 핵심 국제인권조약들의 해석과 적용을 위해 각 조약에 대응하여 설치한 자유권규약위원회, 사회권규약위원회, 고문방지위원회 등 인권조약기구들이 내린 결론은 국제인권조약상 인간존엄의 내용을 이해하는 데 중요한 근거가 된다. 자유권규약위원회와 국제인권법 학자들은 ① 고문 등을 받지 않을 권리 침해, ② 사생활의 침해(violations of a private life), ③ 차별로 인한 평등한 처우의 실패(failure to accord equality),[52] ④ 근본적인 자유와 권리의 침해 등을 인간존엄을 침해하는 대표적인 경우로 파악한다.[53][54]

고문 등을 받지 않을 권리가 침해된 경우를 인간존엄 침해로 보는 데는 다른 견해가 있을 수 없다. 주의할 것은 국제인권조약이 금지하는 '고문 등'은 1980년대 이전 한국 사회에서 공안수사기관이 자행한 신체에 대한 물리적 힘의 행사만을 말하는 데 그치지 않는다는 것이다. 고문방지협약[55]은 "모든 종류의 차별에 기초한 이유로, 개인에게 고의로 극심한 신체적·정신적 고통을 가하는 행위"를 고문으로 정의[56]한다.

---

52 Kotzmann, Jane, and Cassandra Seery. 「Dignity in International Human Rights Law: Potential Applicability in Relation to International Recognition of Animal Rights」, 『Mich. St. Int'l L. Rev.』 26, 2017, 25쪽.

53 Radačié, Ivana. 「Does International Human Rights Law Adequately Protect the Dignity of Women?」, 『Humiliation, Degradation, Dehumanization』, Vol. 24. Springer Science & Business Media, 2010. 119쪽.

54 Düwell, Marcus. 「Human Dignity and Human Rights」, 『Humiliation, Degradation, Dehumanization』, Vol. 24. Springer Science & Business Media, 2010. 224쪽.

55 고문방지협약은 자유권규약 제7조 규정을 구체화한 것이다. 시민적 및 정치적 권리에 관한 국제규약 제7조 어느 누구도 고문 또는 잔혹한, 비인도적인 또는 굴욕적인 취급 또는 형벌을 받지 아니한다. 특히 누구든지 자신의 자유로운 동의없이 의학적 또는 과학적 실험을 받지 아니한다.

56 고문방지협약 제1조는 고문을 "공무원이나 그 밖의 공무수행자가 직접 또는 이러한 자의 교사·동의·묵인 아래, 어떤 개인이나 제3자로부터 정보나 자백을 얻어내기 위한 목적으로, 개인이나 제3자가 실행하였거나 실행한 혐의가 있는 행위에 대하여 처벌을 하기 위한 목적으로, 개인이나 제3자를 협박·강요할 목적으로, 또는 모든 종류의 차별에 기초한 이유로, 개인에게 고의로 극심한 신체적·정신적 고통을 가하는 행위"라고 규정한다.

한편, 극심한 고통을 가하는 것이 아니라도, 차별에 기초한 굴욕적 대우 등도 금지대상에서 제외되지 않는다. 유엔 총회 등은 고문에 이르지 않는 "그 밖의 잔혹한, 비인도적인 또는 굴욕적인 대우나 처벌" 역시 고문과 같은 차원에서 금지되어야 한다고 선언한다. 유엔 총회가 1975년 12월 9일 채택한 '고문 및 그 밖의 잔혹한, 비인도적인 또는 굴욕적인 대우나 처벌로부터 만인을 보호하기 위한 선언' 제2조가 대표적인 명문 규정이다. 고문뿐만 아니라 잔혹한, 비인도적인, 굴욕적인 대우나 처벌 역시 인간의 존엄성을 침해한다는 것을 분명히 한 것이다.[57]

유엔 '고문 또는 잔혹하거나, 비인간적이거나, 모욕적인 처우나 처벌' 특별보고관 역시, 극심한 신체적·정신적 고통이 드러나지 않더라도 피해자들에 대한 경멸적인 모든 행위는 잔혹하거나, 비인간적이거나, 모욕적인 처우나 처벌로서 금지된다고 해석한다.[58] 또 개인에 대한 구체적 행위가 있지 않더라도 입법 그 자체가 인권을 침해하는 경우 고문 등이 성립한다는 것이 고문방지 특별보고관의 견해이다.[59]

---

57 고문 및 그 밖의 잔혹한, 비인도적인 또는 굴욕적인 대우나 처벌로부터 만인을 보호하기 위한 선언 Declaration on the Protection of All Persons from Being Subjected to Torture and Other Cruel, Inhuman or Degrading Treatment or Punishment, 9 December 1975, A/RES/3452(XXX), adopted by UN General Assembly, Article 2
고문이나 기타 잔인하고 비인간적이거나 모욕적인 대우나 처벌은 인간의 존엄성에 대한 위반이며, 유엔 헌장의 목적을 부정하고 세계 인권 선언에서 선언된 인권과 기본적 자유를 침해하는 것으로 부정되어야 한다.
Any act of torture or other cruel, inhuman or degrading treatment or punishment is an offence to human dignity and shall be condemned as a denial of the purposes of the Charter of the United Nations and as a violation of the human rights and fundamental freedoms proclaimed in the Universal Declaration of Human Rights.
58 UN Human Rights Council, Report of the Special Rapporteur on torture and other cruel, inhuman or degrading treatment or punishment, Addendum : Study on the phenomena of torture, cruel, inhuman or degrading treatment or punishment in the world, including an assessment of conditions of detention, 5 February 2010, A/HRC/13/39/Add.5, para 36.
59 유엔 특별보고관은 가족관계 등을 강제하는 성격을 지니는 법률이나 정책도 고문 등을 구성할 수 있다고 본다(가령 Human Rights Council, Promotion and protection of all human rights, civil, political, economic, social and cultural rights, including the right to development : report of the Special Rapporteur on Torture and Other Cruel, Inhuman or Degrading Treatment or Punishment, Manfred Nowak, 15 January 2008, A/HRC/7/3, para 29.).

국제인권조약에서 차별로 인한 불평등한 처우를 인간의 존엄성 침해를 야기하는 대표적인 행위유형으로 보는 것[60]에 특히 주목할 필요가 있다. 국제인권조약상 인간의 존엄성은 모든 구성원의 고유하고도 동등한 권리로서 의미를 가지기 때문에, 특정 집단에 대한 차별은 집단에 속한 개인에 대한 경멸적 차별 또는 굴욕적 대우로서 인간의 존엄성을 침해한다고 평가된다.[61][62]

헌법재판소는 "인간의 존엄과 가치는 모든 인간을 그 자체로서 목적으로 존중할 것을 요구하고, 인간을 다른 목적을 위한 단순한 수단으로 취급하는 것을 허용하지 아니"[63]한다고 하였다. 인간존엄의 의의에 관한 객체공식을 받아들인 것으로 볼 수 있다. 좀 더 나아가 인간존엄 침해의 범위를 구체적으로 정하는 데서는, 위에서 본 독일의 논의와 국제인권조약이 공통적으로 강조하는 인간에 대한 굴욕적 대우, 특정 집단에 대한 차별에 기초한 경멸과 격하가 인간존엄 침해의 중요 사례임을 고려해야 한다.

특히 경멸, 낙인, 박해, 추방의 효과는 개인을 사회에서 배제·축출함으로써 다른 구성원들과 공존할 수 없게 하고 사회의 공동결정에 참여할 수 없게 하는 것까지 이어진다는 점을 상기할 필요가 있다. 인간은 사회 속에서만 살아갈 수 있고, 다른 사람으로부터 상호 인정받고 존중받으면서 비로소 인간으로서 존재하게 된다. 민족, 인종, 성적 지향, 사상 또는 정치적 의견 등 어떤 사유의 소수자라 하더라도 자신의 정체성을 유지한 채 공론

---

60 UN General Assembly, Report of the Special Rapporteur on minority issues, 28 January 2016, A/HRC/31/56, para. 48.

61 Neuhäuser, Christian. 「Humiliation: The Collective Dimension」, 「Human Dignity and Human Rights」, 『Humiliation, Degradation, Dehumanization』, Vol. 24. Springer Science & Business Media, 2010, 33쪽.

62 UN General Assembly, Report of the Special Rapporteur on minority issues, 28 January 2016, A/HRC/31/56, para. 50.

63 헌법재판소 2016. 12. 19. 선고 2013헌마142 결정.

장의 일원으로 인정받고 있음을 확인하여야 소수자는 비로소 생존할 수 있다고 느끼고 안도한다. 다수와 다른 사상 또는 정치적 의견을 가진 소수자 역시 마찬가지다. 이들로 하여금 자신의 정체성을 버려야만 공론장에서 살아남을 수 있도록 강제하는 것은 공존할 권리 침해다. 이는 소수자에 대한 차별로 인한 불평등하고 경멸적이며 굴욕적인 대우로, '고문 등을 받지 않을 권리' 침해이자 '차별로 인한 평등한 처우의 실패'로서, 국제인권조약이 규정하는 인간존엄을 침해하는 대표적인 행위유형이다.

3) 인간존엄 침해 법률은 비교형량할 필요도 없이 위헌

인간존엄은 다른 기본권과 구별되는 특별한 지위를 갖는다. 첫째, 인간존엄은 불가침이므로 법률로도 침해해서는 안 된다는 것, 둘째, 인간존엄을 침해하는 법률은 비교형량으로 나아가기도 전에 위헌으로 판명되어야 한다는 것이다.

곧, 헌법상의 기본권은 '인간의 존엄과 가치'라는 '가치의 핵'을 모든 인간의 생활영역에서 실현하기 위한 일종의 가치질서이므로, 인간의 존엄과 가치를 정면으로 침해하는 기본권 제한은 법률로도 허용되지 않는다.[64] 자유권규약위원회 등 조약기구들은 자유권규약 등 국제인권조약의 각 조항에 대해 일반논평을 내고 있는데, 이는 해당 조항의 공식 해석으로서 조약의 해석 적용 시 반드시 반영해야 하는 필수 자료다. 자유권규약위원회는 일반논평 제20호에서 고문 등을 받지 아니할 권리는 공공의 비상사태에서조차 유예되지 않는 권리이자 제한될 수 없는 절대적인 권리라는 점을 명확히 하고 있다.[65] 고문방지위원회 또한 일반논평 제2호를 통해 고문 등

---

64 허영, 『한국헌법론』, 박영사, 2016, 296쪽.
65 자유권규약위원회 일반논평 제20호: 고문 등을 받지 아니할 권리 UN Human Rights Committee (HRC), CCPR General Comment No. 20: Article 7 (Prohibition of Torture, or Other Cruel, Inhuman or

이 절대적으로 금지되어야 할 것임을 확인하였다.[66] 해당 법률은 위헌 선언되어야 한다.

인간존엄을 침해하는 법률은 비례성 심사를 거칠 필요도 없이 위헌 판단되어야 한다. 독일 기본법과 그에 대한 일반적 해석론, 독일 연방헌법재판소도 같은 입장이다.[67] 헌법재판소도 수감시설의 과밀수용행위가 "인간으로서의 존엄과 가치를 침해하여 헌법에 위반된다."고 판단하면서, "국가는 인간의 존엄과 가치에서 비롯되는 위와 같은 국가형벌권 행사의 한계를 준수하여야 하고, 어떠한 경우에도 수형자가 인간으로서 가지는 존엄과 가치를 훼손할 수 없다."[68]고 하였다. 비례원칙을 적용하거나 다른 가치들과 형량하려는 시도를 하지 않은 것이다.[69]

이와 달리 인간존엄 침해에 대해 헌법재판소가 비교형량을 강하게 하고 있지 않을 뿐 비교형량 자체는 가능하다고 주장하는 견해도 있다. 그러나 이 견해도 일반적 인격권이나 명예권과 같이 인간존엄으로부터 파생되거나 도출되는 기본권들은 다른 헌법적 법익과 충돌할 경우 비례의 원칙

Degrading Treatment or Punishment), 10 March 1992, CCPR/C/GC/20.3. 자유권규약 제7조는 어떠한 제한도 허용하지 않는다. 본 위원회는 동 규약의 제4조에 언급된 것과 같은 공공의 비상사태에서조차도, 제7조의 유예가 허용되지 않으며, 여전히 유효한 것이라는 점을 재확인한다. 본 위원회가 주지하듯이, 상급자나 공공기관의 명령을 포함하여 어떠한 이유도 제7조의 위반에 대한 정당화나 정상참작의 사유로 제시될 수 없다.

66 고문방지위원회 일반논평 제2호: 당사국의 고문방지협약 제2조 국내이행 UN Committee Against Torture (CAT), General Comment No. 2: Implementation of Article 2 by States Parties, 24 January 2008, CAT/C/GC/2.6. 위원회는 협약 비준으로 부여된 이행 의무의 불가침적 성격을 당사국들에게 상기시키고자 한다. 2001년 9/11 공격사태 이후, 위원회는 제2조("어떠한 예외적 상황도 고문을 정당화하기 위하여 원용될 수 없다"), 제15조(고문 혐의자에 대한 소송 외에 모든 여타의 소송에서 고문으로 강요된 자백을 증거로 채택해서는 안 된다), 그리고 제16조(잔혹한, 비인간적인 또는 굴욕적인 대우나 처벌의 금지)에 따른 의무가 "모든 상황에서 반드시 준수되어야" 하는 세 가지 조항임을 명시한 바 있다. 위원회는 제3조 내지 제15조 역시 고문과 학대 모두에 적용되는 의무로 간주한다. 위원회는 당사국이 이러한 의무를 충족시키는 조치들을 취사선택할 수 있다는 점을 인정하나, 그러한 조치는 효과적이며 협약의 목적 및 취지와 부합하는 것이어야 한다. 2001년 11월 22일, 위원회는 9/11 사태와 관련하여 성명서를 채택하고 이를 각 당사국에 송부하였다.…

67 손제연, 「인간존엄 존중 규범의 정당화」,《법철학연구》제23권 제1호, 한국법철학회, 세창출판사, 2020, 68쪽.

68 헌법재판소 2016. 12. 29. 선고 2013헌마13 결정.

69 손제연, 위의 글, 69쪽.

에 따라 비교형량될 수 있다고 할 뿐이다. '인간의 신체적·정신적 정체성과 완전성, 즉 자율적 인격성과 관련된 핵심적 인간존엄권'에 대해서는 다른 사람의 생명이나 인간존엄과 서로 충돌하는 극히 예외적인 상황을 제외하고는 비교형량이 불가능하다고 보는 것[70]은 이 견해에서도 같다.

(2) 사상 표현의 억압은 인간존엄에 대한 도전

1) 강제적인 의견 통일은 묘지의 만장일치만을 달성할 뿐

헌법재판소는 인간존엄 침해를 주로 전근대적인 혼인관계와 수용자의 처우에 관련하여 인정해왔다. 인간존엄과 관련한 학계의 최근 논의는 현대 과학기술의 발전과 함께 문제되는 안락사, 인간배아에 대한 행위, 낙태, 대리모 등에서 벌어지고 있다.

그러나 인간존엄 침해가 중대한 헌법적 문제라는 공감이 형성된 고전적인 사례는, 2차 세계대전 이전 나치가 특정 이데올로기를 내세워 유대인과 사회주의자, 공산주의자에 대해 인종차별과 대량학살, 고문을 자행하고 자신들이 허용하지 않은 사상과 의견을 금지하며 표현의 자유를 박탈한 것이다. 이 인권침해가 형식적 합법성을 획득한 법률을 수단으로 자행되었다는 데 대한 반성이 인간존엄을 헌법전의 최상위 가치로 올려놓고 법률로도 제한할 수 없는 불가침이라고 선언하게 된 직접적인 계기가 되었다.

독일 기본법상 인간존엄에 대해 연구한 베르너 마이호퍼Werner Maihofer가 인간은 자기결정과 공동체의 연대에 기반하여 살아가는 존재이므로 인간존엄의 침해는 인간이 자기 결정권을 잃고 타인의 처분에 내맡겨지는 경우, 연대로부터 고립되어 아무런 도움도 구할 수 없는 처지에 놓여 자기 자신으로서 존재할 수 없게 되는 상황에서 일어난다고 간파한 것도 이러

---

70 한국헌법학회, 위의 책, 324-325, 327쪽.

한 역사적 경험에 기반한 것이다. 마이호퍼의 견해에 따르면, 근대 초에는 인간존엄 침해, 곧 인격의 상호존중 및 사람들 사이의 연대성을 통한 상호 결합이 말살될 위험에 처하게 한 원인이 종교였는데, 2차 대전 이후 대립과 투쟁의 원인은 이데올로기다.[71]

존 로크는 1690년 『관용에 대한 편지』(Letter Concerning Toleration)에서 '국가가 종교를 선택할 권리가 아닌 개인이 종교를 선택할 권리'[72]를 요구했다. 2차 대전 이후 냉전 시대 국제적 이데올로기 대립 현실 속에서, 마이호퍼는 국가만이 사상과 이념, 정치적 의견을 선택할 권리를 독점하고 개인에게는 그 선택권을 허용하지 않는 것이 중대한 인간존엄 침해임을 지적했다. 법을 수단으로 국가를 통해 종교적 관용을 관철한 것이 관헌적 법치국가의 업적이었다면, 서로 다른 사회 사이의 정치적 관용과 한 사회 내에서의 정치적 관용을 관철하는 것이 자유 법치국가의 과제[73]라는 것이다.

미국 연방대법원은 이미 1943년, 국가가 정한 신념이나 정치적 의견과 다를 수 있는 자유의 중요성을 확인하였다. 국기에 대한 경례의 의무와 충성선서의 암송을 거부하는 학생에게 이를 지킬 때까지 정학을 명할 수 있게 한 법률이 수정헌법 제1조에 어긋난다고 판단한 West Virginia Board of Education v. Barnette 판결에서, "강제적인 의견 통일은 묘지의 만장일치만을 달성할 뿐이다. (…) 다를 수 있는 자유는 별로 중요하지 않은 일들에 국한되지 않는다. 그렇게 국한된 자유는 단지 자유의 그림자일 뿐이다. 그 본질을 가늠하는 것은 기존 질서의 핵심을 건드리는 일들에 관해 다를 수 있는 자유다. 만약 우리 헌법의 별자리에 어떤 항성이 있다면, 그것은 어떤 공직자—지위 고하를 막론하고—도 정치나 민족주의, 종교를

---

71 베르너 마이호퍼 지음, 심재우·윤재왕 옮김, 『법치국가와 인간의 존엄』, 세창출판사, 2019, 153쪽.
72 미셸린 이사이 지음, 조효제 옮김, 『세계인권사상사』, 도서출판 길, 2005, 148쪽.
73 마이호퍼, 위의 책, 153쪽.

비롯한 여러 견해상의 문제들에서 무엇이 정통인지를 규정할 수 없으며, 또한 그 문제들에 관한 신념을 말이나 행동으로 고백하도록 시민들에게 강요할 수도 없다는 점이다"[74]라고 판단한 것이다.

마이호퍼는 인간존엄을 인간의 자기귀속성과 자기처분성, 즉 인격성으로 파악한다면, 인간을 국가 활동의 단순한 객체, 즉 국가의 목적을 위한 일방적 수단으로 전락시키는 모든 조치가 인간존엄을 침해하고 무시하여 인간의 자기결정을 근본적으로 위협하는 것이라고 한다. 국가가 규정한 세계관, 정치적, 종교적 신념을 관철하기 위해 양심을 강제하고 심정에 폭력을 가하는 것도 인간존엄 침해에 해당[75]한다는 것이다.

독일의 헌법학자 미하엘 작스Michael Sachs는, 사상 또는 정치적 의견을 가리키는 "신조적 표지들"은 "자유로운 기본권 행사를 근거로 하여 가지게 될 수 있는 것"으로서, "타고난 특성과 마찬가지로 국가권력이 처분할 수 없는 것"이라고 평가한다.[76] 개인이 자신에게 보장된 기본권을 행사하여 형성한 사상이나 신념을 국가가 이익 제공 또는 불이익 압박으로 변경하고자 한다면, 인간의 자기결정을 부인함으로써 인간존엄을 침해하는 결과가 된다.

특정 사상 또는 정치적 의견을 형성·유지할 뿐 특정 사상이나 정치적 의견이 담긴 표현물을 타인에게 전파하기 이전 단계인 제작·취득·소지를 처벌하는 것, 특정 사상을 포기하여야 불이익을 면할 수 있거나 혜택을 받을 수 있게 함으로써 개인의 사상이나 정치적 의견을 바꾸도록 압력을 가

---

74 West Virginia Board of Education v. Barnette, 319 U.S. 624(1943) https://www.law.cornell.edu/supremecourt/text/319/624 번역문은 앤서니 루이스 지음, 박지웅·이지은 옮김, 『우리가 싫어하는 생각을 위한 자유』, 간장, 2010, 170-171쪽.

75 마이호퍼, 위의 책, 49-50쪽.

76 Michael Sachs, 방승주 역, 『헌법 II -기본권론』, 헌법재판소, 2002, 301, 309쪽(손상식, 「평등권의 침해 여부에 대한 심사기준」, 헌법재판연구원, 2013, 31쪽에서 재인용).

하는 것은, 사상에 따른 차별에 기초하여 극심한 정신적 고통을 가하는 행위다. 또한 피해자의 사상을 경멸함으로써 그의 인격을 부정하며 정체성을 무너뜨리는 행위로 고문방지협약상 고문에 해당한다. 또 위와 같은 사상에 대한 강압은 인간존엄 침해다. 개인을 스스로 선택한 사상이나 의견을 가진 자기 자신으로 존재하도록 놓아두지 않는 것이고, 그에게 국가가 허용하지 않은 사상이나 의견을 버리도록 강제함으로써 개인을 국가적 법익에 대한 객체로서만 존재하게 하는 것이기 때문이다.

헌법 제19조 양심의 자유에 사상의 자유가 포함된다는 데에는 다툼의 여지가 없다. 헌법재판소가 "인간의 존엄성 유지와 개인의 자유로운 인격 발현을 최고의 가치로 삼는 우리 헌법상의 기본권체계 내에서 양심의 자유의 기능은 개인적 인격의 정체성과 동질성을 유지하는 데 있다."[77]고 한 것은 사상의 자유에도 그대로 적용되는 논지다. 사상의 자유가 인격의 정체성을 구성하는 것으로서 침해될 수 없는 인간존엄의 핵심 부분임은 부인할 방법이 없는 명제다.

사상 또는 정치적 의견을 가지고 유지할 자유는 개인적 인격의 정체성과 동질성을 유지하게 하는 핵심이다. 개인은 사상 또는 정치적 의견을 바꿀 자유를 가진다. 그러나 권력의 강제나 압박, 유인으로 사상 또는 정치적 의견을 바꾸도록 하는 것은 개인의 정체성과 일관성을 유지하지 못하게 한다. 자기 자신이 아닌 다른 존재가 되도록 변형을 강제한다. 개인의 자기결정권은 사라지고 인격이 파괴된다. 사상 또는 정치적 의견에 대한 강압은 인간존엄 침해다.

사상·정치적 의견의 형성·보유에 대한 제한뿐만 아니라 사상적·정치적 표현에 대한 제한도 인간존엄 침해다. 헌법재판소는 "표현의 자유는 정

---

77 헌법재판소 2004. 8. 26. 선고 2002헌가1 결정.

신활동의 자유로서 사상 또는 의견의 자유로운 표명과 그것을 전파할 자유로서 개인이 인간으로서의 존엄과 가치를 유지하고 행복을 추구하며 국민주권을 실현하는 데 필수 불가결하며 오늘날 민주국가에서 국민이 갖는 가장 중요한 기본권의 하나"[78]라고 하여 인간존엄 측면에서, 또 국민주권 차원에서 표현의 자유의 의의를 찾고 있다. 이 입장을 바탕으로 하면, 사상적·정치적 표현에 대한 제한은 개인의 자기실현을 가로막는다는 점, 공동사회결정참여를 가로막는다는 점, 공존할 권리를 저해한다는 점에서 인간 존엄의 침해다.

2) 개인의 자기실현 저해 - 사상은 개인의 정체성과 자존감의 핵심

인간은 사유하는 존재다. 인간은 언어를 사용하여 사상과 감정을 전달하는 능력을 구사함으로써 자기실현을 성취한다. 의식적 사고의 과정은 각 개인의 독특한 개인적 과정이고, 정신은 개인에게 소속되는 것이므로, 표현의 기능은 필연적으로 '개인적'인 사항이다. 따라서 사상 표현의 억압은 인간의 존엄에 대한 도전이며 인간의 본질적 특성을 부인하는 것이고, 사상을 자유로이 표현하게 함으로써 자기실현을 최대한 보장하는 것은 인간의 존엄성을 존중하고 보장하는 것이다.[79]

다른 내용의 표현과 비교하여 사상의 자유로운 표현 보장이 특히 중요한 이유는, 역사상 사상의 표현은 자주 불온시되고 최근까지 금지되어 왔으나, 사상이야말로 개인의 정체성과 자존감의 핵심을 이루기 때문이다. 자기실현 보장이라는 표현의 자유의 가치를 실현하기 위해 가장 우선적으로 보장되어야 할 표현이 바로 사상의 표현이다.

---

78 헌법재판소 1992. 2. 25. 선고 89헌가104 결정.
79 박용상, 『표현의 자유』, 박영사, 2002, 15-16쪽.

헌법재판소도 언론의 자유 영역에서 국가의 개입이 더욱 제한되어야 할 이유에 관하여, "언론·출판은 인격의 발현으로서 사상과 견해를 외부에 표출하는 것인데, 어떤 사상이나 견해가 옳고 가치 있는 것인지를 판단하는 절대적인 잣대가 자유민주체제에서는 존재할 수 없다", "만약 국가 또는 사회의 다수가 그러한 절대적인 잣대를 가지고 사상과 견해를 재단하려 한다면, 그것이야말로 자유민주헌법이 가장 경원시하고 경계해야 할 것이 아닐 수 없다"[80]고 하여, 인격의 발현으로서 자유로운 사상 표현의 중요성을 설시한 바 있다. 사상적·정치적 표현의 제한은 개인의 자기실현의 핵심 영역을 가로막아 인간존엄을 침해한다.

나아가 사상적·정치적 표현의 제한은 사상 또는 정치적 의견의 제한으로 이어진다. 사상 또는 정치적 의견은 개인이 속한 사회 속에서 표현되고 타인과 소통함으로써만 형성·유지·발전될 수 있는 것이어서, 사상 또는 정치적 의견을 가질 자유와 표현할 자유는 서로 떼어낼 수 없다. 하나의 기본권을 구성하는 다양한 보호 영역의 자유와 권리는 서로 유기적으로 연관되어 있기 때문에 한 부분의 제한은 해당 기본권 전체의 유명무실화, 즉 본질적 내용에 대한 침해로 이어질 수 있다. 학문자유의 현실적 핵심은 연구의 자유가 아니라 연구 결과 발표의 자유[81]이듯, 내심의 자유가 보호받는 것은 그 외부적 표현이 보호될 때에만 가능하고, 그때에만 비로소 진정한 의미를 가지는 것[82]이다. 표현의 제한은 생각의 제한으로 이어지기 마련이다. 표현할 자유 없이 의견을 가질 자유가 온전히 보장될 수 없다. 따라서 사상적·정치적 표현의 제한은 사상과 정치적 의견을 가질 자유의

---

80 헌법재판소 1998. 4. 30. 선고 95헌가16 전원재판부 결정.
81 오동석, 「강정구사건을 통해 본 학문의 자유와 국가보안법」, 강정구 편저, 『국가보안법의 야만성과 반학문성』, 도서출판 선인, 2010, 440-441쪽.
82 한국헌법학회, 위의 책, 645쪽.

제한으로 이어질 수밖에 없다. 이는 자기결정권이라는 근본적인 자유와 권리의 침해로 결국 인간존엄을 침해한다.

3) 공동사회결정 제한 - 원망과 판단을 전파할 수 있어야

사람은 사회적 존재다. 각 개인이 자신이 속한 사회공동체의 결정에 참여하는 것은 인간존엄에 필수 불가결하다. 표현의 자유는 공동사회결정 참여에 중요한 방편이다. 지식에 접근할 권리, 자신의 의견을 형성하는 권리, 그의 원망과 판단을 전파할 수 있는 권리 등 자신이 속하는 사회와 국가의 목적이나 성과의 형성에 참여하는 개인의 권리를 억압당한다면 국가와 사회는 개인 위에 존재하는 전제적 지위로 군림하게 되며, 개인은 타인의 자의적 지배에 복속될 수 있다. 각 개인은 공동사회 구성원의 일인으로서 평등하게 사회적 결정에 참여할 자격을 갖는다.[83]

헌법상 기본권 해석에 있어서, 독립적 개인으로서 존재하는 것 자체에 필요한 기본권뿐만 아니라, 사회공동체 속에서 서로 영향을 미치고 공동체의 미래를 결정할 권한을 갖는 사회적 존재로서 사람에게 보장되어야 하는 기본권의 성격에도 주목해야 한다. 헌법재판소는 우리 헌법 질서가 예정하는 인간상에 대해, "사회와 고립된 주관적 개인이나 공동체의 단순한 구성분자가 아니라, 공동체에 관련되고 공동체에 구속되어 있기는 하지만 그로 인하여 자신의 고유 가치를 훼손당하지 아니하고 개인과 공동체의 상호 연관 속에서 균형을 잡고 있는 인격체"[84]라고 하여, 사회적 존재로 파악하고 있다.

알렉산더 마이클존Alexander Meiklejohn은 언론의 자유를 개인적 자유의

---

83 박용상, 위의 책, 15-16쪽.
84 헌법재판소 2003. 10. 30. 선고 2002헌마518 결정.

범주를 넘어 민주주의와 관련하여 파악하려는 자기통치이론을 제시하였다. 언론의 자유는 진리 달성의 수단이나 개인의 자기실현을 위한 것에 머물지 않고 그 자체가 민주주의를 의미한다는 것이다. 표현의 자유를 단순히 개인적 자유로만 보게 되면, 미국 연방대법원이 1919년 명백·현존 위험의 원칙 도입 전에 사용했던 '해악 경향의 기준(bad tendency test)'처럼, 언론은 타인에게 혹은 사회적으로 해악을 가져올 위험만 있다면 제한될 수 있고, 그 같은 결과를 가져올 가능성이 높을 것을 요구하지도 않으며, 언론이 해악의 결과를 야기하는 시간적 간격이 짧을 필요도 없게 될 수 있다.[85]

그러나 표현의 자유를 개인적 자유의 수준을 넘어 정부를 구성하는 기본원리로 이해하면, 사회는 상당한 희생이 따르더라도 민주적 정당성을 지키기 위해 표현으로부터 발생하는 해악을 수인해야만 하는 경우가 있게 된다. 미국 연방헌법 수정 제1조는 언론의 자유라는 개인적 권리를 규정한 것이 아니고 시민들이 스스로를 통치하기 위한 근거를 부여하기 위해 마련된 것이라고 보는 이 견해는, 피치자들의 동의에 근거를 둔 정당성을 가진 정부라면 기존 또는 다수 견해와 배치되는 사상적·정치적 표현이라는 이유로 제한하여서는 안 된다는 결론으로 이어지고, 사상의 자유시장론으로도 발전한다.[86] 결국 표현의 자유를 각 개인이 존엄한 인간으로서 공동사회결정에 참여할 권리를 보장하기 위한 것으로 보면, 표현의 자유를 제한하는 기준은 해악 경향의 기준이 아니라 명백·현존 위험의 원칙으로 바뀌지 않으면 안 된다.

헌법재판소도 "언론·출판의 영역에서 국가는 단순히 어떤 표현이 가치

---

85 Vincent Blasi, "Learned Hand and the Self-Government theory of the First Amendment:Masses Publishing Co. v. Patten", 61 U. Colo. L. Rev. 1 (1990). at 12.(김윤홍, 「미국헌법상 표현의 자유 제한이론에 관한 일고찰 - 매시즈 판결에 나타난 러니드 핸드 판사의 선동기준을 중심으로」, 『세계헌법연구』 제20권 제2호, 143쪽에서 재인용·)

86 김윤홍, 위의 글, 143쪽.

없거나 유해하다는 주장만으로 그 표현에 대한 규제를 정당화시킬 수는 없다. 대립되는 다양한 의견과 사상의 경쟁 메커니즘에 의하여 그 표현의 해악이 해소될 수 없을 때에만 비로소 국가의 개입은 그 필요성이 인정되는 것이다."[87]고 판시한 바 있다. 시민사회 내부의 사상의 자유시장의 기능을 선차적인 것으로 보는 이 판시는, 헌법재판소도 표현의 자유가 공동사회결정 참여권을 보장한다는 면에서 인간의 존엄과 관련된다는 점을 인지하고 있음을 보여준다.

이처럼 인간은 사회적 존재로서 각 개인의 공동사회결정 참여는 인간 존엄에 필수 불가결한 것이고 사상적·정치적 표현의 자유는 공동사회결정에 참여하는 가장 중요한 수단이다. 따라서 사상적·정치적 표현이 공공질서나 사회안전에 명백하고 현존하는 위험을 일으키지 않음에도 해악을 가져올 수 있다는 경향만으로 규제하는 것은 인간존엄 침해다.

4) 공존할 권리 침해 – 배제 없이 공론장의 일원이어야

좀 더 나아가 인간의 본질에 관한 관계이론(의사소통이론)에 기초하여 보면, 사상적·정치적 표현의 자유를 침해하는 것은, 자유를 제한당하는 사람의 공존할 권리를 침해하여 인간의 존엄을 해하는 것이다.

인간이란 사회 속에서 다른 사람을 자신과 같은 인간이자 시민으로서 상호 인정하고 존중함으로써 비로소 인간으로 존재하게 된다. '상호 인정'의 원리다. 그러므로 연대공동체 안에서 '인간 존엄'이란 단순히 타인으로부터 생명이나 안전을 침해당하지 않는다는 소극적 의미의 자유를 넘어 정치적 공동생활 목적을 위한 상호 간의 승인을 뜻한다고 평가될 수 있

---

[87] 헌법재판소 1998. 4. 30. 선고 95헌가16 전원재판부 결정.

다.[88] 인간의 존엄은 인간 상호 간의 사회적 평가와 존중에 의해 인정되고, 구체적인 사회적 관계의 전제 조건이자 결과물이며, 인간의 존엄에 대한 인정은 함께 살아가는 동료 인간들 간의 연대를 확정하는 과정이다. 인간의 존엄은 인간이 자연 상태에서 선천적으로 누리는 것이 아니라 인간 상호간의 평등한 접촉을 통한 상호 인정의 관계 속에서 도출될 수 있는 개념이라는 하버마스의 견해를 전제로 하는 것이다.[89] 이를 인간의 존엄 개념에 대한 모든 자연법적 선이해先理解를 넘어서는 새로운 동료 인간들 상호 간의 상호 인정을 통한 구체적이고 현실적인 역동적 인간의 존엄 개념[90]이라고 볼 수도 있다.

이처럼 사회적 존재로서 사람에게 초점을 맞추면, '인간의 존엄'으로부터 도출되는 권리 개념으로서 '공존할 권리'를 도출할 수 있다.[91] '공존할 권리'란 성별·인종·종교·계급·성적 지향·사상 또는 정치적 의견 등을 이유로 역사적·사회적 소수집단에 속하게 된 사람도 공동체의 공론장에서 배제당하지 않고 자신의 의견과 감정을 표출하며 사회 구성원의 일원으로 살아갈 수 있는 권리다. 소수집단 구성원이라 하더라도 공존하는 인간으로서 존엄을 보장받을 수 있게 하려면 표현의 자유 보장이 필수적이다.

역사적·사회적 소수집단 형성 사유에는 특정 사상이나 정치적 의견도 포함된다.[92] 타인의 명예나 신용, 사생활의 권리 등을 침해하여 타인에게 해를 끼치는 것이 아닌 한, 특정인의 전력이나 성향을 통해 추론되는 사상이나 정치적 의견이 특정 체제를 위태롭게 한다는 이유로 표현을 제한하

---

88 한국헌법학회, 위의 책, 288쪽.
89 박진완, 「유럽연합의 기본권으로서 인간의 존엄의 보장에 대한 검토」, 《공법연구》 제35집 제3호, 한국공법학회, 2007. 2., 98쪽.
90 박진완, 위의 글, 105쪽.
91 이정희, 『혐오표현을 거절할 자유』, 들녘, 2019, 81-84쪽.
92 이정희, 위의 책, 67-74쪽.

는 것은, 그가 공동체 구성원으로서 사상적·정치적 의견을 표출하며 공존할 가능성을 없애는 차별, 즉 평등한 처우의 실패로서, 인간존엄을 침해하는 것이다.

(3) 제7조의 인간존엄 침해 – 사상의 금지, 배제와 축출

제7조 제1항은 학생운동이나 노동운동 등 사회운동 이력이 있거나 국가보안법 처벌 전력이 있거나 사회비판적 언행을 했던 사람이라면 표현의 내용이 북한의 주장에 동의하거나 비슷한 것이기만 해도 "국가의 존립·안전이나 자유민주적 기본질서를 위태롭게 한다는 정을 알면서" 한 행위라고 보고 처벌함으로써 사상적·정치적 표현의 자유를 침해한다. 제3항은 같은 사상과 정치적 의견을 가진 사람이 단체를 구성·가입하여 그들 사이에서 합치된 의견을 공유하는 것마저 가중처벌한다. 제5항은 위 내용의 문서 등 모든 유형의 표현물 제작·취득·소지까지도 "학술연구나 영리 등 목적을 주된 동기로 표현물을 소지한 것으로 볼 만한 사정"[93]이 없다면 처벌하여, 사상과 정치적 의견을 가지는 것 자체를 억압한다.

제7조는 인간의 자유로운 본성인 개인의 자유로운 사고의 여지를 제한하고, 개인이 스스로 선택한 사상적·정치적 표현과 단체 결성을 금지함으로써 자기결정권을 박탈한다. 사상과 의견의 자유로운 교환, 관련한 표현물의 보유, 같은 사상을 가진 사람들과 지속적 교류 등 개인이 자기결정권을 행사함으로써 영위할 수 있는 사적 생활 영역을 광범위하게 침해한다. 개인에게 국가가 선택한 사상 또는 정치적 의견에 복종하는 수단으로서만 존재할 것을 요구함으로써 자기결정권을 부인하여 인간존엄을 침해하는 것이다.

---

93 대법원 2010. 7. 23. 선고 2010도1189 전원합의체 판결.

제7조는 또한 공동사회결정에 참여하여 인간존엄을 실현할 권리를 갖는 개인의 사상적·정치적 표현을 국가안보에 관한 명백하고 현존하는 위험이 없는 때에도 해악이 있다는 이유만으로 처벌하여 금지한다. 다원적 민주사회를 구성하는 근본적인 자유와 권리들, 곧 민주적인 사회의 초석이 되는 의견과 표현의 자유[94], 다원적 사회의 근간이 되는 문화의 권리[95]를 침해하는 것이다. 제7조는 공동사회결정에 참여할 권리를 침해하여, 인간존엄을 해친다.

나아가 우리나라에서는 특정 정치 이데올로기 성향을 가진 것으로 판단되는 국민 일부에 대한 혐오와 두려움을 조장해 그들을 사회에서 배제하려는 '레드 콤플렉스'[96]가 크게 문제되어 왔다. 제7조는 학생운동이나 노동운동을 비롯한 사회운동, 국가보안법 처벌 전력이 있는 사람들 또는 북한과 유사한 주장을 한다고 지목당한 사람들의 사고와 표현을 주로 그들의 이력과 성향에 따라 특정 체제를 위태롭게 할 위험이 있다고 보아 원천적으로 금지하는 것이다. 제7조는 특정한 사상과 양심 및 의견을 가진 시민들을 범죄자로 취급한다. 이는 특정 집단에 대한 경멸적 차별 또는 굴욕적인 대우에 해당한다. 또 제7조로 처벌을 받은 개인들은 보안관찰을 통한 감시의 대상이 됨과 동시에 국가보안법 전과자라는 이유로 각종 차별과 혐오에 시달리게 된다. 사상 또는 정치적 의견이 한미관계, 통일방안, 심지어 국가보안법 철폐에 관해 북한의 주장과 유사하다고 지목된 사람은 불온한 인물로 여겨져 공동체에서 배제와 축출의 대상이 되고 만다. 곧 제7조는

---

94 UN Human Rights Committee(HRC), General comment no. 34, Article 19, Freedoms of opinion and expression, 12 September 2011, CCPR/C/GC/34, para. 13.

95 UN Committee on Economic, Social and Cultural Rights (CESCR), General comment no. 21, Right of everyone to take part in cultural life (art. 15, para. 1a of the Covenant on Economic, Social and Cultural Rights), 21 December 2009, E/C.12/GC/21, para. 1.

96 김현귀, 『표현의 자유와 혐오표현규제』, 헌법재판연구원, 2016, 14-15쪽.

특정한 사상과 양심 및 의견을 가진 개인들을 사회로부터 배제시키는 차별적인 입법으로, 특정 사상이나 정치적 의견을 가진 이들의 공존할 권리를 침해함으로써 평등한 처우에 실패한 것으로, 인간존엄을 침해한다.

결국 제7조는 사람을 오직 국가안전보장 또는 자유민주적 기본질서 유지라는 국가적 법익 추구를 위한 객체로만 취급하여 인간존엄을 침해한 것이다. 따라서 비교형량할 필요도 없이 위헌으로 판단되어야 한다. 만일 인간존엄도 제한 가능한 기본권이라고 보고 비교형량을 거쳐 위헌 여부를 판단해야 한다고 보는 견해에 따르더라도 위 결론에는 차이가 없다. 사상 또는 정치적 의견의 자유가 '인간의 신체적·정신적 정체성과 완전성, 즉 자율적 인격성과 관련된 핵심적 인간존엄권'임에는 다툼의 여지가 없다. 사상적·정치적 표현의 자유 역시 사상 또는 의견을 가질 자유와 직결된 것으로서, 표현의 자유 제한은 곧바로 의견을 가질 자유 제한으로 이어진다. 그러므로 사상 또는 정치적 의견의 자유, 사상적·정치적 표현의 자유 모두, '인간의 신체적·정신적 정체성과 완전성, 즉 자율적 인격성과 관련된 핵심적 인간존엄권'으로서 비교형량 대상이 되지 않는다. 따라서 제7조는 인간존엄을 침해하는 법률로, 비교형량할 필요도 없이 위헌이므로 폐지되어야 한다.

3. 양심·사상의 자유 침해
─국가안보 이유로도 생각은 처벌할 수 없다

(1) 사상표현의 자유는 사상의 자유의 최소한의 본질적 내용

1) 헌법의 보호 대상 - '소수자'의 양심

양심·사상의 자유는 인간존엄의 핵심이다. 진지하고 절박한 마음의 소리로서 양심이 지켜질 수 있어야 자신의 인격이 무너지는 것을 막을 수 있고, "세계관, 주의, 신조"를 자유로이 선택하고 유지할 수 있어야 자기 존재의 정체성을 지키며 존엄한 인간으로 살아갈 수 있기 때문이다.

헌법 제19조는 "모든 국민은 양심의 자유를 가진다."고 정한다. 헌법재판소는 헌법상 보호되는 양심은 "어떤 일의 옳고 그름을 판단함에 있어서 그렇게 행동하지 아니하고는 자신의 인격적인 존재가치가 허물어지고 말 것이라는 강력하고 진지한 마음의 소리로서 절박하고 구체적인 양심"이라 한다. "양심의 자유가 보장하고자 하는 양심은 민주적 다수의 사고나 가치관과 일치하는 것이 아니라, 개인적 현상으로서 지극히 주관적인 것"이다. 또, "헌법상 양심의 자유가 문제되는 상황은 개인의 양심이 국가의 법질서나 사회의 도덕률에 부합하지 않는 경우이므로, 헌법에 의해 보호받는 양심은 법질서와 도덕에 부합하는 사고를 가진 다수가 아니라 이른바 '소수자'의 양심이 되기 마련이다."[97] "헌법 제19조가 보호하고 있는 양심의 자유는 양심형성의 자유와 양심결정의 자유를 포함하는 내심적 자유(forum internum)뿐만 아니라, 양심적 결정을 외부로 표현하고 실현할 수 있는 양심실현의 자유(forum externum)를 포함"[98]한다.

헌법이 명시적으로 사상의 자유를 언급하지는 않으나, 헌법재판소는 헌법 제19조 '양심'에 "세계관, 주의, 신조"가 포함된다고 한다.[99] 대부분의 학설도 위 조항이 윤리적 의미의 양심만이 아니라 사상의 자유까지 포괄한다고 본다. 그러므로 헌법 제19조가 양심과 사상의 자유를 모두 보장하는 조문이라고 이해하는 데 무리가 없다.[100] 자유권규약은 제18조

---

97 헌법재판소 2018. 6. 28. 선고 2011헌바379 결정.
98 헌법재판소 2004. 8. 26. 선고 2002헌가1 결정.
99 헌법재판소 1991. 4. 1. 선고 89헌마160 결정.
100 조국, 『양심과 사상의 자유를 위하여』, 책세상, 2001, 10쪽.

제1항[101]에서 사상의 자유를 보장한다.

헌법재판소는 "표현의 자유의 보호영역은 일반적으로 의견의 자유 또는 의견형성의 자유와 표현의 자유 그리고 전파의 자유를 포함한다."[102]라며 의견형성의 자유를 사상의 자유가 아닌 표현의 자유로 분류한다. 그러나 이와 다소 달리, 자유권규약은 제19조 제1항[103]에서 '의견을 가질 권리'를 제19조 제2항 표현의 자유와 별도로 명시하여 보장한다. 의견의 자유 또는 의견형성의 자유는 외부로 표출되지 않은 단계여서, 표현의 자유보다 더 강하게, 사상의 자유와 같은 수준의 보장이 필요하다.

따라서 대한민국은 자유권규약상 분류에 따르면 사상의 자유 및 의견을 가질 권리를 보장할 의무를 부담한다. 이 모두가 헌법상으로는 제19조 양심의 자유에 포함된다고 볼 수 있다.

2) 내심에 갇혀서야 자유로울 수 있다면 감옥 안의 자유일 뿐

종래 헌법재판소는 양심의 자유를 형성의 자유와 실현의 자유로 구분했다. 양심형성의 자유는 "내심에 머무르는 한, 절대적으로 보호되는 기본권"으로, 양심실현의 자유는 법률에 의하여 제한될 수 있는 기본권으로 본 것이다.[104]

그러나 실현을 허용받지 못한 양심·사상은 온전히 형성될 수도 유지될 수도 없다. 양심·사상이 외부로 표출되는 순간 공권력에 의해 제한된다면, 양심·사상은 결국 내심에 머무를 자유로 극도로 위축된다. 내심에 갇

---

101 시민적 및 정치적 권리에 관한 국제규약 제18조 1. 모든 사람은 사상, 양심 및 종교의 자유를 향유할 권리를 가진다.
102 헌법재판소 2005. 2. 24. 선고 2003헌마289 결정 등.
103 시민적 및 정치적 권리에 관한 국제규약 제19조1. 모든 사람은 간섭받지 아니하고 의견을 가질 권리를 가진다.
104 헌법재판소 2018. 6. 28. 선고 2011헌바379 결정.

혀서야 비로소 자유로울 수 있다면 감옥 안의 자유와 다를 것이 없다. 그 표출 형태가 말이든 행동이든, 주장이든 실행이든 모두 일률적으로 금지된 양심·사상은 제대로 형성될 수도 없다. 양심·사상이 형성 유지될 수 없는 상태는 명백한 인간존엄 침해로, 어떤 목적으로도 정당화될 수 없고 어떤 법률로도 합법화될 수 없다. 양심·사상의 자유는 형성과 실현에 관련된 모든 단계에서 원칙적으로 불가침이어야 한다. 양심·사상 실현의 자유가 온전히 보장되어야 형성의 자유의 절대적 보장도 실현될 수 있다.

만일 외부로 표출되는 때에는 양심·사상의 자유도 제한 가능하다고 보더라도, 외부로 표출되는 모든 단계, 곧 말과 행동을 일률적으로 제한해서는 안 된다. 불가피하게 행동을 제한하더라도 말은 허용해야 한다. 말은 행동보다 마음에 더 가까워, 말조차 금지되면 내심은 형성될 수도 없고, 양심·사상을 표현할 자유는 실현단계보다 형성단계에 더 가깝기 때문이다. 양심·사상 표현의 자유는 양심·사상 형성의 자유와 같은 수준으로 보장되어야 한다.

통일운동단체 구성원들이 이적단체 가입죄로 기소된 사건에서, 대법원 소수의견은 다음과 같이 사상의 표현 행위가 사상의 자유 자체로부터 나오는 것으로 보고 그 보호의 필요를 설시했다. "자유민주주의 국가에서 사상의 자유는 핵심적 기본권으로 가장 엄격하게 보장되어야 하며, 내심의 사상 그 자체는 그 내용의 반체제성 또는 위험성 여부에 불구하고 절대적 자유를 누려야 한다는 헌법해석 원칙에 따른다면, 그 사상을 평화적으로 외부에 표현하고 설득하는 행위 역시 사상의 자유 자체로부터 연유하는 최소한의 본질적 내용으로서 허용되어야 한다."[105]

양심·사상 표현의 제한은 양심·사상의 자유의 근거인 인간존엄에 대

---

[105] 대법원 2010. 7. 23. 선고 2010도1189 전원합의체 판결 중 박시환, 김지형, 이홍훈, 전수안 대법관의 반대의견.

한 침해를 막기 위해서만 가능하다. 나치즘이나 인종혐오주의와 같이 타인의 인간존엄을 침해하는 표현이라면 제한 가능하다는 것이다. 하지만 국가안보를 이유로 한 양심·사상 표현의 자유 제한은 원칙적으로 허용되어서는 안 된다. 문제된 표현이 타인의 인간존엄 침해로 이어지지 않는데도 국가가 선택한 체제나 집권 세력의 주류적 사상에 반한다는 이유로 제한되는 것이기 때문이다. 양심·사상 형성의 자유를 보장하려면 최소한 양심·사상 표현의 자유가 국가안보를 이유로 제한되는 일만큼은 없어야 한다.

만일 사상표현에 대해 국가안보를 위한 제한을 인정하더라도, 그 제한은 적어도 '명백·현존 위험의 원칙'에 따른 것이어야 한다. 사상표현의 자유는 일반적 표현의 자유에 비하여 고도의 보장을 받아야[106]하기 때문이다. 위 대법원 소수의견은 사상 표현에 대한 제한시 명백·현존 위험의 원칙이 필수적임을 다음과 같이 설시했다. "그 사상과 주장의 내용이 자유민주적 기본질서와 양립할 수 없는 주장이라 하더라도 무장봉기나 폭력혁명 등 자유민주적 기본질서에 반하는 방법을 동원하여 이를 실현시키려는 것이 아니라, 자유민주주의 국가에서 통상적으로 허용되는 설득과 권유의 방법으로 다수의 지지를 획득하여 이를 실현시키려는 경우에는 명백·현존하는 위험의 정도에 이르지 못하는 것으로 보아야 한다."[107] 명백·현존 위험의 원칙마저 지켜지지 않으면, 사상표현의 자유 제한은 사상형성의 자유 제한과 같은 결과를 초래하여 사상의 자유의 본질적 부분을 침해한다.

3) 사상의 자유는 비상시에도 제한할 수 없다

헌법 제37조 제2항은 "국민의 모든 자유와 권리는 국가안전보장·질서

---

[106] 한국헌법학회, 위의 책, 641쪽.
[107] 대법원 2010. 7. 23. 선고 2010도1189 전원합의체 판결 중 박시환, 김지형, 이홍훈, 전수안 대법관의 반대의견.

유지 또는 공공복리를 위하여 필요한 경우에 한하여 법률로써 제한할 수 있으며, 제한하는 경우에도 자유와 권리의 본질적인 내용을 침해할 수 없다."고 한다. 이 조항은 모든 자유와 권리에 대해 일반적으로 법률로 제한할 수 있다는 일반적 법률유보조항이므로, 제19조에 따른 사상의 자유도 이에 따라 제한될 수 있는 것처럼 읽힐 위험이 있다.

하지만 국제인권조약은 비상시에도 사상의 자유는 제한해서는 안 된다고 명확히 선언한다. 자유권규약은 제4조[108] 제1항에서 공식적 비상사태 선포 시 기본권 제한가능성을 열어두었다. 그러나 제2항에서, 규약 제18조 사상의 자유는 비상사태 시에도 제한될 수 없음을 명시했다.

자유권규약 제19조에 대한 공식해석인 일반논평 제34호는 자유권조약 제19조 제1항 '의견을 가질 권리'도 제18조 사상의 자유와 같은 수준으로 보장되어야 한다는 점을 명시한다. "비상상태라고 하여 의견의 자유를 유예해야 할 필요가 결코 생기지 않기 때문"이라는 것이다.[109] 또한 의견의 자유는 어떠한 예외나 제한도 허용되지 않는 권리이고, 의견을 가졌다는 것을 범죄화하는 것은 자유권규약을 위반하는 것이라고 한다.[110] 나아가 개인이 가지는 의견을 이유로 한 체포, 구금 등을 자유권규약 제19조 제1

---

108 시민적 및 정치적 권리에 관한 국제규약 제4조
1. 국민의 생존을 위협하는 공공의 비상사태의 경우에 있어서 그러한 비상사태의 존재가 공식으로 선포되어 있을 때에는 이 규약의 당사국은 당해 사태의 긴급성에 의하여 엄격히 요구되는 한도 내에서 이 규약상의 의무를 위반하는 조치를 취할 수 있다.…
2. 전항의 규정은 제6조, 제7조, 제8조(제1항 및 제2항), 제11조, 제15조, 제16조 및 제18조에 대한 위반을 허용하지 아니한다.
109 자유권규약위원회 일반논평 제34호: 제19조 의견과 표현의 자유 General comment No. 34, Article 19: Freedom of opinion and expression, 2011.
5. 제19조 제1항의 구체적인 규정과, 의견과 사상 간의 연관성(제18조)을 함께 고려할 때, 제1항을 유보하는 것은 규약의 목적과 의도에 부합하지 않을 것이다. 또한, 규약 제4조에서 유예되어서는 안 될 권리로서 열거한 목록 중에 의견의 자유가 포함되어 있지는 않지만, "제4조 제2항에 열거되어 있지 않은 규약의 조항들 안에는, 위원회의 견해로 제4조에 따른 합법적 유예 대상이 될 수 없는 요소들이 있다"고 하였다. 의견의 자유가 그러한 요소인데, 비상상태라고 하여 의견의 자유를 유예해야 할 필요가 결코 생기지 않기 때문이다.
110 UN Human Rights Committee(HRC), General comment no. 34, Article 19, Freedoms of opinion and expression, 12 September 2011, CCPR/C/GC/34, para. 5., 10.

항에 위배되는 대표적인 인권침해로 파악한다.[111]

또 자유권규약위원회는 일반논평 제22호[112]에서, '사상과 양심의 자유'
는 법률로도 제한할 수 없다고 명시한다. 일반논평 제22호는 자유권규약
제18조 사상의 자유 보장 조항에 대한 공식 해석이다. 규약 제18조가 사
상과 양심의 자유를 종교나 신앙을 표명할 자유와 구별하고 있으므로, 사
상과 양심의 자유는 어떠한 경우에도 제한될 수 없다는 것이다.

나아가 의견을 표현하는 행위 또한 의견을 가질 자유의 보호범위 안에
포함되는 경우가 있을 수 있고, 잘못된 의견이나 틀린 해석의 표현 역시
보호범위 안에 포함될 수 있다. 특정 의견을 표현하는 행위를 처벌하는 것
은 그 특정 의견을 범죄화함으로써 의견을 가질 자유를 제약하는 것이기
때문이다. 자유권규약위원회는 일반논평 제34호에서 잘못된 의견이나 틀
린 해석을 표현하지 못하는 것은 자유권규약에서 허용될 수 없다며, 의견
을 가질 자유가 절대 제한될 수 없다는 입장을 강조하였다.[113] 즉 자유권규
약위원회는 의견 표현을 처벌하는 법률이 '의견을 가질 자유'를 침해할 수

---

111 UN Human Rights Committee(HRC), 위의 글, para. 9.
112 자유권규약위원회 일반논평 제22호: 제18조(사상, 양심 및 종교의 자유) UN Human Rights
Committee (HRC), CCPR General Comment No. 22: Article 18 (Freedom of Thought, Conscience
or Religion), 30 July 1993, CCPR/C/21/Rev.1/Add.4.
1. 제18조 제1항의 사상, 양심 및 종교의 자유(신앙을 가질 자유를 포함하여)에 대한 권리는 광범위하고도 심
오한 것이다. 이는 개인 혹은 다른 사람과 공동으로 표명되든지 간에, 개인적인 신념과 종교, 신앙에 대한 헌
신 등 모든 문제에 대한 사상의 자유를 포함하는 개념이다. 본 위원회는 사상과 양심의 자유는 종교 및 신앙
의 자유와 동등하게 보호되어야 한다는 사실을 당사국들에게 주지하는 바이다. 이러한 자유들의 근본적인 특
징은 동 규약 제4조 2항에 규정된 대로, 공공의 비상사태에서조차도 동 조항을 위반해서는 안 된다는 사실에
반영되어 있다.
3. 제18조는 사상, 양심, 종교 또는 신앙의 자유를 종교나 신앙을 표명할 자유와 구별하고 있다. 동 조항은 사
상과 양심의 자유 또는 각자의 선택에 의해 종교나 신앙을 가지거나 선택할 자유에 대해 어떠한 제한도 허용
하지 않는다. 이러한 자유는 제19조 1항에서 누구나 간섭받지 않고 의견을 가질 권리를 가지는 것처럼 조건
없이 보호된다. 제18조 2항과 제17조에 따라, 사상 또는 종교나 신앙에 대한 지지를 표명하도록 강요받아서
는 안 된다.
113 자유권규약위원회 일반논평 제34호: 제19조 의견과 표현의 자유
49. 역사적 사실에 대한 의견 표현을 처벌하는 법은, 의견과 표현의 자유 존중과 관련하여 규약이 당사국에게
부과하고 있는 의무들과 부합하지 않는다. 과거의 사건들에 대해 잘못된 의견이나 틀린 해석을 표현하지 못
하도록 일반적으로 금지하는 것을 규약은 허용하지 않는다. 의견의 자유권은 절대 제한되어서 안 되며, 표현
의 자유에 관해서는 그 제한이 제3항에서 허용된 것 혹은 제20조 하에서 요구되는 것을 벗어나서는 안 된다.

있다고 본 것이다.

우리나라는 이 일반논평의 취지를 헌법 해석에 반영·적용할 책무를 진다. 비상사태 시에도 제한될 수 없는 권리라면, 당연히 평상시에는 제한될수 없다. 사상·양심의 자유, 의견을 가질 권리는 표현의 자유와 달리 법률로도 제한할 수 없다.

(2) 제7조의 사상의 자유 침해

1) 내용을 문제 삼아 처벌하는 것은 사상의 자유 침해

국가보안법 제7조는 행위자의 사상의 형성 및 표현 일체를 처벌한다. 행동으로 이어지지 않은 상태의 사상과 표현, 표현을 위한 단체 구성·가입, 표현물 제작·소지 등이 제7조로 처벌된다. 타인의 파괴활동에 가담하여 공동 행동에 나서면 이미 제7조 규정 내용이 아니다. 타인의 파괴활동을 유발하는 것 역시 제7조 적용 대상이 아니다. 제7조 처벌 대상은 아직객관적 위험성을 직접 증대시키지 않은 사상과 표현, 이를 위한 단체 구성, 표현물 제작 등이다. 타인의 활동에 호응하거나 추켜세우거나 격려하거나 정당성을 논리적으로 설파하는 말과 몸짓, 단체 구성, 표현물 제작반포밖에 없는데 처벌하는 것이 제7조다. 구체적이고 현실적인 위협을 가하는 외부적 실천행위를 유발한다는 증명 없이 정치적 표현을 규제하는제7조는 내면의 사상을 통제하는 사상통제법으로서 사상의 자유의 본질적 부분을 침해한다.

헌법재판소의 제7조 합헌결정의 반대의견은, '동조'처벌에 대해 "실질적으로는 그러한 주장과 행위로 인한 외부적 위험성을 이유로 처벌하는것이 아니라 그 주장과 행위의 내용 자체를 문제 삼아 처벌하는 것과 다를바가 없다. 이는 우리 사회의 주류적 견해와 다른 불온하고 위험한 견해라는 이유로 특정 사상이나 견해의 표명을 금지하고 억압하는 것", "개인

의 내심의 사상과 이념을 근거로 처벌하는 것"[114]이라 비판했다. 이 비판은 '동조' 뿐만 아니라 제7조 전체에 대한 지적으로 받아들여져야 마땅하다.

2) 제5항 '소지·취득'이 양심형성의 자유 제한임을 시인한 헌법재판소의 논리모순

헌법재판소는 2012헌바95 등 결정에서 제7조 제5항 중 '소지·취득' 부분에 대해서도 양심의 자유 침해가 아니라고 판단했다. "표현물에 담긴 내용이나 사상은 개개인이 자신의 세계관이나 가치체계를 형성해 나가는 데 영향을 주므로, 특정한 내용이 담긴 표현물의 소지나 취득을 금지함으로써 정신적 사유의 범위를 제한하는 것은, 내적 영역에서 양심을 형성하고 사상을 발전시켜 나가고자 하는 양심의 자유 내지는 사상의 자유를 제한한다"고 하면서도, "전파가능성을 배제하기 어렵다"[115]는 이유다.

그러나 바로 위 판시에서 헌법재판소는 '소지·취득'은 양심형성의 자유 제한임을 명시했다.[116] 양심형성의 자유는 이미 오래 전에 헌법재판소로부터 '절대적 자유'로 선언되었다.[117] 민주사회에서 개인은 자신만의 사상을 형성하기 위해 책을 읽고 정보를 습득할 권리가 있다. 표현물 소지·취득은 바로 사상을 형성하는 과정의 행위다. 생각 자체가 위험하다고 처벌한다면 민주사회라고 할 수 없다. 전파행위로 나아가기 전 단계라면, 즉 양심·사상이 내심의 영역에 머물러 있다면, 그 내용이 어떻든 절대적 보호대상이다. 헌법재판소와 같이 "전파가능성", 곧 내심의 영역에서 벗어날

---

114 헌법재판소 2015. 4. 30. 선고 2012헌바95 등 결정 중 김이수 재판관의 반대의견.
115 헌법재판소 2015. 4. 30. 선고 2012헌바95 등 결정.
116 김기영도 위 헌법재판소 결정의 법정의견이 표현물 소지가 양심형성의 자유의 영역에 속하는 것임을 인정하고 있다고 지적한다. 김기영, 「국가보안법상 이적표현물 소지」, 『인권판례평석』, 법원 국제인권법연구회, 박영사, 2017. 125-126쪽.
117 헌법재판소 1998. 7. 16. 선고 96헌바35 결정.

가능성을 들어 내심의 영역에 머물러 있을 뿐인 행위를 처벌대상으로 삼는 것은 내심의 영역 침범이다. 내심의 영역이 절대적 보호 대상인 이상, 어떤 이유로도, 어떤 수단으로도 내심의 경계를 무너뜨려서는 안 된다. 하물며 이른바 전파가능성마저 "막연하고 잠재적인 것에 불과"[118]한 마당에야 더욱 그러하다.

그런데 헌법재판소는 위 2012헌바95 등 결정에서 "소지·취득한 사람의 의사와 무관하게 전파, 유통될 가능성도 배제할 수 없다."고 강변하였다. 소지·취득자에게 책임지울 수 없는 전파가능성까지도 그의 내심 영역을 침범할 근거로 거론한 것이다. 근대 형사법의 대원칙 가운데 하나는 '행위책임의 원칙'이다. 피고인에게 책임지울 수 있는 행위에 대해서만 처벌할 수 있을 뿐, 책임지울 수 없는 것을 이유로 처벌해서는 안 된다는 것이다. 그런데 헌법재판소는 소지·취득 행위자에게 책임지울 수 없는 전파가능성까지 들어 소지·취득죄가 합헌이라 판단했다. 국가보안법 앞에서는 행위책임의 원칙까지 무시되어도 괜찮다는 것일까.

헌법재판소는 2012헌바95 등 결정에서 '소지·취득'이 양심의 자유를 침해하지 않는다는 결론을 도출하기 위하여 헌법 제37조 제2항의 비례원칙에 따른 심사과정을 밟았다. 그러나 양심·사상 형성의 자유 제한은 내심 영역의 제한이므로 비례원칙심사조차 불가능하여 곧바로 위헌선언되어야 한다. 헌법재판소의 위 판시는 이 원칙도 간과한 오류다. 자유권규약 제19조에 관한 일반논평 34호 9항 5문은 "의견을 가졌다는 것을 범죄화하는 것은 (위 규약 제19조) 제1항에 부합하지 않는다."[119]고 명시하고 있다.

헌법재판소는 양심형성의 자유의 절대적 보장 원칙을 스스로 무너뜨리

---

118 헌법재판소 2015. 4. 30. 선고 2012헌바95 등 결정의 반대의견.
119 General Comment No. 34. 9. … It is incompatible with paragragh 1 to criminalize the holding of opinion.

고 내심의 경계를 침범한 오류를 바로잡기 위하여, 제7조 제5항 중 '소지·취득' 부분이 양심의 자유를 침해하지 않는다고 한 위 판결을 변경하고 단순 위헌을 선언해야 한다.

3) 제5항 '제작·소지·취득'은 내심의 영역으로서 절대적 보호 대상

헌법재판소는 2012헌바95 등 결정에서 '소지·취득'만을 양심형성단계로 파악했을 뿐 '제작'은 양심형성 단계인지 양심실현 단계인지 가려보지 않았다. 그러나 제5항에는 '제작'과 '반포'가 별도로 규정되어 있으니, '제작'은 표현의 외부 전파에 이르기 전 단계, 글을 쓰거나 그림을 그렸지만 아직 다른 사람에게 전하지 않은 상태를 말한다.

외부로 발표되지 않은 표현물은 그 형식이 선언문이든 논문이든 소설이든, 전파되지 않았다는 점에서는 제작자의 내심을 문서나 그림으로 옮겨놓은 것에 지나지 않는다. 다른 사람에게 공개되지 않고 제작자만 알고 있는 것이니 법률적 평가로는 일기나 다를 것 없다. 일기장을 뒤져 그 내용이 위험하다고 혼내는 것이 얼마나 반인권적이고 반민주적인지는 누구나 안다. 내용이 아무리 주류 사상과 다르고 불온하거나 불편한 것이더라도, 외부로 전파되지 않는 한 누구도 그 표현물로 영향받을 수 없다. 타인에게 영향을 미칠 가능성은 제작된 표현물이 '반포'될 때 비로소 생겨난다. 그러니 '반포'와 별도로 처벌대상으로 규정된 제5항의 '제작'은 사상과 의견을 가질 자유 중 가장 내밀한 영역을 처벌하는 규정이다. 이는 제작자의 내면의 영역을 무너뜨리고 사상형성의 자유를 침해하는 것이어서 위헌이다.

'소지·취득' 역시 책이나 그림 등을 자신의 관리하에 놓는 것뿐이어서, 그 소지·취득자 개인의 사상형성 과정에 지나지 않는다. 소지한 사람의 생각이 언제나 소지한 책의 주장과 같다고 볼 근거도 없다. 성경을 가지고 있다고, 과거 기독교인이었다고 하여 지금 기독교인이라고 추정할 수 있는 것도 아니다. 사상과 정치적 의견을 담은 책도 마찬가지다. 그런데 대법원은 제7조 제5항의 이적 목적 여부를 피고인의 경력과 지위, 이적단체 가입 여부 등 간접사실을 고려해 판단할 수 있다고 한다.[120] "행위자의 과거의 전력이나 평소의 행적을 통하여 추단되는 이념적 성향"을 근거로 하여 처벌[121]하는 것이다. 제작자는 적어도 글이나 그림으로 표현된 자신의 생각이 처벌대상이 되기라도 하는데, 소지·취득자는 그의 생각마저 추단 당해 처벌대상이 된다. 내면의 영역이 국가공권력에 의하여 낱낱이 해부되고 공안수사기관의 의심에 따라 짜 맞춰지는 극단적 침해를 겪게 되는 것이다.

또 다른 심각한 문제는 '소지'가 계속범이라는 데 있다. 형법은 즉시범과 계속범을 구별하는데, 공소시효가 진행되기 시작하는 시점이 다르다. 즉시범은 행위가 일어난 직후 즉시 종료되었다고 보아 바로 공소시효가 진행된다. 폭행, 살인 등 대부분의 범죄가 즉시범으로, 인도에 반한 범죄처럼 아예 공소시효가 배제되는 특수한 경우를 빼면 아무리 길어도 15년이면 공소시효가 끝나 처벌되지 않는다. 그러나 계속범은 행위가 한 번 일어나면 계속될 뿐 종료되지 않아서, 사실상 공소시효가 없다. '취득'은 즉시범이지만 '소지'는 계속범으로, 소지하고 있는 한 취득시점으로부터 수십 년이 지난 뒤에도 처벌될 수 있다. 사실상 공소시효가 의미 없게 된다. 그 결과, 피고인이 자신이 해당 표현물을 소지하고 있는지조차 기억하지 못하는 상태에서 수사기관이 압수수색하면서 집과 사무실을 온통 뒤집어엎고 컴퓨터를 샅샅이 뒤져, 오래 전에 사둔 책, 받은 이메일에 첨부된 파일 등을 찾아내 소지죄로 처벌하는 경우도 종종 일어난다. 반국가단체 및 이적단체 가

---

120 대법원 2010. 7. 23. 선고 2010도1189 전원합의체 판결.
121 헌법재판소 2015. 4. 30. 선고 2012헌바95 등 결정 중 김이수, 이진성, 강일원 재판관의 반대의견.

입죄도 계속범이 아닌 즉시범이어서 공소시효의 적용을 받는다. 이것에 비하면, 개인적 내면의 행위에 불과한 '소지'에 대한 형사처벌이 사실상 공소시효가 배제된 상태로 이루어지는 것은 지극히 불합리하다. 사상형성의 자유에 대한 절대적 보호 원칙과 정반대로, 제7조 제5항 중 '소지' 부분은 사실상 공소시효조차 없어 사상형성의 자유에 대한 영구적 침해를 가능하게 한 조항이다.

이처럼 '소지'의 이적행위 목적이 소지자의 전력 등으로 추단되는 점, 사실상 공소시효 적용이 배제되는 점 때문에, 실제로 수사실무에서 수사기관은 이적단체 가입 등 혐의로 수사하다가 공소시효만료 또는 입증부족으로 이를 기소하기 어려워지면, 피의자에 대한 압수수색으로 확보한 해당 단체의 총회자료집 또는 기타 서적이나 영화, 노래 등을 이적표현물 소지죄로 기소하는 경우가 흔하다.

결국, 제5항 중 '제작·취득·소지' 처벌 부분은 온전히 사상형성의 자유에 대한 제한이고, 사상과 의견을 가질 자유는 원칙적으로 제한이 허용되지 않는 기본권이어서, 비례원칙에 따라 살필 필요도 없이 위헌이다.

4) 제1항 '동조'가 단편적·추상적인 표현까지 처벌하는 것은 내면의 사상 처벌

제7조 제1항 중 '찬양·고무·선전'은 적어도 행위자가 외부에 전달하려는 사상이나 의견이 말이나 문자로 그 내용이 구체적으로 확정되어 드러나고 타인이 그 뜻을 해석할 수 있는 상태에 이른 '표현'을 처벌 대상으로 한다. 이와 달리 '동조'는 동조하는 심적 상태를 추단할 수 있는 '모든' 행위를 처벌한다.[122] 이 때문에, 어떤 언어도 포함되지 않은 즉각적인 반응이

---

[122] 최관호, 「이적동조죄의 불법성과 불복종」, 《민주법학》 제56호, 민주주의법학연구회, 2014. 11., 191쪽은 '동조' 처벌 규정은 '행위정형성을 무시'한 것이라고 비판한다.

나 잠깐의 몸짓, 그 행위자의 내면의 사상이나 의견이 정확히 무엇인지 가려보기 어려운 단편적이고 추상적인 말까지도 모두 '동조' 처벌 대상이 된다. 범민족회의 사회자의 진행에 따라 박수쳤다가 동조로 처벌된 사안이 대표적[123]이고, 인사, 노래 제창도 동조로 처벌된 바 있다.

헌법재판소는 사상의 내면적 형성·유지단계와 외부적 표현단계를 구분하여 그 보호 정도를 달리해야 한다고 하는데, 즉각적인 반응이나 몸짓, 단편적인 말은 사상의 표현단계로 온전히 다 나아가지도 않은 것으로, 내면적 유지단계에 더 가깝다. 사상의 외부적 표현은, 그 표현 주체가 자신의 두뇌를 동원하여 표현의 상대방을 인식하여 확정하고, 그에게 자신의 생각을 전파하거나 이해시키거나 함께 행동으로 나아가도록 설득하겠다는 목표를 정하고, 이를 달성하기 위해 자신의 사상이나 의견을 정돈하고 적합한 말을 골라내고 순서를 정하고 언어와 행동으로 변환해 표출하는 일련의 의식적 활동을 거쳐 이루어진다. 제1항의 '찬양·고무·선전'은 모두 이렇게 이루어지는 행위들이다. 그러나 즉각적이고 단편적인 몸짓이나 말은, 이 의식적 과정 없이, 내면에 머물러 있는 사상이나 의견이 그 뜻이 명확한 언어로 변환되기 전 상태인 채로 타인이 알 수 있는 상태에서 외부에 잠시 드러나는 것에 불과하다. 사상의 표현단계보다는 유지단계에 가깝다. 그렇다면 이 역시 절대적 보호 대상으로 남아야 한다.

주체의 의식적 과정을 거치지 않은 즉각적이고 단편적인 몸짓이나 말은 그 전달 내용이 모호할 수밖에 없다. 상황에 따라, 보는 사람에 따라 여러 의미가 될 수 있다. 최근까지도 박수나 경례에 대해 동조인지 아닌지 법원의 판결이 엇갈리고 있다.[124] 이 판결들은 모두 '동조'에 대해 "반국가

---

123 대법원 2003. 9. 23. 선고 2001도4328 판결.
124 박수가 동조에 해당된다고 본 사례는 대법원 2003. 9. 23. 선고 2001도4328 판결 ; 박수가 동조에 해당되지 않는다고 본 사례는 대법원 2008. 4. 17. 선고 2003도758 전원합의체 판결. 경례가 동조에 해당한다고

단체 등의 선전·선동 및 활동과 동일한 내용의 주장을 하거나 이에 합치되는 행위를 하여 반국가단체 등의 활동에 호응··가세하는 것"을 의미한다는 동일한 정의에서 출발하지만, 정반대의 결론을 도출한다.

그 이유는 몸짓의 의미가 정확히 담기지 않은 박수나 경례 등이 '동조'에 해당되는지는 실제로는 행위자가 "국가의 존립·안전이나 자유민주적 기본질서를 위태롭게 한다는 정을 알면서" 한 것인지에 따라 결정되므로, 법원은 행동이 벌어진 상황에서 그 행동을 한 사람의 내면을 추단하여 처벌 여부를 정하게 되기 때문이다. 이는 곧 개인의 내심의 사상과 이념에 대한 처벌로, 내심의 영역을 침범한 것이다. 제1항 '동조' 부분은, 즉각적인 몸짓, 단편적·추상적인 말까지도 처벌대상으로 하여 양심·사상 형성·유지의 자유를 침해한 위헌적 조항이다. 이처럼 제7조 제5항 '제작·취득·소지'는 외부로 표출되기 전 단계인 사상의 단순한 기록, 입수 및 사적 공간의 간수로서 사상형성과정에 불과하여 침해 불가능한 영역에 속하고, 제1항 '동조'는 사상이 표현에 이르는데 필요한 행위 주체의 의식적 과정을 거치지 않은 즉각적이고 단편적인 몸짓과 말까지 처벌대상으로 하여 아직 유지단계에 있을 뿐인 사상을 처벌하는 것이어서, 절대적 자유가 보장되어야 하는 사상형성·유지의 자유를 침해한 위헌 법률이다.

제7조의 나머지 부분도 명백·현존하는 위험이 없는데도 사상표현의 자유를 제한함으로써 사상형성의 자유까지도 제한하는 것이어서 헌법 제37조 제2항의 비례의 원칙에 위반하고 양심의 자유의 본질적 내용을 침해하는 위헌적인 규정이다. 표현의 자유에서 더 자세히 본다.

본 사례는 대법원 2014. 1. 29. 선고 2013도12276 판결 ; 경례가 동조에 해당하지 않는다고 본 사례는 대법원 2012. 5. 9. 선고 2012도635 판결.

4. 표현의 자유 침해
─명백·현존 위험 없는 표현 제한은 위헌

(1) 표현의 자유의 우월적 지위를 보장하는 심사기준 필요

헌법재판소는 헌법 제21조 제1항[125]이 표현의 자유 전반을 보호한다는 전제하에, "표현의 자유란 전통적으로는 사상 또는 의견의 자유로운 표명(발표의 자유)과 그것을 전파할 자유(전달의 자유)를 의미하는 것으로서, 개인이 인간으로서의 존엄과 가치를 유지하고 행복을 추구하며 국민주권을 실현하는 데 필수 불가결한 것이고, 종교의 자유, 양심의 자유, 학문과 예술의 자유 등의 정신적인 자유를 외부적으로 표현하는 자유"[126]라고 한다. 자유권규약 제19조 제2항[127]도 모든 형태와 내용의 표현물의 제작과 유통에 관한 전 과정을 표현의 자유로 보호한다.

표현의 자유는 인간의 기본적 권리이자 다른 모든 자유를 보장하는 근간이다. 특히 사상적·정치적 표현을 할 권리는 민주사회의 기초이자 없어서는 안 될 본질적 요소다. 헌법재판소도 표현의 자유가 "헌법에서 기본권으로 보장하는 것 이상으로 민주적이고 열린 정치체제의 보존에 필수 불가결하게 기여"한다고 평가하였다.[128] 또 "통치권자를 비판함으로써 피치자가 스스로 지배기구에 참가한다고 하는 자치정체自治政體의 이념을 그 근간으로 하고 있"는 민주주의 사회에서, '국민이 스스로를 통치한다'는 운영원리와 가치를 온전히 실현하기 위해 민의 자유로운 정치적 의사표현은

---

125 헌법 제21조 ① 모든 국민은 언론·출판의 자유와 집회·결사의 자유를 가진다.
126 헌법재판소 1989. 9. 4. 선고 88헌마22 결정.
127 시민적 및 정치적 권리에 관한 국제규약 제19조
2. 모든 사람은 표현의 자유에 대한 권리를 가진다. 이 권리는 구두, 서면 또는 인쇄, 예술의 형태 또는 스스로 선택하는 기타의 방법을 통하여 국경에 관계없이 모든 종류의 정보와 사상을 추구하고 접수하며 전달하는 자유를 포함한다.
128 헌법재판소 1992. 6. 26. 선고 90헌가23 결정.

반드시 보장되어야 하기 때문에, "표현의 자유는 다른 기본권에 우선하는 헌법상의 지위"를 갖는다[129]며 표현의 자유의 우월적 지위를 인정하였다.

헌법 제37조 제2항에 따라, 헌법 제21조 표현의 자유도 국가안전보장 질서유지 또는 공공복리를 위하여 필요한 경우에 표현의 자유를 제한할 수 있다. 자유권규약 제19조 제3항도 '타인의 권리 또는 신용의 존중', '국가안보, 공공질서, 공중보건 또는 도덕의 보호' 목적을 위하여 필요한 경우에 표현의 자유를 제한할 수 있게 한다. 하지만 표현의 자유를 제한할 때는 다른 기본권 제한보다 더 신중을 기해야 한다. 표현의 자유의 우월적 지위를 보장하기 위해서다.

미국 연방대법원도 표현의 자유가 우월적 지위에 있다는 입장이다. 미국 연방대법원은 표현의 방식이 아닌 표현의 '내용을 규제'하는 법률(정치적인 선전 목적 전단지 배포 금지 등), 특히 '관점을 제한'하는 법률(특정 정당 전단지나 전쟁 반대 전단지 배포 금지 등)[130]에 대해서는 더 엄격한 심사를 요구한다.[131] 관점 제한 법률은 정부 비판적인 관점을 직접적으로 제한하므로, 위헌성이 클 수 있다고 보는 것이다.[132] 이 입장에서는 표현 규제 입법에는 통상적인 합헌성 추정 원칙을 배제하고 오히려 위헌 추정을 원칙으로[133] 하게 된다.

헌법재판소도 표현의 방법과 내용에 근거한 제한을 구별한다. 표현의 '내용' 제한에 엄격한 심사를 요구하는 입장을 받아들인 것이다. "표현의 '내용' 내지 '주제'에 관한 규제는 원칙적으로 중대한 공익의 실현을 위하

---

129 헌법재판소 1992. 2. 25. 선고 89헌가104 결정.

130 조재현, 「정치적 표현의 자유와 표현내용에 근거한 제한」, 《법학연구》 제19권 제4호, 연세대학교 법학연구원, 2009, 7쪽.

131 J. Michael Connolly, 「Loading the dice in direct democracy: The constitutionality of content-and viewpoint-based regulations of ballot initiatives」, 『New York University Annual Survey of American Law』, 2008, p. 153.(조재현, 위의 글, 10쪽에서 재인용)

132 Texas v. Johnson, 491 U.S. 397, 414(1989).(조재현, 위의 글, 10쪽에서 재인용)

133 임지봉a, 「명백·현존하는 위험의 원칙과 표현의 자유」, 《공법연구》 제34집 제4호 제1권, 2006, 169쪽.

여 불가피한 경우에 한하여 엄격한 요건하에서 허용되어야"[134] 하고, "국가가 표현행위를 그 내용에 따라 차별함으로써 특정한 견해나 입장을 선호하거나 억압해서는 안 된다"[135]는 이유다. 표현의 자유의 우월적 지위가 '공익'을 이유로 표현의 '내용'을 제한할 때에도 보장되려면, 단순히 '엄격심사' 선언에 그쳐서는 안 된다. 심사기준의 세부 요소를 두고 요소별로 정교한 논리를 정립하며 심사척도를 체계적으로 차별화하는 것이 필요하다. 바로 '명백·현존 위험의 원칙'이다.

(2) 명백·현존 위험의 원칙의 정립

1) 미국 연방대법원의 명백 현존 위험의 원칙 도입

'명백·현존 위험의 원칙'(clear and present danger test)은 미국 연방대법원이 정치적 표현의 내용 규제 입법의 위헌성 심사에 적용해온 기준이다. 그 전제는, 표현이 발생시키는 폐해는 그에 대응한 표현으로써 시정되어야 한다는 것이다. 공익의 이름으로 민주주의의 필수 불가결한 권리인 표현의 자유를 함부로 침해해서는 안 된다는 입장이다.

1919년 이전까지 미국 연방대법원은 '해악 경향의 기준(bad tendency test)'을 적용하고 있었다. 언론은 타인에게 혹은 사회적으로 해악을 가져올 경향이 있으면 제한될 수 있었고, 그 같은 결과를 가져올 가능성이 높을 것이 요구되지도 않았다. 언론이 결과를 야기하는 시간적 간격이 짧을 필요도 없었다.[136]

명백·현존 위험의 원칙을 처음으로 받아들인 것은 Schenck v. United States(1919) 사건에서 홈즈Holmes 대법관이 집필한 만장일치 의견이다.

---

134 헌법재판소 2008. 1. 17. 선고 2007헌마700 결정.

135 헌법재판소 2002. 12. 18. 선고 2000헌마764 결정.

136 김윤홍, 위의 글, 143쪽.

홈즈 대법관은 "모든 사건에서 문제는 사용된 언어가 의회가 금지시킬 권한을 가지는 실질적인 해악을 가져올 명백하고 현존하는 위험을 초래할 상황하에서 사용되었는지, 그리고 그와 같은 본질을 지니고 있는지 여부에 달려 있다."고 보았다. 이 판결에서 연방 대법원은 언어가 사용된 상황과 관계를 강조하고, 언어와 그 언어로 말미암은 결과 사이에 직접적인 연관성이 있어야 한다고 보며,[137] '근접성과 정도'를 함께 요구하였다. '악행을 낳을 표현의 경향성만 있다면 아무리 해악 발생의 근접성이 없다 하더라도 그 표현행위 규제입법은 정당하다'는 기준에 반대한 것이다.[138]

명백·현존 위험의 원칙은 매카시 선풍 시기인 1951년 Dennis v. United States 판결로 '명백하고 있을 수 있는 위험의 원칙(clear and probable danger)'으로 후퇴[139]하기도 하였다. 해악이 중대한 것이면 그 발생가능성이 적더라도 제한될 수 있다는 것이다. 그러나 미국 연방대법원은 1957년 Yates v. United States 판결을 통해 명백·현존 위험의 원칙을 복원시켰다. '행위'의 선동이 아닌 '추상적 원리나 사상의 선동'만으로는 표현의 자유를 제한할 수 없다고 판시한 것이다.[140] 명백·현존 위험의 원칙은 최근에는 미국의 이라크 전쟁 등 각종 전쟁 수행과 관련해 전쟁 관련 발언 규제 입법의 합헌성 심사 척도로 사용되는 등,[141] 정치적 표현의 자유의 보장영역을 확대하는 이정표로 기능해왔다.[142]

자유권규약 제19조에 관한 일반논평 34호도 표현과 위협 사이에 존재하는 직접적이고 즉각적인 관계가 있어야 표현의 자유를 제한할 수 있다[143]

---

137 김윤홍, 위의 글, 138쪽.
138 임지봉a, 위의 글, 172-173쪽.
139 임지봉a, 위의 글, 165쪽.
140 임지봉a, 위의 글, 180쪽.
141 임지봉a, 위의 글, 185쪽.
142 임지봉a, 위의 글, 166쪽.
143 자유권규약 제19조에 관한 일반논평 34호 General Comment No. 34. Article 19:Freedoms of

고 하여, 명백·현존 위험과 유사한 수준의 제한 법리를 수용한 것으로 볼 수 있다.

2) 헌법재판소의 명백·현존 위험의 원칙 불수용

학설상으로는 표현의 자유 제한 법률의 위헌심사기준으로 명백·현존 위험의 원칙을 도입해야 한다는 논의가 지속적으로 이루어졌다.[144] 그러나 헌법재판소는 설립 초기 표현의 자유의 우월적 지위를 인정하면서도 명백·현존 위험의 원칙을 수용하지 않았다. 대신 "실질적 해악을 미칠 명백한 위험성이 있는 경우"[145]로 축소·제한하는 해석을 취했다. 위험의 명백성만 있으면 충분하고 "현존성 또는 급박성"은 필요하지 않다고 한 것이다. 그 후 헌법재판소의 입장은 30여 년이 지나도록 별다른 진전을 보이지 않고 있다.

헌법재판소는 그 이유로, "국가보안법은 필연적으로 사전예방적 성격을 가질 수밖에 없다", "위험이 시간적으로 아직 완전히 근접하지는 아니하였다고 할지라도, 국가안보 등에 대한 위협이 명백하다면 사전예방적 측면에서 그 행위의 위험성을 인정하는 것이 국가보안법의 입법목적에 부합하는 것", "위험이 구체적이고 현존하는 단계에는 이미 국가의 존립이나 안전에 막대한 피해가 초래되어 돌이킬 수 없거나 공권력의 개입이 무의미해질 가능성도 있다."[146]는 점을 든다.

그러나 이는 말과 행동에 대한 형사법적 규제에 차이가 있어야 함을 간

---

opinion and expression.

35. 당사국이 표현의 자유를 제한할 정당한 사유를 적용할 때에는, 반드시 그 위협의 정확한 성질과 특정하게 취하는 그 행위의 필요성과 비례성을 구체적이고 개별화된 방식으로 제시해야 하며, 특히 그 표현과 위협 사이에 존재하는 직접적이고 즉각적인 관계를 제시해야 한다.

144 성낙인, 『헌법학』, 법문사, 2011, 540-541쪽.

145 헌법재판소 1990. 4. 2. 선고 89헌가113 결정.

146 헌법재판소 2015. 4. 30. 선고 2012헌바95 등 결정.

과한 견해다. 형벌의 보충성과 최후수단성은 근대 형사법의 기본 개념이다. 국가가 독점한 형벌권은 남용 또는 정치적 악용 위험이 있기 때문이다. 더구나 규제대상이 행동이 아닌 말이라면, 형사처벌은 가장 최후의 수단이어야 한다는 것이 민주주의 질서의 기본 요구 가운데 하나다.

행동에 대해서는 국가안보를 위한 사전예방적 처벌이 필요한 경우가 있다. 형법 제90조가 "국토를 참절하거나 국헌을 문란할 목적으로 폭동"한 내란행위의 예비·음모를 처벌하는 것 등이 그 예다. 그러나 행동을 직접 즉시 유발하는 경우가 아니라면, 말에 대한 사전예방적 처벌은 민주주의 파괴로 직결될 위험이 매우 크다. 권력자가 누군가의 사상적·정치적 표현이 즉각적인 행동으로 이어질 상황이 아닌데도 단순히 사회 혼란을 야기한다는 이유만으로도 금지하거나 처벌하려 할 수 있기 때문이다. 권력에 대한 민주적 통제를 위해 가장 중요한 것이 정치적 표현의 자유 제한가능성을 축소시키는 것이고, 그 최소한은 명백·현존 위험의 원칙 수용이다.

국가안보에 '현존하는 위험'이 있는 표현인지는 그 표현이 일으킬 타인의 행동과 밀접성, 그 행동의 규모와 파급력, 표현과 행동의 시간적 인접성을 기준으로 객관적으로 평가할 수 있다. 그러나 어떤 표현을 '명백한 위험성'이 있는 표현으로 볼 것인지는 표현이 불러올 실제 결과보다는 표현의 어조나 강경함, 날카로움(이른바 '적극적이고 공격적인 표현')에 따라 좌우되는 것이 대부분이어서, 보는 사람에 따라 수용 가능한 것이 되기도 하고 절대로 용납할 수 없는 것이 되기도 한다. 즉, 위험의 현존성을 따지지 않는 위험의 명백성 평가는 판단기준이 모호하고 그 평가가 주관에 의해 좌우될 수밖에 없다. 결국 객관적으로 현존하는 위험성이 없는 표현까지 수사기관과 법원이 보기에 '적극적이고 공격적인 표현'이라는 이유만으로 제7조에 따라 처벌되어온 것이다. 즉 제7조가 국가안보를 이유로 표현의 자유를 제약하는 것은 모호하고 자의적인 권리의 제약에 해당한다.

'위험이 구체적이고 현존하는 단계'란, 내란행위 등 행동으로 이어지지 않은 것은 물론, 내란예비·음모에도 가닿지 않은, 내란 선전·선동과 같이 행동을 곧 불러올 표현만 존재하는 경우다. 행동의 준비나 계획수립조차 없이 단순한 말만 있는 경우라면, 발화자를 비롯한 표현행위자들이 아직 국가와 사회에 기간시설 파괴와 같은 물질적 손해를 일으키기 전임이 분명하다. 위급 사태 시 즉각적인 공권력 발동체계를 갖춘 대한민국으로서는, 국가안전을 위태롭게 할 행동의 계획조차 없이 말 또는 표현물만 있는 경우 공권력을 개입시켜 행동 진입을 막는 데 어려움이 없다. 더구나 최근의 코비드19 사태에 대한 대처에서 보듯, 대한민국의 각 공공기관은 전 국민과 각 관할구역 내 모든 주민을 상대로 언제라도 즉각 상세한 내용의 메시지를 전달할 체계까지 조밀하게 갖추고 있어서, 행동에 이르지도 않은 말 또는 표현물 때문에 국가 또는 지역사회에 사재기나 현금인출 쇄도와 같은 위험 심리가 퍼져나가는 것을 막을 능력도 충분하다. 그러니 명백·현존하는 위험이 있을 때에만 형사처벌하더라도, 국가의 존립이나 안전에 막대한 피해가 초래되어 돌이킬 수 없는 지경에 이르거나 공권력의 개입이 무의미해지는 상태가 될 가능성이 없다.

이미 헌법재판소가 1990년 국가보안법 제7조 제1항, 제5항에 대한 한정합헌결정[147]을 내릴 때도, "헌법상 표현의 자유를 우선적으로 보장하는 취지"에 입각하여 명백·현존 위험의 원칙 도입을 주장하는 변정수 재판관의 반대의견이 있었다. 대법원에서도 꾸준히 '실질적 해악을 끼칠 명백하고 현존하는 구체적 위험'의 기준을 도입해야 한다는 소수의견[148]이 개진되어왔다. 명

---

147 헌법재판소 1990. 4. 2. 선고 89헌가113 결정.
148 대법원 2008. 4. 17. 선고 2003도758 전원합의체 판결 중 박시환, 김지형, 전수안 대법관의 별개의견; 대법원 2010. 7. 23. 선고 2010도1189 전원합의체 판결 중 박시환, 김지형, 이홍훈, 전수안 대법관의 반대의견 등.

백·현존 위험의 원칙 도입에 대한 진지한 논의를 더 미루어서는 안 된다.

학설 가운데 명백·현존 위험의 원칙 도입을 반대하는 대표적 주장의 주된 근거는, 우리 상황이 1950년대 미국의 안보 상황보다 낫다고 할 수 없다는 것[149]이다. 그러나 명백·현존 위험의 원칙이 일시적으로 후퇴했던 1950년대 초반의 미국 사회는 냉전체제 형성 초기였다. 당시 미국은 소련과 체제경쟁에 몰두하면서 내부의 적을 색출해야 한다는 매카시즘의 광기에 급격히 휩쓸려갔다. 그러나 매카시즘은 몇 년 지나지 않아 종말을 고했고 명백·현존 위험의 원칙도 곧 복원되었다. 이와 달리 한국 사회에서는 전쟁과 분단으로 인해 매카시즘이 오래 지속되었으나, 1987년 6월 항쟁을 시작으로 꾸준히 국민의 힘으로 정치적 민주화를 진전시켰다. 전 국민을 실시간으로 연결하는 인터넷망을 통한 정보통신의 활발한 교류, 국민 다수가 참여한 평화적 집회와 시위, 헌법재판소의 탄핵심판권 행사를 통한 질서정연한 정권교체의 경험은 국제적으로 매우 놀라운 현상으로 주목받기까지 하였다. 국민의 민주주의 수준이 크게 높아지고 각 부분에서 인권보장이 진전되고 있는 2021년 한국 사회에서, 유독 사상적·정치적 표현의 자유만 1950년대 매카시 선풍 수준에 머물러야 할 이유가 없다. 지금이라도 명백·현존 위험의 원칙을 도입하여, 명백하고도 현재 급박하게 존재하는 위험을 발생시키지 않는 한 사상적·정치적 표현이 자유로이 유통되도록 보장하는 것이 현재 한국 민주주의 진전 수준에도 걸맞다.

3) '현존' 요건 수용이 필수적인 이유

표현의 자유의 보장 근거 중 최근 가장 널리 받아들여지는 것이 사상의 자유시장 이론이다. 존 스튜어트 밀John Stuart Mill은 문제되는 의견이 전

---

[149] 황교안, 위의 책, 298쪽.

혀 진리를 담고 있지 않더라도 사회적 논쟁을 불러일으킴으로써 사회 구성원들이 진리에 도달하는 것에 도움을 주고, 그 주장의 의미 자체가 실종되거나 퇴색하면서 사람들의 성격이나 행동에 큰 영향을 미치지 못하게 될 것이라면서 표현의 자유 보장을 주장하였다.[150] 문제되는 의견이 자유로이 유통되는 공간이 바로 사상의 자유시장이다.

사상의 자유시장은 '인간은 누구나 생각하고 스스로 판단할 수 있는 존재'라는 믿음을 기초로 한다. 따라서 사상의 자유시장의 존재는 바로 민주 사회인지 전체주의인지를 가르는 기준이 된다.

또한 사상의 자유시장에서는 즉각적인 결과를 발생시키지 않는 표현이라면 아무리 불온한 사상이나 정치적 의견을 담은 것이라 하더라도 토론되고 숙고되며 다듬어진다. 사상적·정치적 표현이 사상의 자유시장에 일단 진입하고 나서 시간을 거친 후 사회 구성원들에게 해당 표현의 내용과 같은 행동의 변화가 생긴다면, 이는 각자의 숙고와 자기 결정의 결과물이다. 사상의 자유시장이 존재하는 한, 해당 표현의 내용에 부합하는 사회적 변화가 일어날 수 있는 경우도 그 내용이 여러 구성원들에게 받아들여져 공동결정에 이른 결과물일 때뿐이지, 그 표현의 제작·반포자가 아무리 큰 권력과 부와 조직을 동원한다 하더라도 그 내용을 다수 구성원에게 일방적으로 관철시키는 것은 불가능하다. 그러므로 사상의 자유시장이 정상적으로 작동하고 있다면, 민주주의 질서의 존립 자체를 흔드는 위험은 존재하지 않는다고 할 수 있다.

따라서 사상적·정치적 표현을 제한해야 할 경우는, 사상의 자유시장의 유통을 거칠 여유조차 없는 경우다. 숙고의 여유가 없고 개인의 자기결정 및 사회구성원들의 공동결정의 가능성이 없는 경우에는 민주주의 질서에

---

150 존 스튜어트 밀 지음, 서병훈 옮김, 『자유론』, 책세상, 2005, 115-116쪽.

위험이 도래한 것이니, 표현의 자유 제한이 합당하다. 미국 연방대법원이 요구한 '현존성'이란 자유토론에 맡겨서는 그 해악의 발생을 방지할 수 없을 정도로 위험의 발생이 시간적으로 근접한 것임을 요구한다.[151] 사상의 자유시장에 진입시킬 여유조차 없는 경우가 바로 위험의 '현존' 요건이다.

Gitlow v. New York, 268 U.S. 652(1925) 사건[152]에서, 홈즈 대법관은 소수의견으로 "피고와 견해를 같이하는 그 소수 집단에는 정부를 무력으로 전복하려는 명백하고 현존하는 위험이 없다."고 하면서, "웅변이 이성에 불을 지를 수도 있다. 그러나 우리 앞에서 그 쓸모없는 담론을 가지고 어떤 생각을 전개하든, 그 담론은 지금 순간에 대화재를 일으킬 가망이 없었다."[153]고 하여, 위험의 발생 가능성이 현존하여야 함을 요구하였다.

유엔 의사표현의 자유에 관한 특별보고관은 국가보안법 제7조에 대하여 "어떤 경우에도 표현의 자유권 행사가 국가안보를 위험에 빠뜨릴 가능성이 있다는 이유만으로 처벌받을 수는 없다. 어떤 결과가 수반되며, 왜 그 같은 결과가 국가안보에 직접 위협이 되는가를 증명하는 것은 국가가 할 일이다."고 지적했다.[154] 명백·현존 위험의 원칙에 미치지 못하는 국가보안법 제7조를 그대로 두고는 이러한 문제를 시정할 수 없으므로, 자유권규약위원회는 2015년 대한민국 제4차 정기보고서에 대한 최종견해 49

---

151 임지봉a, 위의 글, 183쪽.

152 벤저민 기틀로가 대중행동을 통해 '프롤레타리아 혁명독재'를 달성하자고 촉구한 소규모 좌익 그룹의 성명서를 출간했다는 이유로 기소되었으나 그가 즉각적인 혁명이나 폭력을 추구했다거나 이 표현물을 읽고 정부 전복 등의 실질적 해악으로 나아간 사람이 있다는 증거는 없었던 사건.

153 "If what I think the correct test is applied, it is manifest that there was no present danger of an attempt to overthrow the government by force on the part of the admittedly small minority who shared the defendant's views."

"Eloquence may set fire to reason. But whatever may be thought of the redundant discourse before us it had no chance of starting a present conflagration."

http://cdn.loc.gov/service/ll/usrep/usrep268/usrep268652/usrep268652.pdf

번역문은 앤서니 루이스, 위의 책, 163-164쪽에서 인용.

154 유엔 의사표현의 자유에 관한 권리의 보호와 증진에 관한 특별보고관 Abid Hussain이 유엔 인권위 결의안 1993/45에 의거하여 한국방문에 관해 제출한 보고서, 1995. 11. 21. 16항.

항에서 "당사국은 국가보안법 제7조를 폐지해야 한다."고 단언하기에 이른 것이다.

그러나 헌법재판소와 대법원 다수의견은 여전히 위험의 현존성 요건을 심사기준에 반영하지 않고 있다. 표현의 자유 제한 요건으로 위험의 중대성이나 명백성만 있으면 될 뿐 현존성은 요구할 필요가 없다는 견해는, 사회 혼란을 야기한다는 이유만으로 표현을 처벌해야 한다는 입장으로 이어진다. 위험해서 토론에 부칠 수도 없다는 것이다. 이 견해의 뿌리에는 사상의 자유시장 기능에 대한 불신이 있다. 조금 더 파헤쳐보면, 불신의 밑바닥에는 기존 체제와 다른 체제를 지향하는 말에 대한 불편함, 주류 사상과 다른 사상에 대한 두려움이 있다. 이 견해를 합리화하는 논리는 인과관계의 무한확장이다. 단 몇 사람에게 말한 것도 수백 수만 명에게 전파되고 전파되어 결국 체제 전체가 뒤집힐 위험을 불러올 수 있다거나, 타인에게 표현물이 전파될 수 있다는 가능성만으로도 그 소지조차 국가를 존립의 위기에 빠뜨릴 수 있다고 보는 것이다.

이 견해가 초래하는 결과는 바로 민주주의의 후퇴다. 주류적 생각과 현존 체제와 다른 사상이나 정치적 표현에 대해서는 사상의 자유시장에 들어가기도 전에 차단하는 것은 사상의 자유시장을 위축시키고 민주주의 질서에 대한 확신을 흔들어 민주주의를 위태롭게 할 뿐, 국가를 지키는 것 또는 체제를 유지하는 것에 기여하지도 못한다. 민주주의 질서를 확립·발전시켜야 한다는 확고한 신념이 있다면, 불편한 말이라고 하여 사상의 자유시장에 오르지도 못하게 할 것이 아니라, 사상의 자유시장이 제대로 작동되게 하여 개인의 자기결정과 사회구성원들의 공동결정절차를 거치게 하겠다는 선택이 자연스럽다. 우리 국민이 성취해온 민주주의 질서에 대한 자신감이 있다면, 다소 위험해 보이는 표현이라도 사상의 자유시장에 진입시켜 사회구성원 각자의 판단에 따라 평가되고 변화하도록 하는 것이 가장 바람직한 방법임을 부인할 수 없다.

미국 연방대법원은 1957년 Yates v. United States 판결에서, 파괴활동금지법상 정부의 폭력적 전복을 '선전 또는 선동'한다는 규정은 즉각적으로 정부를 폭력적으로 전복하도록 선전·선동하는 것을 의미할 뿐 '언젠가는 폭력을 행사할 수도 있다고 주장'하는 것은 그에 포함되지 않는다고 보았다. 할란 대법관은 합법적인 사상 표현의 영역과 불법적인 선동의 구별 기준을 다음과 같이 제시하였다.

> "피고인들이 즉각적인 불법 폭력행위를 선동했다면 당연히 처벌해야 한다. 그리고 그러한 행동을 취할 능력이 있고 그러한 행동의 발생이 이성적인 판단을 통해 예측된다면 처벌해야 한다. 그러나 폭력행위의 이론적 정당성을 주장하는 것까지는 처벌할 수 없다. 그러한 주장은 설사 궁극적으로 폭력혁명으로 이어진다 하더라도 구체적인 행동과는 시간적으로 너무 거리가 멀어 처벌할 수 없는 것이다. 따라서 담당 판사가 폭력혁명의 필요성과 의무를 주장하는 것도 처벌할 수 있다고 한 것은 잘못된 해석이었다. 즉각적인 폭력혁명을 기도하고 이를 선동하는 것만이 처벌대상인 것이다."[155]

이미 우리 사법부에서도 명백·현존 위험의 원칙 도입을 촉구하는 견해가 제시된 바 있다. 2008년 박시환 대법관은 별개의견으로, 사람의 생각을 규제하기 위한 요건인 위험성의 의미와 기준에 관하여, 첫째로 명백하게 존재하는 것이어야 하고, 둘째로 직접적인 위험이어야 하며, 셋째로 당장 급박하게 발생할 가능성이 높은 현존하는 위험이어야 하고, 넷째로 중

---

[155] 장호순, 『미국 헌법과 인권의 역사:민주주의와 인권을 신장시킨 명판결』, 개마고원, 123-124쪽.(오동석, 위의 글, 438-439쪽에서 재인용)

대한 위험이어야 한다고 한 바 있다.[156] 위 별개의견은 현존성 요건이 필요한 이유를 이렇게 설명한다.

"어느 생각이 옳고 어느 생각이 위험한 것인지는 다른 반대 생각들과 함께 비교·토론의 과정을 거쳐 논증된 뒤에 결론 지워져야 하는 것이 원칙이고, 사상의 공개시장에 동등하게 올려져 자유경쟁을 통하여 판가름 나야 하는 것이다. 그와 같은 토론과 자유경쟁을 거칠 시간 여유가 없을 만큼 급박하고 현존하는 위험을 수반하는 생각에 한하여 비로소 규제의 대상으로 삼을 수 있는 것이다."

"대립되는 다양한 의견과 사상의 경쟁 메커니즘에 의하여 그 표현의 해악이 해소될 수 없을 때에만 비로소 국가의 개입은 그 필요성이 인정되는 것"[157]이라는 헌법재판소의 판시는 무엇보다 사상적·정치적 표현의 제한에 적용되어야 한다.

개인의 숙고와 자기결정, 사회구성원들의 공동결정의 가능성을 보장하는 민주주의 질서의 정당성을 신뢰한다면, 사상의 자유시장의 활발한 작동이야말로 민주주의와 전체주의를 가르는 시금석이라는 데 인식을 함께 한다면, 사상적·정치적 표현의 제한에 있어 명백·현존 위험의 원칙 도입을 더 이상 미루어서는 안 된다.

아래에서는 제7조의 표현의 자유 침해가 정당한지, 헌법 제37조 제2항 비례원칙 심사기준에 따라 목적의 정당성, 수단의 적합성, 침해의 최소성, 법익의 균형성 요건을 차례로 보고, 본질적 내용의 침해가 있는지를 살핀다.

---

156 대법원 2008. 4. 17. 선고 2004도4899 전원합의체 판결 중 박시환 대법관의 별개의견.
157 헌법재판소 1998. 4. 30. 선고 95헌가16 결정.

(3) 목적의 정당성

1) 헌법재판소가 판시한 입법목적 – 민심 교란, 국론 분열 방지

헌법재판소는 제7조의 입법목적을 "반국가단체 또는 그 동조세력에 의한 민심의 교란, 국론의 분열 등 사회적 혼란을 미리 방지하고 위와 같은 세력에 의한 국가전복 등의 시도를 사전에 차단함으로써 국가의 안전과 국민의 생존 및 자유를 확보하기 위한 것"으로 보았다. 이러한 입법목적은 헌법 제37조 제2항이 규정하고 있는 국가안전보장 및 질서유지와 밀접하게 관련되는 것으로 그 정당성이 인정된다[158]는 것이다.

제7조는 국가를 전복하는 행동을 직접 처벌하는 것이 아니고 행동에 이르지 않은 표현 및 표현물 제작 등을 처벌하는 것이다. 그러므로 위 판시상 국가전복 등의 시도 차단 목적은 사회적 혼란을 미리 방지함으로써 달성하겠다는 것으로 이해해야 한다. 따라서 헌법재판소가 종래 파악해온 제7조의 입법목적의 핵심은, '민심의 교란, 국론의 분열 등 사회적 혼란을 미리 방지'하는 데 있다.

그러나 '민심의 교란, 국론의 분열 등 사회적 혼란을 미리 방지'하겠다는 입법목적은 기본권을 제한할 정당한 목적이 아니다. 사람은 누구나 자기 나름의 생각을 가질 수 있고, 그 생각이 옳다는 신념을 가지고 이를 외부로 표현하고, 다른 사람이 자기와 같은 생각을 가지도록 설득하고, 나아가 자기의 생각을 행동으로 옮겨서 자기의 생각이 실현되도록 할 권리가 있다.[159] 민주주의 사회는 구성원들이 다양한 의견을 내는 것을 권장한다. 그 과정에서 어떠한 사안에 대하여 의견이 일치되지 않고 분분한 것은 지극히 자연스러운 모습이다. 토론 과정에서 날을 세우거나 서로 팽팽하게

---

158 헌법재판소 2015. 4. 30. 선고 2012헌바95 등 결정.
159 대법원 2008. 4. 17. 선고 2004도4899 전원합의체 판결 중 박시환 대법관의 별개의견.

대립하는 것도 당연히 있을 수 있는 일이다. 이러한 과정이 있어야만 국민들의 민주 질서에 대한 확신이 강해지고 민주주의가 안착한다.

백가쟁명으로 의견이 분출하고 파열음이 쏟아지는 것은 '사회적 혼란'이 아니라 민주주의의 필수 과정이자 자연스러운 모습이다. 이 모습을 미리 방지하겠다는 입법목적은 헌법 제37조 제2항의 기본권 제한사유인 국가안전보장, 질서유지 또는 공공복리 어디에도 해당하지 않는다. 국론을 통일시키고 민심을 일치시키는 것, 곧 '총화단결'은 헌정질서를 무너뜨리고 쿠데타로 집권한 독재정권들이 내세웠던 인권유린의 구호일 뿐이다.

국가보안법 제1조 제1항은 "이 법은 국가의 안전을 위태롭게 하는 반국가활동을 규제함으로써 국가의 안전과 국민의 생존 및 자유를 확보함을 목적으로 한다."고 하는데, 제7조의 입법목적 중 '민심의 교란, 국론의 분열 방지'는 위 제1조 제1항과도 무관하다.

또 제1조 제2항은 "이 법을 해석·적용함에 있어서는 제1항의 목적달성을 위하여 필요한 최소한도에 그쳐야 하며, 이를 확대 해석하거나 헌법상 보장된 국민의 기본적 인권을 부당하게 제한하는 일이 있어서는 아니 된다."고 한다. 그런데 제7조는 국가안전과 국민의 생존 및 자유 확보를 넘어 국론분열 방지 등까지 목적으로 하고 국민 각자와 사회공동체의 의견교환과 형성에서 필수적인 표현행위를 형사처벌한다. 오히려 국민의 자유를 제한하는 것이다. 제7조는 제1조 제2항에서 정해둔 국가보안법의 적용원칙에도 어긋난다. 결국 국가보안법 제7조는 '민심의 교란, 국론의 분열 등 사회적 혼란을 미리 방지'함을 입법목적으로 한 것이어서 목적의 정당성이 없다.

2) 국가안보를 위한 정당한 제한으로 볼 근거 없음

국제인권기구들은 국가안보를 위한 표현의 자유의 제약이 어떠한 경우에 정당성을 가질 수 있는지에 대한 상세한 기준을 정립해왔다. 국가보안법 제7조가 이에 해당하는지 살펴볼 필요가 있다.

먼저 유엔 경제사회이사회가 1984년 채택한 자유권 규약상 제한 및 유예조항에 관한 시라쿠사 원칙(Siracusa Principles on the Limitation and Derogation Provisions in the ICCPR, 시라쿠사 원칙)을 참고할 수 있다. 오늘날 시라쿠사 원칙은 자유권규약을 비롯한 국제인권조약의 기본원칙으로서 자리매김하고 있고, 자유권규약위원회도 일반논평 등을 작성하며 인용하고 있기 때문이다.[160] 시라쿠사 원칙은 제29문단부터 제32문단에서 국가안보가 어떠한 경우에 자유권규약상 권리를 제한하는 근거로서 제시될 수 있는지를 상세히 규정하고 있다.[161] 이 중에서도 국가안보는 모호하고 자의적인 제한을 정당화하기 위해 사용될 수 없다는 기준[162]은 국가보안법 제7조의 목적이 정당한지를 판단함에 있어 적극적으로 고려될 필요가 있다.

나아가 국가안보, 국제법, 인권 전문가들이 1995년 제정한 국가안보와 표현의 자유 및 정보접근에 관한 요하네스버그 원칙(The Johannesburg Principles on National Security, Freedom of Expression and Access to Information)이 제시하는 기준도 표현의 자유 제한을 정당화하는 국가안보의 의미가 무엇인지를 판단할 수 있는지에 대해 참고할 수 있는 자료다.[163] 요하네스버그 원칙은 유엔 의견과 표현의 자유 증진을 위한 특별보

---

160 가령 자유권규약 일반논평 37(UN Human Rights Committee(HRC), General comment no. 37, Article 21, Right of peaceful assembly, 23 July 2020, CCPR/C/GC/37, 각주46, 47, 49 참조.

161 UN Commission on Human Rights, The Siracusa Principles on the Limitation and Derogation Provisions in the International Covenant on Civil and Political Rights, 28 September 1984, E/CN.4/1985/4,, para. 29-32.

162 "National security cannot be used as a pretext for imposing vague or arbitrary limitations and may only be invoked when there exist adequate safeguards and effective remedies against abuse "(UN Commission on Human Rights, 위의 글, para 31.).

163 Article 19, 『The Johannesburg Principles on National Security, Freedom of Expression and Access to Information』, International Standards Series, 1 October 1995.

고관으로부터 승인을 받은 국제인권기준으로,[164] 1996년경부터 유엔 인권
이사회는 위 원칙을 정기적으로 인용하고 있다.[165]

요하네스버그 원칙은 제2원칙 (b)문단에서 "국가안보를 이유로 정당화
하려는 권리의 제한은 그 순수한 의도와 명시적 효과가, 예컨대 정치적 위
기나 부정에 대한 폭로로부터 정부를 두둔하려거나 특정한 이데올로기를
옹호하려거나, 국가공공기관의 기능에 대한 정보를 은폐하려거나, 노동운
동을 탄압하는 것과 같이 국가안보와 무관한 이익을 보장하기 위한 것일
경우에는 정당화되지 아니한다."라고 규정하며, '노동운동 탄압 목적', '특
정한 이데올로기를 옹호하려는 목적' 등은 국가안보와 무관한 것이어서
정당화될 수 없다고 보았다.[166]

국가보안법 제7조는 어조나 색채가 '적극적이고 공격적인 표현'이지만
명백하고도 현존하는 위험성이 있다고 볼 수 없는 표현행위까지도 처벌대
상으로 하는 모호하고 자의적인 권리의 제약으로, 시라쿠사 원칙에 명백
히 반한다. 또 공안수사기관이 공개적인 노동운동단체를 오랫동안 수사하
다가 기소하기에 여의치 않으니 제5항 위반으로 기소하는 사례처럼 노동
운동 등 사회운동 탄압 목적으로 활용되어 왔다. 이는 요하네스버그 원칙
의 '노동운동을 탄압하는 것과 같이 국가안보와 무관한 이익을 보장하기

---

164 요하네스버그 원칙과 관련된 유엔인권최고대표사무소의 설명으로는 United Nations Mission in South
Sudan(UNMISS) Office of the United Nations High Commissioner for Human Rights(OHCHR),
REPORT ON THE RIGHT TO FREEDOM OF OPINION, AND EXPRESSION IN SOUTH SUDAN,
SINCE THE JULY 2016 CRISIS, 22 February 2018, 9쪽, 각주 40.

165 요하네스버그 원칙이 실제 적용되었다고 평가되는 사례로는 Arslan v Turkey, 8 July 1999,
Application No. 23462/94 (European Court of Human Rights) and Keun-Tae Kim v. Republic of
Korea, 4 January 1999, Communication No. 574/1994 UN Doc. CCPR/C/64/D/574/1994 para 12.4. 등.

166 "(b) In particular, a restriction sought to be justified on the ground of national security is not
legitimate if its genuine purpose or demonstrable effect is to protect interests unrelated to national
security, including, for example, to protect a government from embarrassment or exposure
of wrongdoing, or to conceal information about the functioning of its public institutions, or to
entrench a particular ideology, or to suppress industrial unrest"(Article 19, 위의 글, 8쪽.)

위한 것'이라는 지적에 정확하게 들어맞는다.

또한 제7조는 남북관계와 한미관계의 쟁점인 주한미군철수, 통일방안, 국가보안법 철폐 등에 관해 북한의 입장과 유사한 주장을 한다고 지목당한 사람들의 표현을 국가의 존립·안전이나 자유민주적 기본질서를 위태롭게 만드는 표현으로 보아 처벌함으로써, 위 쟁점들에 대해 북한의 입장을 비판하는 특정한 견해 또는 이데올로기를 옹호하는 기능을 해왔다. 이역시 요하네스버스 원칙이 국가안보와 무관하다고 명시한 '특정한 이데올로기를 옹호하려는 목적'에 해당한다.

3) 적용 사례로 드러난 제7조의 실질적 목적

제7조의 입법목적이 정당하다고 하려면, 이 조항이 국가의 존립·안전, 즉 국가 주권의 유지, 헌법기관의 존립과 독립성 및 활동 보장, 민주적 기본질서를 도모하기 위한 것임이 입증되어야 한다. 헌법재판소는 제7조의 목적에 대하여, "반국가단체 또는 그 동조세력에 의한 (…) 국가전복 등의 시도를 사전에 차단함으로써 국가의 안전과 국민의 생존 및 자유를 확보하기 위한 것"[167]이라고 한다. 하지만 제7조의 목적은 법률 문구로만 판단할 문제가 아니다. 5.16 쿠데타 직후인 1961년 7월 3일 제정된 반공법 제4조로 처음 입법된 국가보안법 제7조가 시행된 지 이미 60여 년에 가깝다. 1991년 5월 31일 개정 국가보안법으로 조문이 일부 개정된 뒤로도 30여 년이 넘었다. 그러므로 입법목적의 정당성은 법문상 또는 이론상으로만이 아니라 실질적인 적용사례를 통해 실증되어야 마땅하다. 이미 입증에 충분한 시간도 경과하였다.

그러나 실제 적용사례를 보면, 제7조의 실질적 목적은 국가의 안전과

---

167 헌법재판소 2015. 4. 30. 선고 2012헌바95 등 결정.

국민의 생존 및 자유 확보라는 명목상 목적과는 정반대로, 민주화운동세력을 중심으로 한 정치적 반대세력을 억누르고 반민주적 정권에 대한 국민의 비판을 잠재우기 위한 것이었다. 이는 1991년 개정 후에도 달라지지 않았다. 개정 후 제7조도 진보적 교수 및 연구자, 노동운동가, 사회과학서적 출판사 관계자, 학생운동에 관여한 학생 등 이른바 민주화운동 또는 진보운동세력에게 적용되었다.[168] 유엔 평화적 집회 및 결사의 자유 특별보고관은 2016년 대한민국 보고서에서 제7조는 "정치적 다원성과 평화적 반대를 억압하는 데 사용될 수 있다는 우려가 있다"고 명시[169]할 정도였다.

이는 국민 일반에게도 이른바 이적표현을 말해서도 안 되고 표현물을 제작하거나 소지해서도 안 된다는 신호로 받아들여졌다. 자유권규약위원회는 2015년 11월 3일 대한민국 제4차 정기보고서에 관한 최종견해[170]에서 국가보안법이 점점 더 검열 목적으로 사용된다고 지적하였다.

오히려, 한국 사회의 역사적 경험을 일별하면, 1953년 정전협정 체결로 교전 중이라는 비상사태는 종결되었다. 아무리 늦어도 1970년대 이후에 들어서서는, 북한이나 이에 따르는 어떤 조직이나 인사의 제7조 위반이

---

168 국가인권위원회는 2004. 8. 23. 「국가보안법 폐지 권고 결정문」에서 1991년 개정 후 제7조의 적용사례를 열거하였다.

169 마이나 키아이 평화적 집회 및 결사의 자유 특별보고관의 대한민국 방문조사 보고서(2016년)
79. … 특별보고관은 국가보안법 제7조에 사용된 용어가 헌법재판소에서 선언한 것처럼 명확하거나 반대세력을 공격하는 데에 포괄적으로 해석되지 않는다고 보지 않는다. 국가보안법은 국가가 실제로 반역에 가담한 자가 누구인지 판단할 수 있는 역량이 있음에도 불구하고, 여러 정권에서 비판세력을 침묵시키기 위해 사용되어 왔다. 국가보안법의 해당 조항이 유지될 경우 또 다시 이러한 억압적 방식으로 사용될 가능성이 있다. 특별보고관은 이 사안과 관련, 인권옹호자 특별보고관의 견해(A/HRC/25/55/Add.1, 단락 32), 의사표현의 자유에 대한 권리의 증진과 보호에 관한 특별보고관의 견해(A/HRC/17/27/Add.2 단락 65-71), 자유권위원회의 견해(CCPR/C/KOR/CO/4, 단락 48- 49)에 전적으로 동의한다.

170 대한민국 제4차 정기보고서에 관한 최종견해(2015. 11. 3.)
48. 위원회는 국가보안법에 의한 기소가 계속되고 있는 것을 우려한다. 특히, 동법 제7조의 지나치게 모호한 용어가 공공의 대화에 위축 효과를 미칠 수 있고, 상당수의 사건에서 의사표현의 자유를 불필요하고 불균형적으로 침해하고 있다고 보고되는 것을 우려한다. 위원회는 국가보안법이 점점 더 검열 목적으로 사용되는 것을 우려하며 이에 주목한다(제19조).49. 위원회는 '표현의 자유'에 관한 일반논평 제34호 및 당사국에 대한 제2차 최종견해(CCPR/C/79/Add.114, 제8항)를 상기하며, 당사국에게 규약은 단지 사상의 표현이 적대적 실체의 주장과 일치하거나 그 실체에 대해 동조를 형성하는 것으로 보여진다는 이유로 그러한 표현에 대한 제한을 허용하지 않는다는 것을 상기시키고자 한다. 당사국은 국가보안법 제7조를 폐지해야 한다.

주권을 침해·제한하거나 기본권을 상실시키거나 헌법기관을 무력화하거나 민주적 기본질서를 뒤흔드는 위협을 야기하는 일은 일어나지 않았다. 오히려 위와 같은 헌법 침해 사례는 주로 북한의 무력공격 또는 간접침략으로부터 국가와 국민의 생존이 위태로우니 국가안보를 도모해야 한다는 명분을 내세운 집권세력에 의하여 일어났다.

1970년대 집권세력의 헌법유린행위는 우선 박정희 정부의 1971년 12월 6일 국가비상사태 선포, 12월 27일 대통령에게 국가안보를 위한 국가비상사태 선포 권한 및 표현의 자유 제한 권한을 부여한 '국가보위에 관한 특별조치법' 제정, 이에 기초해 1972년 10월 17일 비상계엄을 선포하는 일련의 쿠데타적 행위[171]를 통해 1972년 헌법개정에 이른 데서부터 시작한다. 1972년 헌법이 '국가 안전보장'이라는 추상적 개념을 기본권 제한 사유로 헌법에 삽입함으로써, 박정희 독재정권에 반대하는 정치적 의사표현은 국가 안전보장이라는 다의적·추상적·자의적 해석이 가능한 개념 아래 금지·억압되었다.[172]

유신헌법에 대한 반대운동을 금지하기 위해 1974년 발령된 긴급조치 제1호, 제2호, 제9호가 바로 국민의 기본권을 상실시킨 것이고,[173] 1979년 12.12 쿠데타로부터 1980년 광주민주화운동 참가자들에 대한 내란목적 살인[174]이 헌법기관을 무력화한 것이다. 2012년 국가정보원 직원을 동원한 인터넷 댓글공작으로 대통령 선거의 공정성을 침해[175]한 것이 민주적 기본질서를 뒤흔든 범죄였다.

---

171 이경주, 『평화권의 이해』, ㈜사회평론, 2014, 130쪽.
172 이경주, 위의 책, 135-136쪽.
173 긴급조치 제1호, 제2호, 제9호는 헌법재판소 2013. 3. 21. 선고 2010헌바132 등 결정으로 모두 위헌으로 판명되었다.
174 대법원 1997. 4. 17. 선고 96도3376 전원합의체 판결.
175 대법원 2018. 4. 19. 선고 2017도14322 전원합의체 판결.

뒤늦게 위헌·위법으로 판명된 이러한 헌정질서 유린행위들은 결국 우리 사회의 민주주의 발전을 지체시키고 수많은 피해자들을 낳았다. 피해자를 만들어내는 데 가장 많이 사용된 법률이 국가보안법이었다. 피해자들은 수십 년이 지난 최근에서야 비로소 재심을 청구하여 무죄를 선고받고 있다. 심지어 재심을 청구하기 전에 피해자가 사망하여 유족들이 재심을 청구하는 사례도 있다.

이러한 역사적 경험으로 볼 때, 제7조의 실질적 입법목적은 반민주적 집권세력이 민주화와 평화통일을 요구하는 정치적 반대세력을 억누르기 위한 것이었을 뿐이다. 제7조에는 입법목적의 정당성이 없다.

오히려 오늘날 국가의 안전은 해당 국가가 유지·발전시키는 민주주의에 대한 국민의 강력한 지지에서 나온다. 제7조를 삭제하고 표현의 자유를 폭넓게 보장하는 것이 국가안전보장에 더욱 유익하다. 유럽인권재판소가 판시하였듯 "정치적 토론의 자유는 민주사회 개념의 요체를 이루는 것"[176]이다. 민주주의는 자유로운 표현과 활발한 토론을 자양분으로 발전한다. 민주주의 도달 수준이 곧 국가안전의 정도다.

(4) 수단의 적합성

제7조는 입법 목적의 정당성이 없을 뿐만 아니라, 법문상 또는 명목상의 목적을 달성하는 데 유효한 수단이라고 볼 수도 없다.

제7조의 수단의 적합성이 인정되기 위해서는 형사처벌을 통하여 국가의 존립·안전이나 자유민주적 기본질서를 위태롭게 하는 표현을 제한할 수 있어야 한다. 그러나 말을 형사처벌로 잠재우거나 없애는 것은 적절하지 않을 뿐 아니라 불가능하다. 말은 생각에서 나오고, 생각은 처벌한다고

---

176 EUR. Court HR. Case of Lingens v. Austria, judgement of 8 July 1986, Series A, No. 103, pp.21-23, paras, 26-30.(UN OHCHR 펴냄, 국제인권법연구회 번역, 『국제인권법과 사법』, 2014, 714쪽에서 재인용)

없앨 수 없기 때문이다. 말은 말로, 사상은 사상으로 대처해야 오류가 바로잡히고 가라앉는다. 문제 있는 사상과 표현을 바로잡으려면 형사처벌할 것이 아니라 사상의 자유시장에서 유통되게 하여 다수 구성원들의 상호 비판으로 오류를 확인시키는 것이 최선의 길이다. 이는 민주사회에서 이미 보편적으로 받아들여진 공리다. 형사처벌은 자유로운 토론과 비판을 통하여 사회공동체 안에서 표현의 오류와 폐해를 건전하게 해소할 가능성을 제한할 뿐이다. 미국 연방대법원이 명백·현존하는 위험이 있는 표현에 대해서만 형사처벌을 허용한 것은 이러한 인식에 기반한 것이다. 제7조에는 수단의 적합성이 없다.

(5) 침해의 최소성

침해의 최소성 심사 단계에서는 명백·현존 위험의 원칙에 따른 심사가 필요하다. 제7조는 국가의 존립·안전이나 자유민주적 기본질서를 위태롭게 한다는 정을 알면서 제7조 제1항 및 제3항, 제5항의 행위를 하는 경우, 위험이 현존하지 않아도 그 행위를 처벌한다. 그러나 아무리 국가의 기존 질서와 배치되는 내용의 표현이라도, 표현의 자유에 대한 규제는 그 표현 행위가 야기하는 위험의 명백성과 현존성이 인정될 때에만 가능하다. 실질적 해악이 명백·현존하는 단계에 이른 경우만을 처벌 대상으로 삼아도 국가의 존립과 국민 안전을 충분히 달성할 수 있다. 표현의 자유를 제한하지 않는 다른 방식이 존재하거나, 침해수준이 최소화되지 않거나, 제한이 지나치게 광범위하다면 표현의 자유 제한은 필요성 또는 비례성을 충족하지 못한 제약으로 정당화될 수 없다.[177] 제7조는 명백·현존 위험의 원칙에 맞지 않는 것이어서 침해의 최소성 요건을 충족하지 못한다.

---

[177] UN Human Rights Committee(HRC), 위의 글, para. 22.

1) 제7조 제1항의 경우

제7조 제1항의 행위에 실질적 해악이 명백하고 '현존'하는 경우란 어떤 주장이나 표현이 국가의 존립·안전이나 자유민주적 기본질서를 파괴하는 외부적 실천행위나 행동으로 연결될 즉각적이고 급박한 위험이 존재하는 때다. 이러한 위험성이 인정되는 경우라면 이미 최소한 형법상 내란의 선전·선동행위에 해당한다. 그러므로 명백·현존 위험이 있는 표현은 형법으로도 충분히 규제할 수 있다. 그런데 국가보안법 제7조 제1항은 제한의 필요성이 없는 단계에서 사전적으로 각종 표현행위를 모두 처벌한다.

특히 '동조' 부분은, 그 뜻이 구체화되지 않은 단편적이고 즉각적인 몸짓이나 말까지 처벌대상으로 삼는다. 반국가단체 등의 활동에 호응·가세하는 구체적인 내용을 담은 표현이라 하여도 동감이나 응원에 그칠 뿐 행동으로 나아가지 않아 객관적 위험성을 증대시키지 않는데도 처벌한다. 더 나아가 의례적이거나 수동적으로 행해진 경례나 노래 제창까지도 처벌하는 바, 행사 주최 측의 유도에 따라 노래를 부르는 것만으로도 동조에 해당한다고 하여 유죄를 선고한 사례[178]도 있다. 결국 '동조' 처벌 부분은, 김이수 재판관이 반대의견으로 지적한 것처럼, "거의 헌법의 보호를 필요로 하지 않는 '안전한' 또는 전통적인 견해 이외에는 보호하지 않는 결과"[179]를 불러온다. 위 반대의견이 적시한 것과 같이, 1999년 자유권규약위원회가 어떠한 사상의 표현이 단지 적성단체의 주장과 일치하거나 동조하는 것으로 보인다는 이유만으로 그 사상의 표현에 대하여 제한을 가하는 것은 허용되지 않는다면서 대한민국에 대하여 국가보안법 제7조의 긴

---

178 대법원 2020. 5. 14. 선고 2020도2596 판결.
179 헌법재판소 2015. 4. 30. 선고 2012헌바95 등 결정 중 김이수 재판관의 반대의견.

급한 개정을 권고한 것,[180] 2015년 같은 이유로 제7조 폐지를 권고한 것[181]을 상기할 필요가 있다.

제1항 중 '찬양·고무·선전'도 모두 물리적 폭력을 매개로 하지 않는 평화적인 표현행위에 그칠 뿐이고 행동으로 나아가지 않은 것이어서, 객관적 위험성을 증대시키지 않는다. '국가변란 선전·선동'도 '국가변란' 자체가 폭력의 행사를 수반하는 것인지 명확한 내용을 확정할 수 없는 자의적 개념[182]인데다 역시 행동으로 나아가지 않은 상태다. 반국가단체 등의 활동이 국가의 존립 안전에 위험을 조성할 경우나 폭력이 벌어질 때는 그 활동을 처벌하면 위험을 제거하거나 감소시키기에 충분하다. 그 활동에 대한 찬사 또는 정당성을 주장하는 말까지 처벌할 필요가 없다. 그 표현 방식이 적극적이고 공격적인 '찬양·고무'나 '선동'이라고 하여, 그 말의 날카로움으로 객관적 위험성이 더 커지는 것도 아니다. Gitlow v. New York, 286 U.S. 652(1925) 사건에서 홈즈 대법관은 소수의견으로, "모든 사상은 선동이다. 사상은 믿음을 얻고자 하고, 믿음을 얻은 사상은 행동의 토대가 된다. 다른 어떤 믿음이 그 믿음을 능가하거나, 에너지가 부족하여 그 행동이 처음부터 질식하지 않는 한 말이다. 보다 엄밀한 의미에서 의견 표명과 선동의 유일한 차이점은 화자가 그 결과에 대해 품고 있는 열정이다."[183]라고 하였다. 표현 방식이 아니라 객관적 위험성 증대 여부에 주목할 것을 요구하는 것이다.

말을 처벌한다 하더라도, 행동을 즉각 불러오는 말이어서 객관적 위험성 증대 결과를 가져올 단계에 이른 것만 처벌하면 위험성 증대의 해악을

---

180 자유권규약위원회 1999년 대한민국 제2차 정기보고서에 관한 최종견해 9항.
181 자유권규약위원회 2015년 대한민국 제4차 정기보고서에 관한 최종견해 49항.
182 박원순c, 위의 책, 67쪽.
183 번역문은 앤서니 루이스, 위의 책, 163-164쪽에서 재인용.

막는 데 충분하다. 그러나 제1항은 객관적 위험성 증대의 정도나 밀접성을 따지지 않는다. 단지 위태롭게 할 정을 알면서 한 표현이면 모두 처벌 대상으로 한다. 명백·현존 위험의 원칙에 맞지 않고, 침해의 최소성 원칙에 위배하여 표현을 과도하게 제한하는 것이다.

2) 제7조 제3항의 경우

제7조 제3항은 제1항의 표현행위를 할 목적으로 단체를 구성·가입하는 것을 가중처벌한다. 단체 구성·가입만으로는 그 구성원들의 상호 의사합치만 있을 뿐, 아직 단체 외부에 대하여는 어떤 표현도 이루어지지 않은 상태다. 제3항은 표현 자체에 대한 처벌이 아니라, 표현을 목적으로 모인 것에 대한 처벌이다. 아직 단체 외부로 표출되지 않은, 단체 내부 구성원들이 공통적으로 갖고 있는 사상을 이유로 한 처벌이다. 제3항은 표현보다 더 내면적 상태에 있는 사상에 대한 처벌인데, 표현에 대한 처벌인 제1항보다 형량은 훨씬 높다. 하지만 특정한 사상이나 정치적 의견을 가진 사람들 또는 특정 내용의 표현행위를 개별적으로 해온 사람들이 모였다고 하여도, 외부를 향한 집단적 표현이 없는 이상, 모인 것 자체만으로는 어떤 위험을 발생시키거나 증대시키지 않는다. 명백·현존 위험은 물론 명백한 위험조차 존재하지 않는 단계다. 제7조 제3항은 침해의 최소성 요건에 명백하게 위배된다.

3) 제7조 제5항의 경우

헌법재판소는 제5항이 "국가의 존립·안전이나 자유민주적 기본질서에 실질적 해악을 줄 명백한 위험성이 있는 경우에 한하여 적용"되므로, "정부의 정책을 비판하거나 대북정책에 대한 의견을 제시하는 등 특정 정치적 의견을 담고 있다는 이유만으로 표현물의 전파를 억압하는 수단으로 남용될 위험성은 거의 없다"[184]고 한다.

그러나 제5항은 표현물에 관한 모든 행위태양行爲態樣, 곧 '제작·수입·복사·소지·운반·반포·판매 또는 취득'을 모두 처벌대상으로 하는데, 그 중 '제작·소지·취득'은 외부로 표현물의 전파가 시작되지도 않은 단계다. 표현물로 인해 발생할 객관적 위험의 정도를 가늠하기조차 어려운 때다. 위험의 명백성을 평가할 수 없는 시기인 것이다. 처벌 근거는 오직 표현물의 내용과 행위자의 목적뿐이다. 따라서 '제작·소지·취득' 처벌 부분은 명백·현존 위험의 원칙을 적용할 때는 물론, 헌법재판소가 현재 적용하는 '실질적 해악을 줄 명백한 위험성' 기준에 따르더라도 침해의 최소성을 충족하지 못한다.

전파 단계의 행위태양인 '수입·복사·운반·반포·판매'는, 내용이 남북관계나 한미관계의 첨예한 쟁점에 관한 것이고 행위자의 이력이나 전력상 특정한 정치적 의견을 가진 사람이라는 점이 확인되면 처벌대상에서 벗어날 가능성이 극히 적다. 헌법재판소는 "단순한 학술연구나 영리, 지적 호기심의 충족 등의 목적을 주된 동기로 하는 이적표현물의 제작·소지·반포·취득행위"는 처벌되지 않으므로 침해의 최소성 원칙에 위배되지 않는다[185]고 한다. 하지만 헌법재판소의 이 입장은 제7조 사건 재판 시 일반 형사소송절차와 달리 피고인에게 무거운 입증책임을 지우는 불합리에 눈감은 것이다.

일반 형사소송에서는 검사가 유죄의 증거를 엄격하게 증명할 책임을 진다. 피고인의 의도가 처벌될 만한 것인지도 검사가 입증해야 한다. 유죄판결이 확정되기 전까지는 누구든 무죄로 여겨져야 한다는 무죄추정의 원칙 때문이다. 그런데 제7조 사건에서는 검사는 피고인의 이력상 이적목적이 인정된다고 간접 증거만 제시하면 된다. 거꾸로 피고인이 학술연구

---

184 헌법재판소 2015. 4. 30. 선고 2012헌바95 등 결정.
185 헌법재판소 2015. 4. 30. 선고 2012헌바95 등 결정.

등이 목적이었다는 증거를 내놓지 못하면 피고인은 처벌을 면하기 어렵다.[186] 과거 사회운동 경력이나 처벌 전력이 있는 피고인에게 입증부담을 떠넘긴 셈이다. 근대 형사법의 원칙인 무죄추정의 원칙이 무너진 것이다.

실제로 제5항은 1991년 현재와 같이 개정된 뒤에도 1997-1988년경 마르크스주의 서적을 출판·유통시킨 사회과학출판사 대표와 서점 주인들에 대해 연이어 적용되었다.[187] 기소된 자들의 공통점은 과거 사회운동 경력이나 처벌 전력이 있다는 것이었다. 책을 제작하고 판매해 이윤을 남기는 것을 목적으로 하는 출판사와 서점의 영업행위까지도 이력과 전력을 근거로 국가안보를 위태롭게 한다고 처벌해온 것이 제5항 적용의 실태다.

결국 제5항의 '제작·소지·취득'은 표현물이 외부로 전파되기 이전 단계를 처벌하고, '제작·수입·복사·운반·판매'는 주로 영리 목적으로 표현물을 제작·유통하는 사람들까지 처벌하며, 제5항 모두는 학술연구나 영리 등 목적이 있음을 입증하기 어려운 사람들을 이력이나 전력을 근거로 처벌하여, 명백·현존 위험의 원칙에 맞지 않고, 침해의 최소성 원칙에 위배된다.

(6) 법익의 균형성

법익의 균형성은 특정한 표현을 제한함으로써 초래되는 사적 불이익

---

186 대법원 2010. 7. 23. 선고 2010도1189 전원합의체 판결은 "행위자에게 이적행위 목적이 있음을 증명할 직접증거가 없는 때에는 표현물의 이적성의 징표가 되는 여러 사정들에 더하여 피고인의 경력과 지위, 피고인이 이적표현물과 관련하여 제5항의 행위를 하게 된 경위, 피고인의 이적단체 가입 여부 및 이적표현물과 피고인이 소속한 이적단체의 실질적인 목표 및 활동과의 연관성 등 간접사실을 종합적으로 고려하여 판단할 수 있다."고 한다. 결국 제5항 이적 목적 여부를 결정짓는 주된 요소는 과거의 자료로 확인될 수 있는 피고인의 성향이나 이력이라는 것이다. 위 대법원 판결은 또 제5항 유죄인정의 근거로 "피고인이 학술연구나 영리 등 목적을 주된 동기로 이 사건 각 표현물을 소지한 것으로 볼 만한 사정이 없는 점"을 들어왔는데, 판결 취지에 따르면 피고인이 학생운동이나 노동운동 등 사회운동 경력이 있거나 국가보안법 등으로 처벌된 전력이 있는 때에는 실제 소송진행상으로는 형사절차에서 검사의 입증책임원칙과는 반대로 피고인이 학술연구나 영리 등 목적이 있음을 입증하지 않으면 유죄추정에서 벗어날 길 없는 결과가 되고 만다.
187 민주화실천가족운동협의회b, 위의 글, 205-211쪽.

과 그 행위를 방치함으로써 초래되는 공적 불이익을 비교형량해 판단해야 한다는 것이다. 표현의 자유는 민주적 기본질서 형성과 공적 참여 보장을 주된 본질적 기능으로 한다. 그러므로 표현의 자유 제한으로 초래되는 불이익은 표현을 제한당하는 개인뿐만 아니라 사회구성원 전체에게 미치는 영향까지 고려해야 한다. 헌법재판소는 "이적행위 조항을 통하여 달성하고자 하는 국가의 존립과 안전, 국민의 생존과 자유라는 중대하고 긴요한 공익에 비하여, 개인이 이적행위를 할 수 없게 됨으로써 제한받는 사익이 결코 크다고 할 수 없다"[188]고 하여 표현이 제한되는 개인의 불이익만을 고려하지만, 사회구성원 전체에 대한 영향을 살피는 것이 매우 중요하다.

제7조는 주한미군 철수, 연방제 통일, 국가보안법 철폐 등의 남북관계의 중요 쟁점에 대해서는 국가보안법 위반 전력이 있거나 반민주적 성향의 정부에 비판적인 활동을 벌인 단체 가입 이력이 있는 자의 표현은 국가의 존립·안전을 위태롭게 할 정을 알면서 한 것이라 하여 처벌해왔다.

헌법 제72조는 "대통령은 필요하다고 인정할 때에는 외교·국방·통일 기타 국가안위에 관한 중요정책을 국민투표에 붙일 수 있다."고 하여 통일정책 국민투표를 특별히 명시한다. 그런데 통일정책에 대해 국민투표가 실시된다 하더라도, 특정한 전력이나 이력이 있는 사람이면 북과 비슷하거나 북에 호의적인 표현을 할 경우 처벌 위험에 처하는 조건에서는 자유로운 토론을 할 수 없다. 정책에 관한 특정 의견을 가진 사람들의 자유토론이 제한되면, 모두의 생각이 제한당하는 것이나 마찬가지 결과가 된다. 국민 모두의 자유로운 토론이 보장되지 않은 상태에서는 진정한 자유투표를 기대할 수 없다. 결국 제7조가 존재하는 한 국민 각자는 외교정책과 대

---

188 헌법재판소 2015. 4. 30. 선고 2012헌바95 등 결정.

북정책에 관여하고 참여할 여지를 제한당할 수밖에 없다.

제7조의 형사처벌 위험이 있는 한, 분단 갈등의 원인에 대한 분석과 해결방법의 모색에는 한계가 그어질 수밖에 없다. 국민투표의 대상이 될 수 있을 정도로 중요한 통일정책의 핵심 사안에 대한 정보 수집은 제한되고 토론도 자유로이 이루어질 수 없다. 남북관계 주요 쟁점에 관하여는 북과 대결하고 대립하자는 말, 정치와 관계없는 인도주의적 교류 주장만이 처벌의 위험 없이 개진될 수 있는 결과가 된다.

일반논평 34호 4문단이 명시하는 대로, 표현의 자유는 "투표권을 행사하기 위해 필수적"[189]이다. 30문단은 표현의 자유를 제한하는 법이 공익에 대한 정보를 억압하려거나 이러한 정보를 일반 대중으로부터 차단하려는 것이라면 이는 규약 제19조의 표현의 자유 제한 사유인 '국가안보'에 해당하지 않는다고 하여[190] 그 부당성을 선언하고 있다. 미국 연방대법원은 "토론의 자유가 이 나라에서 역사적 기능을 다해야 한다면 그것은 사회의 구성원이 그 시대의 당면 과제에 대처하기 위하여 필요하고 적절한 정보가 요구되는 모든 사안을 포괄하지 않으면 안 된다."고 하였다.[191] 국가보안법 제7조는 우리 국민들이 민주사회의 구성원으로서 당면 과제인 남북의 대립과 갈등 해결에 관하여 표현의 자유를 보장받음으로써 민주정체의 유지와 발전에 참여할 가능성을 근본적으로 훼손한다.

제7조는 또한 국가보안법의 테두리 안에서 생각하고 행동해야 한다는

---

189 General Comment No. 34, Article 19:Freedoms of opinion and expression, para 4. freedom of expression is intergral to … exercise if the right to vote.

190 General Comment No. 34, Article 19:Freedoms of opinion and expression, para 30.
… It is not compatible with paragraph 3, for instance, to invoke such laws to suppress of withhold from the public information of legitimate public interest that does not harm national security or to prosecute journalists, researchers, environmental activists, human rights defenders, or others, for having disseminated such categories of information as those relating to the commercial sector, banking and scientific progress. …

191 Thornhill v. Alabama, 301 U.S. 88(1940)

자기검열을 일상화·내면화하도록 하여 사회 구성원들에게 중대한 불이익을 가한다. 제7조는 국민들의 머릿속에 북의 정책과 비슷한 주장을 하면 처벌받는다는 생각의 금지선을 긋는다. 이는 북의 주장에 대해서는 일단 경계를 두도록 강제하는 효과를 낳는다. 북의 주장, 또는 그와 유사한 주장이라면 그 내용의 타당성을 따져보기도 전에 무시하거나 배제하거나 반대하도록 유도한다. 구성원들의 자기검열은 자유롭고 평등한 시민들의 건강한 숙의를 통하여 여론이 형성되고 의사가 결정되어 더 나은 사회로 발전할 가능성까지 제한한다. 이는 결국 우리 사회의 민주주의의 성숙을 저해하는 것으로, 제7조는 발화자의 기본권 침해에 그치지 않고 사회 전반의 공익까지 저해한다.

다음으로, 표현을 제한당하는 개인에 대한 영향을 보면, 제7조로 침해되는 법익은 헌법이 강도 높게 보호하고자 하는 사상의 자유, 표현의 자유라는 헌법적 가치에 해당하는 것이다. 이보다 국가안보가 언제나 우선시되는 가치로 남을 수 없다. 기본권 보장의무를 지고 있는 국가가 자신의 생존을 내세워 국민의 기본권을 제한하는 논리는 종래 양심적 병역거부자 형사처벌조항에 대한 합헌결정[192]의 주요 논거로 거론되어왔다. "'국가안보'라는 대단히 중요한 공익"이 문제되는 경우에는 "개인의 자유를 최대한으로 보장하기 위하여 국가안보를 저해할 수 있는 무리한 입법적 실험을 할 것을 요구할 수 없다"는 것이었다.

그러나 헌법재판소는 2018년 양심적 병역거부 도입으로 이어진 헌법불합치 결정[193]에서 이 선례를 뒤집었다. 양심적 병역거부자들을 형사처벌하는 것보다 이들의 양심을 존중하여 공익 관련 업무에 종사하게 한다면

---

192 헌법재판소 2004. 10. 28. 선고 2004헌바61 결정 등.
193 헌법재판소 2018. 6. 28. 선고 2011헌바379 결정.

"넓은 의미의 안보와 공익실현에 더 유익한 효과를 거둘 수 있을 것"이라며 병역종류조항이 법익의 균형성 요건을 충족하지 못하였다고 판단한 것이다. 헌법재판소는 위 결정에서 국가안보를 병력확보나 안보태세 유지와 같은 좁은 의미로 보아 기본권 제한의 이유로 들던 종래의 입장을 변경하여, 국민의 기본권 보장을 통하여 넓은 의미의 국가안보가 더욱 잘 보장된다는 논지로 선회하였다. 국가안보의 필요와 국민의 기본권 보장의 헌법적 요청에 대한 위 사건에서의 형량은, 국가보안법 제7조에 대한 판단에서도 유지되어야 한다.

국가가 안보를 내세워 국민의 기본권을 중대하게 제한하는 것은 인간의 존엄, 국민주권의 원리와 평화주의, 통일지향이라는 헌법의 근본 원리들을 훼손하는 것으로 부적절하다. 더구나 제7조의 문언상 목적은 국가의 존립·안전이지만 역사적 경험을 통해 확인된 실질적 목적은 정치적 반대 세력에 대한 견제와 압박이었던 점을 고려하면, 행동에 이르지 않은 말과 생각에 대해서조차 형사처벌이라는 심각한 불이익을 가하는 것은 정당화될 수 없다. 제7조의 차별로 인한 불평등 효과는 입법목적과 달성수단 간의 비례성을 현저히 초과하는 것이다. 한국 사회에서 국가보안법으로 유죄판결을 받은 경우에는 오랜 시간이 흘러 그 형이 실효되더라도 사회로부터 배제되어 왔다. 기소되거나 수사 대상에 오르기만 하여도 그의 말과 정신은 이미 가두어진다. 무죄판결이 확정된다 해도 그 피해가 모두 복원되지도 않는다. 한국 사회에서 국가보안법은 낙인이다. 한 번 낙인이 찍히면 벗어나기 극히 어렵다. 낙인과 배제가 가져오는 고립의 가혹함과 그로 인한 자아 파괴의 폐해는 국가가 말과 생각을 금지함으로써 얻는 이익보다 훨씬 무겁다. 따라서 제7조가 달성하고자 하는 공익에 비해 침해되는 사익과 공익이 현저히 크므로, 법익의 균형성도 인정될 수 없다.

(7) 본질적 내용의 침해 금지

제7조는 통일정책의 핵심 쟁점에 관한 한, 표현의 자유를 모든 수준, 모든 방식에서 제한한다. 제7조가 존재하는 한, 한국 사회에서 가장 중요한 사안이자 헌법적 과제의 하나인 남북관계와 평화통일을 주제로 한 표현과 토론이 자유로이 이루어질 수 없어 표현의 자유는 형해화한다. 제7조는 비례원칙에 위배되고 기본권의 본질적 내용을 침해하는 것이어서 표현의 자유를 침해하여 위헌이다.

5. 학문·예술의 자유 침해
─학문과 예술의 자기검열의 폐해는 안보이익보다 크다

(1) 학문과 예술의 자유의 핵심은 발표의 자유

헌법은 학문·예술의 자유를 보장한다.[194] 학문·예술의 자유는 학문적 활동 또는 예술창작적 활동에 관하여 공권력의 간섭이나 방해를 받지 아니하는 자유를 말한다. 대법원은 "학문의 연구는 기존의 사상 및 가치에 대하여 의문을 제기하고 비판을 가함으로써 이를 개선하거나 새로운 것을 창출하려는 노력"이라고 정의한다.[195] 예술활동은 인간의 창조적 정신의 표현으로, 독일 연방헌법재판소의 견해에 따르면 "예술이란 예술가의 인상, 경험, 체험 등을 일정한 형태 언어를 수단으로 하여 직접적인 표상으로 나타내는 자유로운 창조적 형성"[196]이다.

학문과 예술의 자유의 주체는 헌법 제22조 제1항 그대로 '모든 국민'으

---

194 헌법 제22조 ① 모든 국민은 학문과 예술의 자유를 가진다.
195 대법원 1982. 5. 25. 선고 82도716 판결.
196 BVerfGE 30, 173(188f.).(한국헌법학회, 위의 책, 836쪽에서 재인용)

로, 교수나 학생, 직업적 예술가에 국한되지 않는다. 기존의 것을 비판하고 새로운 것을 창출하는 학문 활동, 창조적 정신을 표현하는 예술창작 활동을 하는 모든 사람이 학문과 예술의 자유의 주체가 될 수 있다.

학문의 자유는 연구의 자유, 연구결과발표의 자유, 강학의 자유, 학문적 집회·결사의 자유를 내용으로 하며, 가장 넓은 의미에서는 대학의 자치까지를 포함한다. 예술의 자유는 예술작품의 창작에 이르는 전 과정, 즉 창작을 위한 준비·연습, 소재선택, 작품형태의 선택, 창작진행의 자유 등 '예술창작의 자유', 창작한 예술작품을 외부에 표현하고 전파하는 '예술표현의 자유', '예술적 집회·결사의 자유'를 포함한다.

이 가운데 '연구의 자유', '예술창작의 자유'는 외부와 연계가 적고 내면적 자유이므로 절대적으로 보장되지만 다른 자유는 헌법 제37조 제2항으로 제한된다는 견해도 있다. 하지만 발표의 자유가 없다면 학문과 예술의 자유는 공허한 것이 되고 만다. 발표의 자유 없는 연구의 자유나 교수의 자유란 이미 연구의 폭을 제한한 것으로 진리탐구 행위라는 학문의 정의와도 어긋난다.[197] 예술표현의 자유 없는 창작의 자유 역시 동시대 관중의 관람과 향유, 비평과 구입으로부터 완전히 배제되게 함으로써 창작자로 하여금 사실상 예술창작을 지속할 수 없게 한다. 학문·예술의 자유의 핵심은 바로 연구결과발표의 자유, 예술표현의 자유다.

국제인권조약 중에서는 사회권규약상 '문화의 권리'를 함께 검토할 수 있다. 사회권규약 제15조[198]는 제1항에서 "문화생활에 참여할 권리", "자기

---

197 김종서, 「한국사회의 이해와 학문의 자유」, 《민주법학》 8호, 관악사, 1994, 7쪽.

198 경제적·사회적 및 문화적 권리에 관한 국제규약 제15조1. 이 규약의 당사국은 모든 사람의 다음 권리를 인정한다. (a)문화생활에 참여할 권리 (b)과학의 진보 및 응용으로부터 이익을 향유할 권리 (c)자기가 저작한 모든 과학적, 문학적 또는 예술적 창작품으로부터 생기는 정신적, 물질적 이익의 보호로부터 이익을 받을 권리

2. 이 규약의 당사국이 그러한 권리의 완전한 실현을 달성하기 위하여 취하는 조치에는 과학과 문화의 보존, 발전 및 보급에 필요한 제반조치가 포함된다.

3. 이 규약의 당사국은 과학적 연구와 창조적 활동에 필수불가결한 자유를 존중할 것을 약속한다.

가 저작한 모든 과학적, 문화적 또는 예술적 창작품으로부터 생기는 정신적, 물질적 이익의 보호부터 이익을 받을 권리" 등을 규정해 모든 사람에게 '문화의 권리'를 보장한다. 문화의 권리는 다양하고 다문화적인 세계에서 인간 존엄성 및 개인과 공동체 간의 긍정적 상호작용을 유지하는 데 필수적인 권리다. '문화'는 문학작품, 음악, 비언어적 대화, 종교 및 신념 체계, 예술 등을 포함한다.[199]

문화의 권리는 국가의 간섭을 받지 말아야 할 자유의 성격(abstention)을 가지면서도 국가에 의해 적극적으로 실현되어야 할 자유로서 성격(positive action)을 가진다.[200] 사회권규약은 적극적으로 실현되어야 할 자유로서 성격을 가지는 문화의 권리의 보장과 관련하여, 제15조 제2항에서 문화의 권리의 완전한 실현을 위한 제반조치를 할 국가의 의무를, 제3항에서 창조적 활동에 필수 불가결한 자유를 존중할 의무를 규정하고 있다. 창조적 활동에 필수 불가결한 권리에는 학문연구과 예술창작결과를 발표할 자유가 당연히 포함된다.

사회권규약위원회는 일반논평 제21호[201]에서 실현되어야 할 자유로서의 문화의 권리를 보장하기 위해 반드시 이행되어야 할 국가의 핵심 의무(Core Obligation)를 상세히 규정하고 있다. 국가보안법 제7조와 관련하여

---

4. 이 규약의 당사국은 국제적 접촉의 장려와 발전 및 과학과 문화분야에서의 협력으로부터 이익이 초래됨을 인정한다.

199 UN Committee on Economic, Social and Cultural Rights (CESCR), General comment no. 21, Right of everyone to take part in cultural life (art. 15, para. 1a of the Covenant on Economic, Social and Cultural Rights), 21 December 2009, E/C.12/GC/21, para. 13.

200 UN Committee on Economic, Social and Cultural Rights (CESCR), 위의 글, para. 6.; UN Office of the High Commissioner for Human Rights (OHCHR), Fact Sheet No. 33, Frequently Asked Questions on Economic, Social and Cultural Rights, December 2008, No. 33, 2쪽.

201 사회권규약 일반논평 제21호: 문화에 참여할 권리
6. 문화에 참여할 권리는 '자유'로서 그 특성을 가질 수 있다. 문화에 참여할 권리가 보장되기 위해서는 국가에게 회피(예: 문화행위의 행사와 문화상품 및 서비스에 접근에 대한 비간섭)와 적극적 행위(예: 참여, 촉진, 증진을 위한 전제조건 및 문화상품에 대한 접근과 보존을 보장)가 모두 요구된다.

서는 다양한 국가의 핵심 의무 중에서도 문화적 행위의 기초가 되는 핵심 권리들을 보장해야 할 국가의 의무를 주목할 필요가 있다. 사회권규약위원회는 구체적으로 국가에게 문화행위를 하기 위해 필요한 기본적 권리들을 보장할 의무로서 특히 사상, 신념, 종교의 자유, 의견과 표현의 자유, 언어 선택의 권리, 결사와 평화로운 집회의 권리, 교육시설을 선택하고 설치할 자유를 보장해야 한다는 것을 강조한다.[202] 학문과 예술 등 문화행위를 하기 위한 사상의 자유, 발표의 자유를 제한하는 국가는 문화의 권리를 침해한 것으로 평가될 수 있다.

(2) 학문과 예술의 자유는 특별한 보호의 대상

헌법 규정상으로는 학문과 예술의 자유도 헌법 제37조 제2항 일반적 법률유보로 제한할 수 있는 것으로 읽힐 수 있다. 그러나 부산고등법원이 "우리 헌법이 표현의 자유와 별도로 학문의 자유를 규정함으로써 학문의 자유에 우월적인 가치를 부여하고 있"다고 판시했듯,[203] 학문과 예술의 자유는 일반적 표현의 자유보다 우월한 것이다. 따라서 학문과 예술활동의 소산인 표현은 헌법 제21조 표현의 자유의 규제대상에서 제외되고,[204] 헌법 제22조 학문과 예술의 자유 보장 조항에 근거하여 특별한 보호의 대상이 된다.

그 이유는, 학문과 예술표현에 대한 제한은 다른 일반적 표현에 대한 제한에 비하여 학문·예술 활동 자체의 본질적 내용에 대한 침해로 이어질 가능성이 크다는 데 있다. 학문 연구는 기존의 사상 및 가치에 대하여 의문을 제기하고 비판을 가함으로써 이를 개선하거나 새로운 것을 창출하

---

202 UN Committee on Economic, Social and Cultural Rights (CESCR), 위의 글, para. 16.
203 부산고등법원 2002. 7. 24. 선고 2000노764 판결.
204 한국헌법학회, 위의 책, 825, 826쪽.

려는 노력이다. 그러므로 그 연구 결과가 사회에서 현재 받아들여지고 있는 기존의 사상 및 가치체계와 상반되거나 저촉될 가능성이 있다. 학문 표현이 제한될 경우 학문 연구를 시도할 동기와 의지 자체가 꺾일 위험도 크다. 따라서 학문 연구의 표현은 타인의 인간존엄을 해하는 것이 아닌 한, 다수 견해에 비판적이거나 그와 대립하는 내용이더라도 용인되어야 한다. 정부의 외교안보 및 남북관계에 대한 공식적인 입장을 근본적으로 비판하는 학문적 저술과 발표도 학문 발전과 민주적 정책수립의 차원에서 용인되고 특별히 보호받아야 하는 것이다.

독일 연방헌법재판소의 견해에 따르면 "예술적 창조에는 직관, 상상 및 예술의 이해가 공동으로 작용하며, 그것은 무엇보다 예술가의 개인적 인격의 직접적인 표현"[205]이다. 그러므로 예술창작의 자유 제한은 물론, 예술표현의 자유 제한도 예술창작자의 인격에 대한 침해로 직결된다. 따라서 예술의 자유 제한에는 극히 신중을 기해야 한다. 특히 독일 연방헌법재판소는, 예술작품의 창작이 이루어지는 영역은 고도로 개인적이고 사적인 것으로, "문제되는 행위가 창작의 영역에서 이루어질수록, 국가의 침해는 보다 적게 허용된다"[206]는 법리를 정립한 바 있다.

(3) 국가안보를 이유로 한 제한은 원칙적 불가

학문과 예술의 자유도 타인의 인간존엄을 침해할 경우 제한될 수 있다. 그러나 학문과 예술의 본질상 자유로운 형식과 내용의 보장이 필수이므로, 공공질서를 이유로 한 제한은 극도로 자제되어야 한다. 국가안보를 이유로 한 학문과 예술의 자유 제한은 원칙적으로 허용되지 않는다고 보아

---

205 BVerfGE 30, 173(188f.).(한국헌법학회, 위의 책, 836쪽에서 재인용)
206 BVerfGE 77, 254.(이석민, 『예술의 자유에 대한 헌법적 검토』, 헌법재판연구원, 2018, 71쪽에서 재인용)

야 한다.

매카시 선풍 시기 마르크스주의 경제학자 폴 스위지Paul Sweezy는 뉴햄프셔 주 의회 조사위원회 조사 가운데 대학 강의 내용 심문에 답변을 거부하였다가 의회모독죄로 유죄판결을 선고받았는데, 미국 연방대법원은 유죄판결을 파기하였다. 교수방법 및 교육내용에 대한 권력기관의 학문의 자유에 대한 간섭은 절제되어야 하며 대학 강의 내용은 의회조사로부터 보호되어야 하므로, 그가 속한 진보정당과 대학 강의의 내용을 강제로 답변시킬 수 없다는 것이다. 프랑크푸르터 대법관은 보충의견에서, "정부가 대학의 지적 생활을 침범함으로써 초래되는 심대한 피해에 견주어 볼 때, 본인의 강의 내용을 논하도록 증인에게 강요할 만한 타당성은 지극히 불충분하게 보인다."고 판시하였다.[207] 강의 자체의 금지나 처벌에 이르지 않은 강의 내용 조사도 학문의 자유 간섭으로 보고, 국가안보를 이유로도 이 간섭이 정당화될 수 없다고 본 것이다.

특히 예술을 국가안보를 이유로 제한하는 것은, 작품의 예술성을 완전히 부인하지 않고는 불가능하다. "예술적인 언어는 일상 언어와는 달리 매우 주관적이고 복합적, 다의적이며 추상도가 높은 언어"[208]인데, 한 작품이 국가안보에 대한 구체적 위험을 발생시킨다고 인정하는 것은 해당 작품에 대한 특정 해석을 이론의 여지없이 관철시킬 수 있다는 전제 위에서만 가능하기 때문이다. 국가안보를 이유로 한 예술의 자유 제한은 예술의 본질을 파괴하는 것이므로, 시도조차 허용되어서는 안 된다.

만일 국가안보를 이유로 학문과 예술의 자유를 제한한다고 하더라도, 그 수단이 형사처벌이 되어서는 안 된다. 부산고등법원은 "우리 헌법이 표

---

207 Sweezy v. State of New Hampshire, 354 U.S. 234 (1957). 번역문은 앤서니 루이스, 위의 책, 174쪽에서 재인용.
208 성완경, 「모내기 감정서」, 1991.(민주화실천가족운동협의회b, 위의 글, 147쪽에서 재인용)

방하고 있는 민주주의가 하나의 이념이 아니라 다양한 이념들을 받아들여 이를 조절하는 방식이라 일컬어지는 점 및 본질적으로 학문은 학문적인 질타에 가장 약하다고 할 것이어서, 학문 내의 자율적인 통제력에 의하여 더 큰 발전과 성숙함을 이루게 될 것이라는 점 등에 비추어 볼 때, 사회의 건전한 발전을 도모하기 위해서는 사상, 학문이 이론적인 영역에 머물러 있는 한 그 자유로운 경쟁을 허용함이 바람직하다"[209]라고 판시하여, 학문에 대한 규제는 국가형벌권의 발동이 아닌 학문 내의 자율적 통제력에 의해야 한다는 점을 분명히 하였다.

예술에 대한 규제 역시 대중의 수용 정도와 동료 예술가들을 비롯한 평단의 자율적 통제에 따라야 할 것이지, 국가형벌권의 발동에 의지해서는 안 된다. 예술이 국가안보를 저해한다고 하여 형사처벌하려면 '추상적 위험'이 아닌 '구체적 위험'이 있는 경우여야 하는데, 예술작품으로 국가안보와 민주 질서에 대한 구체적 위험까지 발생하는 경우는 거의 상정하기 어렵기 때문[210]이기도 하다.

(4) 한국 사회에서는 학문과 예술 활동이 제7조의 주요 적용 대상이 됨

그러나 한국 사회에서 부산고등법원의 위 판시는 극히 예외적인 것으로, 오히려 다수의 학문 연구와 예술창작이 국가보안법 제7조로 처벌되어 왔다. 먼저 대법원은 제5항 중 '소지'와 관련하여 '학문을 하거나 지식 습득을 필요로 하는 사람'의 경우 이적목적의 추정을 번복하면서 이러한 경우에도 "오로지 그가 전공하는 학문의 자유에만 관련이 있거나 그 분야에 관한 연구를 위하여 필요한 것이라고 인정되는 경우에만 이적목적이 없

---

209 부산고등법원 2002. 7. 24. 선고 2000노764 판결.
210 이석민, 위의 글, 54쪽.

었다고 인정되거나 추정받을 수 있다"[211]고 하여 학문의 자유 보장 범위를 매우 좁게 보았다.

더구나 대법원은 이적목적 여부를 행위자의 전력과 성향에 따라 판단할 수 있다고 하므로,[212] 학생운동이나 노동운동 등 사회운동 이력 등이 있는 사람은 사실상 이적목적 추단에서 벗어나기 어려운 상황에 놓여, 언제든 학문·예술활동이 국가보안법으로 처벌당할 위험을 겪게 된다. 심지어 사법부는 학문과 예술의 독자성과 독창성을 무시하고, 해당 연구나 창작이 객관성을 상실했다거나 적극적이고 공격적인 표현이라는 이유로 순수한 학문 예술활동이 아니라며 국가보안법 제7조를 적용하여, 학문의 자유의 본질적 영역을 침해하는 오류를 되풀이하였다.

사회학자인 강정구 교수가 「한국전쟁과 민족통일」 논문을 제작·반포하였다가 국가보안법 제7조 위반으로 기소된 사건에서 대법원이 "위 논문이 비록 학문적인 연구물의 외형을 지니고 있고 피고인이 북한문제와 통일문제를 연구하는 학자이자 교수라는 점을 감안하더라도, 그 수록 내용이 현재 우리 사회에서 보편적으로 받아들여지는 객관적, 역사적 진실에 반하는 극단적인 경향성과 편파성을 띠고 있"다는 점을 이적행위 목적 인정 근거로 삼은 것[213]이 대표적 사례다. 사법부가 학문의 자유에 대한 전통적 논의에서는 거론되지 않는 '편향되지 않는 객관성', 곧 중립적이어야 한다는 강박증[214]에 사로잡혀 학문을 형사처벌하기에 이른 것이다.

예술의 자유도 예외가 아니었다. 신학철 작가의 〈모내기〉 그림 제작·반포에 대하여 부산고등법원은, 헌법 제22조 제1항에서 예술의 자유를 보장

---

211 대법원 1993. 2. 9. 선고 92도1711 판결.
212 대법원 2010. 7. 23. 선고 2010도1189 전원합의체 판결.
213 대법원 2010. 12. 9. 선고 2007도10121 판결.
214 김정인, 「학문의 자유와 국가보안법」, 『국가보안법의 야만성과 반학문성』, 도서출판 선인, 2010, 398-399쪽.

하고 있으므로 국가안전보장, 질서유지, 공공복리 등을 위하여 이를 제한하는 경우에도 필요한 최소한의 규제에 그쳐야 할 것이어서 그 제한 법규는 가능한 한 한정적으로 엄격하게 축소해석하여야 할 것이라는 해석방법을 기초로 무죄를 선고하였다. 그러나 대법원은 이를 파기하고, "반국가단체인 북한 공산집단의 활동에 동조하는 적극적이고 공격적인 표현물로서 구 국가보안법 제7조 제5항 소정의 이적표현물에 해당한다."고 유죄를 선고하였다.[215]

하지만 유엔 인권이사회는 신학철 작가 개인통보사건 최종견해에서, "진정인의 그림이 규약 제19조 제2항이 보호하는 표현의 자유 범위 내에 든다."고 판단하고, "이 조항이 특히 예술의 형태로 전달되는 사상에 관해 설명하고 있음"을 상기시켰다. 인권이사회는 대한민국이 진정인의 표현의 자유를 침해했다고 판단하고, 대한민국에 대하여, 진정인에게 유죄판결에 대한 보상, 유죄판결의 무효화, 법정 비용 등 효과적인 구제조치를 취하고 그림을 원상복구하여 그에 따른 추가비용을 부담하여 진정인에게 반환할 것, 향후 유사한 침해가 발생하지 않도록 할 의무를 확인하였다.[216]

(5) 제7조의 학문과 예술의 자유 침해 - 수준심사, 자기검열

제7조의 학문과 예술의 자유 침해에 관하여는 표현의 자유 침해 여부에서 이미 검토한 것에 더하여 특별히 주목하여야 할 부분만 살핀다.

우선, 피해의 최소성을 충족하지 못한다. 학문과 예술에 대한 형사처벌 과정에서는 필연적으로 학문과 예술의 내용이나 경향에 대한 간섭, 즉 학

---

215 대법원 1998. 3. 13. 선고 95도117 판결.
216 유엔 인권이사회 2004. 3. 16. 신학철 작가의 시민적 정치적 권리에 관한 국제규약에 의한 개인통보 사건 최종견해. Shin Hak Chul v. Republic of Korea, Communication No. 2000/926. UN Doc. CCPR/C/80/D/926/2000(2004).

문이나 예술의 결과물에 대한 '수준심사'[217]가 이루어질 수밖에 없다. 강정구 교수 사건에서 대법원은 "내용이 현재 우리 사회에서 보편적으로 받아들여지는 객관적, 역사적 진실에 반하는 극단적 경향성과 편파성을 띠고 있고 이를 전파하려는 데 그 주된 목적"이 있어 학문의 자유의 범위 내에 있지 않다고 판단[218]했다. 하지만 학문 연구 결과와 예술 창작품의 가치는 그 시대 그 사회의 틀을 유지해온 다수가 수용할 수 있는 보편성과 객관성을 갖춘 경우에만 인정되는 것이 아니다. 기존의 시각에서는 기이하고 편향된 것처럼 보이더라도, 날카로운 문제 제기, 과감한 시도로 학계와 예술계를 뒤흔들어 새로운 단계로 나아가게 하는 것이라면, 그 연구 결과와 창작물은 시간이 흐를수록 높은 가치를 획득한다. 기성 체제를 지키라는 위임을 받은 사법부가, 더구나 일반인의 상식이라는 외형을 갖춘 고정 관념을 판단 기준으로 삼는 사법부가 학문과 예술에 대한 수준심사를 해서는 안 되는 이유다. 학문과 예술은 자유로운 경쟁과 자율적인 통제로 평가되고 수정·발전되어야 한다. 형사처벌을 규정한 제7조는 학문 연구와 예술 창작 자체를 가로막아, 피해의 최소성을 충족하지 못한다.

다음, 법익의 균형성도 충족하지 못한다. 제7조는 예술의 자유에 중대한 제한을 가하여 예술가들의 무한한 상상력과 창조적인 표현을 심각하게 침해함으로써 자유로운 창작활동을 억압해왔다. 이는 민족예술인총연합 등이 2001년 예술가 269명을 대상으로 실시한 '표현의 자유'에 대한 설문조사 결과로도 드러났는데, 설문에 참여한 예술인의 75.9%가 표현의 자유를 침해해온 대표적인 법률로 국가보안법을 지목하였다. 예술인의 35%가 작품창작 시 자기검열을 한 경험이 있다고 답했고, 경험자 가운데

---

217 이석민, 위의 글, 53쪽.
218 대법원 2010. 12. 9. 선고 2007도10121 판결.

영향을 받거나 고려하는 법률로 국가보안법을 꼽은 사람이 65.7%였다.[219] 이는 제7조가 문화예술에 상당히 부정적인 영향을 끼쳐왔으며 예술적 자존심을 스스로 무너뜨리는 기제로 작용해왔음을 어렵지 않게 알 수 있는 증거다. 특히 독일 연방헌법재판소 판례에 따르더라도 예술창작의 자유는 예술 유통의 자유 등보다 더 강하게 보호되어야 하는데, 제7조로 기소되거나 처벌받은 예술가들의 상당수가 그 제작자다. 예술가들의 '자기검열'은 작품 제작과정에서부터 대중에게 다가가는 순간까지 광범위하게 이루어지고, 이는 예술가들의 표현의 자유를 제한하여 자유로운 창작활동을 억압하는 결과로 나타난다. 국가보안법으로 인한 제한과 이로 인한 자기검열은 예술활동에서 가장 중요한 무한한 상상력과 표현력을 심각하게 침해한다.[220] 학문연구자들에 대해서도 마찬가지다. 국가안보를 이유로 학문과 예술의 자유를 침해당할 때 그 연구자와 창작자들이 겪는 자기검열의 폐해는 국가가 말과 생각, 그 표현을 금지하여 얻는 이익보다 결코 작지 않다.

침해되는 것은 연구자와 창작자들의 사익뿐만이 아니다. 우리 사회의 공익도 침해된다. 실험적이고 창조적인 학문과 예술은 우리 사회 전체의 변화를 추동하는 원동력이 된다. 학문과 예술이 새로운 사회에 대한 상상력으로 먼저 토론의 장을 열어낼 때, 사회 구성원들이 이에 참여하여 여론을 형성해 갈 수 있게 된다. 따라서 국가안보를 이유로 학문과 예술을 통제하는 것은 사회 전체의 발전을 중대하게 저해하는 것으로 이로 인해 사회 전반의 공익의 침해 또한 매우 크다. 제7조가 학문과 예술을 처벌하여 달성하고자 하는 공익을 침해되는 연구자와 예술가의 사익, 침해되는 국

---

219 민예총·문화연대, 『표현의 자유 침해 백서』, 2001. 10.(민주화실천가족운동협의회b, 위의 글, 133쪽에서 재인용.)

220 민주화실천가족운동협의회b, 위의 글, 133쪽.

민 전체와 사회의 공익과 비교하면, 적정한 균형관계를 이루고 있다고 할 수 없다. 침해되는 이익이 훨씬 크다.

결국 제7조는 학문연구자와 예술작가들에게 자기검열을 강제하여 자유로운 연구 및 창작활동을 억압하고 학문과 예술의 자유를 침해하는 것으로, 헌법 제37조 제2항의 요건을 충족하지 못하여 위헌이다.

6. 결사의 자유 침해
—집단적 표현의 자유는 민주주의에 긴요하다

(1) 결사의 자유 제한도 명백·현존 위험 원칙에 따라야

헌법 제21조[221]는 넓은 의미의 표현의 자유의 하나로, 집단적 표현형태[222]인 결사의 자유를 보장한다. 자유권규약[223]은 결사의 자유 보장을 당사국의 의무로 정한다. 세계인권선언[224]도 같은 취지다. 결사란 "자연인 또는 법인이 공동목적을 위하여 자유의사에 기하여 결합한 단체"[225]다. 결사는

---

221 헌법 제21조 ① 모든 국민은 언론·출판의 자유와 집회·결사의 자유를 가진다. ② 언론·출판에 대한 허가나 검열과 집회·결사에 대한 허가는 인정되지 아니한다.
222 한국헌법학회, 『헌법주석서 I』, 687쪽.
223 시민적 및 정치적 권리에 관한 국제규약 제22조
1. 모든 사람은 자기의 이익을 보호하기 위하여 노동조합을 결성하고 이에 가입하는 권리를 포함하여 다른 사람과의 결사의 자유에 대한 권리를 가진다.
2. 이 권리의 행사에 대하여는 법률에 의하여 규정되고, 국가안보 또는 공공의 안전, 공공질서, 공중보건이나 도덕의 보호 또는 타인의 권리 및 자유의 보호를 위하여 민주사회에서 필요한 것 이외의 어떠한 제한도 과하여져서는 아니 된다. 이 조는 군대와 경찰의 구성원이 이 권리를 행사하는 데 대하여 합법적인 제한을 부과하는 것을 방해하지 아니한다.
3. 이 조의 어떠한 규정도 결사의 자유 및 단결권의 보호에 관한 1948년의 국제노동기구협약의 당사국이 동 협약에 규정하는 보장을 저해하려는 입법조치를 취하도록 하거나 또는 이를 저해하려는 방법으로 법률을 적용할 것을 허용하는 것은 아니다.
224 세계인권선언 제20조
1. 모든 사람은 평화적 집회와 결사의 자유에 관한 권리를 가진다.
2. 어느 누구도 어떤 결사에 소속될 것을 강요받지 아니한다.
225 헌법재판소 1996. 4. 25. 선고 92헌바47 결정.

자유를 추구하는 개인들이 동등한 인간으로서 상호 협력함으로써 자신을 실현하는 토대[226]이다. 또한 결사는 인간 상호 간 결합을 통한 의사소통행위[227]로서, 개인의 인격발현에 기여한다.[228]

결사의 자유를 통해 소수자도 의사를 표현할 수 있는 기회를 갖고, 경우에 따라서는 각종 사회단체를 형성하여 여론을 형성하므로, 결사의 자유는 언론의 자유를 보충하는 성격과 함께 정치적 자유권으로서 기능도 수행한다.[229] 또 결사의 자유는 국민이 여론을 형성하고 정치적 과정에 참여하는 권리로도 이해되고 있다.[230] 그러므로 결사의 자유 보장은 권력으로부터 시민들의 의사소통 행위의 자율성을 방어[231]한다는 의미도 갖는다. 자유권규약위원회는 "정부나 사회 다수에 의해 지지를 받지 못하는 사상을 평화롭게 추구하는 결사를 포함하여 다수 결사의 존재와 활동이 민주사회의 기초 중의 하나"[232]라고 명시하였다.

따라서 결사의 자유는 정신적 자유권의 하나로서 다른 기본권들에 비해 우월적 지위를 향유하며 이를 제한하는 법률은 합헌성 추정이 배제된다.[233] 단체 강제해산 등 결사의 자유를 제한하려면 현행 질서에 대한 단순한 비판이나 부인만으로는 충분하지 않고, 헌법적 질서를 침해하거나 제거하고자 하는 공격적·투쟁적 태도가 필요하다. 또한 구성요건의 명확성이 보장되어야 하고, 위축 효과를 고려하여 명백·현존 위험의 원칙이 적

---

226 강일신b, 「헌법상 결사의 자유에 관한 연구」, 헌법재판연구원, 2018, 7-8쪽.

227 강일신b, 위의 글, 3쪽.

228 한수웅, 『헌법학』, 법문사, 2017, 821쪽.

229 한국헌법학회, 위의 책, 691쪽.

230 한국헌법학회, 위의 책, 768쪽.

231 강일신b, 위의 글, 3쪽.

232 View of the Human Rights Committee on Jeong-Eun Lee's Individual Communication(CCPR/C/84/D/1119/2002(2005). para. 7.2.

233 임지봉b, 「미국 헌법상 결사의 자유」, 『미국헌법연구』 제23권 제1호, 사단법인 미국헌법학회, 2012. 4., 236쪽.

용되어야 한다. 실제 적용에 있어서는 위험성 판단에 더하여 비례성 판단이 추가되어야 한다.[234] 표현의 자유에 대한 엄격한 제한 법리가 결사의 자유 제한에서도 함께 적용되어야 하는 것이다. 미국에서도 결사의 자유는 NAACP v. Alabama 사건[235]에서, 수정헌법 제1조 표현의 자유 조항을 통해 보호되는 것으로 판단되었다.

(2) 제7조 제3항의 결사의 자유 침해

헌법재판소와 대법원은 국가보안법 제7조 제3항의 "제1항의 행위를 할 목적으로 하는 단체"를 이른바 이적단체로 칭해왔다. 대법원은 이적단체란 "국가의 존립·안전이나 자유민주적 기본질서를 위태롭게 한다는 정을 알면서 반국가단체나 그 구성원 또는 지령을 받은 자의 활동을 찬양·고무·선전 또는 이에 동조하거나 국가변란을 선전·선동하는 행위를 목적으로 하여 특정 다수인이 결합한 계속적이고 독자적인 결합체"[236]를 가리킨다고 한다. 또 "그 단체가 주장하는 내용, 활동 내용, 반국가단체 등과 의사연락을 통한 연계성 여부 등을 종합하여 그 단체가 실질적 국가의 존립·안전이나 자유민주적 기본질서에 실질적 해악을 끼칠 위험성을 가지고 있어야 한다"[237]고 한다.

제7조 제3항은 제1항의 표현행위를 목적으로 하는 단체 구성·가입을 사후적으로 처벌함으로써, 결사의 자유를 간접적으로 제한[238]한다. 단체금지는 개인들의 적극적 결사의 자유와 단체 그 자체의 존속의 자유를 침

---

234 강일신b, 위의 글, 45쪽.

235 NAACP v. Alabama, 367 U.S. 449 (1958). 흑인 민권 단체 NAACP가 인종 차별이 뿌리 깊은 앨라배마주에서 활동하려고 하자 주 정부가 회원 명부의 제출을 요구하였다. 미국 연방대법원은 명단 제출 명령이 수정헌법 제1조에 위반된다고 판시하였다.

236 대법원 2007. 12. 13. 선고 2007도7257 판결.

237 대법원 2008. 4. 17. 선고 2003도758 전원합의체 판결.

238 강일신b, 위의 글, 41쪽.

해[239]한다. 헌법재판소는 헌법 제37조 제2항 비례원칙에 따른 심사 결과 국가보안법상 이적단체 가입 처벌이 결사의 자유를 침해하지 않는다고 판단[240]하였다. 그러나 제7조 제3항은 특정한 내용의 표현행위를 처벌하는 제1항을 전제로 하므로 제1항의 표현의 자유 침해의 문제점을 그대로 안고 있다. 또 제3항은 표현행위가 아니라 표현을 목적으로 하는 단체 구성 가입을 별도로 처벌하여, 결사의 자유를 근본에서 침해한다.

1) 목적의 정당성

헌법재판소는 제7조 제3항 중 이적단체 가입 조항은 "단체활동을 통한 국가전복의 위험, 민심의 교란, 국론의 분열 등을 방지하고 이를 통해 국가의 안전과 국민의 생존 및 자유를 확보하고자 하는 것으로 입법목적의 정당성이 인정"[241]된다고 하였다.

그러나 제7조 제3항이 처벌하는 단체는 폭동이나 파괴행위를 목적으로 하는 단체가 아니다. 단지 제1항의 표현 행위를 목적으로 하는 단체일 뿐이다. 명백하고 현존하는 위험을 일으키지 않는 표현은 국가전복의 위험을 불러올 수도 없으므로, 국가전복 위협 방지를 제3항의 실질적인 입법목적이라 할 수도 없다.

그 밖의 입법목적은 국가의 안전과 국민의 생존 및 자유 확보다. 헌법재판소의 위 판시에 따르면, 이 목적은 민심의 교란, 국론의 분열을 막음으로써 달성될 터이다. 그러나 민주사회에서는 각양각색의 의견이 나올 수밖에 없고 이것이 민주사회의 본질적 특징인데, 민심이 흩어지고 국론이 나뉘는 것을 막겠다는 것을 민주사회에서 정당한 입법목적으로 삼을

---

239 강일신b, 위의 글, 42쪽.
240 헌법재판소 2015. 4. 30. 선고 2012헌바95 등 결정.
241 헌법재판소 2015. 4. 30. 선고 2012헌바95 등 결정.

수 없다. 이 점은 표현의 자유와 관련하여 이미 상세히 검토하였으므로 중복을 피한다.

실제 제7조 제3항은 반민주적 집권세력에 비판적인 조직을 구성한 국민들을 탄압하는 데 사용되었다. 특히 1990년대 이후로는 사회운동, 노동운동 단체에 집중 적용되었고, 2000년대 이후로는 통일운동단체가 그 집중 공격대상이 되었다. 제7조 제3항에는 입법목적의 정당성이 없다.

2) 수단의 적합성

헌법재판소는 제7조 제3항 중 이적단체 가입 조항이 "이적단체에 가입하는 행위 자체를 단순한 이적활동에 비하여 가중하여 처벌하는 것"은 입법목적을 달성함에 있어 적절한 수단[242]이라고 판단하였다.

그러나 표현을 위한 단체 구성·가입을 처벌한다고 하여 개인들이 상호의사소통하고 집단적으로 의견을 표명하는 행위를 영구히 막을 수는 없다. 국민 각자가 타인과 더불어 단체를 조직하고 견해를 같이 하는 사람끼리 일정한 기간 동안 결합함으로써 공동의 목적을 추구하고 단체의사를 형성하며 그 조직의 한 구성원으로 살아가는 것은 사회공동체의 가장 기본적인 조직원리[243]이자, 사회적 존재로서 인간의 기본적 생활방식이다. 인간은 타인들과의 관계 속에서 비로소 정체성을 확립하고, 그러한 관계 맺음을 통한 의사소통 과정 속에서 자기를 실현[244]하기 때문이다. 타인과 교류하며 단체를 구성하는 것은 사회적 존재로서 인간 본성에 따른 것이다. 표현을 위한 단체 구성·가입을 처벌한다고 하여 인간 본성에 따른 행위를 차단할 수는 없다.

---

242 헌법재판소 2015. 4. 30. 선고 2012헌바95 등 결정.
243 한국헌법학회, 위의 책, 768쪽.
244 강일신b, 위의 글, 2쪽.

또한 오늘날 정치적 의사표현을 위한 단체 구성·가입은 정치참여의 방식으로, 집단적 의사표현에 필수적인 것으로 확고하게 자리 잡았다. 자발적 결사와 그것을 축으로 형성되는 시민적 공론장은 민주주의 유지·발전에 긴요[245]하다. 타인과 연대 속에서 문제의식을 공유하고 해결하는 결사를 통해서 자유롭고 평등한 개인들 사이의 성찰적 의사소통구조가 형성될 수 있으므로, 결사는 긍정적 사회자본[246]으로도 역할한다. 개인적 표현에 비하여 단체 가입을 가중처벌한다고 하여도, 사회의 방향을 정하기 위한 집단적 토론과 참여를 요구하는 국민들의 정치적 지향을 없앨 수 없고, 집단적 의사표현을 위한 단체 구성·가입을 완전히 막을 방법도 없다.

사상과 표현에 형벌을 가한다고 하여 이를 막을 수 없듯, 표현을 위한 단체 구성·가입도 형벌로 막을 수 없다. 사상과 표현에 오류나 위험이 있더라도, 이는 사상과 표현의 자유로운 토론을 통해서만 다듬어지고 가라앉는다. 집단적 표현을 목적으로 한 단체가 위험을 불러온다면, 그 위험역시 토론을 통해서만 제거될 수 있다. 형벌이 위험 회피를 위한 적합한수단이 될 때는, 토론에 부칠 여유도 없는, 명백·현존하는 위험이 있을 때뿐이다. 제7조 제3항은 목적 달성을 위한 적합한 수단이 아니다.

3) 피해의 최소성

헌법재판소는 제7조 제3항에 대하여 "이적단체 가입 조항이 ① 계속적이고 독자적인 결합체일 것, ② 반국가단체 등의 활동을 찬양·고무·선전 또는 이에 동조하거나 국가변란을 선전·선동하는 행위를 실질적인 목적으로 삼을 것, ③ 국가의 존립·안전이나 자유민주적 기본질서에 실질적

---

245 강일신b, 위의 글, 2쪽.
246 김도균, 「NGO와 시민불복종: 정당성과 한계」, 『NGO와 법의 지배』, 박영사, 2006, 308-310쪽.

해악을 끼칠 위험성이 인정될 것이라는 엄격한 요건하에서만 적용되는 이상, 위 조항이 정부가 특정한 정치적 의사를 표현하는 단체의 활동을 억압하는 수단으로 남용될 위험성은 거의 없다"[247]고 한다.

그러나 위 각 요건들은 계속적이고 독자적인 결합체일 것을 요구하는 것 외에는 모두 제7조 제1항의 표현행위 처벌 논리와 완전히 같아, 제1항 표현의 자유 제한이 피해의 최소성을 충족하지 못하는 것과 같은 문제를 안고 있다. "사상의 내용이 국가의 존립·안전이나 자유민주적 기본질서에 반하는 것 자체만으로는 이적단체가 요구하는 위험성 요건을 갖추었다고 할 수 없"[248]는 것이다. 또 표현의 자유를 제한하려면 적어도 명백·현존 위험의 원칙이 적용되어야 한다. 제7조 제1항은 이 원칙에 맞지 않아 위헌이고, 집단적 의사표현을 위한 준비단계에 불과한 제3항에도 마찬가지 문제가 있다. 통일운동단체 구성원들이 이적단체 가입죄로 기소된 사건에서, 대법원 소수의견은 "그 사상과 주장의 내용이 자유민주적 기본질서와 양립할 수 없는 주장이라 하더라도 무장봉기나 폭력혁명 등 자유민주적 기본질서에 반하는 방법을 동원하여 이를 실현시키려는 것이 아니라, 자유민주주의 국가에서 통상적으로 허용되는 설득과 권유의 방법으로 다수의 지지를 획득하여 이를 실현시키려는 경우에는 명백·현존하는 위험의 정도에 이르지 못하는 것으로 보아야 한다."[249]고 하여 제3항에도 명백·현존 위험의 원칙이 적용되어야 한다고 판시한 바 있다.

한편 헌법재판소는 "조직력을 갖추고 있는 단체는 상황이 변화할 경우 개인에 비해 체계적으로 활동할 수 있고, 활동의 파장이나 영향력 역시 개

247 헌법재판소 2015. 4. 30. 선고 2012헌바95 등 결정.
248 대법원 2010. 7. 23. 선고 2010도1189 전원합의체 판결 중 박시환, 김지형, 이홍훈, 전수안 대법관의 반대의견.
249 대법원 2010. 7. 23. 선고 2010도1189 전원합의체 판결 중 박시환, 김지형, 이홍훈, 전수안 대법관의 반대의견.

인에 비해 훨씬 크기 때문에 이적단체는 언제라도 국론 분열이나 사회 혼란을 야기하는 기폭제가 될 수 있다. 이적단체가 국제 정세 등의 변화로 인하여 남·북한 관계가 악화되는 상황을 이용하여 반국가단체 등의 활동을 찬양·고무·선전 또는 이에 동조하거나 국가변란을 선전·선동하는 행위 등을 개시하는 경우에는 걷잡을 수 없는 사회적 혼란이 야기될 가능성이 있다. 그러므로 이적단체 가입 조항이 적시에 형벌권을 발동함으로써 국가의 존립과 안전을 수호하기 위하여 단체에 가입한 행위 자체를 처벌하는 것은 결코 표현의 자유나 결사의 자유에 대한 지나친 제한이 아니다."[250]라고 한다.

그러나 제3항은 단체의 활동이 아니라 단체 구성·가입 자체를 처벌한다. 제3항의 명문 규정에 따라, 이 처벌은 단체의 표현 행위의 파장이나 영향력이 위험을 증대시켜 명백·현존하는 위험을 불러일으키는지 아닌지 따질 필요 없이 내려진다. 헌법재판소의 위 판시 역시 집단적 표현 행위가 개인적 표현 행위보다 위험하다는 예단에 근거한 것일 뿐, 명백·현존하는 위험이 발생하는지는 전혀 고려하지 않은 것이다. 제3항은 피해를 최소화하기는커녕 피해 발생의 시기를 지나치게 앞당긴다. 그 결과 피해 정도도 크게 증대된다. 또 제3항의 형량이 제1항에 비해 크게 가중되어 있어, 그 피해는 더욱 심각해진다.

2005년 자유권규약위원회는 한총련 대의원이라는 이유로 이적단체 가입죄로 처벌받은 이정은의 개인진정 사건에서, 한국 정부가 주장한 북한의 위협으로부터 국가안보와 민주질서를 보호해야 한다는 것이 결사의 자유를 필수적으로 제한할 사유로 인정될 수 없다는 이유로, 결사의 자유를

---

250 헌법재판소 2015. 4. 30. 선고 2012헌바95 등 결정.

침해했다고 결정했다.[251]

4) 법익의 균형성

헌법재판소는 제7조 제3항에 대하여, "위 조항으로 인하여 이적단체에 가입하고 이를 통해 의사를 표현하고자 하는 자유가 다소 제한된다고 할지라도, 그 제한의 정도가 국가의 존립과 안전, 국민의 생명과 자유를 수호하고자 하는 공익에 비하여 결코 중하다고 할 수 없다."[252]고 판시하였다.

그러나 결사의 자유는 각 구성원들이 자유롭고 활발하게 정치에 참여하기 위하여 필수적인 기본권이다. 제7조 제3항은 행동을 처벌하는 것이 아니라 표현 행위를 목적으로 한 단체 결성을 처벌한다. 분단 갈등의 핵심 쟁점에 대해 북한의 주장과 유사하다고 보이는 표현 행위를 할 목적의 단체 구성·가입이 처벌된다면, 그만큼 핵심 쟁점에 대한 사회 전체의 토론 가능성이 줄어든다. 대결과 분단을 해소하고 평화통일로 나아갈 길을 찾

---

251 View of the Human Rights Committee on Jeong-Eun Lee's Individual Communication(CCPR/C/84/D/1119/2002(2005).

7.2. 인권이사회가 판단할 문제는 한총련 가입으로 인한 통보인에 대한 유죄판결이 불합리하게 그의 결사의 자유를 제한하여 규약 제22조를 위반했는지 여부이다. 이사회는 규약 제22조 제2항에 의해 결사의 자유에 대한 제한이 유효하기 위해서는 다음의 조건이 모두 충족되어야 한다고 본다. (a) 법에 의한 제한이어야 한다. (b) 제2항에 열거된 목적 중 하나를 위한 제한이어야 한다. (c) 그 목적을 달성하기 위하여 "민주사회에서 필수 불가결한" 제한이어야 한다. 여기에서의 '민주사회'에 대한 언급은, 이사회의 견해로는, 정부나 사회 다수에 의해 지지를 받지 못하는 사상을 평화롭게 추구하는 결사를 포함하여 다수 결사의 존재와 활동이 민주사회의 기초 중의 하나라는 것을 가리킨다. 그러므로 결사의 자유를 제한하기 위한 합리적이고 객관적인 근거의 존재만으로는 충분하지 않다. 당사국은 결사의 금지와 조직 가입자에 대한 형사처벌이 국가안보와 민주질서에 단순한 가상적인 위험이 아닌 실제적인 위험을 피하기 위해 필수적인 것임과, 이보다 덜 개입적인 방법은 이 목적 달성에 불충분함을 설명해야 한다.

7.3. 통보인에 대한 유죄판결은 국가보안법 제7조 제1항, 제3항에 근거한 것이다. 고려되어야 할 결정적인 질문은 이러한 방법이 규약 제22조 제2항에 열거된 목적을 달성하기 위해 필수적인가 하는 점이다. 이사회는 당사국이 북한의 위협으로부터 국가안보와 민주질서를 보호할 필요성을 상기시킨 점을 주목한다. 그러나 당사국은 통보인이 한총련에 가입함으로써 야기된다고 주장하는 위협의 정확한 성질을 명시하지 않았다. 이사회는 1997년 이 단체를 '이적단체'라고 한 대한민국 대법원의 결정이 국가의 존립과 안전, 민주질서를 위협'할 수도 있는' 단체에 대한 지지를 금지하는 국가보안법 제7조 제1항에 근거한 것임을 주목한다. 그러므로 이사회는 통보인에 대한 유죄판결이 국가안보와 민주질서, 규약 제22조 제2항의 다른 목적을 보호하기 위해 필수적이라는 사실을 보여주지 못했다고 생각한다. 이사회는 통보인에 대한 결사의 자유 제한이 규약 제22조 제2항의 요건을 충족시키지 못했고 따라서 규약 제22조 제1항 위반이라고 결론짓는다.

252 헌법재판소 2015. 4. 30. 선고 2012헌바95 등 결정.

는 데 국민 다수의 의사를 모으려면, 제한 없는 자유로운 토론이 필수다. 집단적 표현의 자유 침해는 결국 평화통일방안 도출과 국민적 합의를 지체시킨다. 우리 사회 구성원 모두의 불이익이다.

또한 결사의 자유는 사회 다수자에 비하여 상대적으로 불리한 소수자의 의견 표명 기회의 균형을 다소나마 회복시키는 역할을 하는데, 소수자들은 제3항 때문에 이 가능성을 다시 상실하게 된다. 제3항으로 결사의 자유를 침해당하는 사람들은 대부분 반민주적 정치세력이 만들어온 '빨갱이', '종북' 공격에 노출되어 사상이나 정치적 의견을 이유로 차별받고 배제 고립된 소수자의 처지에 있는 경우가 많다. 이미 사회적 소수자로서 자신의 의견을 펼치기 어려운 사람들이, 반민주적 정부 아래에서 학생운동이나 노동운동 등 사회운동 과정에서 처벌받은 전력이 있거나, 2000년대 이후 북한과 합법적으로 교류할 수 있게 되자 그 과정에서 회합이나 의견 교류를 한 경험을 이유로 다시 제3항으로 처벌되어 집단적 의사표현의 자유를 침해당하고 있는 것이다. 소수자들과 사회 구성원 모두의 불이익을 합쳐보면, 이는 이른바 '민심 교란, 국론 분열'을 막는 이익보다 훨씬 크고 무겁다. 제3항은 법익의 균형성 요건도 충족하지 못한다.

5) 본질적 내용의 침해 금지

제3항은 단체 활동을 개시하지 않더라도 일단 만들어지기만 하면 구성·가입한 사람 모두를 처벌한다. 단체의 활동이 실제 이루어지지 않았더라도 처벌 대상이 되는 데는 변함이 없다. 이는 결사의 자유의 본질적 내용을 침해한 것이다. 따라서 제7조 제3항은 결사의 자유를 침해한 위헌법률이므로 폐지되어야 한다.

7. 평화적 생존권 침해
─대화와 토론을 통해서만 평화로운 삶이 가능하다

(1) 한반도에서 가장 필요한 기본권, 평화적 생존권

1) 기본권 인정과 번복

유엔 총회는 2016년 채택한 '평화권 선언'에서 평화적 생존권을 개인의 권리로 인정하였다.[253] 평화적 생존권이란 '전쟁이나 분쟁에 휘말리지 않고 평화를 누리며 살 권리'다.[254] 헌법은 전문 "밖으로는 항구적인 세계평화와 인류공영에 이바지함", 제4조 "평화적 통일정책", 제5조 제1항 "대한민국은 국제평화의 유지에 노력하고 침략적 전쟁을 부인한다." 등 곳곳에서 평화주의를 선언한다. 평화주의가 모든 법령과 국가정책의 기준이 되는 헌법의 기본원리라면, 평화적 생존권은 이 원리의 이행을 국가에 요청할 수 있는 개인과 집단의 권리다.

지구상 유일한 분단 상황에서 벗어나지 못한 한반도에서 삶을 영위해 온 우리 국민들에게 있어 평화적 생존권은 중요하고 시급하게 보장되어야 할 기본권이다. 일제 식민지배에서 독립하였으나 냉전으로 치닫던 국제정세하에서 민족 구성원의 의사가 반영되지 않은 채 다른 나라들의 결정으

---

253 평화권 선언 Declaration on the Right to Peace, A/RES/71/189, 2016. 12. 19. Resolution adopted by the General Assembly.
1. 모든 사람은, 모든 인권이 증진, 보호되고 발전이 완전히 실현될 수 있도록 평화를 누릴 권리를 갖는다.
Everyone has the right to enjoy peace such that all human rights are promoted and protected and development is fully realized.
254 넓게 보면 평화권 선언 성안의 기초가 된 2012년 유엔 인권위원회 자문위원회의 초안 제2조 제2항 "모든 개인은 어떤 형태의 폭력으로부터도 표적이 되지 않고, 능력, 신체, 지성, 도덕 및 정신을 전면적으로 발전시킬 수 있도록 평화 속에 살 권리를 갖는다."에서 말하듯 '모든 폭력으로부터 자유롭게, 자신을 발전시킬 수 있는 상태를 누릴 권리'라 할 수 있지만, 이 글에서는 우선 가장 좁은 개념을 취한다.
Report of the Human Rights Council Advisory Committee on the right of peoples to peace, A/HRC/20/31, Draft declaration on the right to peace Article 2. Human security
2. All individuals have the right to live in peace so that they can develop fully all their capacities, physical, intellectual, moral and spiritual, without being the target of any kind of violence.

로 야기된 남북 분단 상황이, 1990년대에 냉전이 이미 끝났는데도 30여 년이 지난 지금까지 이어지고 있다. 멈춘 지 70여 년이 다 되는 한국전쟁은 형식상으로는 아직도 종결되지 않았다. 대립으로 인한 갈등은 남북 각각의 체제 경직성을 심화시키고 민주적 발전을 가로막아 왔다. 대한민국의 통일 지향과 평화적 통일정책 수립 추진을 선언한 헌법 제4조에 비추어도, 한반도에서 평화적 생존권은 남북 분단의 현실과 떼어놓고 생각할 수 없다.

헌법재판소는 평화적 생존권을 헌법상 기본권으로 인정한 바 있다. "오늘날 전쟁과 테러 혹은 무력행위로부터 자유로워야 하는 것은 인간의 존엄과 가치를 실현하고 행복을 추구하기 위한 기본 전제가 되는 것이므로 헌법 제10조와 제37조 제1항으로부터 평화적 생존권이라는 이름으로 이를 보호하는 것이 필요하며, 그 기본 내용은 침략전쟁에 강제되지 않고 평화적 생존을 할 수 있도록 국가에 요청할 수 있는 권리라고 볼 수 있다."[255] 고 한 것이다.

그러나 헌법재판소는 2007년 전시증원연습 등 위헌확인사건에서 평화적 생존권이 헌법상 기본권이라는 판단을 번복하였다. "청구인들이 평화적 생존권이란 이름으로 주장하고 있는 평화란 헌법의 이념 내지 목적으로서 추상적인 개념에 지나지 아니하고, 평화적 생존권은 이를 헌법에 열거되지 아니한 기본권으로서 특별히 새롭게 인정할 필요성이 있다거나 그 권리내용이 비교적 명확하여 구체적 권리로서의 실질에 부합한다고 보기 어려워 헌법상 보장된 기본권이라고 할 수 없다.", "종전에 헌법재판소가 이 결정과 견해를 달리하여 '평화적 생존권을 헌법 제10조와 제37조 제1항에 의하여 인정된 기본권으로서 침략전쟁에 강제되지 않고 평화적 생존을

---

255 헌법재판소 2006. 2. 23. 선고 2005헌마268 전원재판부 결정.

할 수 있도록 국가에 요청할 수 있는 권리'라고 판시한 2003. 2. 23. 2005헌마268 결정은 이 결정과 저촉되는 범위 내에서 이를 변경한다."[256]고 한 것이다.

위 결정은 "헌법에 열거되지 아니한 기본권을 새롭게 인정하려면 그 필요성이 특별히 인정되고, 그 권리내용(보호영역)이 비교적 명확하여 구체적 기본권으로서의 실체 즉 권리내용을 규범 상대방에게 요구할 힘이 있고, 그 실현이 방해되는 경우 재판에 의하여 그 실현을 보장받을 수 있는 구체적 권리로서의 실질에 부합하여야 할 것이다."라고 하였다. 기본권으로서 특별히 새롭게 인정할 필요, 구체적 기본권으로서 실체, 재판규범성을 기본권 인정의 요건으로 요구한 것이다.

하지만 이는 그간 여러 방면에서 주장·인정되어왔으며 헌법재판소 자신도 기본권으로 시인하였던 평화적 생존권을 한미군사훈련 사안에 부딪혀 그 기본권으로서 존재 자체를 부인하는 데 치우친 결정이다. 헌법 제37조 제1항에서 '열거되지 아니한 자유와 권리'도 헌법상 기본권으로 인정될 수 있다고 한 헌법의 확장력을 현저히 약화시키고 기본권 보장 범위를 부당하게 좁힌 판단이다. 이 결정은 미래지향적 가치규범으로서 헌법의 위상을 높이고 그 실효성을 제고하며 다양한 분야에서 인권 보장을 확대하기 위한 국가의 적극적 역할을 요구하며 헌법조항을 재판규범으로 구체화해온 국제사회의 인권보장노력의 방향과 정반대로 후퇴한 것이다.

헌법재판소 스스로 요구한 기준에 비추어도, 아래 내용을 모아보면, 다시 평화적 생존권을 헌법상 기본권으로 인정할 사유가 충분하다.

---

[256] 헌법재판소 2009. 5. 28. 선고 2007헌마369 결정.

2) 기본권으로 특별히 새로 인정할 필요 - 제3세대 인권과 인권 개념의
발전

국가 차원에서 평화적 생존권 인정은 1946년 개정된 일본 헌법 전문의
"전 세계의 국민이 모두 공포와 결핍에서 벗어나고 평화로운 가운데 생존
할 권리를 지님을 확인한다." 등에서 이루어지기 시작하였다. 국제 사회에
서 본격적인 시작은 1977년 유네스코의 '인권과 평화부회' 회장 카를 바
삭이 종래의 시민적·정치적 권리, 사회적·경제적 권리에 뒤이은 새로운
인권 범주로서 '제3세대 인권'을 제시하고 그 대표적 내용으로서 '평화에
대한 권리(right to peace)'를 제창[257]한 것에서부터다.

유엔 총회는 1978년 '평화적 생존을 위한 사회적 준비에 관한 선언'[258]
에서 모든 나라와 개인이 평화롭게 살 권리를 갖는다고 선언했다. 1984년
에는 '평화에 대한 인류의 권리선언'을 채택하여 제1조에서 "우리 지구 상
의 인류는 평화에 대한 신성한 권리를 가짐을 엄숙히 선언한다."고 명시했
다.[259] 집단으로서 인류의 평화권을 인정한 것이다. 이 내용은 2002년 '인
류의 평화권 촉진' 결의 제1조에서도 재확인되었다.[260]

국제 사회는 평화권에 관한 다양한 논의를 계속한 끝에 2016년 유엔
총회 '평화권 선언'에서는 "모든 사람은 평화를 누릴 권리를 갖는다"고 하

---

257 K. Vasak. 「A 30-year struggle;The Sustained Effort to Give Force of Law to the Universal
Declaration of Human Rights」, 『The Unesco Courier』, 1977, p.29

258 Declaration on the Preparation of Societies for Life in Peace, A/RES/33/73, 1978. 12. 15.
adopted by the UN General Assembly.
"Every nation and every human being, regardless of race, conscience, language or sex, has the
inherent right to life in peace."

259 Declaration on the Right of Peoples to Peace, A/RES/39/11, 1984. 11. 12. adopted by the UN
General Assembly.
1. Solemnly proclaims that the peoples of our planet have a sacred right to peace

260 Promotion of the right of peoples to peace, A/RES/57/216, 2002. 12. 18. adopted by the UN
General Assembly.
1. Reaffirms the solemn proclamation that the peoples of our planet have a sacred right to peace

여 집단뿐만 아니라 각 개인으로서 '모든 사람'이 평화를 누릴 권리를 가지고 있음을 인정하는 결실을 이루어냈다. 이러한 진전이 이루어지기까지 비정부기구들도 2006년 '평화권에 관한 루아르카 선언', 2010년 '평화권에 관한 산티아고 선언' 등으로 공식 기구의 평화권 인정을 촉진하고 뒷받침하였다.

국제 사회가 평화적 생존권을 집단과 개인의 권리로서 인정한 것은, 제2차 세계대전 및 그 이후 제3세계의 내전과 무장갈등을 거치며 전쟁의 참상이 다시 생겨서는 안 된다는 폭넓은 공감에 기초해 있다. 또한 인권 개념이 발전하면서 생명권을 비롯한 기본권 보장 및 발전권 행사를 위해서는 평화 보장이 필수적이라는 결론에 도달한 것과 관련되어 있다. 아울러 더 이상 전쟁이 선택가능한 수단이 되지 않도록 할 국가 및 국제사회의 의무에 대한 요구가 높아진 현실도 평화적 생존권 인정의 근거가 되었다.

이러한 현실적 필요에 근거하여 평화적 생존권이 일본 헌법에서 선언된 지 70여 년, 제3세대 인권으로서 국제사회에서 논의된 지 40여 년이라는 오랜 기간의 논의를 거쳐 유엔 총회에서 집단과 개인의 권리로 정립된 이상, 국제적 인권 발전 논의를 반영하여 해석하여야 하는 우리 헌법상으로도 평화적 생존권을 기본권으로서 특별히 새로이 인정할 필요가 있다.

헌법은 '평화적 통일의 권리'를 핵심으로 하는 평화적 생존권을 기본권으로 인정할 필요를 전문에서부터 내포하고 있다. 헌법 전문은 "우리 대한국민은 (…) 평화적 통일의 사명에 입각하여 정의·인도와 동포애로써 민족의 단결을 공고히 하고"라고 한다. 하나의 민족공동체가 분단되어 가족관계조차 단절되는 비인도적인 상황이 초래되고 남북이 분열하여 대립·갈등하는 상태를 지적한 것이다. 또 헌법 전문은 '평화적 통일'을 지상 목표로 내세워, 한반도에서 평화의 핵심은 통일이고 통일은 평화적인 것이어야만 함을 명확히 한다.

나아가 헌법 전문은 평화적 통일을 '대한국민의 사명'으로까지 끌어올리고 있다. 이는 국민에게 국가의 평화통일정책 협력의무를 부과하는 근거로만 남는 것이 아니다. 국민주권주의 원리와 함께 보면, 국민 각자가 한반도에서 평화와 통일이 실현될 수 있도록 국가에 촉구하고 평화통일에 저해되는 국가 또는 타인의 행위를 억제하며 평화통일을 위한 다양한 시도에 나설 권리를 갖고 있음을 확인한 것으로 이해해야 한다. 이것이 헌법의 '통일촉진명령'이 내포한 국민 각자의 '평화적 통일의 권리'다. '평화적 통일의 권리'를 핵심으로 하는 평화적 생존권을 헌법상 기본권으로 인정할 특별한 필요는 이처럼 전문에서부터 이끌어 낼 수 있다.

현실도 헌법 문언의 규범적 분석을 뒷받침한다. 멈춘 지 70여 년이 다 된 전쟁이 아직도 끝나지 않은 곳, 냉전 시기 다른 나라에 의해 그어진 분단경계선이 여전히 공고한 유일한 곳, 어느 분쟁 지역 못지않게 평화가 절실히 필요한 곳이 한반도라는 현실이, 평화적 생존권을 헌법상 기본권으로 인정할 특별한 필요를 단적으로 드러낸다.

3) 구체적 기본권으로서 실체 – '자유'조차 추상적 개념

다음, 권리내용이 명확한 구체적인 기본권으로서 실체가 있어야 헌법상 기본권으로 인정할 수 있다는 헌법재판소의 논지는, 헌법상 권리들을 자유권적 기본권과 사회권적 기본권, 그 밖의 기본권들로 분리하는 전통적 견해와 연결되어 있다. 이 견해는, 신체의 자유와 같은 자유권적 기본권은 구체적이고 즉시 이행가능하여 기본권으로 인정될 자격이 있는 반면, 주거의 권리와 같은 사회권적 기본권은 구체적이지 못하고 이행을 위한 별도의 입법이나 행정적 조치가 있어야만 한다는 이유로 프로그램적 권리로 취급해왔다.

그러나 권리내용의 구체성을 기준으로 자유권적 기본권과 그 밖의 기본권을 나누어 자유권적 기본권에만 기본권의 효력으로서 재판규범성을 인정하는 주장은 이미 인권 관련 연구의 최근 논의에서는 통용되지 않는다. 우선 자유권적 기본권의 권리내용도 광범위한 용어와 보편적 어휘를 사용하기 때문에 항상 충분히 정확한 것이 아니어서, 성문법제정, 행정규제, 판례, 법이론 등을 통해 그 권리들의 내용과 한계를 명확하게 하기 위한 지속적인 노력을 필요로 한다.[261] 자유권적 기본권도 아무런 입법 조치 없이 실현되기 어려운 경우가 있고, 이때는 그 실현을 위해 입법화와 서비스의 실행이 요구된다.[262] 따라서 자유권적 기본권이 아니라고 하여 권리내용이 명확하지 않다며 기본권임을 부인하는 것은 합리적이지 않다.

나아가 한 기본권을 자유권적 기본권 또는 그 밖의 것으로 명확히 분리하는 것도 불가능하다. 사회권적 기본권으로 분류되어온 생존권 보장 없이는 자유권적 기본권으로 분류되어온 생명권도 온전히 보장될 수 없다. 생명권 보장을 위해 국가는 사형 폐지 등 침해를 배제하고 존중할 의무, 범죄예방 등 보호할 의무를 질 뿐만 아니라 최저생계 보장 입법 등을 충족시킬 의무까지 부담한다.[263] 이처럼 모든 기본권들은 서로 불가분의 관계이며 상호의존적이다. 이는 사회권규약의 해석 및 이행을 담당하는 사회권규약위원회가 이미 1998년 일반논평 9호[264]를 통해 명확하게 선언한 원

---

261 국제법률가위원회, 『경제적, 사회적 및 문화적 권리의 사법집행 : 사법심사가능성 비교연구』, 박찬운 옮김, 국가인권위원회, 2009, 20쪽.

262 국제법률가위원회, 위의 책, 4쪽.

263 국제인권기구들은 전통적으로 자유권적 기본권으로 분류되지 않았던 다른 기본권들에 대해서도 그 권리내용을 명확하게 하고 국가에 실현의무를 부과하기 위하여 오랜 노력을 기울여왔고, 그 성과에 기초하여 기본권을 보장하기 위한 국가의 의무를 크게 존중할 의무, 보호할 의무, 충족시킬 의무로 다층적으로 구성하고 있다. 존중할 의무란 어떤 특별한 자유나 권리를 향유하는 데 있어 부당하게 국가가 개입하지 말아야 할 의무다. 보호할 의무란 권리보유자들이 어떤 특정의 자유권을 향유하는 것을 제3자에 의해 부당하게 방해받고 있을 때 이 방해를 제거할 국가의 의무다. 충족시킬 의무란 국가가 권리 실현을 촉진하고 필요한 자원을 제공하며 권리 수준을 증진할 의무다. 국제법률가위원회, 위의 책, 52쪽.

264 CESCR, General Comment N° 9, The domestic application of the Covenant (Nineteenth

칙이다. 유엔 총회 2006년 60/251 결의도 "모든 인권이 불가분적이고 상호의존적"이라고 하면서, 모든 인권이 "같은 방법으로 다루어져야 한다"[265] 고 한 바 있다.

아울러 기본권은 계속하여 형성되고 발전한다. 유엔 총회는 위 2006년 60/251 결의 제5조 (c)항에서 향후 인권기준이 향상되고 권리 내용이 점점 구체화될 수 있음을 전제로 유엔 인권위원회에 인권의 국제법 발전에 대한 권고안을 마련하도록 결정하였다.[266] 2016년 평화권선언 제2항은 위 2006년 60/251 결의 제5조 (c)항을 근거로 만들어졌음을 명시하면서 부속문서의 결의안 채택을 유엔 총회에 권고하는 내용을 담고 있다.[267]

일본 나고야 고등재판소는 2008년 일본 국민인 원고들이 자위대의 이라크 파병 정지와 파병위헌확인 및 '전쟁과 무력 행사를 하지 않는 일본에 생존할 권리'로서 평화적 생존권 침해를 이유로 손해배상을 청구한 사건 판결에서, 평화적 생존권이 구체적 권리라고 인정하였다. 추상적인 권리에 지나지 않는다고 하는 종래의 법원 입장을 변경한 것이다. 위 판결은

session, 1998), U.N.Doc. E/C.12/1998/24(1998), para. 10.

265 Human Rights Council, A/RES/60/251, 2006. 3. 15. Resolution adopted by the General Assembly 서문 중 "Reaffirming further that all human rights are universal, indivisible, interrelated, interdependent and mutually reinforcing, and that all human rights must be treated in a fair and equal manner, on the same footing and with the same emphasis."

266 Human Rights Council, A/RES/60/251, 2006. 3. 15. Resolution adopted by the General Assembly

5. Decides that the Council shall, inter alia:

(c) Make recommendations to the General Assembly for the further development of international law in the field of human rights;

267 Declaration on the Right to Peace, A/HRC/32/L.18, 2016. 6. 24. adopted by Human Rights Council

2. Recommends that the General Assembly, in accordance with paragraph 5(c) of its resolution 60/251 of 15 March 2006, adopt the following draft resolution:

"The General Assembly,

Welcoming the adoption by the Human Rights Council, through its resolution of the Declaration on the Right to Peace,

1. Adopts the Declaration on the Right to Peace, as contained in the annex to the present resolution;

아래와 같이 설시한다.

"평화가 추상적 개념인 것이나 평화의 도달점이나 달성하는 수단·방법이 다양한 것 등을 근거로 평화적 생존권의 권리성이나 구체적 권리성의 가능성을 부정하는 견해가 있지만 헌법상의 개념은 대개 추상적인 것으로서 해석에 의해 채워져 나가는 것이라는 점, 예를 들어 '자유'나 '평등'조차 그 달성수단이나 방법은 다양하다는 점을 본다면 단지 평화적 생존권만 평화개념의 추상성 등으로 인해 그 법적 권리성과 구체적 권리성의 가능성이 부정되어야만 할 이유는 없다고 보아야 한다."[268]

이에 비추면, 종래의 자유권적 기본권에 대해 논하던 구체성을 다른 기본권들에 일률적으로 적용할 필연적 이유가 없다. 평화적 생존권을 부인한 헌법재판소 결정의 별개의견이 "국민은 인간으로서의 존엄과 가치를 유지하면서 행복을 추구하기 위하여 침략전쟁이나 테러 등의 위해를 받지 않고 평화롭게 살아갈 권리, 즉 평화적 생존권을 가지고", 이는 "헌법상 기본권으로서 비록 헌법상 문언에 명시되어 있지 않다 하더라도, 국가에 대하여 요청할 수 있는 구체적 권리"[269]라고 한 것처럼, 평화적 생존권도 구체적 권리성을 가진다고 보아야 한다.

4) 재판규범성

재판규범성이 확보되어야 한다는 헌법재판소의 입장과 관련하여, 나

---

268 평성18(ネ)499, 판결문 중 관련 부분 번역문은 이경주, 『평화권의 이해』, ㈜ 사회평론, 2014, 477-478쪽. 이 판결은 쌍방이 상고하지 않아 확정되었다.
269 헌법재판소 2009. 5. 28. 선고 2007헌마369 결정 중 조대현, 목영준, 송두환 재판관의 별개의견.

고야 고등재판소가 위 판결에서 "평화적 생존권은 국면에 따라서 자유권적, 사회권적 또는 참정권적인 모습으로 나타나는 복합적인 권리"라고 하면서, 법원에 그 보호와 구제를 구하고 법적 강제조치의 발동을 청구할 수 있다고 한 것을 검토할 필요가 있다. 예를 들어 일본 헌법 제9조에 위반하는 국가의 행위, 즉 전쟁의 수행, 무력의 행사 등과 전쟁의 준비행위 등에 의해 개인의 생명과 자유가 침해되거나 침해의 위기에 빠진 경우, 현실적인 전쟁에 의한 피해와 공포에 처해지는 경우, 헌법 제9조에 위반하는 전쟁수행 등에 가담 또는 협력을 강제당하는 경우에는 법원에 해당 위헌행위의 금지를 청구하거나 손해배상청구 등의 방법으로 구제를 요구할 수 있다고 할 수 있다[270]는 판단이다.

이 판시를 참고하면, 우리 헌법하에서도 국가에 대하여 침략을 위한 군사적 목적의 기본권 제한(재산 수용 등)을 당할 경우, 타국에 대한 무력공격에 징병될 경우, 군사외교정책이 전쟁 위험을 유발할 경우 그 침해를 제거해줄 것을 사법부에 요구할 수 있다고 할 수 있다.[271]

평화적 목적의 행위나 표현이 제한될 경우, 이를 위한 정보수집이 제한될 경우 그 구제를 구하는 것도 평화적 생존권이 재판규범으로 기능하는 예가 된다. 서울중앙지방법원은 "정부나 군에 대한 감시·통제 활동은 그에 관한 정보의 수집·분석을 필연적으로 수반할 수밖에 없으나 이 또한 우리 헌법에 의하여 당연히 보장되는 권리"[272]라고 판시하였다.[273] 평화적

---

270 이경주, 위의 책, 339–340쪽.
271 이경주, 위의 책, 158쪽.
272 서울중앙지방법원 2008. 1. 31. 선고 2007고합558 판결.
273 서울중앙지방법원 2008. 1. 31. 선고 2007고합558 판결, "국가보안법 제5조 제1항의 자진지원행위는 같은 법 제4조 제1항의 목적수행행위와 달리 반국가단체나 구성원 또는 그 지령을 받은 자와의 의사연락이 없는 국가기밀 침해행위를 처벌하는 규정으로서, 주관적 구성요건으로 '반국가단체나 그 구성원 또는 그 지령을 받은 자를 지원할 목적'이 있을 것을 정하고 있는 바, 우리 헌법상의 국민주권주의와 자유민주주의 체제에서는 주권자인 국민이 국정에 적극 참여하여 이를 감시·비판할 수 있어야 하고 이를 위하여는 국가행위와 국가기관의 정보가 국민에게 최대한 공개되어야 하는데, 특히 언론이나 비정부기구 등 시민사회의 정부나 군

생존권의 일환으로 정보수집과 감시권을 인정한 것으로 평가할 수 있다. 국가보안법 제7조로 남북의 평화통일을 위한 개인의 정보접근과 의견 형성, 표현이 제한될 경우 평화적 생존권을 재판규범으로 하여 위 조항이 위헌임을 선언할 수 있다.

이상을 모아보면, 헌법재판소는 다시 평화적 생존권을 헌법상 기본권으로 인정하고, 국가보안법 제7조의 평화적 생존권 침해 여부를 판단하여야 한다. 관련하여, 평화적 생존권을 행복추구권으로부터 나오는 헌법상 기본권으로 인정하는 견해도 제기되고 있다.[274]

(2) 평화적 생존권의 내용

1) 국가는 국민의 평화적 생존을 보장할 책무를 진다

1984년 유엔 총회 '평화에 대한 인류의 권리선언' 제2조는 "인류의 평화에 대한 권리를 보존하고 그 이행을 증진하는 것이 각 국가의 근본적인 의무임을 엄숙히 선언한다"고 하였다. 또 제3조에서 인류의 평화적 생존을 보장하는 것은 "국제관계에서의 무력 사용의 포기와 유엔 헌장에 기초한 평화적 수단에 의한 국제분쟁의 해결을 요구한다는 점을 강조한다"고 하여, 평화를 위해서는 국가의 평화주의 정책이 절실히 필요함을 확인

에 대한 감시·통제활동은 그에 관한 정보의 수집·분석을 필연적으로 수반할 수밖에 없으나 이 또한 우리 헌법에 의하여 당연히 보장되는 권리라 할 것이므로, 공공의 이익을 목적으로 정부나 군에 관한 정보를 취득하여 공개하는 행위를 하여 결과적으로 반국가단체 등에 유리한 상황을 초래되었다 하더라도 그 행위자에게 반국가단체 등을 지원할 목적이 있었다고 쉽게 추단하여서는 안 될 것이다."

274 "헌법재판소가 평화적 생존권을 헌법상 독자적이고 개별적인 기본권이 아니라고 판단한 것이지 헌법적 가치가 아니라고 배척한 것은 아니다.", "헌법재판소가 개별적 사안에 대한 헌법재판에서 개인이 평화롭게 살 권리에 대해 행복을 추구할 권리에 포함되는 것으로 해석할 수 있고, 이때에는 기본권으로 보장된다고 하겠다.", "행복추구권의 내용으로 인정되는 평화롭게 살 권리는 단순히 전쟁이 없는 상태에서 생존하는 것에 국한되지 않는다. 이는 국가에 대해 전쟁 등 평화를 파괴하는 행위를 하지 말 것을 소극적으로 요구할 수 있는 것에 그치지 않고, 전쟁과 폭력이 없는 평화로운 상태에서 살아갈 정책을 수립하고 실천할 것을 적극적으로 청구할 수 있는 권리. 평화롭게 살 권리의 구체적인 내용은 문제된 사안에 따라 국가가 처한 역사적인 조건과 국제관계 등을 종합적으로 고려하여 결정할 수 있다." 이효원b, 『평화와 법』, 도서출판 모시는사람들, 2018, 161-164쪽.

하였다.

제3세대 인권은 소극적으로 국가권력의 간섭만을 배제하는 권리에 그치지 않는다. 제3세대 인권의 특징은, 국가가 해당 인권보장을 도모할 정책을 채택하고 국제관계를 수립하는 것이 인권보장의 핵심 요소라는 데 있다. 제3세대 인권으로서 평화적 생존권은 국가의 반평화주의적 정책의 결정 및 집행을 막을 권리이기도 하지만, 침략적 군사동맹에 가담하지 않는 평화외교 추진 및 평화정책의 수립과 실현[275]을 통해 갈등을 관용과 상호이해로 해결해 나가려는 꾸준한 외교적 실천을 요구하는 권리이기도 하다. 평화적 생존권을 부인한 헌법재판소 결정의 별개의견도, 국민의 평화적 생존권에 대응하여 "국가는 국민들의 이러한 권리를 보장하기 위하여 침략전쟁·테러·범죄 등으로부터 국민의 생명과 신체의 안전을 보호하여야 할 의무가 있을 뿐 아니라 불가피하거나 불가항력이지 않은 침략전쟁을 회피하거나 부인하여야 할 책무도 가지고 있다."[276]고 하여, 평화적 생존권 보장을 위한 국가의 의무에 대해 언급하였다.

국가가 이와 같은 의무를 다하게 하기 위해서는 대외관계와 외교정책에 관한, 특히 우리나라의 경우 대북관계 및 통일정책에 관한 국민들의 적극적인 토론과 참여가 보장되어야 한다. 다른 나라와 대결이냐 협력이냐, 전쟁이냐 평화냐가 군주나 통치자 또는 정부담당자의 판단에 따라 결정되던 때는 이미 먼 과거가 되었다. 외교관계에 관하여는 통치자의 대권을 존중하고 따라야 한다는 통치행위론은 이미 구시대의 이론이다. 민주국가라면, 다른 나라와 대립 또는 친선, 전쟁 또는 평화의 선택권은 국민에게 있다. 이는 현대 헌법의 기본원리 중 하나인 국민주권주의에 비추어도 분명

---

275 이경주, 위의 책, 56쪽.
276 헌법재판소 2006. 2. 23. 선고 2005헌마26 결정 중 조대현, 목영준, 송두환 재판관의 별개의견.

하다. 외교관계가 "고도의 정치적 결단에 해당하여 사법심사를 자제할 대상"[277]이라는 사법심사 자제론 역시 통치행위론의 다른 이름이거나 사법소극주의일 뿐이다. 대북관계 및 통일정책에 대해 국민주권주의 원리가 실현되고 있는지, 평화적 생존권을 침해하지 않는지 여부는 미뤄서는 안되는 사법심사의 대상이다.

2) 평화적 통일을 위한 토론과 표현의 권리

평화적 생존권의 구체적 내용은, 국가에 대해 전쟁 등 평화를 파괴하는 행위를 하지 말 것을 요구할 수 있는 권리이자 전쟁과 폭력이 없는 평화로운 상태에서 살아갈 정책을 수립하고 실천할 것을 적극적으로 청구할 수 있는 권리를 우선 포함한다고 할 수 있다.[278]

특히 평화적 생존권의 내용은 우리나라가 처한 역사적인 조건과 국제관계 등을 종합적으로 고려하여 결정되어야 한다.[279] 민족구성원의 의사에 의하지 않고 만들어진 분단상황에서 전쟁을 겪고 갈등하에서 70여 년이 넘게 지내 온 우리나라에서 평화적 생존권은, 전쟁이 종료된 한반도에서 살 권리, 대치가 아닌 협력의 남북관계를 만들 권리, 통일된 한반도에서 살아갈 권리를 중요한 내용으로 한다. 국민 각자가 평화통일정책의 수립에 참여할 권리를 포함하고, 평화통일을 위한 정보습득과 감시권, 평화통일에 관한 의견 표명의 권리가 그 기본 내용이 된다.

헌법재판소는 "국민 개개인이 국가기관에 대하여 통일과 관련된 구체적인 행위를 요구하거나 일정한 행동을 할 권리"가 헌법상 통일조항으로

---

277 헌재 2009. 5. 28. 선고 2007헌마369 결정.
278 이효원b, 위의 책, 163-164쪽.
279 이효원b, 위의 책, 164쪽.

부터 도출된다고 할 수 없다[280]고 하였다. 그러나 국가에 특정한 행위를 요구하는 권리로까지 나아가지 않더라도, 헌법에 의해 '평화적 통일의 사명'을 부여받은 국민 각자가 국가에 평화적 통일의 목표 실현을 위한 정책 실행을 요구할 권리, 목표 실현을 저해하는 정책 중단과 법제도 철폐를 요구할 권리, 평화적 통일을 위한 참여를 막는 방해배제를 요구할 권리를 가지는 것은 가능하고, 이를 위 사건 청구인의 주장과 같이 "국민 개개인의 통일에 대한 기본권"이라고 칭할 여지도 있다. 평화적 통일의 사명을 실현하기 위한 일련의 위 권리들을 일응 '평화적 통일의 권리'라 통칭하면, 한국 현실에서 평화적 생존권의 핵심 내용은 바로 '평화적 통일의 권리'다.

헌법 제72조는 외교·통일·국방 등 국가안위에 관한 정책을 대통령이 국민투표에 회부할 수 있다고 정한다. 한국 외교의 가장 중대한 현안은 남북관계와 관련된 다른 나라들과의 관계 조정이며, 우리 국방력의 절대다수는 북한과 대치 상태를 전제로 배치·운용되고 있다. 곧 외교·국방 등 사항의 핵심이 통일정책과 연관되어 있는 현실에서, 제72조의 핵심 내용은 통일정책의 수립과 집행에 있어 민주적 절차에 따른 국민의 합의가 요구된다는 것[281]이다.

헌법은 정치·사회·경제 문제 일반에 대한 국민투표제도를 도입하지 않은 상태에서 제72조를 두어 통일정책에 관한 국민투표회부를 가능하게 하였다. 국내문제인 정치·사회·경제정책보다 대외문제인 통일정책에서 국민의 의견을 수렴하고 동의를 얻어야 할 필요가 더욱 크다는 판단이 그 배경이라 볼 수 있다. 그러므로 현행 헌법하에서는 통일정책에서 국민의 활발한 토론을 보장할 필요가 다른 국내문제에 비하여 더 크다. 남북관계

---

280 헌법재판소 2000. 7. 20. 선고 98헌바63 전원재판부 결정.
281 이효원a, 『통일법의 이해』, 박영사, 2014, 72쪽.

발전에 관한 법률 제2조 제2항도 "남북관계의 발전은 국민적 합의를 바탕으로" 추진되어야 한다고 하여 국민적 합의를 기본 전제로 본다. 어느 문제이든 국민적 합의에 이르기 위해서는 활발한 토론이 보장되어야 한다. 따라서 우리 헌법의 평화적 생존권에서는 통일정책에서 국민의 활발한 토론의 자유와 이를 위한 표현의 자유 보장이 매우 중요하다.

3) 평화적 생존을 위해 표현의 자유 보장 필요

2016년 유엔 총회의 '평화권 선언' 결의가 평화는 단순히 갈등이 없는 상태뿐만 아니라 대화가 장려되고 상호 이해와 협력으로 갈등이 해소되는 적극적이고 역동적이고 참여적인 절차를 요구한다고 명시한 것처럼,[282] 평화를 이루는 핵심 방법은 대화다. "평화를 원한다면 전쟁을 준비하라", 고대 로마제국의 베게티우스의 저작에 나온 이 말은, 평화를 위해서는 갈등 상대방을 압도할 군사력을 갖추고 내부의 적을 색출하는 것이 선차적이라는 주장을 요약하는 격언처럼 오랫동안 회자되어 왔다. 그러나 역사적 진실에 더욱 가까운 말은, 2차 대전의 참화를 목격한 과학자 알베르트 아인슈타인의 "동시에 전쟁을 방지하고 전쟁을 준비하는 것은 불가능하다."는 것이다. 평화를 원한다면 평화를 준비해야 한다.[283] 특히 갈등 집단이 근접해 있고 갈등의 구성원이 공통적인 역사를 공유하고 있으며 갈등이 오래 쌓이면서 서로에 대해 매우 다른 인식을 가지는 심각한 고정관념이 생긴 경우[284]에는, 갈등의 쟁점을 해결하려는 국가 차원의 외교 활동만으로

---

282 Declaration on the Right to Peace Resolution, A/RES/71/189.
··· Recognizing that peace is not only the absence of conflict but also requires a positive, dynamic participatory process where dialogue is encouraged and conflicts are solved in a spirit of mutual understanding and cooperation, and socioeconomic development is ensured,
283 한겨레 2016. 5. 11., 서재정, 「평화를 원한다면 평화를 준비하라」
http://www.hani.co.kr/arti/opinion/column/743497.html
284 존 폴 레더라크 지음, 김동진 옮김, 『평화는 어떻게 만들어지는가』, 후마니타스, 2012, 34쪽.

는 평화 구축에 성공하기 어렵고, 집단 구성원들 사이의 관계를 회복하고 재건하는 화해가 평화 구축의 중심 요소가 되어야만 한다는 것이 세계 여러 나라들의 분쟁과 갈등 현장에서 평화 구축 프로젝트를 진행해온 평화학 연구자와 활동가들의 결론이다.

관계 회복을 위해서는 만남, 경청, 인정이 있어야 한다. 화해는 갈등 집단 구성원들이 서로의 미래가 궁극적으로 밀접하게 연결되어 있다는 것을 확인하고 상호 의존성을 향상시키는 방식으로 미래를 그려내며 비로소 이루어진다.[285] 서로 만나야 관계가 회복되고 화해가 촉진되는 것이다. 그런데 평화조약 조인 등을 목표로 하는 국가 차원의 외교 활동이 평화구축 과정의 중심이 되는 경우, 정부 지도자 등이 아닌 사회 구성원은 평화조약이 조인될 때까지 기다리고 있다가 그 후에야 이행 과정에 참여하도록 요구받는 경우가 많다. 하지만 효과적인 평화구축이 가능하려면, 갈등 상황에 있는 사회 구성원 내부에서 다양한 수준의 지도자와 많은 사람들이 참여하여야 한다.[286] 여기에는 널리 존경받는 개인 또는 교육, 상업 등에서 지도적 위치에 있는 사람들, 넓은 사회적 관계를 갖는 종교 집단이나 학문 기관들, 풀뿌리 지도자 등 다양한 수준의 사람들이 포함된다.[287] 이들이 피스메이커로서 자신들의 역할에 대한 전망을 갖는 만큼, 이들이 갈등의 상대방 구성원들과 다리를 놓을 수 있는 만큼, 이들이 갈등 상황의 민감성과 뉘앙스에 대한 적절한 이해를 갖는 만큼, 이들이 합법적인 행위자로 그 내적 역량을 인정받는 만큼, 이들은 화해를 향한 매우 가치 있는 자원이 되고, 가장 효과적인 평화의 지지층이 된다.[288]

---

285 레더라크, 위의 책, 48-53쪽.
286 레더라크, 위의 책, 77-78쪽.
287 레더라크, 위의 책, 71-73쪽.
288 레더라크, 위의 책, 139쪽.

이 원칙을 남북관계에 적용하면, 당국자 간 평화협정이 완전하고 확고한 평화를 가져다줄 터이니 국민들은 평화협정이 이루어지기까지 일단 기다려야 한다고만 보아서는 안 된다는 것이다. 다양한 인사들과 시민사회, 국민 각자가 북한 주민들과 교류하고 이해하며 협력하고 대화하며 서로 의존하는 미래를 만들어 화해로 나아가는 것이 평화 구축에 더 결정적이고, 이러한 사회 구성원들의 능력을 키우는 것이 평화를 만들어내는 데 더 효과적인 방법이다. 이를 위해서는 국민들이 갈등 상대방에 대해 정보를 얻고 대화하고 화해의 방법을 찾으려는 시도가 합법적으로 인정되어야 한다. 유엔 총회 '평화권 선언'은 상호 신뢰와 이해의 분위기 속에서 이루어지는 대화와 협력이 국제 평화와 안보의 최선의 보증임을 명시하고 있다.[289] 국가안전보장을 추구하는 방법과 평화를 추구하는 방법이 서로 다를 수 없다는 인식을 반영한 것이다.

상호 이해를 위한 대화는 다양한 구성원들의 자유로운 참여를 보장하는 것이어야 한다. 유엔 총회 '평화권 선언'은 평화 문화를 강화하고 평화를 만들고 유지하는 데서 시민사회조직들이 중요한 기여를 한다는 점을 명시적으로 언급하고 있다.[290] 참여의 전제는 자유로운 정보취득이다. 2016년 유엔 인권이사회의 평화권 선언[291]은 전문에서, "평화는 갈등의 부

289 Declaration on the Right to Peace Resolution, A/RES/71/189.
··· Recalling that respect for the diversity of cultures, tolerance, dialogue and cooperation, in a climate of mutual trust and understanding, are among the best guarantees of international peace and security,Recalling also that tolerance is respect, acceptance and appreciation of the rich diversity of our world's cultures, our forms of expression and ways of being human, as well as the virtue that makes peace possible and contributes to the promotion of a culture of peace,

290 Declaration on the Right to Peace Resolution, A/RES/71/189
··· Recognizing also the important contribution that civil society organizations can make in building and preserving peace, as well as in strengthening a culture of peace,

291 Declaration on the Right to Peace, A/HRC/32/L.18, 2016. 6. 24. adopted by Human Rights Council.
··· Recognizing that peace is not only the absence of conflict but also requires a positive, dynamic participatory process where dialogue is encouraged and conflicts are solved in a spirit of mutual

재뿐만 아니라 소통과 대화를 장려하고 갈등이 상호이해와 협력의 정신으로 해결되며 사회경제적 발전이 보장되는 긍정적이고 역동적인 참여 과정을 전제로 한다는 점을 인식하며"라고 하여 평화권의 보장이 대화와 토론, 참여를 통해서만 달성될 수 있다는 점을 분명히 하고 있다.

전 세계 비정부기구들이 추진해온 오랜 기간의 평화권 논의도 공통적으로 평화권 보장을 위한 토론의 가능성을 강조하고 있다. 스페인 국제인권법협회의 주도로 이루어진 '평화권에 관한 루아르카 선언' 제15조는 평화에 대한 진실한 정보를 얻을 권리를 규정하였다.[292] 비정부기구들로 구성된 '평화권에 관한 국제회의'가 채택한 '평화권에 관한 산티아고 선언' 제8조 '사상, 의견, 표현, 양심 및 종교의 자유'는, 평화권 실현을 위해 위 권리의 제한없는 보장이 매우 중요하다는 점을 확고하게 밝히고 있다.[293] 국가가 평화정책을 수립하고 실행하여 국민 각자가 평화적 생존권

---

understanding and cooperation, and socioeconomic development is ensured,

292 평화권에 관한 루아르카 선언(2006)
제8조 이민의 권리, 평화롭게 정착할 권리, 참여할 권리
4. 모든 이들은 그/그녀들의 개인적이고 집단적인 관심과 요구에 대해서 자유롭고 공개적으로 표현할 수 있는 것을 보장하는 특정한 메커니즘이나 기구를 설립할 권리를 갖는다.
제9조 사상과 양심과 종교의 자유에 대한 실행
모든 이들은 그/그녀의 사상의 자유, 양심의 자유, 종교의 자유를 공개적으로 표현할 수 있는 권리를 가진다. 그/그녀가 믿음과 확신, 선택을 가지고 표현하는 것에 대해 존중받을 권리를 가진다.
제15조 평화에 대한 요구와 진실한 정보
개인들과 인민들은 평화가 효과적으로 성취될 것을 요구할 수 있는 권리를 가진다.
b) 평화권을 침해하거나 위협하는 어떤 행위에 대해서도 비판할 권리가 있으며, 이를 위해 갈등과 관련한 객관적 정보를 얻을 권리를 가지고 있다.
c) 평화권을 증진하고 보호하는 활동에 자유롭게 참여할 수 있으며, 이를 행함에 있어서 지역적, 국가적, 국제적 차원에서 권력의 방해를 받지 않을 권리가 있다. (번역문은 이경주, 위의 책, 454-456쪽.)
293 평화권에 관한 산티아고 선언(2010)
제3조 사상, 의견, 표현, 양심 및 종교의 자유
1. 모든 인민과 개인은 전쟁과 침략 목적의 정보조작으로부터 보호받기 위해 국제인권법이 정하는 바에 따라 검열 없이 다양한 정보원으로부터 정보를 요구하고 정보를 얻을 권리를 갖는다.
2. 모든 인민과 개인은 평화권을 위협하고 침해하는 일체의 사건을 비판할 권리를 갖는다. 또 정부 또는 민간부문의 어떠한 간섭도 없이 평화권의 옹호와 촉진을 위해 평화적인 정치·사회·문화 활동에 자유로이 참여하고 발의할 권리를 갖는다.
3. 모든 인민과 개인은 어떠한 형태의 문화적 폭력으로부터도 보호받을 권리를 갖는다. 이를 위해 사상, 양심, 표현 및 종교의 자유를 국제인권법에 합치하는 형태로 향유한다.
(번역문은 이경주, 위의 책, 491쪽.)

을 보장받을 수 있기 위해서는, 국민 각자가 평화를 추구하는 생각을 자유스럽게 표현할 수 있어야 한다. 대립하는 국가 또는 집단과 관계를 어떻게 풀어나갈 것인지 외교정책에 대한 토론 역시 활발하게 이루어져야 한다. 헌법 제72조의 외교·국방·통일정책 국민투표가 제대로 이루어지기 위한 전제는 이 주제에 대한 활발한 토론이 이루어지는 것이다. 그런데 분단 갈등의 핵심 쟁점에 대한 특정한 내용의 말이나 글은 국가보안법으로 처벌받을 위험에 처하게 되면 토론의 공론장이 제대로 형성된다고 할 수 없다.

국민들이 다른 나라와 평화적 관계를 만들어 평화적 생존을 보장받게 하기 위한 국가의 의무 가운데 첫 번째는, 평화를 위한 사상적·정치적 표현을 제한하는 법률을 철폐하는 것이다. 전쟁의 상흔과 갈등의 유산에서 자유롭지 못한 나라에서는 이미 구시대의 이론이 되었어야 할 통치행위론을 되살려 외교정책을 국민의 손에서 떼어내려 하기도 하고, 국가안보 명분으로 국민의 표현과 토론을 제한하기도 하기 때문이다. 국민의 자유로운 표현과 토론이 국가 권력에 의하여 방해받지 않도록 하는 것, 표현과 토론이 활발히 벌어지도록 정보를 제공하고 공적 논의 절차에 국민참여를 확대하는 것, 이를 저해하는 법제도를 개폐하는 것은 바로 우리 헌법질서 아래에서 국민 각자의 평화적 생존권을 확보하는 첫 걸음이다.

(3) 제7조의 평화적 생존권 침해

2006년 유엔 총회 60/251 결의가 모든 인권이 "같은 방법으로 다루어져야 한다."고 밝힌 것에 비추어, 또 국가보안법 제7조가 평화적 생존권의 여러 측면 가운데 자유권 침해 문제인 점을 고려하여 헌법 제37조 제2항에 따른 비례심사기준을 적용하여 제7조의 평화적 생존권 침해 여부를 살펴보면, 우선 목적의 정당성부터 인정될 수 없다.

우리나라에서는 한국전쟁을 겪은 뒤로 북한과의 관계가 국민들의 평화적 생존권 보장에서 가장 중요한 현안이었다. 전쟁이 멈추거나 끝난 때, 국민들이 전쟁의 재발과 적대적 대립을 피하고 평화롭게 살 수 있으려면, 평화적 방법이 우선되어야 한다. 헌법이 천명한 국제평화주의와 평화통일 원칙이 남북 관계에 적용되어야 함은 분명하다. "헌법은 전문과 제4조에서 평화통일 원칙을 천명함으로써 통일을 위한 북한과의 대화와 타협은 필수적인 과정으로 규범화"[294]되어 있다. 북과의 대화 협력, 다양한 교류와 소통이 평화적 생존권 보장을 위해 절실히 필요하다.

일제 치하에서 해방된 직후 민족구성원들의 의견수렴 없이 다른 강대국들의 의사에 따라 일방적으로 결정된 분단 상황에서 비롯되고 전쟁으로 증폭된 갈등을 근원적으로 해결하기 위해서는 통일의 필요성을 토론하고 현실적으로 실현할 방법을 찾는 노력이 꼭 있어야 한다. 한반도에서 안정적 수준의 평화를 달성하기 위해서는 통일로 가는 지향이 필요하다. 통일은 상대가 있는 것으로 북한과 합의에 도달하여야만 실현될 수 있는데, 북한과 평화관계를 만들고 통일을 모색하기 위해서는 우리 사회 내에서 북한에 대한 생각과 표현이 자유롭게 이루어지고 한반도가 나아갈 방향에 대해 활발한 토론이 펼쳐지는 것이 필수다. 자유로운 정보접근과 획득, 토론 없이 통일에 도달하는 것은 불가능하다.

그러나 제7조는 북한의 외교정책이나 통일정책과 비슷한 것을 주장하거나 심지어 그러한 내용이 담긴 문서를 소지하는 것, 이러한 표현활동을 하는 단체를 조직하고 가입하는 것 자체도 행위자의 언행이나 전력 또는 소속 단체, 해당 단체의 기존 활동에 따라 국가안전보장과 자유민주적 기본질서를 위태롭게 하는 것이라고 보아 처벌한다. 특정한 전력이나 이력

---

294 대법원 2010. 7. 23. 선고 2010도1189 전원합의체 판결 중 박시환 대법관의 반대의견.

이 있는 사람이라면 북과 비슷하거나 북에 호의적인 표현을 하면 중하게 처벌받을 위험에 처하는 조건에서는 자유로운 토론을 할 수 없다. 특정 의견을 가진 사람들의 자유토론이 제한된다면 모두의 생각이 제한당하는 것이나 마찬가지 결과가 된다. 말의 금지는 생각의 금지로 이어진다. 특정 표현활동을 하는 단체구성·가입을 금지당하면 집단적인 의사표현은 불가능하다. 국민 모두의 자유로운 토론이 보장되지 않은 상태에서는 헌법 제72조의 외교·국방·통일정책 국민투표에서도 진정한 자유투표를 기대할 수 없다. 결국 제7조가 존재하는 한, 국민 각자는 외교정책과 대북정책에 관여하고 참여할 여지를 제한당할 수밖에 없다. 이런 상태에서는 대결하고 대립하자는 말, 정치와 관계없는 인도주의적 교류만이 허용된다. 갈등의 원인에 대한 분석과 해결방법의 모색이 자유로이 이루어질 수 없다.

특히 제7조는 주한미군 철수, 연방제 통일, 국가보안법 철폐 등의 남북관계의 중요 쟁점에 대한 표현 및 표현물, 그 표현을 하는 단체구성·가입을 주요 처벌 대상으로 하므로, 제7조의 목적은 북과 교류·협력 및 평화통일방안 모색이라는 공익에 대한 정보를 억압하는 것이 된다. 자유권규약 제19조 표현의 자유에 관한 공식 해석인 일반논평 34호 제30문단[295]은, 국가안보 목적으로 표현의 자유를 제한하는 것은 엄격한 요건에 따라서만 가능하다고 하면서 몇 가지 경우를 특별히 거론한다. 그 중 하나가 공익에 대한 정보를 억압하려거나 이러한 정보를 일반 대중으로부터 차단하려는 것이라면 '국가안보'에 해당하지 않는다는 것이다. 제7조가 특정

---

295 General Comment No. 34, Article 19:Freedoms of opinion and expression.
30. ⋯ It is not compatible with paragraph 3, for instance, to invoke such laws to suppress of withhold from the public information of legitimate public interest that does not harm national security or to prosecute journalists, researchers, environmental activists, human rights defenders, or others, for having disseminated such categories of information as those relating to the commercial sector, banking and scientific progress. ⋯

쟁점에 대한 표현을 처벌하는 실질적인 목적은 정보 차단에 가까워, 목적의 정당성을 인정하기 어렵다.

헌법 제37조 제2항의 비례심사기준에 비추어 보자. 제7조는 국가안전보장이라는 명목으로, 국민 각자가 헌법이 규범적으로 요구하는 북한과 대화와 타협을 실현하기 위하여 국가의 통일정책결정에 참여하는 데 필요한 토론과 표현, 단체구성·가입을 금지하고 생각과 상상마저 제한한다. 국민의 평화적 생존과 대한민국의 평화통일정책 수립·실행을 위한 '북한과 대화와 타협이라는 헌법의 필수 과정'이 실행되는 것 자체를 저해한다. 따라서 목적의 정당성부터 인정될 수 없다.

만일 목적의 정당성이 인정된다 하더라도, 제7조는 형사처벌을 수단으로 하는 것인데, 갈등 상대방에 대한 정보와 말, 표현활동을 하는 단체구성·가입을 형사처벌하여 차단하는 것이 갈등 해결을 위한 대화와 협력 추진에 적절한 수단이었다는 역사적 경험은 어디에도 없다. 형사처벌은 정보수집을 중단시키고 오해는 편견을 낳으며 갈등을 더 심각하게 하고 오래가게 할 뿐이다. 갈등해소와 평화구축은 다양한 사람들의 참여와 대화를 통해서만 이루어질 수 있다. 제7조는 평화적 생존권 침해와 관련하여 수단의 적합성이 없다.

제7조는 피해의 최소성도 충족하지 못한다. 일반논평 34호 9문단은 "의견을 가졌다는 것을 범죄화하는 것은 (자유권규약 제19조) 제1항에 부합하지 않는다"고 한다. 국가보안법 제7조 제5항 "제작·취득·소지", 제1항 "동조"는 의견을 가진 것에 지나지 않는데도 징역 7년을 상한으로 하는 유기징역형이라는 무거운 형사처벌을 부과하고, 제3항 "단체구성·가입"은 이보다 가중된 징역 1년 이상의 유기징역형으로 처벌하는 것이어서, 피해의 최소성 요건을 도저히 충족하지 못한다. 그 외의 다른 행위에 대한 처벌 역시 행동이 아닌 말, 행동으로 이어질 현재성과 급박성조차 없는 말

에 대해 가해지는 것으로, 피해의 최소성 요건에 어긋난다.

끝으로 법익의 균형성을 검토하여도, 제7조는 북한과 교류 협력을 추진하여 평화적 생존권을 보장하는 것과 관련하여 어떠한 유익한 결과를 가져온다는 역사적·실증적 경험을 단 하나도 만들지 못했다. 오히려 제7조로 무겁게 처벌받은 문익환 목사 등 종교계를 비롯한 각계 인사들이 금단선을 넘어 남북의 새로운 화해의 시도를 한 것으로 역사에 남았을 뿐이다.

결국 제7조는 국민의 평화적 생존을 위해 남북관계를 개선하고자 하는 생각과 표현, 단체구성·가입을 차단한다. 이는 한반도에서 통일을 지향하는 남북 간의 평화적 관계 수립을 저해하여 국민의 평화적 생존권을 침해하는 것으로, 헌법 제37조 제2항의 요건을 충족하지 못하므로 위헌이다.

8. 평등권 침해
—사상을 이유로 한 차별은 위헌

(1) 특정 이념에 찬성하는지가 처벌 기준
1) 사상 또는 정치적 의견을 이유로 한 차별도 평등권 침해

헌법 제11조 제1항[296]은 모든 국민에게 평등하게 대우받을 권리를 보장한다. 법률 자체가 차별적이면 그 역시 위헌결정을 받을 수 있다.[297] 아울

---

296 헌법 제11조 ① 모든 국민은 법 앞에 평등하다. 누구든지 성별 종교 또는 사회적 신분에 의하여 정치적 경제적 사회적 생활의 모든 영역에 있어서 차별을 받지 아니한다.

297 헌법재판소는 "헌법 제11조 제1항의 규범적 의미는 … '법 적용의 평등'에서 끝나지 않고, 더 나아가 입법자에 대해서도 그가 입법을 통하여 권리와 의무를 분배함에 있어서 적용할 가치평가의 기준을 정당화할 것을 요구하는 '법 내용의 평등'을 포함한다. 따라서 평등원칙은 입법자가 법률을 제정함에 있어서 법적 효과를 달리 부여하기 위하여 선택한 차별의 기준이 객관적으로 정당화될 수 없을 때에는 그 기준을 법적 차별의 근거로 삼는 것을 금지한다."(헌법재판소 2000. 8. 31. 선고 97헌가12 결정)고 한다. 또 "그 입법 내용이 정의와 형평에 반하거나 자의적으로 이루어진 경우에는 평등원칙을 위반한 입법권의 행사로서 위헌결정을 면할 수

러 헌법재판소는 헌법 제11조 제1항의 "성별·종교 또는 사회적 신분"을 예시로 보고 있으므로,[298] 그 외의 다른 기준에 따른 차별도 평등권 침해로 판단될 수 있다.

평등권 침해 여부는 첫째, 본질적으로 동일한 것을 다르게 취급하는지, 곧 차별취급이 존재하는지, 둘째, 차별대우가 헌법적으로 정당화되고 있는지로 판단된다. 침해 여부 판단에 앞서, 간접차별도 차별인지, 사상 또는 정치적 의견을 사유로 한 차별도 금지되는 차별에 포함되는지, 무엇을 차별판단기준으로 삼을지가 문제된다.

우선, 차별취급에는 직접차별과 간접차별이 모두 포함된다. 헌법재판소는 "일반적으로 평등원칙은 본질적으로 같은 것은 같게, 본질적으로 다른 것은 다르게 취급할 것을 요구하는 것으로서, 입법자에게 본질적으로 같은 것을 자의적으로 다르게, 본질적으로 다른 것을 자의적으로 같게 취급하는 것을 금하고 있다."[299]고 한다. 입법자가 금지된 차별사유인 성별 등을 직접적인 요건으로 삼아 서로 다른 법적 효과를 부여하는 것이 직접차별이다. 간접차별은 외관상 중립적 기준이지만 결과적으로 차별이 발생하는 경우다.[300]

없다" 헌법재판소 1992. 4. 28. 선고 90헌바24 결정)고 하여, 차별적 입법의 의문이 있는 경우 헌법적 정당화의 필요가 있다고 한다.

298 헌법재판소 2011. 3. 31. 선고 2008헌바141 결정 등.

299 헌법재판소 2008. 12. 26. 선고 2005헌바30 결정.

300 2000년 제78호 EU 고용평등지침은 간접차별의 결과가 발생하는 경우를 "외관상 중립적인 규정이나 기준 또는 관행이라고 하더라도 그로 인하여" 특정한 차별 사유를 가진 사람들이 "다른 사람들과 비교하여 특별한 불이익이 발생하고, 그러한 규정이나 기준 또는 관행이 입법적 목적에 의하여 객관적으로 정당화되지 않거나 그 목적을 실현하는 수단이 적절하고 필수적이지 않은 경우, 또는 그러한 규정이나 기준 또는 관행이 발생시킨 불이익을 제거하기 위하여 장애인에게 편의시설을 제공하는 적절한 조치를 취하지 않은 경우"로 설명한다. 2000년 제78호 EU지침(COUNCIL DIRECTIVE 2000/78/EC of 27 November 2000 establishing a general framework for equal treatment in employment and occupation) 제2조 제2항
(b) indirect discrimination shall be taken to occur where an apparently neutral provision, criterion or practice would put persons having a particular religion or belief, a particular disability, a particular age, of a particular sexual orientation at a particular disadvantage compared with other persons unless;

사상 또는 정치적 의견에 따른 차별도 금지되는 차별에 해당한다. 자유
권규약[301]도 정치적 의견을 이유로 한 차별을 철폐할 의무를 당사국에 부
여한다. 대한민국 정부가 UN 인권이사회에 약속한 차별금지법 제정이
오랜 기간 표류하는 등의 사정으로, 사상 또는 정치적 의견을 이유로 한
차별 철폐가 우리 사회의 모든 분야에서 이루어지고 있지는 못하다. 하
지만 국가인권위원회법 제2조 제3호는 고용, 재화나 용역 등의 공급이
나 이용, 교육 훈련, 성희롱과 관련한 "평등권 침해 차별행위"를 금지하
고, 그 차별의 사유에 "사상 또는 정치적 의견"을 명시하였다. 국가인권위
원회법의 적용영역이 제한되어 있기는 하나, 이 규정은 사상 또는 정치적
의견이 차별대우의 이유가 되어서는 안 된다는 기준을 정립한 것으로 볼
수 있다.

관련하여, 2020년 6월 30일 국가인권위원회는 국회에 대하여 국가인
권위가 제시한 안을 참조하여 조속히 입법을 추진할 필요가 있다는 의견
을 표명한 바 있다. 국가인권위가 제시한 '평등 및 차별금지에 관한 법률'
시안은, 제3조 제1항에서 차별의 정의에 '사상 또는 정치적 의견'을 포함
한다. 또 차별금지영역으로 같은 항 제4호에 '사법절차'를 명시하고, 제30
조 제1항에 수사 및 재판 관련 기관에 동등 대우 의무를 부과하고 있다.[302]

(i) that provision, criterion or practice is objectively justified by a legitimate aim and the means of
achieving that aim are appropriate and necessary, or
(ii) as regards persons with a particular disability, the employer or any person or organization to
whom this principles contained in Article 5 in order to eliminate disadvantages entailed by such
provision, criterion or practice.
301 시민적 및 정치적 권리에 관한 국제규약 제2조
1. 이 규약의 각 당사국은 자국의 영토 내에 있으며, 그 관할권 하에 있는 모든 개인에 대하여 인종, 피부색,
성, 언어, 종교, 정치적 또는 기타의 의견, 민족적 또는 사회적 출신, 재산, 출생 또는 기타의 신분 등에 의한 어
떠한 종류의 차별도 없이 이 규약에서 인정되는 권리들을 존중하고 확보할 것을 약속한다.
302 국가인권위원회c, '평등 및 차별금지에 관한 법률' 시안
제3조(차별의 개념) ① 이 법에서 차별이란 합리적인 이유없이 성별, 장애, 병력, 나이, 출신국가, 출신민족,
인종, 피부색, 출신지역, 용모·유전정보 등 신체조건, 혼인여부, 임신 또는 출산, 가족형태 및 가족상황, 종교,
사상 또는 정치적 의견, 전과, 성적지향, 성별정체성, 학력, 고용형태, 사회적신분 등(이하 "성별 등"이라 한다)

따라서 사상 또는 정치적 의견을 이유로 한 차별이 금지되는 차별에 해당함은 명백하다.

2) '정을 알면서' – 사상과 정치적 의견에 따른 차별의 근거

형사법은 행위자에 대한 처벌이 아니라 행위에 대한 처벌이라는 것이 근대형법의 기본 전제다. 위험한 것은 행위이지 행위자가 아니다. 공무원과 같이 특별한 의무를 진 사람만 위반할 수 있는 신분범이 아닌 이상, 같은 행위에 대해 행위자에 따라 처벌 여부가 달라서는 안 된다.

그러나 국가보안법 제7조는 초과주관적 구성요건을 요구하고 이를 행위자의 전력과 언행 등을 통해 인정하는 규정으로, 마치 신분범처럼 같은 행위도 행위자에 따라 처벌 여부를 달리하는 것이어서, '본질적으로 같은 것을 다르게 취급하는 것'으로서 헌법적 정당화를 필요로 하는 차별대우다.

당초 헌법재판소는 1991년 개정 전 제7조 제1항에 대한 첫 한정합헌 결정에서, "구성원", "활동", "동조", "기타의 방법", "이롭게 한" 모두 다섯 군데의 용어가 지나치게 다의적이고 그 적용 범위가 광범위하고, 제7조 제5항 역시 같은 위헌적인 요소가 생길 수 있다[303]고 보았다. 북한을 이롭게 한 행위는 모두 처벌 대상으로 하다 보니 구법상 제7조의 처벌 대상이 지나치게 넓어, 냉전체제가 해소되어가던 국제적 환경에서 공산권 국가나 북과 대화·교류해야 하는 정부 당국자나 기업가 등까지도 법문상으로는

을 이유로 다음 각 호의 영역에서 개인이나 집단을 분리·구별·제한·배제하거나 불리하게 대우하는 행위를 말한다.
1. 고용
2. 재화·용역의 공급이나 이용
3. 교육기관의 교육 및 직업훈련
4. 행정 사법절차 및 서비스의 제공·이용
제30조(수사·재판 절차·서비스에서의 동등대우) ① 수사 및 재판 관련 기관은 수사·재판 절차·서비스에서 성별 등을 이유로 특정 개인이나 집단이 차별받지 아니하도록 필요한 조치를 하여야 한다.
303 헌법재판소 1990. 4. 2. 선고 89헌가113 결정.

처벌 대상이 되는 문제가 지적되었다. 그 결과 야당과 통일운동 인사 등 정치적 반대 세력만 차별적으로 처벌하는 자의적 적용 문제가 두드러지게 드러난 것이다.

위 한정합헌결정의 취지는 "국가보안법 제7조 제1항 및 제5항의 규정은 각 그 소정의 행위가 국가의 존립·안전을 위태롭게 하거나 자유민주적 기본질서에 위해를 줄 명백한 위험이 있을 경우에만 축소적용되는 것으로 해석한다면 헌법에 위반되지 아니한다."는 것이다. 이에 따라 법을 개정한다면 "동조" 등 '명백한 위험'을 초래한다 할 수 없는 행위태양을 삭제하고 '명백한 위험'을 초래하는 행위태양이 무엇인지를 판단할 객관적 기준을 구체화하여 규정하여야 한다.

그러나 1991년 개정은 제7조 제1항 중 "기타의 방법", "이롭게 한" 부분만 삭제했을 뿐, 자의성이 지적된 다른 세 부분은 삭제 또는 축소하여 명확하게 하지 않았다. 대신 "국가의 존립·안전이나 자유민주적 기본질서를 위태롭게 한다는 정을 알면서"라는 주관적 구성요건만을 더하였다. 그 뒤 헌법재판소는 "정을 알면서"라는 초과주관적 구성요건을 둔 이상 단순히 정부의 정책에 반대하거나 제도개혁을 주장한다는 이유만으로 행위자를 처벌하는 수단으로 악용될 가능성이 거의 없다[304]는 판단을 되풀이해 왔다.

1991년 개정 이후 헌법재판소에서는 반대의견으로 "지적한 문언 중 과반수가 넘는 문언에 대하여 입법자가 우리 재판소의 위 결정 취지에 따르지 아니하였음을 확인할 수 있다."[305]는 지적이 나왔다. 주관적 구성요건을 더한 것만으로는 삭제되지 않은 "구성원", "활동", "동조" 부분의 자의적 적

---

304 헌법재판소 2015. 4. 30. 선고 2012헌바95 결정.
305 헌법재판소 1997. 1. 16. 선고 92헌바6 결정 중 조승형 재판관의 반대의견.

용 문제가 해소되지 않는다고 본 것이다. 오히려, 제7조는 위 개정으로 행위자의 사상 또는 정치적 성향에 따른 차별적 적용을 원칙으로 삼는 규정이 되고 말았다. 제1항에 삽입된 "국가의 존립·안전이나 자유민주적 기본질서를 위태롭게 한다는 정을 알면서", 제3항과 제5항에 존속한 "제1항…의 행위를 할 목적으로" 해당 여부는 모두 행위자의 과거 이력이나 행적에서 추출되는 행위자의 사상이나 정치적 의견에 따라 달리 판단[306]되기 때문이다.

3) 제7조 적용 시 사상과 정치적 의견에 따른 차별 발생

제7조의 '목적' 판단에서 법원이 정립한 가장 최근의 기준은, "행위자에게 이적행위 목적이 있음을 인정할 직접증거가 없는 때에는 표현물의 이적성의 징표가 되는 여러 사정들에 더하여 피고인의 경력과 지위, 피고인이 이적표현물과 관련하여 제5항의 행위를 하게 된 경위, 피고인의 이적단체 가입 여부 및 이적표현물과 피고인이 소속한 이적단체의 실질적인 목표 및 활동과의 연관성 등 간접사실을 종합적으로 고려하여 판단할 수 있"다[307]는 것이다. 위 기준으로는, "학술연구나 영리 등 목적을 주된 동기로 표현물을 소지한 것으로 볼 만한 사정"이 없다면 제7조의 '목적'이 있다고 판단될 위험을 피하기 어렵다.

국가인권위원회가 확인한 바에 따르면, 제7조 개정 이후에도 이미 여러 해 합법적으로 유통되었거나 공공 도서관에 소장되어 있거나 대학교재로도 사용되던 마르크스 레닌주의 서적들을 출판하거나 소지한 사람들에 대한 구속이 여러 번 있었다.[308] 처벌된 사람들의 공통점은, 사회비판적인 서적들

306 대법원 2010. 7. 23. 선고 2010도1189 전원합의체 판결.
307 대법원 2010. 7. 23. 선고 2010도1189 전원합의체 판결.
308 국가인권위원회a, 위의 결정문, 14-16쪽.

을 출판해왔거나 학생운동 등 이력이 있는 사람들이라는 것이 유일하다.

2000년 6.15 공동선언은 남북 정상이 손잡고 내놓은 합의문이다. 그러나 이 선언 실천을 목적으로 '남북공동선언실천연대' 명칭의 단체를 구성하고 활동한 사람들은 학생운동 이력, 국가보안법 처벌 전력 등을 근거로 "국가의 존립·안전이나 자유민주적 기본질서를 위태롭게 할 정을 알면서 반국가단체의 활동을 찬양"한 것이고 이를 목적으로 표현물을 제작·소지한 것으로 처벌되었다.[309]

박시환 대법관은 위 판결에서 보충의견으로, "반미, 미군철수, 국가보안법 폐지, 연방제 통일방안" 등 "우리의 현실 문제를 고민하고 의견을 표명하는 국민 중 북한과 반대되는 주장 또는 대한민국 정부나 공안담당기관이 허용하는 의견을 가진 자를 제외한 모든 사람이 국가보안법의 처벌 대상이 될 위험에 노출될 것"이라고 하였다. 이어 "국가보안법의 위헌성을 제거하기 위하여 마련된 개정법의 위험성 요건은 실질적 기능을 하지 못하는 유명무실한 요건으로 되어버렸다는 점"을 지적하고 "위헌성을 면할 수 없는 현행 국가보안법은 마땅히 폐지 또는 근본적인 개정이 이루어져야"[310] 한다고 판시하였다.[311]

국가인권위원회는 2004년 국가보안법 폐지를 권고하면서, 개정된 제7조에 관하여, "폭력적 행위 여부라는 합리적 기준에 의하여 형사처벌 여부를 결정하는 것이 아니라 특정 사상·이념에 찬성하는지 여부의 기준에 따라 처벌을 규정하고 있어 객관적 구성요건보다는 주관적 판단에 의하여

---

309 대법원 2010. 7. 23. 선고 2010도1189 전원합의체 판결.
310 대법원 2010. 7. 23. 선고 2010도1189 전원합의체 판결 중 국가의 존립·안전이나 자유민주적 기본질서에 대한 위험성 판단과 관련하여, 박시환, 김지형, 이홍훈, 전수안 대법관의 반대의견에 대한 박시환 대법관의 보충의견.
311 박시환 대법관은 대법원 2008. 4. 17. 선고 2004도4899 전원합의체 판결의 별개의견에서도 같은 문제를 지적한 바 있다.

범죄의 성립 여부가 좌우되게 함으로써 법집행자의 자의적 판단의 여지가 큰 규정"이라고 판단하였다.[312]

수원지방법원은 위헌제청신청에서 군사독재정권을 제외한 문민정부 이후만을 보더라도 1993년에서 2013년까지 연간 국가보안법 기소 건수가 최소 43건에서 최대 633건으로 14배 이상 차이나는 사실을 적시하면서, 이것으로 보더라도 "단순히 한정합헌해석이나 주관적 구성요건요소를 추가함으로써 수사·기소 단계에서 이루어지는 자의적인 표현의 자유 침해 위험을 제거하기 어려움을 보여준다."는 의견을 제시한다. 또한 "위와 같은 주관적 구성요건 자체도 불명확하고 추상적인 기준일 뿐만 아니라, 간접사실들에 의하여 추론하는 위와 같은 주관적 구성요건은 당해 행위자의 과거의 전력이나 행적에서 추출되는 그 행위자의 평소 사상 및 표현과 깊은 관련을 맺고 있다. 따라서 객관적으로 같은 표현이고 그 객관적 위험이 동일하다고 하더라도, 행위자의 다른 장소에서 표현된 생각이나 의견에 따라 처벌 여부가 달라질 수도 있어, 오히려 개인이 가지는 평소의 사상에 따라 차별 취급을 받을 심각한 우려가 있다."는 판단을 밝히고 있다.

이렇듯 제7조는 행위자의 사상 또는 정치적 의견에 따라 형사처벌 여부를 달리함으로써, 특정 사상이나 정치적 의견을 가진 사람들이 다른 사람들과 비교하여 특별한 불이익을 당하게 하여 간접차별을 발생시키는 차별적 입법이다.

(2) 위헌심사 기준의 구분

1) 두 가지 기준 - 비례의 원칙과 자의금지원칙

평등에 관한 위헌심사 기준으로, 헌법재판소는 두 가지 기준을 구분하

---

[312] 국가인권위원회a, 위의 결정문, 18쪽.

여 적용해왔다. 엄격심사기준인 비례의 원칙과 완화된 심사기준인 자의금지원칙이다.[313] "자의심사의 경우에는 차별을 정당화하는 합리적인 이유가 있는지만을 심사하기 때문에 그에 해당하는 비교 대상 간의 사실상의 차이나 입법 목적(차별 목적)의 발견·확인에 그치는 반면, 비례심사의 경우에는 단순히 합리적인 이유의 존부 문제가 아니라 차별을 정당화하는 이유와 차별 간의 상관관계에 대한 심사, 즉 비교 대상 간의 사실상의 차이의 성질과 비중 또는 입법목적(차별목적)의 비중과 차별의 정도에 적정한 균형관계가 이루어져 있는가를 심사한다."[314]는 것이므로, 평등권 침해 여부 판단에서는 어떤 심사기준을 적용할지가 먼저 판단되어야 한다.

위 판시에 따르면 비례의 원칙이 적용되지 않는 모든 영역에 자의금지원칙을 적용한다는 것인데, 어떠한 경우 엄격심사로서 비례의 원칙을 적용할 것인지에 대하여 헌법재판소는 "헌법에서 특별히 평등을 요구하고 있는 경우 엄격한 심사척도가 적용될 수 있다. 헌법이 스스로 차별의 근거로 삼아서는 아니 되는 기준을 제시하거나 차별을 특히 금지하고 있는 영역을 제시하고 있다면 그러한 기준을 근거로 한 차별이나 그러한 영역에서의 차별에 대하여 엄격하게 심사하는 것이 정당화된다. 다음으로 차별적 취급으로 인하여 관련 기본권에 대한 중대한 제한을 초래하게 된다면 입법형성권은 축소되어 보다 엄격한 심사척도가 적용되어야 할 것이다."[315]는 기준을 제시하였다.

2) 사상을 이유로 한 차별에는 비례의 원칙 적용해야

위 판시는 일견 제한된 기본권이 무엇인가는 묻지 않는 것으로 읽히기

---

313 헌법재판소 1999. 12. 23. 선고 98헌마363 결정.
314 헌법재판소 2001. 2. 22. 선고 2000헌마25 결정.
315 헌법재판소 1999. 12. 23. 선고 98헌마363 결정.

도 한다. 그러나 차별금지 영역의 보호 필요가 크다면 역시 엄격심사가 이루어져야 한다. 또 헌법 제11조 제1항에 명시된 차별금지사유는 헌법재판소 판시대로 예시일 뿐이니, 금지되는 차별의 사유나 영역이 헌법에 명시되어 있지 않더라도 차별 사유를 제한할 필요가 긴절緊切하다면 역시 엄격심사가 적용되어야 한다.

사상 또는 정치적 견해가 차별 사유가 되는 것을 제한할 긴절한 필요는 독일 기본법에 대한 논의를 참고할 수 있다. 독일 기본법 제3조 제3항 제1문은 "성별, 혈통, 인종, 언어, 출신지와 문벌, 신앙, 종교적 또는 정치적 견해" 표지를 차별 금지 사유로 들고 있다. 미하엘 작스는 위 표지가 부분적으로 개인이 타고나서 스스로 아무런 영향을 미칠 수 없으며 그 자신이 바꿀 수 없는 개인의 특성과 관련되고 "자유로운 기본권 행사를 근거로 하여 가지게 될 수 있는 신조적 표지들과 관련된다."고 한다. 나아가, "이러한 신조적 표지들은 타고난 특성과 마찬가지로 국가권력이 처분할 수 없는 것으로 보아야 한다. 왜냐하면 어떤 이익이나 불이익을 고려하여 자신의 종교적 또는 정치적 신조를 바꿀 것을 그에게 기대할 수 없기 때문이다."라고 설명한다.[316] 정치적 신념이나 세계관 등과 같이, 개인이 자기정체성을 완전히 포기하지 않는 한 자신의 노력이나 힘으로 차별의 불이익을 회피할 수 없는 경우에는, 이에 대해 엄격한 비례심사를 함으로써 평등보호의 실효성을 확보해야 한다.[317]

관련하여, 미국 연방대법원이 가치의 위계 질서상 우월적 자유는 다른 권리보다 상위에 있다고 보고 이에 관한 차별적 입법에 대하여는 엄격한 심사를 한다는 점도 고려할 필요가 있다. 헌법재판소도 기본권 제한 입법

---

316 Michael Sachs, 위의 책, 301, 309쪽.
317 계희열, 『헌법학(중)』, 박영사, 2007, 244쪽.; 손상식, 「평등권의 침해 여부에 대한 심사기준」, 헌법재판연구원, 2013, 31쪽.

에 대한 심사기준에 관하여 "법률이 개인의 핵심적 자유영역(생명권, 신체의 자유, 직업선택의 자유 등)을 침해하는 경우 이러한 자유에 대한 보호는 더욱 강화되어야 하므로, 입법자는 입법의 동기가 된 구체적 위험이나 공익의 존재 및 법률에 의하여 입법목적이 달성될 수 있다는 구체적 인과관계를 헌법재판소가 납득하게끔 소명·입증하여야 할 책임을 진다고 할 것이다. 반면에, 개인이 기본권의 행사를 통하여 일반적으로 타인과 사회적 연관관계에 놓여지는 경제적 활동을 규제하는 사회·경제·정책적 법률을 제정함에 있어서는 입법자에게 보다 광범위한 형성권이 인정되므로, 이 경우 입법자의 예측 판단이나 평가가 명백히 반박될 수 있는가 아니면 현저하게 잘못되었는가 하는 것만을 심사하는 것이 타당하다고 본다."[318]고 하여 '핵심적 자유영역' 관념을 인정하였다. 또 구 국가보안법 제7조 제1항에 관하여 축소 제한 해석이 필요하다고 하면서, "이러한 제한적 해석은 표현의 자유의 우월적 지위에 비추어 당연한 요청"[319]이라고 하여, 표현의 자유에 '우월적 지위'를 인정한 바도 있다.

학설로서는 평등권 심사 시에도 '기본권 제한의 정도'보다는 '기본권의 성격'에 따라 심사기준을 정하는 것이 타당하다는 견해가 제기되어 왔다.[320] 정치적 영역을 비롯한 정신적 영역의 차별에 대해서는 엄격한 심사를 적용하여야 한다는 견해[321]나, '중대한 기본권', 곧 '인간의 존엄성을 실현하는 데 있어서 불가결하고 근본적인 자유' 내지 '개인의 핵심적인 자유영역과 관련된 기본권'으로서 헌법 제19조 양심의 자유, 제20조 종교의

---

318 헌법재판소 2002. 10. 31. 선고 99헌바76 결정.
319 헌법재판소 1990. 4. 2. 선고 89헌가113 결정.
320 김문현, 「평등에 관한 헌법재판소 판례의 다단계 위헌심사기준에 대한 평가 – 미연방대법원 판례 및 관련 이론을 바탕으로」, 《미국헌법연구》 제17권 제2호, 미국헌법학회, 2006, 122쪽.(손상식, 위의 글, 154쪽에서 재인용)
321 양건, 『헌법강의』, 법문사, 2012, 342쪽.(손상식, 위의 글, 155쪽에서 재인용)

자유, 제21조 언론·출판 및 집회·결사의 자유, 제22조 학문과 예술의 자유 등이 여기에 속한다는 견해[322]도 유사한 취지다. 제한된 기본권의 영역이 기본권 주체에 대하여 밀접한 개인연관성을 가질수록 기본권 '제한의 중대성'은 높아진다고 평가하는 견해도 제기된다.[323] 기본권 제한의 정도가 중대하면 엄격심사기준으로서 비례원칙을 적용한다는 기존 헌법재판소의 입장을 유지하더라도, 제한 사유나 기본권의 내용도 심사기준 결정시 반영되어야 한다. 엄격심사기준인 비례원칙을 적용하는 경우, 헌법재판소는 입법목적의 정당성, 차별취급의 적합성, 차별취급의 필요성, 법익의 균형성을 차례로 판단하고 있다.[324]

(3) 비례원칙에 따라 엄격심사해야

제7조는 우월적 자유라고 분류되는 표현의 자유와 밀접히 관련된 것으로서, 특히 표현의 자유 중에서도 "사상이나 지식에 관한 정치적, 시민적 표현행위"에 속하는 것이다. 헌법재판소는 상업광고를 제한하는 법률에 관하여, 표현의 자유의 보호영역에 속하더라도 사상이나 지식에 관한 정치적, 시민적 표현행위와는 차이가 있다고 하여, 정치적, 시민적 표현행위의 보호 필요성이 크다는 점을 전제로 논지를 펼친 바 있다.[325]

제7조는 그 밖에 양심의 자유, 사상의 자유, 학문과 예술의 자유 등 인간이 인간으로 존재하기 위하여 보장되어야 하는 기본권들과 연관되어 있다. 또한 인간의 존엄과도 연계되고, 헌법의 기본원리인 국제평화주의, 평화통일원리와도 관련된다. 제7조는 전체 법질서 가운데 우월적으로 보장

---

322 김진욱, 「헌법상 평등의 이념과 심사기준(하)」,《저스티스》통권 제135호, 한국법학원, 2013, 24-25, **33** 쪽.(손상식, 위의 글, 155쪽에서 재인용)
323 손상식, 위의 글, 158쪽.
324 헌법재판소 2008. 11. 13. 선고 2006헌바112 결정 등.
325 헌법재판소 2008. 5. 29. 선고 2007헌마248 결정.

되어야 하는 기본권들을 침해하고 헌법의 근본 원리들을 훼손한다. 따라서 제7조의 평등권 침해에 대하여는 엄격심사기준인 비례의 원칙을 적용하여야 한다.

1) 입법목적의 정당성

입법목적의 정당성이 인정되려면 제7조가 국가의 존립·안전, 즉 국가주권의 유지, 헌법기관의 존립과 독립성 및 활동 보장, 민주적 기본질서를 도모하기 위한 것임이 입증되어야 한다. 그러나 제7조의 실질적 입법목적은 반민주적 집권세력이 민주화와 평화통일을 요구하는 정치적 반대세력을 억누르기 위한 것에 불과하여, 입법목적의 정당성이 없다는 점은 이미 표현의 자유 침해 부분에서 기술하였다.

오히려 오늘날 국가의 안전은 해당 국가가 유지·발전시키는 민주주의에 대한 국민의 강력한 지지에서 나오는 것으로, 제7조를 삭제하고 표현의 자유를 폭넓게 보장하는 것이 국가안전보장에 더욱 유익하다. 유럽인권재판소가 판시하였듯 "정치적 토론의 자유는 민주사회 개념의 요체를 이루는 것"[326]이고, 민주주의는 자유로운 표현과 활발한 토론을 자양분으로 발전하며, 민주주의 도달 수준이 곧 국가안전의 정도이기 때문이다.

2) 차별취급의 적합성

지금까지 대법원 판례상, '국가의 존립·안전이나 자유민주적 기본질서를 위태롭게 할 정을 알면서'한 행위인지 여부는 행위자의 평소 언행이나 가입한 단체, 활동에 따라 판단이 달라진다. 가입한 단체가 정부에 비판적인 견해를 보여온 단체라는 점에서는 같더라도, 북한에 비판적인 단체에

---

326 국제인권법연구회, 위의 책, 714쪽; EUR. Court HR. Case of Lingens v. Austria, judgement of 8 July 1986, Series A, No. 103, pp.21-23, paras, 26-30.

가입해 활동해 왔다면 처벌되는 경우가 드문 반면, 북한의 주장에 동조하는 듯한 견해를 보인 단체에 가입해 있다면 처벌을 벗어나기 어렵다. 행위자의 전력이나 가입단체의 성향이 '정을 알면서' 판단 요소가 되는 이상, 제7조는 마치 신분범[327] 규정처럼 운용될 수밖에 없다.

그러나 현 사회에 대한 비판과 다른 사회체제의 변화에 대한 관심과 의견의 표현은 민주국가에서 국민의 권리에 속하는 것이다. 그런데도 평소 이러한 견해를 표명한 적이 있다면 형사처벌되고 그렇지 않은 사람은 같은 행위를 하고도 형사처벌되지 않는다면, 같은 표현 또는 행위에 대해 그가 어떤 의견을 가지고 있는 사람인지에 따라 형사처벌을 달리하는 것이다. 사상 또는 정치적 의견을 이유로 한 차별취급이다. 이는 행위자에 대한 처벌이 아니라 행위에 대한 처벌이어야 하는 근대형법의 전제에도 맞지 않다.

형벌이 정당화되기 위한 기본 전제는, 행위자의 지위와 이유, 정치적 성향이 어떠한지에 무관하게 누구든 형벌법규에 위배되는 행위를 하면 처벌 대상이 된다는 데 있다. 그러나 국가보안법은 지위와 동기, 정치적 성향에 따라 가벌성이 달라지는 법률이다. 형사법에서 행위자의 이력이나 전력에 따라 가벌성 자체가 달라지는 경우는 국가보안법 외에는 존재하지 않는다. 이렇게 할 필요는 오로지 국가보안법을 정치적 반대세력을 탄압하거나 공격하는 용도로 사용하는 것 외에는 없는 바, 제7조는 공격받는 사람으로 하여금 부적합한 차별취급을 감내하도록 하는 것이다.

또 한 개인에게도 과거의 동기와 현재의 동기가 다를 수 있다. 각각의 행위에는 다양한 동기와 이유가 있을 수 있다. 하지만 제7조에 따르면 이런 경우에도 개별 행위의 초과주관적 구성요건의 존부가 행위자의 평소

---

327 신분범이란 행위자에게 일정한 신분이 있어야만 처벌되는 범죄를 말한다. 직무유기범죄가 성립하려면 공무원이어야만 하는 것이 대표적인 예다.

언행이나 활동에 따라 일률적으로 단정될 위험이 크다. 이 점에서도 제7조가 불러오는 사상 또는 정치적 의견에 따른 차별취급은 적합성 요건을 충족하지 못한다.

3) 차별취급의 필요성

헌법재판소는 '차별대우의 필요성'이란 "차별이 관련 기본권에 불리한 효과를 미치는 경우에는 차별은 최소한의 부담을 가져오는 수단이어야 한다는 차별효과의 최소침해성을 의미한다."[328]고 한다.

제7조가 불러오는 차별은, 북한과 반대되는 주장 또는 대한민국 공안담당기관이 허용하는 의견을 가진 자를 제외한 사람이라면 표현 또는 표현물 관련 행위를 했다는 이유로 7년 이하, 표현을 목적으로 하는 단체를 구성·가입하면 1년 이상, 위 단체 구성원으로 사회질서 혼란 조성 우려 사항에 관하여 허위사실을 날조하거나 유포하면 2년 이상의 징역형에 처할 위험을 부과하는 것이어서 너무나 무거운 차별취급이다. 더구나 이적표현물 관련죄의 경우 특별히 학술연구나 영리 등 목적을 주된 동기로 하는 경우가 아니라면 처벌을 면하기 어려운 상황에 놓이게 하는 것이어서, 학자나 연구자 등이 아닌 평범한 사람의 경우 차별로부터 벗어나기도 매우 어렵다. 제7조는 차별취급의 최소침해성을 충족하지 못한다.

4) 법익의 균형성

제7조는 남북관계와 통일정책에 대한 사회 전체의 정보 유통과 토론을 저해하고, 사회구성원 모두의 생각을 검열하고 위축시킨다. 사상 또는 정치적 표현에 대한 차별취급은 사회 전체의 민주주의 후퇴를 불러오고, 국

---

328 헌법재판소 2001. 2. 22. 선고 2000헌마25 결정.

가에 대한 국민의 신뢰와 체제 정당성에 대한 자부심을 떨어뜨린다.

아울러 제7조는 표현을 제한당하는 개인에게 사상이 불온한 자, 빨갱이이며 종북이라는 낙인과 배제를 가하여 공론장에서 축출한다. 한 번 낙인찍힌 사람이 주류 공론장에 다시 올라서기란 불가능에 가깝다. 국가보안법은 한국 사회에서 정치적 반대자에 대한 위협과 공격의 도구이자 배제의 가장 강력한 수단이다. 제7조는 사상과 정치적 의견을 이유로 한 혐오표현을 불러일으키고 차별과 배제를 확산시킨다. 제7조는 한국 사회 혐오표현의 뿌리다.[329] 제7조로 침해되는 공익과 사익은 제7조로 지키고자 하는 법익에 비해 지나치게 무겁다. 제7조는 법익의 일반적 추상적인 비교 차원에서 보거나, 차별취급으로 인한 부작용의 면에서 보거나, 달성하고자 하는 공익과 침해되는 사익 사이에 적정한 균형관계를 이루고 있지 않다.

이처럼 제7조는 목적의 정당성은 물론, 차별취급의 적합성과 필요성, 법익 균형성의 어떤 요건도 갖추지 못한 것으로 평등권을 침해하는 위헌 법률이다.

(4) 자의금지원칙 심사 – 다의적 규정, 자의적 집행으로 인한 평등권 침해

혹여 자의금지원칙에 따르더라도, 제7조는 평등권을 침해한다.

개정 전 제7조에 관하여, 헌법재판소는 "문리 그대로 적용범위가 과도하게 광범위하고 다의적인 것이 되면 법운영 당국에 의한 자의적 집행을 허용할 소지가 생길 것이다. 차별적으로 법을 집행하는 이른바 선별집행이 가능할 수 있다."고 지적했다. "찬양·고무죄의 구성요건에 대하여 넓게 보았느냐, 좁게 보았느냐의 해석범위의 문제와 당시 처해 있던 시대적 상

---

329 이정희, 위의 책, 109-154, 304쪽.

황과 밀접한 관련이 있었던 것은 부인될 수 없는 사실"이고, "정부비판세력을 견제하는 수단으로 오용 내지는 남용의 소지"를 안고 있었다는 것이다. 헌법재판소는 "법운영에 있어서 객관적인 자의성을 주는 것은 법치주의 원리에 반하는 것이고 결국 법의 집행을 받는 자에 대한 헌법 제11조의 평등권 침해가 되는 것"[330]이라고 판단했다. 수원지방법원의 위헌제청 결정도, "국가보안법 제7조를 둘러싼 표현의 모호성으로 인하여 법집행기관의 자의가 개입될 수 있"다고 판단하고 있다.

형법이 국가적 법익을 보호법익으로 하는 경우를 '정치형법'[331]이라고 할 때, 국가보안법은 대표적인 정치형법으로 분류된다.[332] 국가는 그 존재 자체로부터 당연히 존립의 정당성과 보호의 필요성을 보유하는 것이 아니라, 국민의 기본권을 보장하기 위한 방법으로 존재할 때 합법성을 취득하며 보호 이유를 갖는다. 정치형법은 이러한 국가를 보호할 때 정당성을 획득할 수 있게 된다.[333]

문제는 정치형법이 국가를 보호한다는 명목으로 본래적 의미에서 벗어나 국민을 통제하는 수단으로 변질되는 경우 또는 국가라는 추상체 뒤에 숨어 있는 특정한 조직세력(정권)을 보호대상으로 하는 경우[334]에 생겨난다. 이 경우 정치형법은 정권에 의해 정권의 적대자 또는 경쟁자에게 가혹하게 적용되고, 사법부가 이 자의적 적용을 제대로 제어하지 못할 경우 정

---

330 헌법재판소 1990. 4. 2. 89헌가113 전원재판부 결정.
331 배종대, 「정치형법의 이론」,《법학논집》제26호, 고려대학교 법학연구원, 1991, 200쪽; 임웅, 『형법각론』, 법문사, 2013, 815쪽.(모두, 최관호, 「이적동조죄의 불법성과 불복종」,《민주법학》제56호, 2014. 11., 181쪽에서 재인용)
332 최관호, 위의 글, 181쪽.
333 배종대, 위의 글, 219쪽. "국가는 국민 개인의 존엄과 가치를 보장해야 할 헌법적 소임·명령을 받고 있는 것이다. 그러므로 인간 존엄의 보장 수단인 국가는 그의 모든 활동을 이 궁극적 목적에 맞도록 하여야 한다. … 정치형법이 국민을 지배하기 위한 도구가 되어서는 안 된다. 국민에게 봉사하기 위한 한도 안에서 정당성을 가질 수 있을 뿐이다."(최관호, 위의 글, 188쪽에서 재인용)
334 최관호, 위의 글, 189쪽.

치형법은 법치주의로부터 더욱 멀리 일탈하게 된다. 정치형법에서 다의적으로 해석될 여지가 있는 개념을 사용할 경우, 동일한 범죄구성요건에 해당하는 행위에 대해 정치적 필요에 따라 어떤 때는 범죄가 성립한다고 보고 다른 때에는 범죄가 되지 않는다고 볼 여지가 생겨난다.

제7조에 대한 2015년 합헌결정에서 헌법재판소는 "1991년 이적행위 조항이 개정되어 그 적용범위가 국가의 존립·안전이나 자유민주적 기본질서에 실질적 해악을 끼칠 위험성이 명백한 행위로 제한되었으므로, 위 소항이 단순히 정부의 정책에 반대한다는 이유만으로 행위자를 처벌하는 수단으로 악용될 가능성은 거의 없다", "통일·군사·안보 정책에 대한 건설적 비판, 남북상황, 대북정책 등에 대한 사적인 견해의 피력 등은 국가의 존립·안전이나 자유민주적 기본질서를 위태롭게 할 위험성이 전혀 없어 이적행위 조항에 의해 처벌되지 아니함이 명백하므로 확대해석이나 법적용에 있어서 자의적인 판단이 허용된다고 보기 어렵다"[335]고 하였다. 1991년 개정 이후 제7조가 자의적으로 적용될 가능성을 완강히 부인한 것이다.

그러나 단적인 예로서 개정 국가보안법 시행 이후 일련의 사회과학서적 출판사들에 대해 국가보안법을 적용해 구속한 사건을 보더라도, 자의적 적용 가능성이 없다는 단정은 실제 제7조 운용 현실과 완전히 다르다.

『마르크스 혁명적 사상』, 『레닌1』, 『트로츠키 사상의 이해』 등 11종의 서적을 출판한 책갈피 출판사 대표가 1998년 11월과 1999년 6월 두 차례 구속된 사건, 1998년 11월 『일보전진 이보후퇴』 등 8종의 번역서를 출판한 편집장이 구속된 사건, 1998년 4월 『광란의 자본주의』 등 서적 일부 내용을 요약해 PC통신 동호회 게시판에 올린 대학생이 구속된 사건,

---

335 헌법재판소 2015. 4. 30. 선고 2012헌바95 등 결정.

2002년 9월 『다시 쓰는 한국현대사 2, 3』, 『자본주의란 무엇인가』 등 서적을 소지한 이병이 구속된 사건을 보면, 해당 서적들은 국내 유명 서점에서 판매하고 국립중앙도서관과 국회도서관 등이 소장한 도서였을 뿐만 아니라 대학 교재로도 사용되고 있었다. 위 서점 운영자, 공공도서관 종사자, 교재로 사용한 교수와 학생, 출판 또는 인터넷에 게시한 자, 소지한 군인의 객관적 행위는 모두 제7조의 객관적 구성요건에 해당한다. 그러나 출판한 자 또는 인터넷에 게시한 자, 소지한 군인만 '국가의 존립·안전이나 자유민주적 기본질서를 위태롭게 한다는 정을 알면서'라고 판단되어 구속되었다.[336]

1993년 6월 군기무사가 GOP 근무 중 금강산 경치가 아름답다며 한번 가보고 싶다고 발언한 만기병장을 찬양·고무죄로 구속한 사건[337], 2000년 7월 19일 대구 중부경찰서가 승용차에 인공기를 부착하고 "김정일 부킹위원장"이라는 이름이 새겨진 명함을 돌리던 나이트클럽 종업원을 소환하여 국가보안법상의 찬양·고무죄에 해당하는지 여부를 수사한 사건[338], 2002년 9월 29일 부산 동래경찰서가 부산아시안게임(북한도 참가) 개막식이 열리는 주경기장에서 응원용 소형 인공기 500개와 티셔츠를 판매하려 한 행상을 체포하여 보안수사기관에 넘긴 사건[339], 대학 교내에서 열린 대동제 행사 때 인공기를 게양한 것이 비록 6.15 남북공동선언 지지 목적이었다 하더라도 제7조 제1항 동조에 해당한다고 판시한 사건[340] 등도 자의적 적용의 대표적인 사례들이다.

자의적 적용은 최근까지도 이어지고 있다. 전국 각지 민요의 유래와 특

---

336 국가인권위원회a, 위의 결정문, 14-16쪽.
337 민주화실천가족운동협의회b, 위의 글, 192-193쪽.
338 민주화실천가족운동협의회b, 위의 글, 86쪽.
339 민주화실천가족운동협의회b, 위의 글, 89-90쪽.
340 대법원 2002. 11. 8. 선고 2002도4737 판결.

징을 분석·고찰한『민요 따라 삼천리』,『한룡운의 시와 '님'』등 북한 출판물 파일을 소지하였다가 2심[341]까지 이적표현물 소지 유죄판결을 받고 3심[342]에서야 이적성이 없다고 무죄판결을 받은 사건, 북한 계정 '우리민족끼리' 트윗을 리트윗하여 구속되어 1심[343]에서 유죄판결을 받았다가 2심[344]에서야 무죄판결을 받은 사건 등이다.

자의적 기소와 자의적 재판은 형법 제51조에 정한 피의자의 연령, 가정환경, 범행의 동기, 반성 여부 등 여러 가지 사항을 참작하여 기소 여부를 결정할 수 있는 검사의 기소 재량권의 범위를 넘는 것이고 법관의 양형 재량의 한계 역시 넘는 것이다. 정치적 필요에 따라 다의적 해석이 가능한 형벌 법규는 같은 행위를 한 사람에 대해 형이 집행되는 자와 그렇지 않은 자를 자의적으로 나누게 되고, 이는 불합리한 차별로 평등원칙 위반을 피할 수 없다.

이와 같은 이유로 국가보안법 제7조는 ① 규정의 모호성 때문에 기소 여부에 수사기관의 자의성이 개입될 수 있고, 법원의 판단결과도 크게 달라질 수 있으며, ② 국가의 존립·안전이나 자유민주적 기본질서를 위태롭게 한다는 정을 알면서 한 것인지 여부를 개인이 평소에 가진 사상이나 정치적 의견에 따라 판단함으로써 사상에 따라 차별취급하는 것이어서, 평등권을 침해하는 조항으로서 위헌이다.

---

341 서울중앙지방법원 2012. 5. 3. 선고 2012노620 판결.
342 대법원 2014. 12. 11. 선고 2012도6034 판결.
343 수원지방법원 2012. 11. 21. 선고 2012고단324 판결.
344 수원지방법원 2013. 8. 22. 선고 2012노5706 판결.

국제평화주의 및 평화통일원리 위배

국가보안법 제7조에 대해서는 헌법상 기본권 침해뿐만 아니라 헌법의 기본원리인 국제평화주의 및 평화통일원리 위배 문제도 오랫동안 제기되어왔다.

평화통일원리의 내용을 이해하는 데에는 국제평화주의에 기초하여 분단된 남북 간의 문제를 바라보는 시각이 필요하다. 평화라는 국제사회가 공유하는 가치지향에 입각한 관점에 서야 통일정책도 현재의 국제질서에서 바람직한 것이 되고, 그래야만 실현가능하기 때문이다. 국제평화주의는 전쟁과 갈등으로 인한 기본권 침해에서 벗어나 인간의 존엄을 보장하고 실현하기 위한 헌법의 기본원리로, 남북관계에서 더욱 강조되어 평화통일원리로 구체화된다. 그러나 헌법재판소는 제7조 제1항의 국제평화주의 위배 문제와 관련하여, "북한의 국제법상 지위를 부정하고자 하는 것이 아니다."[345]라고 하여 국제평화주의 위반 주장을 단순 부인하는데 그쳤을 뿐이다. 헌법상 평화통일원리를 국제평화주의에 기초하여 이해하는 기반 위에서, 제7조가 국제평화주의 및 평화통일원리와 충돌하는지, 충돌 양상이 헌법 원리의 근본적 훼손인지에 대하여 숙고한 내용을 제시한 바 없다.

---

[345] 헌법재판소 2015. 4. 30. 선고 2012헌바95 등 결정.

헌법의 기본원리는 단순한 정치적 선언이나 프로그램에 그치지 않는다. 입법과 정책 결정의 방향이자, 헌법의 각 조항을 비롯한 모든 법령의 해석기준이고, 헌법조항 내지 법령의 흠결 시 보완 원리이면서, 입법권의 범위와 한계를 설정하는 기준이다. 국제평화주의와 평화통일원리 또한 헌법의 하위 법령 전체에 관철되어야 하는 기본원리로, 법률이 국제평화주의 및 평화통일원리에 어긋나면 위헌이다. 남북교류협력에 관한 법률이든 국가보안법이든 남북관계와 관련한 모든 법령은 이 기본원리의 규율에서 벗어날 수 없다. 헌법의 기본원리란 어떤 법률에는 적용되고 어떤 법률에서는 배제될 수 있는 것이 아니기 때문이다. 하지만 헌법재판소는 국가보안법 제7조 제1항의 평화통일원리 위배 문제와 관련하여 "평화적 통일을 이루기 위한 국가적인 노력의 포기를 의미하는 것이 아니다."[346]라고만 하여 역시 평화통일원리 위반 주장을 단순 부정할 뿐이다. 남북관계에 관하여 형성된 법률 중 남북교류협력에 관한 법률 등에 대해서는 그 근거를 헌법 제4조로 제시하여 평화통일원리의 규율을 인정하면서, 왜 국가보안법에 대해서는 평화통일원리에 따른 규율을 전혀 작동시키지 않는지 해명하지 않았다.

나아가 헌법재판소는 제7조를 남북관계가 변화할 때까지는 존속해야 한다고만 볼 뿐, 제7조가 남북관계 변화를 제약하여 국제평화와 평화통일을 저해하는 결과를 초래하는 것에 주목하지 않았다.

제7조의 헌법상 기본원리 위배를 심사하기 위해서는 국제평화주의 및 평화통일원리를 일관되게 이해하고 국가보안법을 비롯하여 남북관계에 관한 모든 법령을 위 원리로 규율하여 위헌 여부를 판단해야 한다. 먼저 국제평화주의 및 평화통일원리의 의미와 내용을 기술하고, 북한의 헌법상

---

[346] 헌법재판소 2015. 4. 30. 선고 2012헌바95 등 결정.

지위에 대해 간략히 살펴본 다음, 제7조의 국제평화주의와 평화통일원리 위배에 대해 본다.

1. 국제평화주의
─분단국 상호 간 존중과 대화

(1) 국제법 존중주의
1) 주권평등 원칙과 주권존중의무

헌법은 전문에서 "밖으로는 항구적인 세계 평화와 인류 공영에 이바지 함으로써 우리들과 우리들의 자손의 안전과 자유와 행복을 영원히 확보할 것을 다짐하면서"라 하여 평화를 국가의 중요한 과제이자 국민이 기본권 을 보장받으며 살아가기 위한 토대로 명시한다. 또 제5조 제1항에서 "대 한민국은 국제평화의 유지에 노력하고 침략적 전쟁을 부인한다."고 하여 국제평화주의를 표방한다.

국제평화주의 원리를 실현하기 위해서는 각 국가가 보편적으로 형성된 국제질서와 국가 간 조약 및 국제사회가 승인한 국제법규를 존중하고 준 수해야 한다. 국제법 존중주의는 국제사회에서 통용되는 규범인 국제법을 국제 공통의 규범으로 인정하고 자국의 법체계에 받아들여 준수할 것을 요구한다. 헌법 제6조 제1항[347]은 국제법 존중주의를 명문으로 수용한다.

대한민국의 국제연합 가입으로 헌법에 의하여 체결·공포된 조약인 국 제연합 헌장은, 제2조 제1항과 제4항에서 모든 회원국의 주권평등을 기구 운영의 원칙으로 삼고 다른 국가의 주권존중을 회원국의 의무로 명시한

---

[347] 헌법 제6조 ① 헌법에 의하여 체결·공포된 조약과 일반적으로 승인된 국제 법규는 국내법과 같은 효력 을 가진다.

다.[348]

국가 간 주권평등원칙의 또 다른 표현은 국내문제 불간섭 의무다. 국가
는 국제법에 위반되지 않는 한 그 영역 및 영역 내에 있는 모든 사람과 재
산에 대하여 관할권을 행사할 수 있다.[349] 국제연합 헌장[350]은 한 국가가 자
신의 국내관할권 내에 속하는 문제에 대해서는 전속적인 권한을 가지므로
UN도 간섭할 수 없도록 하고, 어떤 국가도 타국의 국내문제에는 간섭할
수 없다[351]는 원칙을 표명하고 있다.

이처럼 주권은 대내적 최고성, 대외적 독립성을 갖는 권리로, 국가주권
의 상호존중은 국제관계의 기본원리이자 국제법이 성립하는 토대가 된
다.[352] 국가주권의 구체적 발현은 국가의 관할권 행사다. 주권평등의 원칙
과 국내문제 불간섭의 원칙에 따라 국가관할권은 적절한 한계 내에서 행
사되어야 한다. 국가관할권 행사의 제1차적 한계는 국경이다. 국가는 국
제법의 제한만 없다면 자국 내에서의 모든 문제나 사람에 대해 절대적인
관할권을 행사할 수 있다.[353]

그러나 국가는 자국 영역 내 또는 자국민에 대한 관할권 행사를 넘어
자국 또는 자국민에게 영향을 미치는 외국인의 외국에서 행위에 대해 보
호주의적 입장에서 관할권을 행사하기도 한다.[354] 하지만 문제된 외국인의

---

348 국제연합 헌장 제2조
1. 기구는 모든 회원국의 주권평등 원칙에 기초한다.
4. 모든 회원국은 그 국제관계에 있어서 다른 국가의 영토보전이나 정치적 독립에 대하여 또는 국제연합의 목
적과 양립하지 아니하는 어떠한 기타 방식으로도 무력의 위협이나 무력행사를 삼간다.
349 정인섭, 『신국제법강의』, 박영사, 2018, 166쪽.
350 국제연합 헌장 제2조
7. 이 헌장의 어떠한 규정도 본질상 어떤 국가의 국내 관할권 안에 있는 사항에 간섭할 권한을 UN에 부여하
지 아니하며, 또는 그러한 사항을 이 헌장에 의한 해결에 맡기도록 회원국에 요구하지 아니한다.
351 정인섭, 위의 책, 166-169쪽.
352 정인섭, 위의 책, 165쪽.
353 정인섭, 위의 책, 208쪽.
354 정인섭, 위의 책, 209쪽.

행위가 현지에서는 합법적인 행위일지라도 그에 따른 국가적 이익의 침해가 중대하기 때문에 피해국이 보호주의에 입각해 형사관할권을 행사하겠다고 할 경우 국가간 마찰의 위험이 커진다. 다른 나라의 주권존중원칙 및 주권평등의 원칙상, 자국 영역 및 자국민을 넘는 외국 영역 또는 외국인에 대한 형사관할권 확장은 자국의 이익 또는 자국민의 권리에 대한 중대한 침해가 아닌 한 자제되어야 한다. 대부분의 국가는 보호주의에 따른 형사관할권을 중요한 국가적 이익의 보호만을 위해 제한적으로 활용한다.[355]

국제연합 회원국인 우리나라도 국제연합 헌장에 따라 다른 모든 회원국에 대해 주권존중의무 및 국내문제 불간섭 의무를 이행해야 한다. 우리나라는 주권존중의무와 관련하여, 형법 제5조에서 외국인의 국외범에 대해 제한적 보호주의를 취하여 기본법인 형법 차원에서는 국제법상 형사관할권행사의 한계에 대체로 부합하는 법제를 유지해오고 있다. 전쟁이나 갈등 상태에 있는 다른 나라 국민이 국외에서 한 행위에 대해서도, 국제형사재판소 관할범죄 또는 형법 제5조에 정한 외환죄 등에 해당하면 형사관할권을 행사한다. 그러나 그 밖의 행위가 행위지인 외국 법률로 범죄가 되지 않으면 형사관할권을 행사하지 않는다. 대립관계에 있는 국가의 국민이라는 이유만으로 형사처벌할 수 없음은 물론이다. 또한 국내문제 불간섭 의무에 따라, 다른 나라의 정권교체나 체제변경을 시도하지 않는다.

2) 분단국 상호 간의 주권존중의무

주권존중의 원칙이 적용되는 경우는 어떤 정치적 실제가 국제법상 국가로 성립하고 있을 때다. 국가성립 여부는 주로 국민, 영토, 정부를 갖추

---

355 정인섭, 위의 책, 219쪽.

고 있는가에 대한 사실인정의 문제다.[356] 그러나 2차 대전 이후 국제정치 질서 속에서 생겨난 여러 분단국에서는 국가성립에 관해 특별한 문제 상황이 조성되었다.

2차 대전 이후 분단을 경험한 동서독, 남북 베트남, 남북한에서 분단은 당초 잠정적 상태에 불과했다. 그러나 냉전 시대의 이념대립 때문에 분단이 장기화되자, 일정한 국가들은 정치적인 이유로 분단국 중 어느 일방만 승인하고, 다른 일방에 대한 승인을 거부하며 정상적인 국제법적 관계를 맺지 않았다. 분단국 상호 간에는 국가승인을 하지 않으며, 공식 외교 관계도 수립하지 않는다. 분단 상대방을 외국으로 보지 않고, 상호 간의 경계를 국제법상 국경이라고 간주하지도 않는다. 분단국이 과거 통일된 국가에서 분리되었고 미래에 재통일할 것을 목표로 하고 있다는 점이 분단국 상호 간에 이러한 태도를 유지하게 하는 논거가 된다.

그러나 분단국의 현재는 외견상 복수의 주권국가로 성립되어 있다. 또한 분단된 각각의 국가는 모두 독립 주권국가로서의 요건을 갖추고 실효적 정부를 수립하고 있다. 양측은 국제사회의 다수 국가로부터 승인을 받고 있으며, 적지 않은 국제기구에 각각 별개의 회원국으로 가입한다. 분단국 자신도 이러한 제3국이나 국제기구의 태도에 크게 이의를 제기하지 않는다.

이러한 현 상태 때문에 결국 분단국 간의 경계는 국제법상 국경으로 간주되며, 상호 무력사용금지나 국내문제 불간섭 의무가 적용된다.[357] 국제법상 국가로 성립하지 않은 교전단체나 반군 등은 1949년 제네바 협약과 1977년 추가의정서상 무력충돌에서 준수되어야 하는 국제인도법에 따른

356 정인섭, 위의 책, 151쪽.
357 정인섭, 위의 책, 157-158쪽.

보호를 받을 뿐, 소속국의 국내법에 따른 처벌을 피할 수 없다.[358] 이들에 대한 형사처벌은 소속국의 국내문제다. 국제법상 국가 지위를 인정받을 수 없는 교전단체의 구성원은 소속국의 국민에서 벗어날 수 없기 때문이다. 국가는 교전단체나 반군의 구성원이 된 자국 국민에 대해 완전한 형사관할권을 가지므로, 단체 구성 자체만으로 처벌하는 법률을 두는 것도 국제인권규범상 기본권에 대한 과도한 제한이 아니라면 가능하다.

그러나 분단국은 각각 국제법상 국가로 성립하였다. 따라서 분단국 상호 간에는 상대방을 국가로 보지 않더라도, 그와는 별개로, 국제평화주의 원칙을 따라야 하는 국제사회 구성원으로서 분단상대방의 주권을 존중하여야 한다. 따라서 분단국도 분단상대방의 형사관할권을 인정해야 한다. 형사관할권에 있어서는 분단상대방 국가의 구성원도 외국인 일반과 같이 보아야 할 뿐, 내국인으로 취급해서는 안 된다는 것이다. 특히 분단상대방 국가의 구성원이라는 이유만으로 처벌하는 것은 그 행위지 법률로 범죄가 되지 아니하는 것에 대한 처벌로, 이미 국제법상 국가로 성립한 분단상대방 국가의 주권의 핵심 요소인 형사관할권에 대한 심대한 침해이므로, 주권존중의 원칙상 허용되지 않는다.

또한 분단국은 통일을 지향하는 과정에서 여러 방법을 취할 수 있으나, 분단국 상호간에 이미 국제법상 국가로 성립한 뒤에는, 상대방 체제를 일방적으로 변형시켜 재통일함으로써 분단문제를 해소하고자 하는 것은 주권국가에 대한 국내문제 불간섭 의무에 비추어 허용되지 않는다.

남북한은 지금도 분단국으로 남아 있지만, 이미 30여 년 전인 1991년 유엔에 동시 가입함으로써 적어도 그 이후에는 남북한 모두 국제사회에서 주권을 가진 국가로 인정받고 있음은 분명하다. 따라서 양자가 합의하여

---

[358] 정인섭, 위의 책, 1166-1168쪽.

통일 추진을 위해 또는 장벽 해소를 위해 민족 내부 특수관계로 보기로 한 경우가 아닌 한, 서로 상대방의 주권을 존중하여야 한다. 상대방 주민이 보호를 요청해올 때 민족의 단결을 위해 이에 응할 수는 있으나, 상대방 주민을 일방적으로 자신의 형사관할권 아래 놓아서는 안 된다. 또 국내문 제 불간섭 원칙을 준수해야 하므로 상대방의 체제를 일방적으로 변형시키 려는 시도를 하거나 이것을 통일정책의 내용으로 삼아서도 안 된다. 1992 년 2월 19일 발효한 남북합의서 제1조는 "남과 북은 서로 상대방의 체제 를 인정하고 존중한다.", 제2조는 "남과 북은 상대방의 내부문제에 간섭하 지 아니한다."고 명시하였다.

따라서 대한민국이 북한을 국가로 승인하지 않았더라도, 이미 국제법 상 국가로 성립한 북한의 형사관할권 내에 있는 북한 주민을 형법상 외국 인의 국외범에 대한 일반원칙을 초과하여 대한민국의 형사관할권 아래 놓 을 수 없고, 북의 체제변형을 시도하거나 통일정책의 내용으로 할 수 없 다. 이에 어긋나는 법률은 국제법상 주권존중원칙을 훼손하는 것이어서 헌법 제6조 제1항에 위반된다.

(2) 분쟁의 평화적 해결 원칙

1) 대화와 협상을 통한 분쟁 해결

국제사회는 제2차 세계대전을 경험하면서 전쟁의 참상이 되풀이되어 서는 안 된다는 것에 널리 공감을 이루었다. 국제연합 헌장은 무력 사용을 통한 국제분쟁의 해결을 금지하고 어떠한 국제분쟁이라도 평화적 수단에 의해 해결하도록 하였다.[359] 또 1949년 제네바 협약 공통 제3조에서, 국가

---

359 국제연합 헌장 제2조
3. 모든 회원국은 그들의 국제분쟁을 국제평화와 안전 그리고 정의를 위태롭게 하지 아니하는 방식으로 평화 적 수단에 의하여 해결한다.
4. 모든 회원국은 그 국제관계에 있어서 다른 국가의 영토 보전이나 정치적 독립에 대하여 또는 국제연합의

와 국가 사이에 벌어진 국제 분쟁뿐만 아니라 국내의 교전단체나 반군과 사이에 발생한 국내문제라도 국가 간 무력 충돌 시 서로 지켜야 하는 인도주의적 원칙을 지키도록 요구하였다. 국내문제라는 이유로 비인도적인 행위가 제한 없이 벌어지는 것을 금지한 것이다.[360]

2차 대전 이후에도 제3세계를 중심으로 내전과 무장갈등이 끊이지 않자, 국제사회는 생명권을 비롯한 기본권 보장과 발전권 행사를 위해서는 평화 보장이 필수적이고 국가 및 국제사회가 더 이상 전쟁이 선택 가능한 수단이 되지 않도록 할 의무를 진다는 인식에 이르렀다. 1984년 유엔 총회는 '평화에 대한 인류의 권리선언'을 채택하여, 평화정책을 수립·시행할 국가의 의무를 확인하였다.[361] 오늘날 평화에 대한 국제사회의 인식은, 전쟁이나 갈등이 없는 상태가 평화라는 수준을 넘어 인권의 보장과 발전권의 실현을 포함하는 것으로 발전하였다. 2016년 유엔 총회 '평화권 선언' 제1조가 "모든 사람은, 모든 인권이 증진, 보호되고 발전이 완전히 실현될 수 있도록 평화를 누릴 권리를 갖는다."[362]라고 한 것은 이 인식을 반영한다.

대한민국도 국제연합 회원국으로서 평화정책을 수립·시행하고 분쟁의 평화적 해결을 도모함으로써 국민이 대결과 갈등, 전쟁과 테러 등 분쟁과

목적과 양립하지 아니하는 어떠한 기타 방식으로도 무력의 위협이나 무력행사를 삼간다.

제33조

1. 어떠한 분쟁도 그의 계속이 국제평화와 안전의 유지를 위태롭게 할 우려가 있는 것일 경우, 그 분쟁의 당사자는 우선 교섭·심사·중개·조정·중재재판·사법적 해결·지역적 기관 또는 지역적 약정의 이용 또는 당사자가 선택하는 다른 평화적 수단에 의한 해결을 구한다.

360 정인섭, 위의 책, 1166-1167쪽.

361 1984년 유엔총회 '평화에 대한 인류의 권리선언'

제2조 인류의 평화에 대한 권리를 보존하고 그 이행을 증진하는 것이 각 국가의 근본적인 의무임을 엄숙히 선언한다.

제3조 인류의 평화적 생존을 보장하는 것은 국제관계에서의 무력 사용의 포기와 유엔 헌장에 기초한 평화적 수단에 의한 국제분쟁의 해결을 요구한다는 점을 강조한다.

362 Declaration on the Right to Peace, A/RES/71/189, 2016. 12. 19. Resolution adopted by the General Assembly.

1. Everyone has the right to enjoy peace such that all human rights are promoted and protected and development is fully realized.

무력 사용 또는 위협으로부터 벗어나 평화 속에서 생활을 영위하면서 인간의 존엄과 가치를 지키고 헌법상 기본권을 누릴 수 있도록 노력할 책무가 있다. 2차 세계대전 직후 냉전 상태에서 만들어지고 악화된 분단상태는 오랫동안 국제평화의 저해 요소가 되어왔다. 따라서 분단당사국 및 그 관련 국들은 분단 문제를 해결할 책임이 있다. 그 해결 과정에도 역시 분쟁의 평화적 해결의 원칙이 적용된다. 분단 문제 해결과 재통일과정에서도 국제연합 헌장상 규정된 분쟁의 평화적 해결의 원칙이 준수되어야 하는 것이다.

분쟁의 평화적 해결 원칙은 무력의 위협 또는 사용을 동반하지 않고 대화와 협상을 통해서 분쟁을 해결해야 한다는 것이다. 분쟁의 평화적 해결 수단으로서 '대화'는 분쟁의 이해당사자 간에 상호 이해, 타협, 조정, 합의를 이루어 나가기 위한 교섭 내지 협상이라는 적극적 의미를 포괄하는 개념이다. '협상'이란 "개인과 집단 또는 정부가 명시적으로 자기들의 어떤 공통적 이해관계를 조정·타협해 나가는 상호작용의 한 형태" 또는 "상거래에서 손익계산만을 따지는 흥정이 아닌 이해관계가 상충되는 당사자들이 타협을 이루어 나가는 과정"을 뜻한다.

'대화와 협상을 통해 평화적으로 해결한다'는 원칙은 분쟁 해결 방법으로 무력이나 폭력은 금지되고 평화적 방법만을 사용해야 한다는 것으로, 그러려면 국제법상 국가로 성립한 상대국에 대해 강압적이거나 적대적인 주장을 하지 말아야 하고, 강압적·적대적 제도를 폐지하고 상호존중의 정신으로 대등한 입장에서 해결책에 대한 합의를 모색해야 한다. 분쟁상대방에 대한 강압적 적대적 법제의 폐지, 대화와 토론의 보장은 분쟁의 평화적 해결을 위한 전제다.

2) 강압적 적대적 법제도의 개폐

분쟁의 평화적 해결 원칙상, 특정 국가와 교전 상태가 실질적으로 현존하지 않는데도 상대방을 적대적 존재로 규정하거나 상대방의 정권 교체 또는 체제 변형을 분쟁 해결 방법으로 삼아서는 안 된다.

물리적 충돌을 경험한 분단국이라 하더라도, 국가의 중대한 이익을 해하는 특정 행위에 대한 처벌을 넘어 상대방의 존재 자체를 처벌 대상으로 하는 것은 합리성을 잃은 적대적 법제도다. 더구나 분단 시점에서부터 상당한 시간이 흘러 혈통에 따라 분단상대국의 국적을 취득한 사람이 그 나라 구성원의 다수가 되는 상황에까지 분단상대방 구성원들을 형사처벌 대상으로 하면, 그 자신의 자발적 선택에 의하지 않은 결과를 처벌하는 결과가 되고, 이는 근대 형법의 전제인 행위책임의 원칙마저도 뒤흔드는 강압적 법제다. 나아가 분쟁 사항에 대한 분단상대방의 주장에 뜻을 같이하는 표현도 처벌한다고 하면, 분쟁 사항에 관해서는 분단상대방측 의견은 자유로운 토론의 대상조차 되지 못하게 막겠다는 것과 다르지 않다.

이와 같은 적대적·강압적 법제도는 상대방을 공식적으로 국가로 인정하지 않는 분단국의 특수성과 맞물려 적대관계를 재생산하는 핵심 도구가 되고, 분단 문제의 평화적 해결을 더욱 지체시킬 뿐이다. 분단국 사이에서 상대방을 형사처벌 대상으로 하는 법제는 분단 문제의 평화적 해결을 위해 반드시 폐지되어야 한다. 분단 문제 해결을 상대방의 체제 변형을 통해 이루려 하는 법제 역시 분쟁의 평화적 해결 원칙에 어긋나므로 개폐되어야 한다.

분쟁의 평화적 해결은 적대관계 청산만으로는 이룰 수 없다. 쟁점에 대한 대화와 토론으로 대립을 줄이고 공통의 인식을 확대하며 해결 방법을 찾아나가야 분쟁의 해결에 도달할 수 있다. 2016년 유엔 총회의 평화권 선언 전문에서 "평화는 갈등의 부재뿐만 아니라 소통과 대화를 장려하고 갈등이 상호이해와 협력의 정신으로 해결되며 사회경제적 발전이 보장되는 긍정적이고 역동적인 참여 과정을 전제로 한다는 점을 인식하며"라고

하여 평화는 대화와 토론, 참여를 통해서만 달성될 수 있다고 명시한 것처럼,[363] 평화를 이루는 핵심 방법은 대화다. 분쟁의 평화적 해결을 앞당기려면, 대화를 가로막는 적대적 법제도의 개폐가 꼭 필요하다. 분쟁 사항에 대한 분단상대방의 의견과 같다고 표현을 처벌하는 규정의 폐지도 필수적이다.

(3) 국제평화주의의 남북관계 적용

유엔 헌장에서 선언된 국제평화주의가 각 나라에서 구체화되는 양상은 각 나라가 처한 역사적 조건과 국제관계 등에 따라 다를 수밖에 없다. 우리나라에서 국제평화주의 원리로서 주권평등원칙 및 분쟁의 평화적 해결의 원칙이 가장 중요하게 적용되어야 하는 부분은 바로 남북관계다.

민족 구성원의 의사에 의하지 않고 만들어진 분단경계선이 여전히 공고하여 인도적 차원의 접촉조차 자유롭게 이루어지지 못하고 일상적 교류마저 차단된 유일한 곳, 정전협정 체결 후 70여 년이 가까운 지금까지도 전쟁이 끝났다는 것조차 선언되지 못한 곳이 한반도라는 현실이, 우리 헌법상 국제평화주의가 평화통일원리로 구체화될 수밖에 없는 당위의 배경이다. 우리나라에서 국제평화주의는, 한반도에서 전쟁을 끝내고, 대치가 아닌 협력의 남북관계를 만들며, 통일된 한반도를 이루는 과정에서 실현되고 발전된다. 분단당사국인 남북을 비롯한 관련국 간 상호존중을 전제로 무력의 위협 또는 사용을 동반하지 않고 대화와 협상을 통해서 적대관계를 청산하고 평화공존하는 국제질서의 형성 및 한반도 평화와 통일을 달성하는 것이 바로 한반도에서 국제평화주의의 구체적 실현 양태다.

---

363 Declaration on the Right to Peace Resolution, A/RES/71/189.
Recognizing that peace is not only the absence of conflict but also requires a positive, dynamic participatory process where dialogue is encouraged and conflicts are solved in a spirit of mutual understanding and cooperation, and socioeconomic development is ensured,…

헌법 전문은 '평화적 통일'을 지상 목표로 내세워, 한반도에서 평화의 핵심은 통일이고 통일은 평화적인 것이어야만 함을 명확히 한다. 국제평화주의는 우리 헌법에서 평화통일원리로 구체화되고, 평화통일원리는 국제법상 국가로 성립되어 주권존중의 권리를 주장할 수 있는 분단상대방국과 구성원들을 일률적으로 형사처벌 대상으로 삼는 법제도의 개폐, 분단에서 통일로 나아가기 위해 풀어야 하는 쟁점 사항들에 대한 민족 구성원들의 대화와 토론을 저해하는 규정의 폐기 필요로 이어진다.

2. 평화통일원리
—통일문제 쟁점에 대한 토론 보장

헌법 제4조 "대한민국은 통일을 지향하며, 자유민주적 기본질서에 입각한 평화적 통일정책을 수립하고 이를 추진한다."로 명언된 평화통일원리는 국제평화주의와 함께 헌법의 기본원리다.

이에 더하여 제66조 제3항 "대통령은 조국의 평화적 통일을 위한 성실한 의무를 진다.", 대통령의 취임 선서의 내용으로 "조국의 평화적 통일"을 포함시킨 제69조, 평화통일정책의 수립에 관한 대통령의 자문에 응하기 위하여 민주평화통일자문회의를 둘 수 있게 한 제92조 제1항, 대통령이 필요하다고 인정할 때에는 통일에 관한 중요정책을 국민투표에 붙일 수 있도록 정하여 국민의 의사를 직접 반영할 수 있도록 한 제72조 등이 모두, 평화통일이 국가의 중차대한 목표이자 이행해야 할 의무임을 보여준다.

(1) 자유민주적 기본질서에 입각한 평화적 통일정책 수립·추진
한편 헌법 제4조는 '자유민주적 기본질서'에 입각한 평화적 통일정책을 수립하고 이를 추진하도록 정하는데, 이 역시 국제평화주의의 기초 위에서 통일에 관한 헌법의 지향을 실현하고 국민 각자의 평화적 통일의 권리를 보장하는 방향으로 해석되어야 한다.

헌법재판소는 헌법 제4조에 대하여 "자유민주주의 실현을 헌법의 지향이념으로 삼고 있"는 것이고 "국가권력의 간섭을 배제하고, 개인의 자유와 창의를 존중하며 다양성을 포용하는 자유주의와 국가권력이 국민에게 귀속되고, 국민에 의한 지배가 이루어지는 것을 내용적 특징으로 하는 민주주의가 결합된 개념인 자유민주주의를 헌법질서의 최고 기본가치로 파악하고, 이러한 헌법질서의 근간을 이루는 기본적 가치를 '기본질서'로 선언한 것"이라고 하면서,[364] "우리 헌법은 자유민주적 기본질서의 보호를 그 최고의 가치로 인정하고 있고, 그 내용은 모든 폭력적 지배와 자의적 지배 즉 반국가단체의 일인독재 내지 일당독재를 배제하고 다수의 의사에 의한 국민의 자치, 자유·평등의 기본원칙에 의한 법치주의적 통치질서를 말한다. 구체적으로는 기본적 인권의 존중, 권력분립, 의회제도, 복수정당제도, 선거제도, 사유재산과 시장경제를 골간으로 한 경제질서 및 사법권의 독립 등을 의미한다"는 헌법재판소 1990. 4. 2. 선고 89헌가113 결정을 재확인하였다.

그러나 국가권력의 간섭 배제, 개인의 자유와 창의 존중, 다양성의 포용, 국민에 의한 지배는 대한민국에서 지켜져야 할 원칙일 뿐만 아니라 통일을 향해 가는 과정에서 분단상대방에게도 일관되게 유지되어야 한다. 통일의 주체에는 민족구성원 모두가 포함된다. 따라서 통일과정에서 북한 주민의 의견 개진과 참여권도 대등하게 보장되어야 하고, 그들이 선호하는 체제나 의견을 반국가단체의 체제와 그 구성원의 의견이라는 이유로

---

364 헌법재판소 2001. 9. 27. 선고 2000헌마238 결정.

원천적 배제 대상으로 삼아서는 안 된다. 이해와 포용을 핵심 가치로 하는 자유민주적 기본질서가 분단상대방의 의견을 특정 이념에 따른 것이라는 이유로 배제하는 수단으로 사용되어서는 안 된다.

만일 위 헌법재판소 판시를 문언 그대로 적용해 제4조에 부합하는 통일정책은 '반국가단체'로 지목되어온 북한을 무너뜨리고 북한 영역 내에서도 공산주의를 신봉하는 정당이나 집단을 배제시키는 것이어야만 한다고 해석한다면, 마치 헌법이 통일한국은 '자유민주주의' 체제가 되어야 한다고 정해둔 것으로 오인될 위험이 있다. 그러나 통일한국이 어떠한 정치체제를 선택할 것인지는 남북을 비롯한 모든 민족 구성원들, 통일한국의 주권자들의 민주적인 의사결정 방식에 의하여 결정되어야 할 중대한 사안인 바, 이를 대한민국 헌법이 미리 예단하고 그 외의 정치체제를 배격한다고 해석하는 것은 헌법정신에 부합하지 않는다. 만일 '자유민주적 기본질서에 입각한' 부분이 미래의 정치체제를 미리 확정하는 것이라고 하더라도 이는 현재 대한민국이 실제 통치하는 영역의 정치체제에 대한 선언으로 한정하여 해석하여야 한다. 만일 우리 헌법이 미래 통일한국의 정치체제가 현재 대한민국과 동일한 정치체제와 시장경제, 복수정당제도 등을 갖추어야 한다는 식의 좁은 의미라고 보게 될 경우, 이는 통일의 방식을 일방적인 흡수통일만으로 제한하고 있는 것과 마찬가지이므로, 평화적 방법의 통일을 지향하는 헌법 정신에도 위배되는 해석이다.

헌법 제4조가 '반국가단체'인 북한의 해체 내지 사회주의 체제 붕괴를 전제로 한 흡수통일정책만을 추진해야 한다는 것으로 해석될 수도 없다. 남북합의서 제1조는 "남과 북은 서로 상대방의 체제를 인정하고 존중한다."고 명시하였다. 또한 대한민국은 2000년 8월 15일 제55주년 광복절 경축식 대통령 연설에서 "적화통일도 흡수통일도 전쟁과 파멸을 가져올 것"이라고 선언한 이래 2017년 8월 15일 제72주년 광복절 경축사에서도

"우리는 북한의 붕괴를 원하지 않습니다. 흡수통일을 추진하지도 않을 것이고 인위적 통일을 추구하지도 않을 것입니다. 통일은 민족공동체의 모든 구성원들이 합의하는 '평화적, 민주적' 방식으로 이루어져야 합니다."라고 하는 등 여러 차례 북에 대해 흡수통일하지 않겠다는 입장을 확인하였다. 헌법 제4조의 문언이 이미 20여 년 전부터 공식 선언된 대한민국 통일정책의 근간마저 부정하는 근거로 사용될 수는 없다.

헌법 제4조를 공산주의를 배제하는 취지의 자유민주적 기본질서를 북에서도 실현하는 통일정책을 추진해야 한다는 근거로 보는 것은 평화통일원리에 위배된 것이어서 위헌적이다. 헌법 제4조는 다양성의 포용과 민족구성원 모두에 의한 지배, 곧 민주주의가 통일추진 과정에서 남북 모두에서 실현되는 통일정책이어야 한다는 근거로 해석되어야 한다. 참고로, 제20대 국회가 구성한 국회 헌법개정특별위원회 자문위원회는 위 조항의 "자유민주적 기본질서"를 보다 넓은 의미인 "민주적 기본질서"로 개정하자는 합의안을 내놓은 바도 있다.[365]

(2) 남북 간 대화와 타협의 규범화

평화통일원리는 통일의 과정과 결과 모두 평화적인 것이어야 함을 요구한다. 통일의 과정이 평화로우려면 분단상대방과 대화를 추진하고 타협을 통해 합의를 만들어나가며 협력하지 않으면 안 된다. "헌법 전문과 헌법 제4조를 통하여 통일을 위한 북한과의 대화와 타협은 필수적 과정으로 규범화되어 있다"[366]는 평가는 평화통일원리의 구체적 적용에서 중요한 통찰을 제공한다.

---

365 국회 헌법개정특별위원회 자문위원회 보고서, 2018. 1., 38, 42쪽.
366 대법원 2010. 7. 23. 선고 2010도1190 전원합의체 판결 중 박시환 대법관의 반대의견.

1991년 남북합의서를 시작으로 2000년 6.15 공동선언, 2007년 10.4 선언, 2018년 4.27 판문점 선언, 9.19 평양공동선언에 이르기까지, 정체와 후퇴도 있었지만 남북 간의 대화와 합의는 꾸준히 계속되고 진전되어 왔다. 남북이 서로를 통일의 주체이자 동반자로 인정하고 평화통일을 위한 공동의 노력을 할 것을 확인한 위 각 합의가 만들어지고 일부나마 실행될 때에만 평화적 통일의 전망이 조금이나마 커졌다. 대화가 단절되고 합의가 파기될 때에는 평화적 통일의 가능성은 멀어질 수밖에 없었다. "통일을 위한 북한과의 대화와 타협"이 필수적 과정으로 규범화되어 있음은 실제 헌법 개정 이후 30여 년에 걸쳐 현실에서 확인되었다. 통일의 과정과 결과가 모두 평화적이려면, 분단 상대방과 사이에서 대화와 타협을 지속적으로 추진해야 한다. 북한과 지속적인 대화와 협상을 추진하고 타협을 만들어내는 것은 북한을 북한 영역 내에서 통치권을 행사하는 실체로 인정할 때만 가능하다. 또한 북한의 존재 자체를 불법적인 것으로 보지 않을 때에만 가능하다.

"평화적 통일은 남북한이 무력을 배제하고 서로 대등한 지위에서의 합의를 통하여 통일을 이루는 방법밖에 생각할 수 없고 그러자면 우선 남한과 북한이 적대관계를 청산하여 화해하고 협력하여야 하며, 상대방을 무조건 헐뜯을 것이 아니라 잘한 일에는 칭찬도 하고 옳은 일에는 동조도 하여야 하며, 상호교류도 하여야 한다. 그리하여 남·북한의 주민이 서로 상대방의 실정을 정확히 알고서 형성된 여론의 바탕에서 통일방안이 강구되어야 한다. 그리고 이러한 일은 어디까지나 북한이 불법집단 내지 반국가단체로서 처벌대상이 되지 않는다는 전제에서만 가능"[367]하다는 의견 역시 같은 맥락이다.

---

[367] 헌법재판소 1990. 4. 2. 선고 89헌가113 결정 중 변정수 재판관의 반대의견.

(3) 활발한 토론의 보장

헌법의 통일 조항은 국제정세와 남북관계의 변화에 따라 바뀌어왔다. 제헌헌법은 "대한민국의 영토는 한반도와 그 부속도서로 한다."는 영토조 항 외에 통일에 대해 아무런 규정을 두지 않았고, 1962년 헌법 부칙 제8 조에서 "국토수복 후의 국회의원의 수는 따로 법률로 정한다."고 하여 분 단 사실을 처음으로 헌법에 반영하였을 뿐 통일과 관련하여 방향을 제시 하지 않다가, 1972년 헌법 전문에서 "조국의 평화적 통일의 역사적 사명 에 입각하여"라고 하여 통일된 한반도 차원의 국가공동체 형성을 목표로 제시하고 통일이 평화적으로 이루어져야 함을 명시하였다. 1987년 헌법 은 제4조 "대한민국은 통일을 지향하며, 자유민주적 기본질서에 입각한 평화적 통일정책을 수립하고 이를 추진한다."를 신설하여 평화통일원리를 헌법상 기본원리의 하나로 삼았다. 그러나 이때는 아직 1990년 이후 미소 냉전이 끝나기 이전으로, 남북한 유엔 동시가입과 남북기본합의서 체결이 이루어지는 등 남북관계가 새로운 전환기를 맞고 평화통일원리도 구체적 실현 단계에 접어든 것은 위 1987년 헌법 개정 이후다.

통일은 단순히 분단 전의 과거로 돌아가는 것이 아니라, 누구도 경험하 지 않은 전례 없는 미래를 만드는 일이다. 1987년 헌법 개정 당시에는 냉 전 해체와 남북관계의 급격한 변화를 예상하기 어려웠던 것처럼, 앞으로 어떤 국제관계 상황에서 어떤 모습으로 통일이 이루어질지를 고정된 헌법 문언에 모두 담아내기란 불가능한 일이고, 헌법 규정을 개정한다 하더라 도 역시 내일이면 또다시 과거의 문언이 되고 만다. 결국 중요한 것은 통 일추진과정이 평화적이어야 하며 국민주권주의에 입각한 것이어야 한다 는 원칙이다.

이 점에서 우리 헌법이 취한 조치는, 평화적 통일의 원칙을 명시하는 한편, 1980년 개정 이후 계속하여 통일정책을 국민들의 적극적 참여가 이루어져야 하는 사항으로 보고 참여를 보장하기 위한 특별한 제도를 만들어둔 것이다. 헌법 제72조는 외교·국방·통일 기타 국가 안위에 관한 중요 정책을 국민 투표에 부칠 수 있게 하고, 남북관계발전에 관한 법률 제2조 제2항도 "남북관계의 발전은 국민적 합의를 바탕으로" 추진되어야 한다고 하여 국민적 합의를 기본 전제로 하고 있다. 현행 헌법하에서는 통일정책에서 합의에 이르기 위한 국민의 활발한 토론을 보장할 필요가 다른 국내 문제에 비하여 더 크다고 할 수 있다. 헌법 제4조가 자유민주적 기본질서에 의한 평화통일추진을 요구한다는 점에서도 토론과 표현의 보장은 중요하다. 민주적 기본질서의 핵심은 국민주권주의이고, 평화통일정책은 국민들의 참여를 보장하는 것이어야 하기 때문이다.

통일정책에 대한 국민들의 의견이 탄탄한 합의에 도달하고 정상적인 투표를 진행할 수 있기 위한 전제는, 통일추진과정에서 제기되는 민감하고 논란되는 쟁점에 대한 활발한 토론이 이루어지는 것이다. 특정한 이력을 가진 사람의 말, 통일을 이루기 위해 해결해야 할 첨예한 쟁점에 관한 내용의 말이나 글은 국가보안법으로 처벌받을 위험에 처하게 되면 토론의 공론장이 제대로 형성된다고 할 수 없다.

3. 국제평화주의 및 평화통일원리에 따른 북한의 헌법상 지위

(1) 헌법 현실의 변화에 따른 해석방법

현행 헌법은 1987년 개정되었는데, 특히 남북관계와 관련해서는 개정 이후인 1988년 7.7선언을 시작으로 1990년대 냉전 해체라는 국제환경변화와 함께 1991년 남북 유엔 동시 가입 및 남북합의서 채택 등 근본적 변화가 시작되었다. 현행 헌법은 이러한 변화를 예상할 수 없는 상태에서 만들어진 것이다. 헌법이 변화하는 헌법 현실에서도 계속하여 규범력을 유지하기 위해서는, 1987년 헌법 개정 이후 냉전 해체, 사회주의권과 외교 관계 수립, 유엔 동시 가입, 남북기본합의서 채택 등이라는 상황의 변화를 반영하며 하위 법률들을 헌법의 기본원리와 지향에 맞게 규율할 수 있게 하는 해석이 필연적으로 요구된다.

또한 헌법이 정한 평화적 통일의 지향에 따라 남북관계가 진전함에 따라 통일과정의 개방성과 변화 가능성이 확대되는 등 헌법 개정 당시에는 예상할 수 없었던 현상들이 생겨났고, 꿈속에서만 그려야 했던 남북의 교류 협력을 보장하기 위한 법체계가 형성되기 시작하였다. 그러므로 특히 남북관계와 관련한 헌법해석에서는, 통일과정의 본질에 내재되어 있는 변화가능성과 규범의 유연성을 반영하여, 헌법이 선언한 가치지향에 따라 미래의 이상형을 앞당길 수 있는 해석을 하여야 헌법의 현실규범력이 보장될 수 있다.

1929년 캐나다 헌법의 최종심인 추밀원 사법위원회(Judicial Committee of the Privy Council)는, 헌법은 마치 '살아 있는 나무(living tree)'와 같이 해석하여야 한다는 견해를 내놓았다. 1867년 헌법 제정 당시 제24조에서 'Persons(사람)'이라고 규정했지만, 그 후 헌법 제정 당시 예측하지 못한 헌법현실이 변화하였다는 이유로, 'Persons'에 '남성'만이 아닌 '여성'까지 포함되는 것으로 해석해야 한다고 보아 여성에게도 상원의원이 될 자격이 있다고 해석하였다. 이후 이른바 '살아 있는 나무' 이론은 1867년 헌법과 그 이후 캐나다 헌장에 관련된 사항에 대해 헌법 제정 당시의 의도와 형식적 문언에 얽매이기보다 헌법의 기본정신에 입각하여 유기적이며 변화하는 시대에서 헌법이 실질적으로 규범력을 유지하기 위하여 문언의 의미를 넓고 자유롭게 해석하는 방법의 새로운 기원이 되었다.

헌법재판소는 북한을 "평화적 통일을 위한 대화와 협력의 동반자이면서 우리나라의 자유민주주의체제에 위협을 가할 우려가 있는 반국가단체"[368]라고 보아왔다. 대법원은 위 판시와 같은 입장[369]인데, 북한을 반국가단체로 보는 근거로, "헌법 제3조는 '대한민국의 영토는 한반도와 그 부속도서로 한다'고 규정하고 있어 법리상 이 지역에서는 대한민국의 주권과 부딪히는 어떠한 국가단체도 인정할 수가 없는 것"이라는 논거를 제시해왔다.[370] 그러나 이 판시들은 1987년 헌법 개정 당시에는 예상할 수 없었던 냉전체제의 붕괴와 남북관계의 변화 현실을 반영하지 못하고 있다. 한편으로는 평화적 통일의 지향을 선언함으로써 분단된 두 정치 실체의 공존을 시인하면서, 다른 한편에서는 한반도 내에서 대한민국 이외에는 다른 실체의 존재를 부인하고 있기 때문이다.

이 문제에 관해 간과해서는 안 될 것은, 법의 세계에서, 특히 헌법에서 상호 모순적인 이원성이 용인될 수 없다는 점이다. 상호 모순적인 법은 아무런 행위규범을 제공하지 않으므로, 그 자체로 법이 될 수 없고, 근대법의 기본원칙인 '법의 지배'의 원칙과 부합하지 않는다. 모순적 법을 근거로 사람을 처벌할 수 없음도 당연하다.

그렇다면 이와 같은 헌법 현실의 변화하에서 헌법 제3조가 1991년 유엔 동시 가입 이전과 같이 북한지역에 대해서도 북한의 통치권 자체를 부인하는 문언적 의미를 그대로 유지한다고 보기는 어렵고, 대한민국이 소망하는 통일국가의 영토를 규정하는 '미래적 규정'이라고 보는 해석만이 가능할 수 있다.[371] 물론 통일 후의 국가 형태는 통일과정에서 북한 및 북한 주민과 함께 결정할 사항일 것이나, 현행 영토조항은 남한의 민족구성

---

368 헌법재판소 1993. 7. 29. 선고 92헌바48 결정.
369 대법원 2000. 9. 29. 선고 2000도2536 판결.
370 대법원 1961. 9. 28. 선고 4292형상48 판결.
371 한국헌법학회, 위의 책, 116쪽.

원이 소망하는 통일국가의 영토를 선언함으로써 통일과정에서부터 통일 후까지 국제적인 평화를 유지하면서 타 국가의 영토에 대한 침략 의지가 없다는 것을 표명한 것으로 해석될 수 있다는 것이다.

즉, 헌법 제3조가 헌법으로서 규범력을 유지하기 위해서는 냉전이 해체되고 남북대화와 협력이 시작된 현실을 반영하고 헌법해석의 원칙과 헌법 전문 및 제4조의 정신에 맞게 합리적으로 재해석되어야 하는 바, 통일 이전에는 현실적으로 지배 가능한 영토를 규정하면서 통일 명령을 내포한 것으로, 통일 이후에는 한반도 전체로 영토의 범위를 한정하여 규정한 것으로 해석해야 한다.

(2) 반국가'단체'가 아닌 '국가'

북한을 반국가'단체'로 보는 견해는 헌법 제3조가 대한민국의 영토를 한반도 전역으로 선언하였으므로 그 영역 내에서 북한이 국가로 성립하였음을 인정할 수 없다는 데서 출발한다. 이는 1948년 12월 12일 유엔총회 결의 제195호(III)에 따라 대한민국이 한반도 전역에서 합법적 통치권을 갖는다는 '유일합법정부론'을 바탕으로 한다.

그러나 위 유엔 결의에 따르더라도, 유엔은 대한민국의 유효한 지배가 미치는 범위는 유엔감시하의 선거가 시행된 남한지역에 국한된다는 입장을 견지하고 있다.[372] 대한민국 정부가 한반도 전역을 지배하는 유일합법정부라는 해석을 전제로 하는 헌법 제3조의 해석론은 유엔 결의를 잘못

---

[372] United Nations Resolution 195(III)

"2. Declares that there has been established a lawful government (the Government of the Republic of Korea) having effective control and jurisdiction over that part of Korea where the Temporary Commission was able to observe and consult and in which the great majority of the people of all Korea reside; that this Government is based on elections which were a valid expression of the free will of the electorate of that part of Korea and which were observed by the Temporary Commission, and that this is the only such Government in Korea;"

받아들인 결과일 뿐이어서, 이를 근거로 북한이 우리 영토 안에 있는 단체 혹은 반국가단체라고 규정할 수 없다.

무엇보다 1991년 9월 17일 남북한 유엔 동시가입 이후 국제법적 현실의 변화에 비추어 북한은 이미 주권국가로서 국제기구 및 다수 국가들로부터 승인받은 국가임을 부인할 수 없다. 유엔 회원국은 다른 회원국의 주권을 침해할 수 없다. 대한민국도 유엔 회원국으로서 국제평화주의 원칙에서 타 회원국인 북한의 주권을 인정하는 전제에서 국내법제도를 마련하고 해석, 집행할 국제법적 의무가 있다.

(3) 민족내부관계로서 특수관계로 인정될 경우

북한을 평화통일의 동반자이자 반국가단체라고 보는 이중적 지위론은, 국제법적으로는 북한이 독립한 국가이지만 민족내부관계에서는 국가가 아니라는 인식에서 출발한다. 우리 국내법상 북한을 국가가 아니라고 보니, 그렇다면 반국가단체라는 논리다. 민족내부관계가 북한을 반국가단체로 볼 근거로 사용되는 셈이다.

그러나 국제평화주의 원리에 대한 설명에서 보듯, 분단국은 각각 독립한 주권국가로 성립하였으므로 상호 주권존중의무를 이행하여야 하기에, 상대방 국가의 통치권을 무시하거나 침해하는 국내법률은 국제평화주의 원리에 위배된다. 통일을 지향하는 과정에서 분단국 상호 간의 합의에 의해 민족내부관계를 설정하는 것은 민족자결의 원칙상 얼마든지 가능하고 관련국들로부터 존중받아야 하나, 민족내부관계라는 관념이 국제평화주의 원리에 위배되는 법률까지 합리화할 수는 없는 것이다.

국제평화주의 원리에 부합하는 분단당사국 간의 민족내부관계는, ① 상호 간의 합의에 따라 통일이라는 같은 지향을 추구하는 과정에서 생겨나는 문제를 해결하기 위한 경우, ② 분단을 겪지 않고 하나의 민족국가를 형성하였다면 당초 생겨나지 않았을 장벽이나 장애를 제거하고 추가 비용 지출 등의 부담을 줄이기 위해 민족내부거래를 간이하게 하기로 합의한 경우, ③ 북한이탈주민과 같이 자유로운 판단에 의하여 분단국 일방의 통치영역에서 벗어나 다른 분단상대방 국가의 보호를 받고자 할 때 민족의 단결을 도모하기 위한 민족구성원 보호의 경우에 한정된다.

남북합의서 및 헌법 제4조에 근거하여 형성된 남북관계에 관한 법률체계들은 모두 이에 한정하여 민족내부관계를 인정한다. 곧, 남북합의서 서문은 남북관계를 "나라와 나라 사이의 관계가 아닌 통일을 지향하는 과정에서 잠정적으로 형성되는 특수관계"라고 규정한다. 이와 같은 맥락에서 남북관계발전에 관한 법률 제3조 제1항은 "남한과 북한의 관계는 국가 간의 관계가 아닌 통일을 지향하는 과정에서 잠정적으로 형성되는 특수관계이다."라고 하고, 제2항은 "남한과 북한 간의 거래는 국가 간의 거래가 아닌 민족내부의 거래로 본다."고 한다. 남북주민 사이의 가족관계와 상속 등에 관한 특례법 제2조도 "이 법을 해석, 적용할 때에는 남한과 북한의 관계가 국가 사이의 관계가 아닌 평화적 통일을 지향하는 과정에서 잠정적으로 형성되는 특수관계임을 고려하여야 한다."고 한다.

민족을 구성하는 분단국 쌍방이 서로에 대해서는 민족내부관계로 보기로 하는 것은 통일을 지향하는 과정에서 교류협력을 활발하게 하고 단합을 도모하기 위해 합의에 의해 인정하는 것이니, 이는 그 외의 부분에서 쌍방을 국제법적 주체로 인정하는 것과 양립 가능하다. 독일 연방헌법재판소가 인정한 동서독 특수관계도 이와 동일한 구조로, 동서독기본조약이 국제법적 조약이면서 특수한 내용으로서 동서독 간 인도적 관계 개선, 교역의 발전을 위해 내부관계를 규율한다고 본 것이다.[373] 동서독 간의 민족

---

[373] 동서독기본조약에 대한 독일 연방헌법재판소 판결 전문, 『통일과 헌법재판』, 헌법재판연구원, 2016, 183-184쪽.

내부관계에는 상대방에 대한 형사처벌 규정이 포함되어 있지 않다. 북한에 대한 이중적 지위론이 민족내부관계를 국가보안법의 합리화 근거로 사용하는 것과는 근본적으로 다르다.

이처럼 민족내부관계는 분단 당사국이 합의하는 경우 또는 민족의 단결을 위한 경우에만 인정되는 것이니, 일방 당사국 또는 그 구성원 전부 또는 상당수를 형사처벌 대상으로 하는 국가보안법상 '반국가단체' 부분은 민족내부관계로 정당화될 수 없다. 북한을 '반국가단체'로 보는 것은 국가보안법 제7조의 국제평화주의 및 평화통일원리 위배의 핵심 내용이 된다.

4. 제7조의 국제평화주의 및 평화통일원리 위배

헌법재판소는 제7조 제1항이 헌법 제4조, 제6조 제1항에 위배된다는 주장에 대해, "이적행위 조항은 국가의 안전과 존립을 유지하기 위한 것일 뿐 유엔 회원국의 하나인 북한의 국제법상 지위를 부정하고자 하는 것이 아닐 뿐만 아니라, 국가의 안전보장이나 자유민주적 기본질서에 부정적인 영향을 미치는 행위를 처벌하는 것이 평화적 통일을 이루기 위한 국가적인 노력의 포기를 의미하는 것도 아니므로, 위 주장은 이유없다."[374]고 하였다.

그러나 제7조 제1항 '반국가단체' 부분은 제2조와 연결되어 북한을 국가로 인정하지 않고 국가에 반하는 일개 단체로 보아 그 구성원 모두를 대한민국의 형사관할권 아래 놓고 반국가단체 구성 및 가입죄로 처벌하는 것을 전제로 하므로, 헌법 제6조에 위배된다. 또 제7조는 대한민국 국민에

---

[374] 헌법재판소 2015. 4. 30. 선고 2012헌바95 등 결정.

대하여 북한에 동조하는 등 표현행위 일체를 처벌한다. 이들 조항은 모두 헌법 제4조 평화통일원칙을 위배한 것이다. 위 헌법재판소 결정은 변경되어야 한다.

(1) 국제평화주의 위배

1) 주권존중의무 위반

국제연합 회원국이 다른 회원국을 국가로 승인하지 않는다고 하여도, 이는 그 국가와 외교관계를 수립하는 등의 행위를 하지 않는다는 것에 그칠 뿐, 주권존중의 원칙상, 그 국가 자체를 불법으로 규정하고 그 국가의 구성원이라는 존재 자체를 형사처벌 대상으로 삼을 수는 없다. 국내문제 불간섭의 원칙상, 그 국가의 해체 또는 체제 변경을 목적으로 하거나 결과로 가져오는 국내법률을 만들어서도 안 된다.

대한민국의 안보를 위협하는 다른 나라 또는 외국인에 대한 처벌이 필요하면, 안보에 위해를 가하는 폭력·파괴행위를 보편적·일률적으로 규율하고 방어하는 형법상 외환죄 등으로 대처할 수 있다. 분단 상황에서 무력 충돌에 대처하기 위한 규제의 필요성을 인정하더라도, 교전이 벌어질 때 북한을 적국으로 보아 행위자를 처벌하는 것이 얼마든지 가능하다. 이는 다른 국제연합 회원국에 대한 주권존중의 원칙에 어긋나지 않는다. 국가안보를 이유로 분단상대방인 북한에 대하여만 다른 나라와 달리 규율할 이유가 없다.

그런데 국가보안법 제7조는 명백히 국제법상 국가로 성립한 북한을 '반국가단체'라고 지칭하고, 북한을 국가로 인정하지 않는다. 그 결과 분단 현실의 대한민국의 통치권 아래 들어와 있지 않은 북한 영역 내에서 살고 북한의 통치권 아래에서 활동하는 사람들은 그 존재 자체로 반국가단체 구성원으로 규정된다. '반국가단체'인 이상 해체시키고 재결성을 막는 것이 당연한 귀결이 된다. 제7조 중 '반국가단체' 부분은 국제연합 헌장상 회원국에 대한 주권존중의무 위반이다. 또한 북한 체제의 해체 또는 체제변형을 당연시하는 것으로 국내문제 불간섭의무에 위반된 법률이다.

2) 분쟁의 평화적 해결을 저해

분단 상대방과 진전된 합의, 이행을 담보할 수 있는 방안을 찾아내려면, 정부당국자나 학자는 물론 사회활동가 및 일반 국민들도 남북관계의 첨예한 쟁점에 대해 풍부한 정보를 접할 수 있어야 하고 다양한 방향으로 자유로이 토론할 수 있어야 한다.

그러나 국가보안법은 분단 상대방인 북한을 '반국가단체'로 전제하고, 남북관계의 쟁점에 관하여 북한의 주장과 유사하거나 그에 찬동하는 것으로 보이면 사소한 것이라도 국가의 존립·안전에 위태로운 것으로 취급하며 국민의 눈과 귀를 가리고 입을 막는다. 사상, 정치, 경제, 문화 등 남북 당국간에 차이와 이견이 있을 수 있는 모든 영역에서 국민들이 정보를 수용하고 이에 대한 의견을 형성하고 표출하는 방식으로 북한과 소통할 수 있는 가능성은 실질적으로 차단되고, 정부가 허용하는 범위에서 단일한 창구를 통해 제한적으로만 보장될 뿐이다. 평화통일의 동반자인 분단 상대방을, 내가 살고 있는 국가의 체제 전복 내지 체제 변란을 꾀하는 적대적 존재이자 척결 대상으로 인식할 것을 사실상 강제한다. 북이 적대적인 존재로 규정된 이상, 북에 대해 알고자 하는 진지한 접근은 위축될 수밖에 없다. 더구나 북에 대한 정보 수집과 발언이 국가보안법 처벌대상이라면 금기로 받아들여질 수밖에 없다. 북과 신뢰구축 노력은 '종북', '빨갱이'로 지목되어 사회에서 매장당할 일로 치부될 수밖에 없다.

분단상대방을 알고자 하는 시도조차 처벌 대상으로 하는 국가보안법 제7조는 분쟁의 평화적 해결, 곧 평화적 통일로 나아가는 길을 가로막는다. 이러한 법제 위에서는 분쟁의 평화적 해결과 항구적인 평화는 요원한 꿈으로 남을 뿐이다.

(2) 평화통일원리 위배

1) 통일진전에 필요한 토론과 활동을 저해

국민 각자가 헌법 전문이 부여한 평화통일의 사명을 다하려면 분단 상대방인 북한에 대해 정확히 알 수 있어야 하고, 남한 사회 내부는 물론 북한 구성원들과도 활발하게 토론할 수 있어야 한다. 서로의 입장을 제대로 알고 논쟁할 수 있어야 합의에 이를 수 있다. 이를 위해서는 자유로운 정보 접근과 의견 개진이 가능해야 한다.

남북이 분단된 상태로 70여 년이 지나, 일상 용어 등 사소한 것부터 교육, 문화 등 사회 전반에 걸쳐 많은 차이가 있을 수밖에 없다. 전혀 다른 환경에서 한 사람의 일생 만큼의 시간이 지났다면, 어떤 차이가 생겨났는지 정확히 확인하고, 차이를 인정하며 공존하고 화합할 방법을 토론할 수 있어야 평화통일의 미래를 만들 수 있다.

특히 분단 상황에 이른 이유, 분단 이후 한반도의 군사 체제, 한반도를 둘러싼 주변국들과의 관계에 대해서는 역사적, 문화적 환경과 이에 기반한 서로의 입장과 정책이 달랐던 만큼 이에 대해 정확히 알고 토론할 수 있어야 한다. "소통과 대화를 장려하고 갈등이 상호이해와 협력의 정신으로 해결되며 사회경제적 발전이 보장되는 긍정적이고 역동적인 참여과정"을 전제한 것이 곧 평화라는 2016년 유엔 총회의 평화권 선언 전문은, 상호 신뢰와 이해를 전제한 대화가 곧 평화로 가는 길임을 보여준다.

헌법과 법률에서 통일정책에 대한 국민투표까지 예정하면서 국민적 합의를 중시하는 것은, 통일의 과정과 결과 모두 역동적일 수밖에 없음을 전제한 것이다. 통일의 과정에서 제기될 수 있는 민감한 쟁점들에 대해서까지도 치열하게 토론할 수 있어야 하고, 이를 통해 통일정책의 정당성을 꾀할 수 있는 것이다. 서로의 정확한 입장을 모르는 상태에서는 상호 비방과 억측만 있을 뿐, 건강한 토론이 이루어질 수 없다. 어떤 차이 속에서 70년을 살아왔고, 그 차이를 극복하기 위해 무엇이 필요한지 이야기 나눌 수 있어야 하고, 그 과정에서 국민들이 자유롭게 생각하고 말할 수 있어야 한다. 제7조는 통일 진전에 필수적인 토론과 활동을 형사 처벌하여 금지함으로써, 헌법의 평화통일원리에 위배된다.

2) 남북합의 이행을 내걸고 활동해도 처벌

분쟁의 평화적 해결은 적대관계를 청산하는 것만으로 이루어질 수 없다. 쟁점에 대한 대화와 토론으로 대립을 줄이고 공통의 인식을 확대하며 해결 방법을 찾아나가야 분쟁의 해결에 도달할 수 있다. 남북관계의 여러 쟁점에 관해서도 국민 각자가 자신의 생각을 자유롭게 표현하고 활발히 토론할 수 있어야 남북관계에서 분쟁의 평화적 해결이 가능하다.

남북 당국 간의 여러 차례의 합의와 평화를 위한 노력은 국민들에게도 북한에 대해 관심을 갖고 남북관계에 대해 다양한 생각을 할 기회가 되었다. 누구든 북한의 입장을 자세히 알 수 있어야 하고, 평화통일이 어떻게 이루어져야 할 것인지에 대해 자신의 입장을 이야기할 수 있어야 한다.

그러나 제7조는 이러한 시도와 노력조차 가로막는다. 주한미군 철수 주장, 연방제를 포함한 통일의 방법, 한미군사훈련에 대한 공방, 자위적 핵억제력이라는 주장 등 한반도를 둘러싼 첨예한 문제들에 대해서는, 행위자의 전력이나 그가 속한 단체의 활동이 북한이 취하고 있는 입장과 유사한 것처럼 보이기만 하면, 그의 행위는 자료 취득이든 사실 전달이든 의견 표명이든 국가의 존립·안전을 위태롭게 하는 것으로 취급되어 처벌 대상이 된다. 북한이 주장해온 내용과 유사한 입장을 내온 단체, 북한측과 회합 등 연계를 가졌던 단체[375]면 이적단체가 된다.

6.15 공동선언 이후 그 내용을 제대로 실천하여 평화적 통일과 민족자주국가 건설을 이룩하기 위한 각종 사업과 활동을 하자는 목적을 가진 단체 등이 구성되어 활동한 경우, 평화적 통일과 민족자주국가를 건설하자는 것 그 자체에 대한민국의 존립·안전이나 자유민주적 기본질서에 위해가 되는 요소가 전혀 없고, 남북정상회담에서 채택된 6.15공동선언의 내용을 실천하자는 것은 6.15공동선언 자체를 불법적인 것으로 평가할 수 없는 한 완전하게 적법한 활동이라고 볼 수밖에 없다.[376] 6.15 공동선언뿐만 아니라 그 밖의 남북 간 합의 이행을 촉구하는 활동을 하는 경우에도 마찬가지다.

남북 간 합의에는 남측뿐만 아니라 북측의 입장도 당연히 함께 반영되어 있다. 그렇다면 합의 내용을 설명하고 이행을 촉구하는 활동에 북한의 입장 설명이나 주장 소개가 포함되는 것은 자연스러운 일이다. 그러나 개인이 학생운동이나 사회운동으로 처벌된 전력이 있거나 단체의 성향이 북한이 취하고 있는 입장과 유사한 것으로 보이기만 하면, 남북공동선언 실천운동을 표방한 개인과 단체에게도 국가보안법 위반 혐의가 적용되고, 이적단체로 규정되었다.[377]

제7조는 상대방을 알고자 하는 행위, 이를 통해 분단상황의 주요 쟁점에 대한 자신의 의사를 형성하고자 하는 행위를 국가의 존립·안전을 위태롭게 하고 반국가단체 등을 찬양·고무·동조하는 행위로 보고 처벌한다.

---

[375] 대법원은 남북공동선언실천연대, 조국통일범민족연합이 이적단체인 근거로 반국가단체로서의 북한과의 연계성을 들었다. 대법원 2010. 7. 23. 선고 2010도1189 전원합의체 판결 등.

[376] 대법원 2010. 7. 23. 선고 2010도1189 전원합의체판결 중 박시환, 김지형, 이홍훈, 전수안 대법관의 반대의견

[377] 대법원 2010. 7. 23. 선고 2010도1189 전원합의체 판결(남북공동선언실천연대), 대법원 2009. 5. 14. 선고 2009도329 판결(조국통일범민족연합남측본부), 부산고등법원 2015. 2. 10. 선고 2014노497판결(6.15 청학연대)

제7조가 그대로 존치된다면, 이는 '평화통일의 역사적 사명'을 수행하는 과정의 주체이자 당사자인 국민을 배제하는 것으로, 공론의 장을 형성하고 자유롭고 활발한 토론을 통해 평화적 통일을 만들어가야 할 국가의 의무를 저버리는 처사다.

3) 합법적 남북교류 협력조차 처벌해 위축시킴

남북교류협력법이 인정하는 절차와 방식에 따라 이루어진 교류를 통해 북한에서 만들어진 표현물 등을 소지하게 되거나 취득한 경우이더라도, 언제든지 국가보안법 제7조에 따라 처벌될 수 있다. 북한을 방문하거나 북한주민과 접촉하는 것이 매우 제한적으로 허용되는 현실에서, 남북교류협력법을 통해 이루어진 교류의 결과물은 북한에 대한 정확한 이해를 돕는 유용한 자료가 될 수 있음에도 불구하고, 오히려 국가보안법 처벌의 빌미가 되고 있다.

2008년 4월경 금강산에서 열린 남북청년학생단체대표자회의에서 남북 대학생들이 만나 교류하며 6.15 공동선언을 실천하자는 공동결의문에 합의하고 이후 국내에서 결의문을 발표하였는데, 검찰은 남측 참가자 일부를 제7조로 기소하였다. 남북교류협력법에 따라 신고하고 통일부의 승인을 받아 팩스로 받은 북한 학생단체 측의 결의문을 보관한 것도 이적표현물 소지로 기소되었다. 대법원은 위 공동결의문 발표는 통일부의 승인을 받은 적법한 교류 행사에서 논의된 결과물이고 6.15공동선언을 이행하자는 취지이므로 이적동조로 볼 수 없다고 하면서도, 북측 학생단체의 결의문 초안을 팩스로 전송받은 것도 이적표현물 소지로 판단하였다.[378] 남북교류협력에 관한 법률에 따라 신고하고 이루어진 접촉도 사후적으로 얼마든지 제7조에 따라 처벌될 수 있는 것이다. 더구나 어느 것이 처벌되고

---

378 대법원 2020. 7. 29. 선고 2016도21312 판결.

처벌되지 않는지 구분할 객관적 기준조차 찾을 수 없는 자의적 처벌이라면, 합법적인 절차를 밟은 교류 협력조차도 위축될 수밖에 없다.

방북의 경험을 알리기 위해 토크콘서트를 열어 자신이 경험한 북한에 대해 이야기한 것이 제7조 적용 대상이 된 사건[379] 또한, 북한과 교류하고 북한을 알고자 하는 노력이 처벌 대상이 될 수 있다는 사실을 보여준다. 여러 차례 북한을 방문하면서 북한 측의 연설, 공연을 접하고 책자 등을 습득한 후에 이러한 자료를 보관하거나 다른 사람들과 함께 보았다는 이유로 제7조가 적용되어 처벌받은 경우[380] 또한 마찬가지다.

신고와 승인이라는 적법한 절차를 거쳐 북한주민을 접촉하면서 알게 된 정보나 취득한 자료라고 할지라도, 이를 알리거나 활용하는 것은 국가의 존립·안전이나 자유민주적 기본질서를 위태롭게 하는 정을 알면서 한 범죄로 처벌받을 위험에 처하게 된다. 직접 접촉과 정보교류가 매우 제한되어 있는 현실에서, 남북교류협력에 관한 법률에 따라 이루어진 교류나 방북이고 심지어 경제적 거래를 주목적으로 하는 것일지라도 사후적으로 얼마든지 처벌이 가능하다면, 자유롭고 실질적인 교류협력은 어렵고 위험한 것이 될 수밖에 없다.

상충되는 두 법률의 공존은 법질서에 혼란을 초래한다. 국가보안법 제7조는 남북교류협력법을 통해 추구하고자 했던 남북교류협력의 활성화라는 입법 취지를 제대로 실현할 수 없도록 하고, 제한적으로나마 가능한 교류협력을 통한 상호 이해와 존중도 어렵게 만들어, 궁극적으로 평화통일 원리의 실현을 저해한다.

제7조는 북한이 분단 상대국으로서 동등한 주권을 가진 정치적 실체가

---

379 서울고등법원 2020. 2. 18. 선고 2016노680 판결, 2021. 5. 현재 대법원 2020도3997호로 계류 중.
380 대법원 2020. 1. 9. 선고 2016도2195 판결.

아닌 우리 체제를 위협하는 반국가단체로 규정하는 바, 문언상 북한 주민 전체가 반국가단체 구성원으로서 형사처벌 대상으로 상정되는 한, 헌법이 명시한 국제평화주의의 주권존중의 원칙과 분쟁의 평화적 해결원칙은 그 핵심 적용 부분인 남북관계에서 크게 침해될 수밖에 없다.

또 제7조는 평화통일의 일방 당사자인 북한에 대해 알고 이해하고 대화와 협력의 동반자로 인식하는 것을 가로막는다. 평화통일로 나아가기 위해 북한의 입장을 알려고 하거나 북한의 활동을 긍정적으로 말하면 처벌하는 제7조는 북한을 알기 위한 노력조차 주저하게 만들어, 평화통일원리에 위배된다.

제7조가 국제평화주의와 평화통일원리에 위배되는 여러 측면들을 사례와 함께 종합하여 보면, 냉전을 배경으로 만들어진 국가보안법이 냉전 해체 이후 존재 의의를 잃었다는 점을 재확인할 수 있다. 곧, '반국가단체' 부분은 남북대화가 본격적으로 시작된 1990년대 이후 지금까지 북한 간부나 주민에 대한 처벌 근거로는 사용되지 않고 있다. 그래야만 남북대화와 교류 협력이 가능했기 때문이다. 냉전 시대 한국전쟁 직전의 1948년 당시 북한과 그 관련자, 곧 '반국가단체' 구성원 처벌을 핵심으로 만들어진 국가보안법은 냉전 해체와 함께 사라졌어야 자연스러운 역사의 발전과정에 맞다.

그런데 북한의 활동에 동조하거나 그와 같은 표현물소지 등 행위를 한 대한민국 국민은 1990년대는 물론 최근까지도 제7조에 의해 다수 처벌되어 왔다. 남북대화 및 교류협력이 시작된 이후인 1993년 2월부터 2002년 2월까지 국가보안법 위반 구속자는 모두 3,091명이었는데, 그 중 제7조 위반이 2,762명으로 89%에 이르렀다.[381]

존재하는 법률은 끊임없이 적용 사례를 만들어내며 작동하고자 한다.

---

[381] 민주화실천가족운동협의회b, 위의 글, ; 국가인권위원회a, 위의 결정문, 32, 42, 45, 67쪽; 박원순a, 위의 책, 37쪽; 법무부 이재정 의원실 제출자료(2020); 사법연감 등 종합.

냉전해체에도 불구하고 사라지지 않은 '반국가단체' 구성원에 대한 처벌 규정은, 개념상으로는 여전히 국제평화주의, 곧 주권존중원칙 위배와 분쟁의 평화적 해결 저해의 문제를 안고 있는데, 실제 주된 기능은 북한에 대해 동조하는 표현 등을 한 대한민국 국민을 처벌하기 위한 전제로서 작동한다. 국가보안법의 주 기능이 '반국가단체'인 북한의 해체와 구성원 처벌이 아니라, 대한민국 국민 가운데 '내부의 적'을 색출하고 말을 금지하는 것으로 완전히 변해버린 것이다.

국제관계와 남북관계가 변화하자 북한 간부나 주민의 행위는 처벌하지 않고 처벌할 시도도 하지 않은 지 30여 년이 되었는데, 실제로는 오직 대한민국 국민의 말만을 처벌할 근거로 아직도 북한의 위협을 이유로 드는 것은 앞뒤가 맞지 않는 논법이다. 대한민국 국민의 표현을 억누르기 위해 북한이 반국가단체라는 전제를 유지하면서 국제평화주의 위배 문제를 계속 발생시키고 평화통일 저해 위험을 남겨둘 합리적 이유가 없다.

국제평화주의와 평화통일원리에 따라, 제7조 중 북한을 지칭하는 '반국가단체' 부분은 위헌으로 판단되어야 하고, 북한을 반국가단체로 지칭하는데 기반한 표현 및 표현물 처벌 부분도 위헌으로 선언되어야 한다.

5. 평화와 인간애의 미래를 위해 제7조를 폐지해야

1987년 개정된 현행 헌법은 분단을 만들어낸 냉전체제 해체를 예상할 수도 반영할 수도 없었다. 하지만 1990년대 이후 냉전해체의 국제상황 변화 속에서 남북은 상호 교류를 시작하고 남북합의서 채택으로 '새로운 관계의 기초'를 만들었으며, 그에 입각해 남북교류협력에 관한 법률, 남북관계발전에 관한 법률 등 국제평화주의와 평화통일원리에 부합하는 법제를 축적해왔다. 헌법의 하위 법률들은 모두 헌법의 기본원리에 부합하게 만들어져야 하는 바, 국제평화주의와 평화통일원리에 맞지 않는 냉전의 유물인 국가보안법 제7조는 냉전해체와 함께 완전히 폐지되었어야 한다. 그러나 제7조는 도리어 정치적·자의적 적용 가능성을 강화한 채 살아남아 국민의 평화통일노력을 가로막고 처벌하고 있다.

동서독기본조약에 관한 위헌심사 사건에서, 서독 정부는 "이 사건 조약에 관한 대안은 존재하지 않는다. 우리가 이 사건 조약 발효 후의 상황을 이 사건 조약이 체결되지 않았을 경우의 상황과 비교하면 그 장점은 명백하다. 이 사건 조약은 실제적으로 평화의 유지라는 헌법적 목표에 기여하며, 또한 인간에게 실제적 이익을 줌으로써 인간애라는 헌법적 목표에도 기여한다."고 주장하였다.[382] 독일 연방헌법재판소는 위 사건에서 "양국의 병립·공존을 위한 다수의 법적인 구체화"[383]는 모두 동서독기본조약과 부합되어야 한다고 명시하여, 동서독간 긴장완화 및 통일정책의 법적 근거를 확고히 하였다.

비록 굴곡이 있더라도, 남북관계에서 남북합의서 채택, 6.15 공동선언, 10.4 선언, 4.27 판문점 선언 등 남북합의도 평화의 유지와 인간애에 기여해왔음이 분명하다. 우리 헌법재판소도 이제는 남북합의서의 상호존중 및 체제인정 조항과 완전히 상반되는 국가보안법, 특히 냉전 해체와 남북관계 변화로 북한 간부나 주민은 처벌하지 않은 지 30여 년이 되었는데 아직도 대한민국 국민의 말을 엄히 처벌하기 위해 북한을 반국가단체로 지칭하는 제7조를 국제평화주의와 평화통일원리로 규율하여야 한다. 평화통일원리를 반영한 남북합의의 구속력을 부인한 채 법체계의 일관성을 훼

---

382 동서독기본조약에 대한 독일 연방헌법재판소 판결 전문, 174쪽.
383 동서독기본조약에 대한 독일 연방헌법재판소 판결 전문, 182쪽.

손시키고 충돌하는 법체계를 공존시킨 합헌결정을 변경하여 위헌판단을 내려야 한다.

헌법재판소의 결정은 과거의 충돌을 연장시킬 수도, 미래의 평화를 앞당길 수도 있다. 헌법재판소가 과거가 남긴 분쟁의 여진에 얽매여 법체계의 충돌을 방치하면, 남북 간의 새로운 관계의 합의는 여전히 국가보안법이 좌우하는 불안정한 상태에서 굴곡을 겪어야 한다. 남북 분단으로 빚어지는 비인도적 상황을 극복하고 제거하기 위해 우리 정부가 남북 구성원들의 평화 지향을 반영해 더욱 적극적으로 평화적 통일의 미래를 앞당기고 국민 각자가 헌법 전문이 부여한 평화통일의 사명을 다할 수 있도록 하는, 미래의 평화를 향한 결정이 필요하다.

분단상태를 함께 극복하고 통일을 지향하는 과정에서 교류하고 협력할 동반자인 북한과 그 구성원 전부를 문언상 형사처벌대상으로 하는 것을 전제로, 그 활동에 동조하는 등의 표현과 표현물 관련 행위 일체를 형사처벌하는 제7조는 헌법상 국제평화주의와 평화통일원리에 정면으로 위배되어 위헌이므로, 폐지되어야 한다.

죄형법정주의 위반 등

1. 죄형법정주의 위반
─광범위하고 불명확하여 위헌

근대 형법의 제1원칙은 죄형법정주의다. 형사처벌 규정에 정해진 행위에 대해서만 처벌할 수 있고, 형량도 정해진 범위 내에서만 부과할 수 있다는 것이다. 이 원칙이 보장되지 않으면 국가권력이 정치적 반대자에게는 형벌 규정을 확대 적용하고 자신의 권력 유지를 위해서는 적용하지 않는 등 자의적으로 형벌권을 남용하고 국민의 기본권을 침해할 우려가 크기 때문이다. 헌법 제12조 제1항[384] 후문도 "법률과 적법한 절차에 의하지 아니하고는 처벌·보안처분 또는 강제노역을 받지 아니한다."고 하여 죄형법정주의의 헌법상 근거를 명시한다.

죄형법정주의가 실현되려면 형사처벌 규정이 모호하지 않고 명확해야 한다. 누가 보더라도 지나치게 넓게 해석될 가능성 없이 범위를 한정해 해석할 수 있을 정도여야 한다. 이것이 죄형법정주의 실현을 위해 필수적으

---

[384] 헌법 제12조 ①모든 국민은 신체의 자유를 가진다. 누구든지 법률에 의하지 아니하고는 체포·구속·압수·수색 또는 심문을 받지 아니하며, 법률과 적법한 절차에 의하지 아니하고는 처벌·보안처분 또는 강제노역을 받지 아니한다.

로 요구되는 명확성의 원칙이다. 범죄의 구성요건은 법률이 처벌하고자 하는 행위가 무엇이며 그에 대한 형벌이 어떠한 것인지를 누구나 예견할 수 있고, 그에 따라 자신의 행위를 결정할 수 있도록 명확하게 규정되어야 한다.[385] 명확성의 원칙을 충족하지 못하는 형사처벌 규정은 그 자체로 위헌이다.

물론 다양한 사건에 대한 탄력적 적용을 위하여 일반조항과 가치 충전이 필요한 규범적 개념을 사용하는 것은 불가피하다. 헌법재판소도 이러한 견지에서 명확성의 원칙이란 최소한의 명확성을 요구하는 것으로서 "법관의 보충적인 가치판단을 통해 그 의미내용을 확인해낼 수 있고, 그러한 보충적 해석이 해석자의 개인적인 취향에 따라 좌우될 가능성이 없을 것"[386], "동일한 법률의 다른 규정들을 원용하거나 다른 규정과의 상호관계를 고려하거나 기히 확립된 판례를 근거로 하는 등 정당한 해석방법을 통하여 그 규정의 해석 및 적용에 대한 신뢰성이 있는 원칙을 도출할 수 있어, 그 결과 개개인이 그 형사법규가 보호하려고 하는 가치 및 금지되는 행위의 태양과 이러한 행위에 대한 국가의 대응책을 예견할 수 있고 그 예측에 따라 자신의 행위에 대한 국가의 대응책을 예견할 수 있고 그 예측에 따라 자신의 행동에 대한 결의를 할 수 있는 정도"[387]의 기준을 제시한다.

(1) 제7조 제1항의 경우

1) 1991년 개정 경과

헌법재판소의 1990년 4월 2일 한정합헌결정은, 1991년 개정 전 제7조 제1항에 대하여, 아래와 같이 그 문언에 명확성의 원칙 위반 소지가 있음

---

385 헌법재판소 1996. 12. 26. 선고 93헌바65 결정 등.
386 헌법재판소 1998. 4. 30. 선고 95헌가16 결정 등.
387 헌법재판소 1992. 2. 25. 선고 89헌가104 결정.

을 밝혔다.[388] 제5항도 제1항을 요건으로 하므로, 제1항에 사용된 개념이 다의적이고 광범위한 문제점이 있는 이상 제5항도 마찬가지로 위헌 요소가 있다고 보았다. 제3항도 제1항을 요건으로 하므로 같은 문제가 있다고 보아야 한다.

① "반국가단체의 구성원"은 반국가단체의 간부나 지도적 이념에 종사하는 자나 반국가단체의 통치이념의 추종자가 아닌 단순한 구성원, 즉 북한집단의 주민이면 모두 포함되게 되어 있다.

② "활동"의 개념을 한정하고 있지 않아, 반국가단체나 그 구성원 또는 그 지령을 받은 자의 정치·군사·경제·사회·문화·체육 등 모든 분야의 활동을 포괄한다.

③ "동조"는 문리대로 해석하면 반국가단체나 그 구성원 또는 그 지령을 받은 자의 활동에 동조하는 것만으로 범죄가 성립되게 되어 있으므로 북한 집단의 주장과 일치하기만 하면 그 내용에 관계없이 그 의사 발표의 동기를 불문하고 모두 처벌받을 위험성이 있는 포괄성을 띠고 있다.

④ "기타의 방법"은 반국가단체의 활동을 찬양·고무 또는 이에 동조하는 방법이 아닌 다른 모든 방법으로 반국가단체를 이롭게 하는 행위를 가리키는 것으로 보여지므로, 일반인의 이해와 판단으로서는 행위유형을 정형화할 해석의 합리적 기준을 찾기 어려운 개념이다.

⑤ "이롭게 한" 행위는 정치·군사·경제·사회·문화·체육 등 어떠한 영역에서든 이롭게 하는 행위라면 모두 포함되고, 목적범이 아닌 고의범이므로 미필적 인식만 있으면 구성요건에 해당하므로 행위자의 의도가 무엇이건 간에 정부 비판이면 위 구성요건에 해당할 수 있다.

---

[388] 헌법재판소 1990. 4. 2. 선고 89헌가113 결정.

1991년 개정 전 국가보안법	1991년 개정 후 국가보안법
제7조 (찬양·고무 등) ① 반국가단체나 그 구성원 또는 그 지령을 받은 자의 활동을 찬양·고무 또는 이에 동조하거나 기타의 방법으로 반국가단체를 이롭게 한 자는 7년 이하의 징역에 처한다.	제7조(찬양·고무 등) ① 국가의 존립·안전이나 자유민주적 기본질서를 위태롭게 한다는 정을 알면서 반국가단체나 그 구성원 또는 그 지령을 받은 자의 활동을 찬양·고무·선전 또는 이에 동조하거나 국가변란을 선전·선동한 자는 7년 이하의 징역에 처한다.

위 결정 이후 제7조 제1항에서 "기타의 방법", "이롭게 한"이 삭제된 대신 "국가의 존립·안전이나 자유민주적 기본질서를 위태롭게 한다는 정을 알면서"가 추가되었다.

2) "국가의 존립·안전이나 자유민주적 기본질서를 위태롭게 한다는 정을 알면서"

위 한정합헌결정 직후, 헌법재판소는 1990년 6월 25일 같은 취지로 또 한 건의 한정합헌결정을 내렸는데, 이 결정의 반대의견은, 위 첫 번째 한정합헌결정의 다수의견에서 제시한 "대한민국의 안전·존립을 위태롭게 하거나 자유민주적 기본질서에 위해를 줄 행위라는 것도 불명확하기 짝이 없는 표현"이라고 지적했다. 위 요건에 해당하는지 여부는 "객관적으로 뚜렷한 기준 내지 그 한계를 정할 수 없는 매우 애매모호한 것이어서 결국 수사기관이나 법관의 주관적 해석에 맡길 수밖에 없는 구성요건이므로 이것 또한 죄형법정주의에 반한다"는 것이다. 반대의견은 또한, 다수의견의 한정합헌결정에 대해, "다수의견은 위 법률조항의 구성요건이 불명확하고 광범위하므로 그 적용범위를 되도록 축소하여 보자는 취지일 것이나 그렇지 않아도 불명확하고 광범위한 구성요건에 또다시 불명확한 구성요건을 보태는 것이 되어 과연 위 법률조항의 남용을 어느 정도 억제할 수 있을 것인지 의문이며 국가보안법 남용에 별다른 제동역할을 하지 못할 것"[389]이라고 하였다. 그 근거로, 헌법재판소의 첫 번째 한정합헌결정 이후에도 "수사기관이나 법원에서의 위 법률조항의 운용실태가 종전과 별로 달라지지 아니한 것"을 지적하였다.

실제 헌법재판소의 한정합헌결정들 이후에도 과연 어떤 행위가 제7조의 처벌대상인지 논란이 계속되었다. 1990년 12월 15일 서울중앙지방법원 영장전담판사는 북한 원전 출판 혐의로 구속영장이 신청된 사건에서, 위 한정합헌결정은 '결과적으로 북한을 이롭게 하는 것임을 알았다는 미필적 인식만으로도 처벌대상'이라는 기존의 대법원 판례가 지나치게 폭넓은 해석임을 인정한 것이므로 피의자에게 이적성에 대한 미필적 인식이 있었다는 이유만으로 영장을 발부할 수 없다는 이유로 구속영장청구를 기각하였다. 그러나 이틀 후 같은 피의자에 대하여 같은 법원의 다른 영장전담판사는, 위 한정합헌결정은 기존의 대법원 판례와 상충되는 것이 아니며 출판물이 이적표현물에 해당하는 이상 이를 출판한 자에게는 이적성의 주관적 인식이 있다며 영장청구를 인용하였다.[390] 같은 사건에 대해 이틀 사이에 법관들 간에 결론이 엇갈린 것이다. 제7조가 불명확성에 불명확성을 더하여 법관들에게도 혼란을 불러올 정도였으니, 국민들이 이 조문의 내용을 명확하게 알기 어려운 것은 당연했다.

3) "구성원, 활동, 찬양, 고무, 선전, 동조"
1991년 개정 이후에도 불명확성 문제는 전혀 해결되지 않았다. 개정된

---

389 헌법재판소 1990. 6. 25. 선고 90헌가11 결정 중 변정수 재판관의 반대의견.
390 민주화실천가족운동협의회b, 위의 글, 204쪽.

제7조 제1항은 여전히 "반국가단체의 구성원"이 어디까지인지, "활동"은 어떤 분야의 어떠한 내용의 활동을 의미하는 것인지 전혀 구체화하고 있지 않다. 심지어 구체적인 사안에서 행위자의 행위가 "찬양, 고무, 선전, 동조" 중 어느 행위에 해당하는지조차 수사기관 및 사법부 스스로도 명확하게 구별하지 못하고 있다. 검찰은 대부분의 사안에서 "반국가단체인 북한의 활동을 찬양·고무·선전 또는 동조할 목적으로 이적표현물을 소지하였다."라고 기소하고, 법원도 피고인의 행위(또는 목적)가 "찬양·고무·선전·동조" 중 어느 것인지 특정하지 않고[391] 유죄판결을 내린다. 행위 각각의 내용이 정확히 무엇인지도 구별하지 못하고 있다는 증거다.

특히 '동조'로 인해, 위 조항의 적용 범위는 그야말로 무한히 확장된다. 찬양·고무·선전과 달리 동조는 그 행위의 직접적인 상대방도 필요하지 않고, 행위의 방식에도 아무런 제한이 없다. 북한의 선전과 조금이라도 유사하거나 북한 구성원에 대한 호의를 표출하는 경우 어떠한 표현이 어느 정도까지 허용되는지 일반 국민으로서는 도저히 예측할 수 없다.[392] 제7조 제1항은 형벌법규로서 마땅히 가져야 할 최소한의 명확성도 갖추지 못한 것으로서 죄형법정주의의 원칙을 위반한 법률이다.

---

[391] 일례로 대법원 1997. 6. 13. 선고 97도703 판결은 "원심은, 피고인이 북한공산집단의 활동을 찬양·고무·선전·동조하여 국가의 존립·안전이나 자유민주주의적 기본질서를 위협하는 내용이 담겨 있는 판시의 서적 등 표현물을 각 취득·소지한 사실을 인정하고, 피고인이 위 서적 등 표현물이 위와 같이 이적성을 담고 있는 것임을 인식하면서도 이를 취득·소지한 점에다가, 피고인이 학생운동을 함께하였던 친구들이 수사기관에 연행되었다는 소식을 듣고 서둘러 위 서적 등 표현물을 소각한 점 등으로 볼 때, 피고인에게는 위 서적 등 표현물의 취득 및 소지행위가 북한공산집단의 활동에 대한 찬양·고무·선전·동조행위가 될지도 모른다는 미필적 인식과 아울러 그와 같은 목적이 있었다고 인정된다고 하여 피고인의 위 행위를 국가보안법 제7조 제5항, 제1항에 따라 처벌하였다. 원심이 인용한 제1심의 채용 증거들과 기록에 의하여 살펴보면 원심의 위와 같은 사실인정 및 판단은 모두 정당하고, 원심판결에 소론과 같은 채증법칙 위반 또는 위 국가보안법위반죄에 관한 법리오해의 위법이 있다고 할 수 없다."고 판시하였는 바, 찬양, 고무, 선전, 동조의 각 행위를 전혀 구별하지 아니하고 유죄판결을 하고 있다.

[392] 헌법재판소 2015. 4. 30. 선고 2012헌바95 등 결정 중 김이수 재판관 반대의견.

4) "국가변란"

1991년 개정 시 '국가변란을 선전·선동'하는 행위가 처벌 대상에 포함되었다. 이로 인해 '국가변란을 선전·선동'했다는 이유로 제7조 제1항 적용을 받게 되고 제3항 적용 범위를 더욱 넓히는 결과가 발생하는 등 처벌 범위가 확대되었다.[393] '국가변란' 개념은 제정 국가보안법에 포함되었던 것으로, 제정 논의 당시 검찰총장조차도 "그 다음에 국가를 변란할 목적이라고 했는데 국가를 변란하는 것은 글자가 좀 모호합니다. 즉 나라를 변란하고 흔들리게 하는 것인데 범위와 행위가 무엇이라는 것을 알아볼 수가 없습니다. 그래서 변란을 목적이라는 것은 좀 모호한 것이라고 생각을 하고"라며 국회에서 공식적으로 개념의 모호성을 지적[394]했을 정도였다.

'국가변란'의 의미가 명확하지 않다는 점은 형법의 내란죄와 비교하면 분명히 드러난다. 내란죄는 '폭동할 것'이라는 보다 명확한 개념을 구성요건으로 하고 있음에도 제91조에 국헌문란의 정의규정을 별도로 두었다. 그런데 이보다 더 형량이 무거운 국가보안법은 그냥 단순히 '국가변란'이라고만 하여 그 해석이 법 운용자에게 맡겨져 있는 것이다.[395]

형법의 내란죄는 한 지방의 평온을 해할 정도의 폭동이 요구된다고 명시한다. 그러나 국가보안법 제7조 제1항의 '국가변란'에는 더 이상의 어떤 규정도 없다. 그러나 폭력이 요구되는가 아닌가는 법적 평가에서 큰 차이가 있는 것인데, '국가변란'은 폭력의 행사를 수반하는 것인지 명확한 내용을 확정할 수 없는 자의적 개념이다.[396]

---

393 국제사회주의자들(IS) 그룹 사건의 경우, 위 7차 개정 이전에는 이적단체로 기소되지 않았으나, 7차 개정 이후 이적단체로 규정되었다(서울고등법원 1992. 11. 17. 선고 92노3315 판결). 민주화실천가족운동협의회b, 위의 글, 40쪽.

394 국회속기록-제헌국회 1회 제99차 본회의(1948. 11. 9.) 중 권승렬 검찰총장 발언.

395 남궁호경, 「국가보안법의 해석론적 고찰」, 《인권과 정의》 제145호, 대한변호사협회, 1988. 9., 9쪽(박원순c, 위의 책, 67쪽에서 재인용).

396 박원순c, 위의 책, 67쪽.

(2) 제7조 제5항의 경우

1) "기타의 표현물"

먼저, 제5항 표현물의 범위 자체가 지나치게 광범위하여 불분명하다. 제5항은 "문서, 도화 기타의 표현물"이라 규정하는데, 이는 판례상 전자 파일 등까지 무한정 확대 적용된다. 제한 없는 확대 적용은 제5항이 "기타의 표현물"이라고 규정한 데서 비롯된다.

제5항이 명확성의 원칙에 어긋난다는 점은, 다른 형사처벌 규정에 대한 판결들과 비교하면 뚜렷이 드러난다. 형법은 문서에 관한 죄, 손괴죄 등에서 문서·도화와 특수매체기록을 엄격히 분리 규정한다. 판례도 형법의 음화반포죄의 "기타 물건"에 컴퓨터 프로그램 파일이 해당되지 않는다고 한다.[397] 죄형법정주의의 원칙에 따른 것이다.

죄형법정주의와 명확성의 원칙은 군사시설 보호를 위한 형사처벌 규정에서도 예외없이 적용된다. 군사기지 및 군사시설보호법 제9조 제1항 제4호는 "군사기지 또는 군사시설의 촬영·묘사·녹취·측량 또는 이에 관한 문서나 도서 등의 발간·복제"를 금지대상으로 규정한다. 위 조항의 적용과 관련하여 1심 판결은, 인터넷상 사진 파일이 문서나 도서에 해당하지 않는다고 보았다. 곧, 군사시설보호구역 내 군사시설과 군용항공기지를 촬영한 사진을 인터넷에 게시한 행위에 대하여, 1심 판결은 무죄를 선고했다. 그 이유 중 하나로 "인터넷 홈페이지에 게시된 사진 파일은 인터넷에 연결된 다른 컴퓨터에 저장되어 있다가 인터넷 웹브라우저 프로그램을 실행하여 그 컴퓨터에 접속한 경우 그때마다 순간적으로 모니터의 화면이 전자적 반응을 일으켜 영상을 만들어내는 것에 불과한 바, 이를 들어 문자나 기호, 부호 등이 영속적인 방법으로 화면에 부착되어 고정되었

---

[397] 대법원 1999. 2. 24. 선고 96도3140 판결.

다고 할 수는 없으므로 모니터 화면에 나타난 이미지를 '문서나 도화, 도
서'라고 보기는 어렵고, 사진 파일을 인터넷에 게시하는 행위를 '발간'이라
할 수도 없다 할 것이다"[398]라고 한 것이다. 문서나 도화, 도서를 처벌하는
이유가 그 내용의 고정성, 영속성 및 그 결과인 가시성에 있는데, 인터넷
상 사진 파일은 고정성과 영속성이 없으므로 문서나 도화, 도서라고 볼 수
없고, 인터넷상 사진 파일을 처벌하는 별도 규정이 없는 이상 이를 문서나
도화 등으로 보아 처벌해서는 안 된다는 취지다.

위 사건에 관한 대법원 판결도, 죄형법정주의는 국가형벌권의 자의적
인 행사로부터 개인의 자유와 권리를 보호하기 위하여 죄와 형을 법률로
정할 것을 요구하고 이로부터 파생된 유추해석금지의 원칙상 성문의 규정
은 엄격히 해석되어야 한다는 전제 아래, 피고인에게 불리하게 성문 규정
이 표현하는 본래의 의미와 다른 내용으로 유추해석함을 금지하고 있음을
이유로 원심의 판단이 타당하다고 판시하였다[399].

그런데 유독 국가보안법 제7조 제5항의 "기타의 표현물"에 관해서는
전자 파일 등 특수매체기록을 문서·도화에 준하는 것으로 보아 처벌하는
것이 판례의 태도다. 특수매체기록 등도 제5항의 "표현물"에 해당한다고
판단하는 것은, 결국 "의사나 관념 또는 사상이 물체에 고정되어 계속성을
가져야 하며(고정성과 계속성) 시각적 방법에 의하여 이해할 수 있을 것(가
시성)"의 요건을 갖추지 않아도 사람의 사상, 감정, 지식 등을 외부에 표출
하는 것이기만 하면 제5항 구성요건에 해당한다는 것이다. 일반 국민으로
서는 대체 무엇이 "기타의 표현물"인지 확정할 수 없다.

또 제5항으로는 일반 국민이 어떠한 내용의 표현물이 처벌의 대상이 되

---

398 서울중앙지방법원 2009. 1. 31. 선고 2007고합588 판결.
399 대법원 2011. 10. 13. 선고 2009도320 판결.

느지를 큰 의문 없이 예측하기 어렵다. 헌법재판소 한정합헌결정이 제시한 일응의 기준은 "국가의 존립·안전이나 자유민주적 기본질서에 실질적 해악을 줄 명백한 위험"인데, 이 역시 추상적이고 모호하다. 법률의 해석·적용에 법관의 자의적인 판단이 개입될 여지가 여전히 많다. 서울대 권장도서 또는 경찰대 권장도서로 선정되어 국내 대형서점에서 판매되는 서적들이 알고 보니 이적표현물 목록에 포함되어 있었던 사건[400]에서도, 표현물이 구체적으로 어떤 내용을 담고 있는 경우 이적표현물로 분류되는지에 대한 명확한 기준 없이 공안당국이나 법관의 자의적인 해석에 따라 좌우되어온 것이 드러난다. 이렇듯 위 조항의 "기타의 표현물"은 그 물리적 유형도 특정되지 않고 유형을 특정할 판단 기준조차도 찾을 수 없는데다, 어떤 내용이 처벌 대상이 될지 일반인으로서는 판단하기 어려울 만큼 지나치게 광범위하고 모호하다. 따라서 죄형법정주의의 명확성의 원칙에 위반된다.

2) 행위 유형 간 구별 기준 부존재

제5항의 "제작·수입·복사·소지·운반·반포·판매 또는 취득"은 서로 시간적 선후관계로 연결되는 개념이다. 표현물 제작이 완성되는 순간 취득과 소지행위도 있는 것이고, 제작한 표현물을 제3자에게 가져다 팔면 운반·반포 또는 판매행위가 모두 있는 셈이다. 이 경우 제작죄, 취득죄, 소지죄, 운반죄, 반포죄, 판매죄가 모두 각자 성립하는 것인지, 불가벌적 사전행위·불가벌적 수반행위·불가벌적 사후행위 등 법조경합 관계에 있는 것인지 불분명하다. 더구나 제7조 제6항은 제5항의 미수범을 처벌하는데, 만약 판매 목적으로 표현물을 제작해 소지하고 있던 중 입건되었다면, 판매죄의 실행을 마치지 못한 미수범인지, 제작죄와 소지죄를 이미 실행한 기수범인지 등도 법

---

400 한겨레, 2005. 1. 3., 「'태백산맥' 이적표현물이면서 권장도서?」

률의 내용으로는 전혀 알 수 없다. 무엇보다 실무에서는 소지와 취득을 판단할 기준이 없어, 취득죄의 공소시효 회피 목적으로 소지죄가 악용되고 있다는 것이 가장 큰 문제다. 취득죄는 취득 즉시 행위가 끝나는 즉시범이어서 취득 시점부터 공소시효가 시작되지만, 소지죄는 계속범이므로 사실상 공소시효가 적용되지 않는 것이다. 수사기관은 표현물의 취득 시점을 특정할수 없거나 오랫동안 보관하던 표현물로 취득 시점부터 이미 공소시효가 지난 경우 소지죄로 기소한다. 사실상 공소시효 제도를 훼손하는 셈이다.

2. 책임과 형벌의 비례원칙 위반
─공동체로부터 배제·격리하는 과도한 처벌

형벌에 관한 책임 원칙은 '형벌은 책임 있는 자에게, 책임에 비례하여 부과되어야 한다'는 것이다. 헌법재판소는 책임 없는 자에게 형벌을 부과할 수 없다는 형벌에 관한 책임주의가 형사법의 기본원리라고 하였다. 또이 원칙은 헌법상 법치국가 원리에 내재하는 원리인 동시에, 국민 누구나인간으로서의 존엄과 가치를 가지고 스스로의 책임에 따라 자신의 행동을 결정할 것을 보장하고 있는 헌법 제10조의 취지로부터 도출되는 원리라고 판시하였다.[401]

책임과 형벌 간의 비례원칙에 따라, 입법자는 형벌 수단을 선택할 때 형벌이 불법과 책임의 경중에 일치하도록 하여야 한다. 만약 선택한 형벌이 구성요건에 기술된 불법의 내용과 행위자의 책임에 일치하지 않는 과

---

[401] 헌법재판소 2007. 11. 29. 선고 2005헌가10 전원재판부 결정.

도한 것이라면, 비례의 원칙을 일탈한 것으로 헌법상 용인될 수 없다.[402]
법정형의 종류와 범위를 정하는 것은 기본적으로 입법자의 권한에 속한다.
하지만 국회의 입법재량은 제한 없이 부여된 것이 아니다. 기본권의 본질
적 내용을 침해하는 입법은 용납될 수 없다. 곧, 국회가 법정형의 종류와 범
위를 정할 때는, 범죄자와 일반 국민들에게 이러한 행위를 해서는 안 된다
고 경고하는 형벌의 위하효과를 고려하면서도, 인간의 존엄과 가치를 존중
하고 보호하여야 한다는 헌법 제10조의 요구에 따라야 한다. 또 각각 다른
행위를 일률적으로 한데 묶어 똑같이 무거운 형을 받을 수밖에 없도록 규정
해서는 안 된다. 각 행위의 불법 정도와 행위자의 정상에 따라 적절한 형벌
을 부과할 수 있어야 실질적 법치국가 원리가 구현될 수 있다. 국회는 이를
위한 형벌개별화의 원칙이 적용될 수 있는 범위의 법정형을 설정해야 한다.
아울러 형벌이 죄질과 책임에 상응하도록 적절한 비례성을 지켜야 한다.

(1) 받은 이메일에 첨부된 파일로도 법정형 7년 이하 징역

제7조 제1항은 국가의 존립·안전이나 자유민주적 기본질서를 위태롭
게 한다는 정을 알면서 반국가단체나 그 구성원 또는 그 지령을 받은 자의
활동을 찬양·고무·선전 또는 이에 동조하거나 국가변란을 선전·선동한
자를 7년 이하의 징역에, 제5항은 그 표현물을 제작·수입·복사·소지·운
반·반포·판매 또는 취득한 자 역시 7년 이하 징역에 처하도록 한다. 위 각
행위를 목적으로 하는 단체를 구성·가입하면 제3항에서 일률적으로 1년
이상 징역에 처하게 한다. 여러 행위를 일률적으로 한데 묶어, 각 행위 유형
과 위험성의 차이에 관계없이 일률적으로 중형을 선고하도록 정한 것이다.

제7조 제1항과 제5항의 여러 행위들은 유죄가 인정될 때도 그 위험성

---

402 헌법재판소 2007. 11. 29. 선고 2005헌가10 전원재판부 결정.

이 저마다 다르다. 제1항 중 '동조'는 찬양·고무·선전에 비하여 훨씬 소극적이고 수동적인 행위로, 타인을 직접적인 대상으로 할 필요도 없어 외부적 영향력이 극히 적다.[403] 제5항 중 '소지·취득'도 대외 전파에 이르지 않은 것이어서 제5항의 다른 행위들에 비하여 위험성이 현저히 낮다.[404] 그런데도 제7조가 위 행위들에 일률적으로 7년 이하의 징역을 정한 것은, 실질적 법치국가가 지향하는 형벌개별화의 원칙에 어긋난다. 또한 기본권 제한 입법의 헌법적 한계인 비례의 원칙에도 어긋난다.

제5항은 제1항의 행위를 할 목적으로 한 표현물 소지·취득을 제1항과 같이 7년 이하 징역으로 처벌하도록 정한다. 그러나 최근 특수매체기록의 저장 방법이 다변화되는 상황을 고려하여 보면, 행위의 위험성에 비해 과도하게 중한 처벌이 이루어질 가능성이 높다. 타인으로부터 받은 이메일에 파일이 첨부되어 있었는데 그 파일 내용이 이적표현물이었다면, 이를 지우지 않고 있었다면 소지에 해당한다. 내용을 제대로 인식하지도 못한 때에도 소지죄 성립은 달라지지 않는다. 이 경우 파일을 전송받은 자가 제7조 제1항 중 어떠한 행위를 할 목적으로 표현물을 소지·취득했는지도 특정할 수 없다. 만일 '선전' 목적으로 파일을 소지했더라도, 소지·취득만 있는데 선전 행위를 한 경우와 동일한 위험성이 있다고 평가하여 중한 형으로 처벌하는 것은 과도하다.

이처럼 제7조 제1항 표현 행위와 제5항 중 표현물 소지·취득은 죄질과 행위의 태양 및 그 위험성이 현저히 다르다. 그러나 제7조는 불법의 정도,

---

[403] 헌법재판소 2015. 4. 30. 선고 2012헌바95 등 결정 중 김이수 재판관 반대의견, 헌법재판소 2018. 3. 29. 선고 2016헌바361 결정 중 김이수 재판관 반대의견.

[404] 김기영은 제5항에서 소지행위를 처벌하는 것은 절대적으로 제한될 수 없는 양심형성의 자유에 관한 권리를 침해하는 것으로 보는 한 이를 징역형만으로 처벌하는 것은 책임과 형벌의 비례원칙에 반한다고 본다. 제5항이 '소지·취득'을 다른 행위와 동일한 형으로 처벌하는 것도 책임과 형벌의 비례원칙을 위반하는 것이라는 견해다. 김기영, 위의 글, 126쪽.

행위의 위험성, 죄질 및 비난 가능성의 질적 차이를 무시하고, 제5항 행위를 제1항과 동일한 형량으로 정한다.

제7조가 법정형의 하한을 정하고 있지는 않다. 이 점 때문에 법원이 양형을 적절하게 하면 될 뿐이라는 반론도 있을 수 있다. 그러나 법정형 문제에 있어 상한과 하한은 모두 결정적으로 중요하다. 또 양형 재량권은 법정형의 상한과 하한이 어느 정도 합리적으로 정해져 있을 때 의미가 있다.[405] 제7조는 위험성이 낮은 행위도 징역 7년까지 선고할 수 있게 하여, 그 자체로 과도한 처벌 위험성을 내포하고 있다. 이 점에서도 제7조는 책임과 형벌 간의 비례성 원칙과 실질적 법치국가원리에 위반된다.

(2) 소지죄만으로도 징역형을 피할 수 없어 당연퇴직, 자격정지

또 하나 중요한 문제는, 제7조가 형벌의 종류를 징역형으로만 한정하고 있다는 것이다. 국가보안법 위반 행위라 하더라도 여러 가지 유형의 행위가 있을 수 있고, 그로 인한 위험성이나 사회 전반에 미치는 영향 또한 그 경중이 다를 수밖에 없다. 그런데 제7조는 죄질의 차이에도 불구하고, 피고인의 구속을 피하고 경제생활을 영위할 수 있는 벌금이나 과료 등은 선택할 수 없게 하고, 반드시 피고인을 사회로부터 격리시키는 징역형을 선고하도록 정해둔 것이다. 제7조에 따르면 법관의 양형 재량은 오직 징역형의 범위 내에서만 가능한 것이어서, 죄질과 행위자의 책임의 다양성에 따라 적절한 양형을 할 수 없어 형벌 개별화의 원칙에 부응하지 못한다.

제7조가 징역형만을 정한 것의 문제는 금고 이상의 형으로 처벌받지 않을 것을 직업 자격의 요건으로 하고 있는 경우 드러난다. 당사자는 비록 집행유예를 선고받더라도 더 이상 그 직업을 유지할 수 없게 된다. 그 위험성이 극

---

405 헌법재판소 2002. 11. 28. 선고 2002헌가5 전원재판부 결정.

히 적은 제7조 제5항 소지죄만 유죄로 확정되더라도, 당사자는 자신이 생활하던 직장과 공동체로부터 배제되고 경제적으로도 곤궁한 처지에 빠지게 되는 심각한 불이익을 겪어야 한다. 공무원과 교원이 대표적인 사례다. 국가공무원법 제33조와 제69조, 교육공무원법 제10조의 4와 제43조의 2에 따라, 공무원과 교원은 금고 이상의 형을 선고받고 그 집행유예 기간이 끝난 날부터 2년이 지나지 않으면 임용 결격사유에 해당한다. 해당 공무원과 교원은 당연퇴직된다.[406] 한편 불고지죄가 아닌 이상 국가보안법 위반죄로 처벌받은 공무원 등은 모두 공무원연금조차 지급받지 못한다. 연금지급문제에 있어서는 이적표현물 소지죄로 처벌받은 공무원 등도 내란죄가 확정된 경우와 같이 취급되는 불균형하고 과도한 불이익 처우를 당해야 한다.

공인노무사, 변호사,[407] 공인중개사, 관세사, 공인회계사 등도 징역형을 선고받으면 일정 기간 자격이 제한되거나 등록이 거부된다. 징역형을 선고받으면 징계하는 취업규칙이 있는 회사에 근무하는 근로자는 해고당할 위험에 부딪힌다. 1990년대 노동운동 활동가들이 국가보안법 위반으로 처벌받은 경우, 거의 예외 없이 위 취업규칙에 따라 징계해고되었다. 제7조가 징역형만 두어 발생하는 직업 수행 및 직업 선택의 자유에 대한 과

---

[406] 공무원연금법 제65조 ④ 재직 중의 사유로 「형법」 제2편제1장(내란의 죄), 제2장(외환의 죄), 「군형법」 제2편제1장(반란의 죄), 제2장(이적의 죄), 「국가보안법」(제10조는 제외한다)에 규정된 죄를 지어 금고 이상의 형이 확정된 경우에는 이미 낸 기여금의 총액에 「민법」 제379조에 따른 이자를 가산한 금액을 반환하되 급여는 지급하지 아니한다.

[407] 국가보안법 사건 변론을 담당하고 폐지를 위해 활동했던 변호사들도 제7조에 의해 처벌받고 변호사 자격을 제한당했다. 박정희 정권 하에서 빈발한 다수의 시국사건을 변호하며 인권변호사로 활동한 한승헌 변호사는 유럽 간첩단 사건으로 사형당한 김규남 국회의원을 애도하는 수필 「어느 사형수의 죽음 앞에서 – 어떤 조사弔辭」로 인해 반공법 위반으로 유죄판결을 받았다. "김규남 의원을 옹호해 반국가단체인 북한의 선전 활동에 동조하고 고무 찬양해 반국가단체를 이롭게 했다."는 이유였다. 한승헌 변호사는 1975년 구속되어 292일간 수감된 뒤, 징역 1년 6월 집행유예 3년의 유죄판결이 확정되어 8년 5개월 간 변호사 자격을 잃었다가, 2017. 6. 22. 재심에서 무죄판결을 받았다.
자유권규약위원회로부터 결사의 자유 위반을 인정받은 한총련 대의원 이정은 개인진정 사건을 대리하는 등 다수의 국가보안법 피해자들을 변론한 김승교 변호사는 남북공동선언실천연대 상임 공동대표로 활동하다가 제7조 제3항 등 위반을 이유로 기소되었다. 대법원 2012. 10. 11. 선고 2020도12162 판결로 징역 2년 집행유예 4년을 선고받아 변호사 자격을 제한당하던 중 2015. 8. 31. 병으로 사망하였다.

도한 제한, 경제 생활의 불이익을 보아도, 제7조는 책임과 형벌 간의 비례 원칙에 위배된다.

한편, 제7조에 대한 징역형 부과는 ILO 협약 위배 사태를 지속시키는 문제까지 초래한다. 우리나라는 국제노동기구(ILO)가 가입국 정부에게 비준을 권고하는 기본협약 중 강제노동에 관한 제29호 협약(강제노동 협약, 1930), 제105호 협약(강제노동철폐협약, 1957)을 비준하지 않고 있다. 특히 제105호 협약은 정치적 견해 표명 등에 대한 제재로서 강제노동을 금지하는 내용이다. 비준하지 않은 이유가 바로 국가보안법 제7조다. 국가인권위원회는 국가보안법 제7조 등에서 징역형만을 규정하고 있는 것은 제105호 협약에 저촉된다는 의견을 표명한 바 있다.[408] 제105조 협약을 비준하기 위해서는 제7조에 대한 형사 처벌을 폐지하거나 최소한 강제노역이 없는 형벌을 두어야 한다. 그러나 정부는 계속해서 분단 상황 등 국내 사정과 맞지 않는다는 이유로 위 협약을 비준 대상에서 제외하고 있다.

ILO는 기본협약의 불가입과 관련하여 '1998년 근로에 있어서 기본원리와 기본권에 관한 선언'[409] 제2항에서, 모든 ILO 회원국은 설령 위 기본협약을 비준하지 않았다고 하더라도 그 회원국이라는 사실 자체로부터 위 기본협약에 따른 원리와 권리를 존중하고, 증진하며, 실현할 의무가 있다고 정한다. 이에 따르면, 우리나라는 징역형을 부과한 국가보안법 제7조를 그대로 두면서 ILO 회원국으로서 제105호 기본협약에 가입할 책임을 방기하고 있을 뿐 아니라, 위 제105호 기본협약 중 정치적 견해 표명 등에 대한 제재로서 징역형을 부과해서는 안 된다는 규정을 존중·증진·실현할 의무를 위반하고 있는 것이다.

---

408 국가인권위원회b, 2006. 11. 13. 「ILO 강제근로 관련 제29호, 제105호 협약 가입 권고 결정문」, 14-15쪽.
409 ILO, 1998 Declaration on fundamental principles and rights at work.

국가보안법에 대한 국제인권기구의 판단

1. 국제인권기구의 국제인권조약 이행 여부 감독

유엔은 국제인권조약의 법적 구속력을 담보하기 위해서 각 조약의 이행 여부를 감독·공표하는 다양한 절차를 두고 있다. 국제인권조약의 이행 여부를 감독하는 절차는 대표적으로 ① 조약기구(treaty bodies)에 의한 감독, ② 특별절차(special procedures)에 의한 감독, ③ 유엔 회원국들이 주도하는 유엔 국가별 정례인권검토(Universal Periodic Review, UPR)에 의한 감독 세 가지를 들 수 있다.[410]

먼저 ① 조약기구에 의한 감독은 국제인권조약을 최종적으로 해석하고 그 이행을 감독하는 기능을 수행하기 위해 협약별로 설립된 위원회(인권조약기구)에 의한 감독이다. 인권조약기구는 각국 정부가 제출한 국가보고서를 심의하여 각국의 국제인권조약 이행 여부를 평가하고 최종견해(Concluding Observations)를 제시한다. 또한 인권조약기구에 접수된 개인 진정을 심의한 후 결정(Views)을 제시한다.[411]

---

410 "Human Rights Mechanisms",
https://www.ohchr.org/EN/Issues/Women/Pages/HRMechanims.aspx (2021. 2. 5. 방문)
411 사법정책연구원, 위의 글, 47쪽.

자유권규약과 관련해 시민적·정치적 권리위원회(자유권규약위원회), 사회권규약과 관련해 경제적·사회적·문화적 권리위원회(사회권규약위원회), 고문방지협약과 관련해 고문방지위원회가 설립되어 있다. 각 위원회는 정기적으로 대한민국의 국가보고서를 점검하고 견해를 발표한다.[412] 우리나라는 또한 선택의정서 가입을 통해 자유권규약위원회와 고문방지위원회의 개인진정 심사제도를 수락했다.[413] 즉 위 각 위원회들의 최종견해, 자유권규약위원회와 고문방지위원회의 결정은 관련 국제인권조약들의 구체적 해석이자 최종적인 평가로, 국가보안법 제7조가 관련 국제인권조약들에 위배되는지 여부를 판단할 때 반드시 고려해야 할 주요 문서다.

② 특별절차에 의한 감독과 ③ UPR에 의한 감독은 앞서 살펴본 인권조약기구에 의한 감독 절차를 상호 보완하는 의미를 가지는 절차다. 위 두 절차는 유엔 인권이사회의 대표적인 감독제도다.[414] 먼저 ② 특별절차에 의한 감독은 구체적으로 유엔 인권이사회나 경제사회이사회가 임명한 실무그룹, 특별보고관, 특별대표, 독립적인 전문가에 의한 감독제도. 특별보고관 등은 국제인권조약을 기준으로 특정한 국가나 지역 또는 특정 분야의 인권 상황을 조사, 관찰, 평가한다.[415] 이 절차를 통해 특정 국가에 대한 방문조사보고서 등이 작성된다. 해당 보고서는 특별보고관 등이 담당하는 영역과 관계된 국제인권조약 및 인권조약기구에 의한 감독을 통해 도출된 해석을 기준으로 특정 국가의 인권 현황을 평가한 문서다.

한편 ③ UPR은 2006년 신설된 유엔 인권이사회(Human Rights

---

412 "Reporting status for Republic of Korea",
https://www.ohchr.org/en/countries/asiaregion/pages/krindex.aspx(2021. 2. 5. 방문)

413 "Ratification Status for Republic of Korea",
https://tbinternet.ohchr.org/_layouts/15/TreatyBodyExternal/Treaty.aspx?CountryID=141&Lang=EN (2021. 2. 5. 방문)

414 서철원, 「국제인권시스템 현황에 관한 연구」, 국가인권위원회 연구용역 보고서, 2013, 28-37쪽.

415 서철원, 위의 글, 35-36쪽

Council)의 핵심 인권감시체계다. 모든 유엔 회원국의 인권 상황을 보편적 기준에 따라 상호 검토하자는 취지에서 설립된 감시제도다. 인권조약기구 또는 특별절차에 의한 감독체계와는 다르게, 국가 간 평가라는 점을 특징으로 하여, 유엔 회원국들의 실질적인 인권증진을 도모하는 제도다.[416]

유엔 인권이사회의 47개 인권이사국으로 구성된 실무그룹은 '국제연합 헌장, 1948 세계인권선언, 당사국이 비준한 국제인권조약, 각 국가들이 인권이사회 선거에서 후보로서 공표하여 고려된 것까지 포함한 자발적 선언 및 약속'을 기본적인 기준으로 하여, 대상국의 국제인권조약 이행 여부를 비롯한 전반적인 인권보장 현황을 평가한다.

통상 UPR 심의는 유엔인권이사회 결의에 따라 설립된 UPR 실무그룹이 회의를 열어 심의대상 국가를 발표하고, 원활한 진행을 위해 3자 보고그룹(troika)과 질문할 나라들을 선정한다. 3자 보고그룹은 미리 정해진 질문할 나라들이 낸 질문 목록을 심의대상 국가에 전달한다. 심의대상 국가의 답변과 상호 대화한 결과를 종합해 결론 혹은 권고안이 마련된다.[417] 심의 과정에서 유엔 회원국들이 제기한 질문과 권고를 종합하여 UPR 실무그룹 보고서를 발간한다. UPR 실무그룹이 작성하는 보고서는 인권조약기구나 특별절차에서 작성된 보고서, 유엔의 공식 문헌들의 정보를 내용으로 하는 유엔 인권최고대표사무소(OHCHR) 보고서들과 맥락을 같이한다. 보고서 작성 시 인권조약기구에 의한 감독을 통해 도출된 결론을 재평가 혹은 제외하거나 우선순위를 변경할 수 없다.[418] UPR 실무그룹 보고서는 유엔 회원국들이 서로 각 국가의 인권 상황을 국제인권조약들에 기초하여 평가한 결과다. 국제적 기준에서 바라본 각 국가의 인권성적표라 할 수 있다.

---

416 서철원 위의 글, 118-165쪽.
417 서철원, 위의 글, 33쪽
418 서철원 위의 글, 135쪽.

이처럼 특별절차와 UPR 실무그룹에서 작성된 방문조사보고서 및 실무그룹 보고서는 국제인권조약과 인권조약기구의 구체적 해석 및 최종적 평가에 기초해 작성된다. 따라서 특별보고관 등의 방문조사보고서와 UPR 실무그룹 보고서도 인권조약기구의 최종견해 및 결정과 더불어 국제인권조약의 구체적 해석을 살펴볼 수 있는 주요한 국제인권문서로서 이해되어야 한다.

2. 인권조약기구의 최종견해
―국가보안법을 폐지하라

인권조약기구의 최종견해는 전 세계의 다양한 쟁점을 해당 분야의 전문가들이 지속적으로 검토해온 결과물이라는 점에서, 추상적으로 규정된 국제인권조약을 국제사회의 시대적 흐름을 반영한 '살아 있는 규범'으로 인식할 수 있게 하는 중요한 자료다. 미국, 남아프리카공화국, 뉴질랜드 등 해외 법원들에서도 위와 같은 인권조약기구의 해석과 의견을 규약의 해석을 위한 중요한 자료(a major source for interpretation of the ICCPR)로서 권위적(authoritative)인 문서로 보고 있다.[419][420] 다수의 인권조약기구들은 위 최종견해에서 지속적으로 제7조를 비롯한 국가보안법 그 자체에 대한 우려를 표명하고 개정 및 폐지를 권고했다.

---

419 "the Human Rights Committee has the ultimate authority to decide whether parties' clarifications or reservations have any effect."(Maria v. McElroy, 68 F. Supp.2d at 232; United States v. Bakeas, 987 F. Supp. 44, 46 n.4)(Grover, Leena. 『UN human rights treaty bodies: law and legitimacy』. Vol. 1. Cambridge University Press, 2012. 401쪽에서 재인용)

420 Kanetake, Machiko. 「UN HUMAN RIGHTS TREATY MONITORING BODIES BEFORE DOMESTIC COURTS」, 『International & Comparative Law Quarterly』 Vol. 67 Issue 1, January 2018, 223쪽

(1) 사회권규약위원회 최종견해

사회권규약위원회는 2001년 대한민국 제2차 정기보고서에 관한 최종견해를 통해 국가보안법이 지식인과 예술인의 활동을 제약하는 데 사용되고 있음을 지적했다. 특히 국가보안법하에 발생하는 작품의 검열, 몰수, 파괴 등에 우려를 표명했다.[421] 제7조를 포함한 국가보안법이 지식인과 예술인의 활동에 적용되는 그 자체가 사회권규약을 위배한다는 점을 지적한 것이다.

> ■ 사회권규약위원회 대한민국 제1차 정기보고서에 관한 최종견해
>
> 32. 위원회는 국가보안법이 지식인과 예술인의 활동을 제약하는데 사용되고 있는 점을 우려한다. 국가보안법하에서, 작품이 검열, 몰수 혹은 파괴될 뿐 아니라 지식인과 예술인들 자신이 형사 기소의 대상이 되고 있다.

(2) 자유권규약위원회 최종견해

자유권규약위원회는 현재까지 총 4차례(1992년, 1999년, 2006년, 2015년) 우리나라를 심의하고 최종견해를 공표해왔다. 4건의 최종견해는 모두 국가보안법이 자유권규약에 위반된다는 점을 확인하였고, 제7조를 비롯한 국가보안법을 개정 또는 폐지할 것을 권고했다.

국가보안법에 대한 자유권규약위원회의 첫 번째 최종견해[422]는 1992년

---

421 UN Committee on Economic, Social and Cultural Rights (CESCR), UN Committee on Economic, Social and Cultural Rights: Concluding Observations, Republic of Korea, 21 May 2001, E/C.12/1/Add.59, para. 32.

422 UN Human Rights Committee (HRC), 160., CONSIDERATION OF REPORTS SUBMITTED BY STATES PARTIES UNDER ARTICLE 40 OF THE COVENANT : INTERNATIONAL COVENANT ON

에 나왔다. 일반 법률 및 형법을 통해 충분히 국가안보라는 목적을 달성할 수 있다는 점을 지적하며, 모호한 용어로 구성된 국가보안법은 자유권규약에 부합하지 않고 단계적으로 폐지되어야 한다고 권고한 것이다.[423] 또 "독립적인 기관인 헌법재판소는 매우 강력하고 중요한 역할을 하고 있다"는 점을 명시적으로 언급하며 그 역할을 기대하기도 하였다.[424]

■ 자유권규약위원회 대한민국 제1차 정기보고서에 관한 최종견해 (1992)

6. 본 이사회의 주요 관심사는 국가보안법의 존속에 관한 것이다. 대한민국이 처한 특수한 상황으로 국내의 공공질서에 의미를 부여함에도 불구하고 그에 대한 영향이 과대평가되어서는 아니 된다. 이사회는 일반 법률과 특히 이에 적용될 수 있는 형법만으로도 국가안보를 방어하기에 충분한 것으로 생각한다. 또한 국가보안법에 규정되어 있는 특정내용은 다소 모호한 용어로 정의되어 있어 실제로 국가안보에 위협적이지 않은 행위와 본 협약에서 용인하지 아니하는 대응으로 이어질 수도 있는 해석을 가능하게 한다.

9. 본 이사회가 동 협약에 규정된 권리의 완전한 이행을 가로막는 것으로 간주되는 국가보안법을 단계적으로 철폐하기 위한 시도가 이행되어야 하며, 한편으로는 몇몇 기본권을 훼손하지 않도록 노력해야 한다.

CIVIL AND POLITICAL RIGHTS : COMMENTS OF THE HUMAN RIGHTS COMMITTEE : REPUBLIC OF KOREA, 25 September 1992, CCPR/C/79/Add.6.

423 UN Human Rights Committee (HRC), 위의 글, para. 9.

424 UN Human Rights Committee (HRC), 위의 글, para. 3.

자유권규약위원회는 1999년 공표한 대한민국 제2차 정기보고서에 관한 최종견해에서도 국가보안법에 대한 심각한 우려를 표명했다. 국가보안법은 신체의 자유를 규정한 자유권규약 제9조, 양심과 사상의 자유를 규정한 제18조, 의견과 표현의 자유를 규정한 제19조에 어긋난다는 것이다. 자유권규약위원회는 제1차 최종견해와 같이 우리 정부에게 국가보안법을 단계적으로 폐지할 것을 권고했다.[425] 특히 자유권규약위원회는 제2차 최종견해에서 제7조의 시급한 개정을 촉구했다. 제7조가 국가안보를 위해 필요한 정도를 넘어선 제한을 내용으로 하여 표현의 자유를 침해한다는 점을 강조하면서, 해당 조항이 적성단체(enemy entity)의 주장과 일치하거나 동조하는 것이라고 처벌하는 것은 허용되지 않는 사상의 자유 제약이라 평가했다.

■ 자유권규약위원회 대한민국 제2차 정기보고서에 관한 최종견해 (1999)

8. (한국정부의) 1차 보고서를 검토한 이후, 위원회는 국가보안법의 존재와 그것이 지속적으로 적용되고 있는 것에 대해 재차 심각한 우려를 표명해왔다. 당사국에 따르면, 국가보안법은 분단상황이 야기하는 법적인 문제를 다루기 위해 사용된다. 그러나 위원회는 국가보안법이 자유권규약의 제9조, 제18조, 그리고 제19조 등 다양한 조항들과 양립이 가능하지 않은 구금, 조사, 심문 그리고 실체법상의 책임(substantive liability)에 관한 특별법규를 마련하는데 이용된다는 점을 우려한다.

---

425 UN Human Rights Committee (HRC), UN Human Rights Committee: Concluding Observations: Republic of Korea, 1 November 1999, CCPR/C/79/Add.114,

위원회는 정부의 1차 보고서를 검토한 이후 권고한 사항, 즉 당사국이 국가보안법을 단계적으로 폐지해나가야 함을 다시금 권고한다.

9. 위원회는 국가보안법 제7조 하에서 "반국가단체"를 고무하는 것으로 간주되는 행위의 범위가 불합리하게 광범위하다고 생각한다. 선택의정서에 따라 개인적 통보로서 위원회에 보내진 사례들과 제7조 하에서 기소된 내용에 대한 정보들을 검토해본 결과, 표현의 자유에 대한 제약이 규약의 제19조 세 번째 문장의 요건을 충족시키지 못하고 있음이 분명하다. 왜냐하면 그것들은 국가안보를 위해 필요한 정도를 넘어서기 때문이다. 규약은 단지 사상의 표현이 적성단체(enemy entity)의 주장과 일치하거나 그 실체에 대해 동조하는 것으로 보여진다는 이유만으로, 사상의 자유를 제약하는 것을 허용하지 않는다. 위원회는 검찰의 내부 지침(역자 주: 국보법을 엄격하게 해석·적용하라는 행정지침)이 규약과 합치하지 않는 국가보안법 제7조의 남용을 억제하는 적절한 방법이 아님을 강조하고자 한다.

당사국은 규약에 부합하도록 제7조를 긴급히 개정해야 한다.

자유권규약위원회는 2006년 대한민국 제3차 정기보고서에 관한 최종견해에서도 제7조 개정이 긴급하다는 결론을 내렸다. 제7조에 따른 표현의 제약은 표현의 자유를 제한하는 한계를 규정한 자유권규약 제19조 제3항의 요건을 갖추지 못한 것이라는 판단이다.[426]

---

426 UN Human Rights Committee (HRC), Consideration of reports submitted by States parties under article 40 of the Covenant : International Covenant on Civil and Political Rights : concluding observations of the Human Rights Committee : Republic of Korea, 28 November 2006, CCPR/C/KOR/CO/3, para 18.

> ■ 자유권규약위원회 대한민국 제3차 정기보고서에 관한 최종견해
>   (2006)
>
> 18. 위원회는 국가보안법 개정을 위한 최근의 시도들과 국가안보를
> 이유로 국가보안법이 존속될 필요가 있다는 주장에 대하여는 총의
> (consensus)가 없다는 점에 주목한다. 그러나 위원회는 특히 국가보
> 안법 제7조에 따른 기소가 계속되고 있다는 점에 우려한다. 이 조항에
> 따라, 표현의 자유를 제한하는 것은 규약의 제19조 제3항의 요건을 충
> 족하지 못한다. (제19조)
>
> 당사국은 국가보안법 제7조와 이로 인해 부과된 형벌이 규약의 요건
> 에 일치하도록 보장하는 것을 긴급한 사안으로 삼아야만 한다.

  가장 최근에 나온 자유권규약위원회의 대한민국 제4차 정기보고서에
관한 최종견해는 국가보안법 제7조 개정을 넘어 폐지하라는 권고를 내렸
다는 점에서 큰 의미가 있다. 제7조의 모호한 용어가 공공의 대화에 위축
효과를 미칠 수 있고, 제7조가 의사와 표현의 자유를 불필요하고 불균형
적으로 침해하고 있다는 것이다.[427]

> ■ 자유권규약위원회 대한민국 제4차 정기보고서에 관한 최종견
>   해 (2015)
>
> **국가보안법에 따른 기소**

---

[427] UN Human Rights Committee (HRC), Concluding observations on the fourth periodic report of the Republic of Korea, 2015, CCPR/C/KOR/CO/4, para. 48-49.

48. 위원회는 국가보안법에 의한 기소가 계속되고 있는 것을 우려한다. 특히, 동법 제7조의 지나치게 모호한 용어가 공공의 대화에 위축 효과를 미칠 수 있고, 상당수의 사건에서 의사표현의 자유를 불필요하고 불균형적으로 침해하고 있다고 보고되는 것을 우려한다. 위원회는 국가보안법이 점점 더 검열 목적으로 사용되는 것을 우려하며 이에 주목한다(제19조).[428]

49. 위원회는 '표현의 자유'에 관한 일반논평 제34호 및 당사국에 대한 제2차 최종견해(CCPR/C/79/Add.114, 제9항)를 상기하며, 당사국에게 규약은 단지 사상의 표현이 적대적 실체의 주장과 일치하거나 그 실체에 대해 동조를 형성하는 것으로 보여진다는 이유로 그러한 표현에 대한 제한을 허용하지 않는다는 것을 상기시키고자 한다. 당사국은 국가보안법 제7조를 폐지해야 한다.[429]

위 4건의 자유권규약위원회의 최종견해는 제7조가 자유권규약에 위배된다는 점을 명확하게 보여준다.

---

428 CCPR/C/KOR/CO/4.

48. The Committee is concerned that prosecutions continue to be brought under the National Security Act. In particular, it is concerned that the unreasonably vague wording of article 7 of the Act could have a chilling effect on public dialogue and is reported to have unnecessarily and disproportionately interfered with freedom of opinion and expression in a number of cases. The Committee notes with concern that the Act is increasingly used for censorship purposes (art. 19).

429 CCPR/C/KOR/CO/4.

49. The Committee recalls its general comment No. 34 (2011) on freedoms of opinion and expression and its concluding observations on the second periodic report of the State party (see CCPR/C/79/Add.114, para. 9) and reminds the State party that the Covenant does not permit restrictions on the expression of ideas merely because they coincide with those held by an enemy entity or may be considered to create empathy for that entity. The State party should abrogate article 7 of the National Security Act.

(3) 고문방지위원회 최종견해

고문방지위원회 또한 우리나라에 대한 총 3차례(1996년, 2006년, 2017년)의 심의에서 국가보안법에 대한 우려를 표명하고 지속적 재검토와 제7조의 폐지 또는 개정을 권고하였다.

고문방지위원회는 1996년 첫 번째로 국가보안법에 관한 최종견해를 공표했다. 국가보안법이 국가안보를 위해 제정되었더라도 심각한 위험성을 가지고 있기 때문에 독단적으로 적용되어서는 안 된다는 것이었다.[430]

■ 고문방지위원회 대한민국 제1차 정기보고서에 관한 최종견해 (1996)

59. 본 위원회는 국가보안법이 한반도의 보안 문제의 결과로 이행되고 있다는 점을 고려하면서도, 대한민국은 국가보안법의 조항이 독단적으로 적용되지 않아야 한다는 점을 강조한다. 동 조항들은 그 모호성으로 인해 독단적으로 적용될 심각한 위험성을 가지고 있다.

고문방지위원회는 2006년 공표한 대한민국 제2차 정부보고서에 대한 최종견해에서, 제1차 최종견해에서와 마찬가지로 국가보안법의 위험성을 지적했다. 특히 체포와 구금이 자의적으로 이루어지고 있다며, 우리나라 정부에게 국가보안법을 지속적으로 재검토할 것과, 폐지 혹은 개정 경과를 보고할 것을 권고했다.[431]

---

430 UN Committee Against Torture (CAT), Consideration of reports submitted by States parties under article 19 of the Convention, A/52/44, para. 59.
431 UN Committee Against Torture (CAT), Conclusions and recommendations of the Committee against Torture : Republic of Korea, 25 July 2006, CAT/C/KOR/CO/2, para. 6.

> ■ 고문방지위원회 대한민국 제2차 정기보고서에 관한 최종견해
> (2006)
>
> 6. 국가보안법의 적용을 제한하고 유죄 선고를 받은 자들에 관용을 베
> 푸는 최근의 조치들을 인정하나, 위원회는 위 법의 특정 규정이 모호
> 하다는 점 그리고 체포 및 구금 관련 규정과 법규가 자의적인 방법으
> 로 지속적으로 적용되고 있다는 점에 우려한다.
>
> 위원회의 이전 권고(A/52/44, 59항)를 상기하며, 당사국은 국가보안법
> 이 협약과 완전히 일치하고 위 법에 의한 체포와 구금이 인권침해의
> 가능성을 높이지 않도록 보장하기 위해 국가보안법을 지속적으로 재
> 검토하여야 한다. 당사국은 또한 위 법의 폐지 혹은 개정에 대한 국회
> 내 토론 경과와 결과에 대한 정보를 차기 정기 보고서에 포함하여야
> 한다.

고문방지위원회는 가장 최근(2017년)에 이루어진 대한민국 제3·4·5
차 국가 보고서에 대한 심의에서도 국가보안법에 관한 구체적 판단을 내
렸다. 국가보안법에 따라 이루어지는 체포, 구금, 자백의 강요 등과 국가보
안법 제7조를 규정한 국가보안법 제7조에 따른 처벌로 발생하는 고문방
지협약 위반에 우려를 표하면서, 재차 국가보안법의 폐지 또는 개정을 촉
구한 것이다.[432]

---

432 UN Committee Against Torture (CAT), Concluding observations on the combined third to fifth periodic reports of the Republic of Korea, 30 May 2017, CAT/C/KOR/CO/3-5, para 15-16.

■ 고문방지위원회 대한민국 제3차 정기보고서에 관한 최종견해
(2017)

15. 위원회는 여전히 국가보안법에 따라 체포되는 사람들이 있고 해당 인물 중 일부는 임의 체포 및 구금, 강제 자백을 경험했다는 의혹이 있는 것에 재차 우려를 표명한다. 같은 법 제7조의 불분명한 표현으로 인해 협약의 위반사항이 발생할 수 있다는 것도 여전히 우려하는 바이다(제2조, 제11조 및 제15조-제16조).

16. 위원회는 이전의 권고사항을 재차 강조하며 당사국이 국가보안법을 폐지 또는 개정하여 해당 법이 협약에 완전히 준거할 수 있도록 하고 해당법에 따른 체포 및 구금이 인권 침해의 잠재적 가능성을 높이지 않도록 할 것을 요청한다. 당사국은 반드시 국가보안법에 따라 체포된 인물들의 인도적인 대우를 보장해야 하며 어떠한 자백도 강압 하에 이루어지지 않도록 해야 한다.

고문방지위원회는 위 3차례의 최종견해를 통해 국가보안법이 '불분명한 표현' 혹은 '독단적 적용' 가능성 그 자체로 자의적인 체포와 구금 및 불법적 수사를 야기하므로 고문방지협약이 금지하는 고문 등에 해당한다는 점을 지적한 것이다.

3. 인권조약기구의 결정
—제7조 유죄판결은 자유권규약 위반

인권조약기구가 내리는 결정(view)은 조약 가입국으로부터 인권을 침해당한 개인이 제기한 진정에 대해 인권조약기구가 국제인권조약에 기초해 판단한 결과다.[433] 우리나라는 1990년 자유권규약 제1선택의정서에 가입하였다. 그 후 국가에 의한 인권침해 피해자들이 자유권규약위원회에 직접 진정할 수 있게 되었다.

자유권규약위원회는 국가보안법 제7조 피해자들이 제기한 진정에 대해 총 4차례 결정(1998년, 1999년, 2004년, 2005년)을 내렸다. 우리 정부는 이 사건들에서 일관되게 국가안보와 공공질서를 제한 사유로 들었다. 대표적으로 김근태 사건에서는 "북한에 의한 지속적인 안보위협"을 거론했다. 북한 위협의 실체는 "1953년 이후 북한과의 기술적인 전쟁상태"와 북한이 "대한민국을 혼란시키려고 하는 계속적인 시도"를 하고 있다는 것이다. 정부는 이 시도의 내용을 "북한이 남한의 군사파쇼체제를 타도하고 조국통일과 인민해방을 가져올 인민민주주의 정부의 수립을 주장"하는 것이라고 특정하였다. 또한 박태훈 사건에서는 "대한민국의 안보 상황을 감안할 때 규약에 규정된 개인의 권리보다 국가보안법의 규정이 우선할 필요"가 있다고 하였다. 이러한 논리는 한 마디로 한국의 국가안보 상황이 국가의 생존을 위협받는 공공의 비상사태라고 보는 것으로, 자유권규약 제4조의 비상사태에서 제한을 주장한 것[434]으로 평가될 수 있다. 그러나 자유권

---

433 사법정책연구원, 위의 글, 47쪽.
434 정경수, 「한국 관련 개인통보사건과 시민적·정치적 권리규약 제19조」, 《서울국제법연구》 13권 제1호, 2006, 60-62쪽.

규약 제4조 제1항[435]에 따라 규약상 기본권 제한이 가능한 비상사태는 "국민의 생존을 위협하는 공공의 비상사태의 경우에 있어서 그러한 비상사태의 존재가 공식으로 선포되어 있을 때"로, 공식적 선포를 요구하는 것에 비추어, 국내법상 계엄상태에 비견할 만하다. 위 개인진정 당시 대한민국이 그러한 비상사태에 있지 않았음은 분명하다.

자유권규약위원회는 위 결정에서 피해자들을 제7조로 처벌한 것이 자유권규약 제19조 표현의 자유, 제22조 제1항 결사의 자유를 침해한 것이라는 결론을 내렸다. 특히 이정은 개인진정 결정에서는 제7조 개정을 권고하기도 하였다. 자유권규약위원회의 결론은, 개별 표현행위와 단체 가입으로 명백한 위험이 어떻게 야기되었다는 것인지 정확하게 특정되지 않는 한, 북한의 안보 위협이 상존한다는 것만으로는 표현의 자유와 결사의 자유 제한 이유가 될 수 없다는 것으로 볼 수 있다.

> ■ 김근태의 개인진정에 대한 자유권규약위원회의 결정(Communications No. 574/1994)[436]
>
> 12.4 (…) 북한의 입장과 유사한 견해를 공표함으로써 북한이 얻을 수 있을지 모르는 (불명확한) '이익'이 어떻게 국가안보에 위험을 초래하는지가 명백하지 아니하고, 그러한 위험이 어떤 성격이고 어느 정도의 것인지도 명백하지 아니하다. 각 심급의 법원이 이 문제를

---

435 시민적 및 정치적 권리에 관한 국제규약
제4조 ① 국민의 생존을 위협하는 공공의 비상사태의 경우에 있어서 그러한 비상사태의 존재가 공식으로 선포되어 있을 때에는 이 규약의 당사국은 당해 사태의 긴급성에 의하여 엄격히 요구되는 한도내에서 이 규약상의 의무를 위반하는 조치를 취할 수 있다.
436 Keun-Tae Kim v. Republic of Korea, CCPR/C/64/D/574/1994, UN Human Rights Committee (HRC), 4 January 1999.

다루고 심리하였다는 흔적이 없으며, 연설이나 유인물의 내용이 독자나 청중에게 공공의 안전을 위협할 정도의 영향을 미쳤는지와 이 같은 공공의 안전을 보호하는 것이 규약의 의미상 필요한 제한을 정당화할 수 있는 것인지를 검토하였다는 흔적도 없다.[437]

12.5 자유권규약위원회는 당사국이 통보자의 표현의 자유 행사로 야기되었다는 위협의 정확한 성격을 특정하지 못하였고, 집회 및 시위에 관한 법률과 폭력행위 등 처벌에 관한 법률 위반으로 기소하는 외에 진정인의 표현의 자유 행사까지도 국가안보를 위하여 기소하여야 할 필요가 있었다는 점에 관하여 구체적 정당성을 제시하지 못하였다고 본다. 그러므로 이사회는 통보자에 대한 표현의 자유 행사를 제한한 것이 규약 제19조 제3항의 요건과 양립할 수 없다고 본다.

13. 시민적 및 정치적 권리에 관한 국제규약 선택의정서 제5조 제4항에 따라 검토한 결과, 시민적 및 정치적 권리에 관한 국제규약 제19조의 위반 사실을 인정한다.

■ 박태훈의 개인진정에 대한 자유권규약위원회의 결정(Commu nications No. 628/1995)[438]

10.3 (…) 자유권규약위원회는 당사국이 나라의 일반적인 상황과 "북한 공산주의자들"이 제기하는 위협을 언급하면서 국가안보 문제를

437 번역문은 정경수, 위의 글, 63-43쪽에서 재인용.
438 Tae Hoon Park v. Republic of Korea, CCPR/C/64/D/628/1995, UN Human Rights Committee (HRC), 3 November 1998.

제기하고 있다는 점을 주목한다. 이사회는 통보자에 의한 표현의 자유 행사로 인하여 일어났다는 위협의 정확한 성격을 당사국이 구체적으로 제시하는 데 실패했으며 당사국이 내세운 어떠한 주장도 제19조 제3항에 따라서 통보자가 표현의 자유를 누릴 권리를 제한하는 데 충분하지 않다고 판단한다. 이사회는 통보자에게 유죄를 선고한 법원의 판결문들을 세밀히 검토하였으나, 이들 판결문 및 당사국의 주장 어느 것도 통보자에 대한 유죄판결이 제19조 (3)항에서 말하는 정당한 목적들 가운데 하나를 보호하기 위해 필요한 것이었음을 증명하지 못했음을 확인한다. 따라서 표현행위와 관련된 통보자에 대한 유죄판결은 규약 제19조에 따라 통보자의 권리에 대한 침해로 간주해야 한다.

11. 자유권규약위원회는 시민적 및 정치적 권리에 관한 국제규약 선택의정서 제5조 제4항에 따라 이사회에 제출된 사실관계가 규약 제19조에 위반한 사실을 인정한다.

■ 신학철의 개인진정에 대한 자유권규약위원회의 결정(Communication No. 926/2000)[439]

7.2 이사회는 진정인의 그림이 규약 제19조 제2항이 보호하는 표현의 자유 범위 내에 든다고 본다. 이사회는 이 조항이 특히 예술의 형태로 전달되는 사상에 관해 설명하고 있음을 상기한다. 그림의 몰수와 유죄의 선고를 통한 진정인의 표현의 자유 침해가 국내법 적용의 결과라해도 당사국은 본 조치의 필요성을 규약 제19조 제3항에 열거된 목적

---

439 Shin v. Republic of Korea, CCPR/C/64/D/628/1995, UN Human Rights Committee (HRC), 16 March 2004.

중 하나로 설명해야 한다. 결과적으로 그 권리에 의하여 타인의 권리나 신용, 국가안보, 공공질서의 존중, 공중보건, 도덕을 위해 꼭 필요한 경우에 정당화된다.

7.3 이사회는 당사국의 의견개진은 당사국의 조치가 이 목적 중 어느 것에 해당하는지를 밝히고 있지 않음을 주목한다. 그 목적을 위한 필요성을 밝히고 있지 않음은 물론이다. 당사국의 대법원은 국가안보를 피고인의 그림 몰수와 피고인에 대한 유죄판결의 근거로 밝히고 있기는 하다. 그러나, 당사국은 특정된 방법으로 이 사건 그림이 위에 열거된 목적에 미치는 위협의 정확한 성질 및 그림의 몰수와 진정인에 대한 유죄판결이 필수적인 이유를 설명해야 한다. 그러한 정당화 근거 없이는 규약 제19조 제2항 위반이 될 것이다. 본 사건에서 그림의 몰수와 진정인에 대한 유죄조치가 위에 열거된 조치를 위해 왜 필수적인가에 대한 개별적인 정당화 없이는 이사회는 위 조치들은 진정인에 대한 표현의 자유 침해라고 본다.

8. 인권이사회는 규약 선택의정서 제5조 제4항에 의하여, 본건의 사실관계가 규약 제19조 제2항 위반이라고 본다.

■ 이정은의 개인진정에 대한 자유권규약위원회의 결정(Communi cation No. 1119/2002)[440]

7. 3. 통보인에 대한 유죄판결은 국가보안법 제7조 제1항, 제3항에

---

440 Jeong-Eun Lee v. Republic of Korea, CCPR/C/84/D/1119/2002, UN Human Rights Committee (HRC), July 2005.

근거한 것이다. 고려되어야 할 결정적인 질문은 이러한 방법이 규약 제22조 제2항에 열거된 목적을 달성하기 위해 필수적인가 하는 점이다. 이사회는 당사국이 북한의 위협으로부터 국가안보와 민주질서를 보호할 필요성을 상기시킨 점을 주목한다. 그러나 당사국은 통보인이 한총련에 가입함으로써 야기된다고 주장하는 위협의 정확한 성질을 명시하지 않았다. 이사회는 1997년 이 단체를 '이적단체'라고 한 대한민국 대법원의 결정이 국가의 존립과 안전, 민주질서를 위협'할 수도 있는' 단체에 대한 지지를 금지하는 국가보안법 제7조 제1항에 근거한 것임을 주목한다. 그러므로 이사회는 통보인에 대한 유죄판결이 국가안보와 민주질서, 규약 제22조 제2항의 다른 목적을 보호하기 위해 필수적이라는 사실을 보여주지 못했다고 생각한다. 이사회는 통보인에 대한 결사의 자유 제한이 규약 제22조 제2항의 요건을 충족시키지 못했고 따라서 규약 제22조 제1항 위반이라고 결론짓는다.

9. 규약 제2조 제3항에 의거하여 통보인은 적절한 보상을 포함한 효과적인 구제를 받을 권리가 있다. 이사회는 당사국이 국가보안법 제7조를 규약에 합치하도록 개정할 것을 권고한다. 당사국은 유사한 위반이 장래에 또 발생하지 않도록 보장할 의무가 있다.

4. 특별보고관 등의 판단
─제7조 폐지를 권고한다

유엔 특별보고관 등은 특정 국가에 대한 방문조사를 통해 인권의 현황을 평가한다. 유엔 특별보고관의 특정 국가에 대한 방문조사결과보고서는 유엔 인권이사회에 보고된다. 위 유엔 특별보고관 등의 방문조사보고서는 국제인권규범을 기준으로 해당 국가의 일반적인 인권 상황뿐만 아니라 특정한 제도적, 법적, 사법적, 행정적·사실적 상황도 함께 파악하고 평가한 문서다.

아비드 후세인 유엔 의견과 표현의 자유 증진과 보호에 관한 특별보고관은 1995년 11월 21일 대한민국 방문조사보고서를 발표했다. 아비드 후세인 특별보고관은 위 방문조사보고서에서 국가보안법 전반에 대한 심각한 우려를 표명했는데, 국가보안법의 규정과 그 적용은 세계인권선언 제19조 및 자유권규약 제19조에 보장된 의견과 표현의 자유를 침해한다고 판단하고,[441] 우리나라 정부에게 국가보안법을 폐지하고 국가안보의 보호를 위한 다른 방식을 강구할 것을 권고했다.[442]

■ 아비드 후세인 의견과 표현의 자유 증진과 보호에 관한 특별보고관의 대한민국 방문조사 보고서(1995년)

21. 위의 내용을 고려하여 볼 때, 본인은 한국 국가보안법의 규정과 그 적용은 해당 국제인권법, 즉 세계인권선언 제19조 및 한국이 1990년 비준한 시민적 및 정치적 권리에 관한 국제규약 제19조에 보장되어 있는 것과 같이 의견과 표현의 자유를 적절히 보호하지 못하고 있다고 결론을 내리지 않을 수 없다.

---

442 UN Commission on Human Rights, Report on the mission to the Republic of Korea of the Special Rapporteur on the promotion and protection of the right to freedom of opinion and expression, Mr. Abid Hussain, submitted pursuant to Commission on Human Rights resolution 1993/45, E/CN.4/1996/39/Add.1, para. 21.

442 UN Commission on Human Rights, 위의 글, para. 46.

46. 본인은 앞서 기술한 주요 검토사항 및 우려점을 바탕으로 하여, 다음과 같이 권고하고자 한다. 방문 기간 중 한국 정부와 건설적인 의견교환을 하였으므로, 한국 정부가 동 권고사항을 의견과 표현의 자유 보호와 증진 강화에 헌신하기 위한 정신으로서 받아들일 것을 확신한다.

(a) 대한민국 정부가 세계인권선언과 시민적 및 정치적 권리에 관한 국제규약에 부합하기 위하여 국가보안법을 폐지하고 국가안보의 보호를 위한 다른 방식을 강구할 것을 강력히 권고한다.

프랭크 라 뤼 의견과 표현의 자유 특별보고관은 2011. 3. 21. 대한민국 방문조사보고서를 발표했다. 특별보고관은 위 방문조사보고서에서 국가보안법 제7조를 포함한 국가보안법 전반에 우려를 표명하면서, 특히 제7조가 오랜 기간 의사표현의 자유에 대한 권리를 심각하게 침해한 긴 역사를 지적했다. 아울러 자유권위원회의 수차례의 폐지권고, 아비드 후세인 특별보고관의 권고 등을 언급하며 제7조 폐지를 권고했다.[443]

■ 프랭크 라 뤼 의견과 표현의 자유 증진과 보호에 관한 특별보고관의 대한민국 방문조사 보고서(2011년)

66. 그러나, 특별보고관은 자유권규약위원회가 대한민국 국가보안법,

---

443 UN Human Rights Council, Report of the Special Rapporteur on the Promotion and Protection of the Right to Freedom of Opinion and Expression : Addendum, Mission to Republic of Korea, 21 March 2011, A/HRC/17/27/Add.2, para. 66, 71.

특히 국가의 존재와 안전 혹은 민주적 근본 질서를 위태롭게 할 수 있다는 사실을 알면서 반국가단체나 그 구성원 또는 그 지령을 받은 자의 활동을 찬양, 고무, 선전 또는 이에 동조한 자는 7년 이하의 징역에 처한다는 동 법 제7조와 관련하여 여러 차례 우려를 표방하였다는 점에 주목한다.

71. 국가보안법 제7조의 모호함과 그것의 공익 관련 논의와 견해 교류를 방해하는 효과를 고려하여, 위에서 언급한 여러 기구에서 언급한 바와 같이, 특별보고관은 정부가 이 조항을 폐지할 것을 권고한다.[444]

마이나 키아이 유엔 평화적 집회 및 결사의 자유 특별보고관은 2016년 6월 15일 대한민국 방문조사보고서를 발표했다. 특별보고관은 위 방문조사보고서에서 국가보안법 제7조가 정치적 다원성과 평화적 반대를 억압하는 데 이용될 수 있다는 우려를 표명했다.[445] 나아가 의사와 표현의 자유전 특별보고관의 견해, 자유권규약위원회의 최종견해 등에 동의한다며, 제7조를 폐지할 것을 권고했다.[446]

---

444 A/HRC/17/27/Add.2.

71. While protection of national security is one of the legitimate aims for limiting the right to freedom of expression, the Special Rapporteur recommends that the Government abolish article 7 of the NSA, as it is vague, inhibits legitimate discussions on matters of public interest, and has a long history of seriously infringing on human rights, in particular the right to freedom of opinion and expression.

445 UN Human Rights Council, Report of the Special Rapporteur on the rights to freedom of peaceful assembly and of association on his mission to the Republic of Korea, 17 November 2016, A/HRC/32/36/Add.2, para. 79.

446 UN Human Rights Council, 위의 글 para. 97.

■ 마이나 키아이 평화적 집회 및 결사의 자유 특별보고관의 대한민국
방문조사 보고서(2016년)

79. (…) 특별보고관은 국가보안법 제7조에 사용된 용어가 헌법재판
소에서 선언한 것처럼 명확하거나 반대세력을 공격하는 데에 포괄적
으로 해석되지 않는다고 보지 않는다. 국가보안법은 국가가 실제로 반
역에 가담한 자가 누구인지 판단할 수 있는 역량이 있음에도 불구하
고, 여러 정권에서 비판세력을 침묵시키기 위해 사용되어 왔다. 국가
보안법의 해당 조항이 유지될 경우 또 다시 이러한 억압적 방식으로
사용될 가능성이 있다. 특별보고관은 이 사안과 관련, 인권옹호자 특
별보고관의 견해(A/HRC/25/55/Add.1, 단락 32), 의사표현의 자유에
대한 권리의 증진과 보호에 관한 특별보고관의 견해(A/HRC/17/27/
Add.2 단락 65-71), 자유권위원회의 견해(CCPR/C/KOR/CO/4, 단락
48- 49)에 전적으로 동의한다.

기타 권고

97. 특별보고관은 국가보안법 제7조를 폐지할 것을 권고한다.

5. UPR 실무그룹의 판단

우리나라는 총 3차례(2008년, 2012년, 2017년) UPR 심의를 받았다.
UPR 실무그룹은 지속적으로 국가보안법 제7조를 포함한 국가보안법 전
반에 대한 우려를 표명하고, 우리 정부에 국가보안법의 폐지 및 개정을 권

고하였다. 첫 심의가 이루어진 2008년에는 국가보안법에 대해 "악용적 해석을 방지하기 위해 국가보안법을 개정하라.(미국)", "국가보안법이 형사법에서 요구되는 명확성의 관점에 있어 국제 기준에 부합하도록 하고, 양심적 병역거부자의 대체복무 방안을 위한 적극적 조치를 취하라.(영국)", "국가보안법 폐지에 대한 구체적인 조치를 취하라.(북한)"는 권고가 있었다.[447]

2012년 제2차 심의에서 우리 정부는 7개국으로부터 국가보안법과 관련된 총 8개의 권고를 받았다. "사법 담당관들에게 국가보안법의 올바른 집행에 대한 교육을 실시하여 표현의 자유를 제한하는 조사, 구금, 기소 및 그로 인한 자기 검열의 분위기 조성을 막도록 하라, 국가보안법이 명확하여 남용적 해석이 불가능하게 되도록 개정하라.(미국)", "국가보안법의 적용을 정기적으로 심의하여 인권 원칙들과 일치되도록 보장하라.(호주)", "국가보안법 이행 양식을 특정화하여 동 법이 표현의 자유, 결사의 자유 및 평화적 집회의 자유를 침해하지 않도록 하라.(독일)", "자의적인 적용 및 법 해석의 남용을 막기 위해 국가보안법을 개정할 것을 고려하라.(노르웨이)", "국가보안법 적용 시 표현의 자유를 완전히 존중하도록 개정하라.(스페인)", "형법으로서의 국가보안법을 철폐하라.(북한)" 등이다.[448]

2017년 제3차 심의에서도 우리 정부는 5개국으로부터 국가보안법과 관련된 총 5개의 권고를 받았다. "형사상 명예훼손 및 명예훼손에 관한 법을 민사법으로 대체하고, 국가보안법을 개정하여 표현의 자유에 대한 보호를 확장할 것(미국)", "국가보안법 중 특히 제7조가 자의적으로 이용되지 않도록 보장하고, 이 법이 표현, 의견, 결사의 자유에 대한 권리를 침해하거

---

447 UN Human Rights Council, Report of the Working Group on the Universal Periodic Review - Republic of Korea, 29 May 2008, A/HRC/8/40, para 24, 4, 33

448 UN Human Rights Council, Report of the Working Group on the Universal Periodic Review : Republic of Korea, 12 December 2012, A/HRC/22/10, para. 124.54-124.57.

나 제한하는 데 사용되지 않도록 보장하며, 표현의 자유 및 결사의 자유에 대한 권리를 정당하게 행사했다는 이유만으로 부당하게 기소당하고 징역형을 선고받은 자들을 석방할 것(독일)", "표현의 자유를 제한하는 국가보안법 제7조를 검토할 것(이라크)", "국가보안법을 검토하여 언론, 결사, 평화로운 표현의 자유에 대한 권리를 포함한 인권에 대한 완전한 존중을 보장할 것(포르투갈)", "국가보안법 등 국제인권기준에 어긋나는 반인권적인 법을 폐지할 것(북한)"이었다.[449] 이처럼 3차례 UPR 심의에서 줄곧 국가보안법의 표현의 자유 침해가 지적되고, 폐지 또는 개정 촉구가 이어졌다.

---

[449] UN Human Rights Council, Report of the Working Group on the Universal Periodic Review : Republic of Korea, 27 December 2012, A/HRC/37/11, para. 132.25, 132.90, 132.108, 132.109, 132.110, 132.111.

위헌결정 및 폐지 필요성

1. 인권침해 피해자의 실효성 있는 구제를 받을 권리와
사법기관의 의무

'잘못된 것을 바로잡는 것'은 모든 법체계에서 인정되고 적용되는 법
의 일반원칙이자 관습법규를 구성하는 기본적인 법원칙이다.[450] 국제인권
법은 이 원칙에 따라 인권을 침해당한 피해자들의 권리를 명시하고, 이를
보장해야 할 국가의 의무를 구체적으로 형성해오고 있다. 세계인권선언
은 제8조[451]에서 '실효성 있는 구제를 받을 권리'의 인권적 기초를 선언하
였다. 이를 바탕으로 국제인권조약들은 인권을 침해당한 당사자의 실효성
있는 구제를 받을 권리를 '법적 구속력 있는 구체적 권리'로 보장하고 있
다. 자유권규약 제2조 제3항[452]은 자유권규약상 권리 또는 자유를 침해당

---

450 Bassiouni, M. Cherif. 「International Recognition of Victim's Rights」, 『Human Rights Law
Review』 Vol.6 no.2, 2006, 207쪽.
451 세계인권선언 제8조
모든 사람은 헌법 또는 법률이 부여한 기본적 권리를 침해하는 행위에 대하여 권한있는 국내법정에서 실효성
있는 구제를 받을 권리를 가진다.
452 시민적 및 정치적 권리에 관한 국제규약 제2조
3. 이 규약의 각 당사국은 다음의 조치를 취할 것을 약속한다.(a) 이 규약에서 인정되는 권리 또는 자유를 침
해당한 사람에 대하여, 그러한 침해가 공무집행중인 자에 의하여 자행된 것이라 할지라도 효과적인 구제조치
를 받도록 확보할 것.

한 사람의 효과적인 구제조치를 받을 수 있는 권리를 명시한다. 고문방지 협약 제14조[453]도 고문 및 그 밖의 잔혹한, 비인도적인 또는 굴욕적인 대우나 처벌의 피해자에게, 구제받을 수 있는 권리 및 완전한 재활수단을 포함하여 공정하고 적절한 배상을 받을 수 있는 권리를 명시적으로 규정한다.

유엔 총회는 2005년 국제인권조약상 실효성 있는 구제를 받을 권리의 내용을 망라한 '국제인권법의 중대한 위반 행위와 국제인도법의 심각한 위반 행위로 인한 피해자들을 위한 구제 및 배상의 권리에 관한 기본 원칙과 가이드라인'[454](피해자 권리 기본원칙)을 채택하였다. 피해자 권리 기본원칙은 인권침해 피해자의 실효성 있는 구제를 받을 권리를 세부적으로 ① 진실에 대한 권리, ② 정의에 대한 권리, ③ 배상의 권리로 분류하고, 각 권리의 내용을 상세하게 규정한다.[455]

(1) 배상의 권리

배상의 권리는 실효성 있는 구제를 받을 권리의 본질적 요소다. 자유권규약위원회는 일반논평 31호에서 "규약상 권리를 침해당한 개인들에 대한 배상이 없다면, 제2조 제3항의 효력의 중심인 효과적인 구제조치를 제공할 의무는 이행되지 않는다."라며, 배상의 권리 보장 없이는 실효성 있는 구제를 받을 권리가 실현될 수 없다고 한다.[456]

---

453 고문 및 그 밖의 잔혹한, 비인도적인 또는 굴욕적인 대우나 처벌의 방지에 관한 협약 제14조 1. 당사국은 자기나라의 법체계 안에서 고문행위의 피해자가 구제를 받고, 또한 가능한 한 완전한 재활수단을 포함하여 공정하고 적절한 배상을 받을 수 있는 실효적인 권리를 보장한다. 고문행위의 결과로 피해자가 사망한 경우, 피해자의 부양가족이 배상받을 권리를 가진다.

454 UN General Assembly, Basic Principles and Guidelines on the Right to a Remedy and Reparation for Victims of Gross Violations of International Human Rights Law and Serious Violations of International Humanitarian Law : resolution / adopted by the General Assembly, 21 March 2006, A/RES/60/147

455 각 권리의 상세한 내용은 이주영·백범석, 「국제인권법상 피해자의 권리와 피해자 중심적 접근(victim-centered approach)」, 《국제법학회논총》 제63권 제1호, 2018, 186-189쪽.

456 UN Human Rights Committee (HRC), General comment no. 31 [80], The nature of the general

배상의 권리는 금전적인 배상에 국한되지 않는다. 인권침해에 따른 피해를 실질적으로 회복하고 상황을 시정하는 데 필요한 다양한 조치를 보장한다. 피해자 권리 기본원칙 제19조 내지 제23조는 배상의 권리를 실현하기 위해 당사국이 채택해야 할 적극적 조치로 ① 원상회복(restitution), ② 금전적 배상(compensation), ③ 재활(rehabilitation), ④ 만족(satisfaction), ⑤ 재발방지 보장(guarantee of non-repetition)을 규정한다.

인권 피해자의 실질적 회복을 목적으로 하는 배상의 권리는 헌법 전문 및 제10조, 제37조 제1항에 따라 도출되는 기본권이다. 일본군 '위안부' 피해자들의 배상청구권을 인간으로서의 존엄과 가치의 침해와 직접적으로 관련성이 있는 기본권이라 판시한 헌법재판소 결정[457]을 참고할 수 있다. 헌법재판소는 "일본군 위안부 피해자들이 일본에 대하여 가지는 배상청구권은 헌법상 보장되는 재산권일 뿐 아니라, 그 배상청구권의 실현은 무자비하게 지속적으로 침해된 인간으로서의 존엄과 가치 및 신체의 자유를 사후적으로 회복한다는 의미를 가지는 것이므로, 그 배상청구권의 실현을 가로막는 것은 헌법상 재산권 문제에 국한되지 않고 근원적인 인간으로서의 존엄과 가치의 침해와 직접 관련이 있다."라고 판시하며, 인권을 침해당한 피해자들이 가지는 배상청구권이 인간으로서의 존엄과 가치의 침해와 직접 관련 있는 기본권이라고 보았다.

(2) '만족'을 충족하기 위한 사법기관의 의무

배상의 권리의 요소 중 '만족'이 충족되기 위해서는 인권침해 피해자

---

legal obligation imposed on States Parties to the Covenant, 26 May 2004, CCPR/C/21/Rev.1/Add.13, para. 13.
457 헌법재판소 2008. 7. 31. 선고 2004헌바81 결정.

의 존엄과 명예를 사후적으로 회복할 수 있도록 하는 국가의 적극적 조치가 필요하다. 피해자 권리 기본원칙 제22조는 만족을 실현하는 데 필요한 조치를 상세히 규정하고 있다. 고문방지위원회도 2012년 일반논평 3호를 통해 위 제22조가 규정한 국가의 적극적 조치가 '만족'의 실현을 위해 필요한 조치라는 점을 확인하고 있다.[458]

위 제22조의 국가의 적극적 조치에는 사법기관의 적극적 의무가 포함된다. (d)항은 "인권침해 피해자 및 그와 밀접하게 연결된 사람들의 존엄, 명예, 권리를 회복시키는 공식적 선언 또는 사법적 결정"을 만족의 실현을 위해 필요한 조치로 규정한다. 사법기관에게는 인권침해를 야기한 권력남용이 부당했음을 인정함으로써 피해자의 존엄, 명예, 권리를 회복시키는 결정을 할 의무가 있다는 것이다.

(e)항은 "사실 인정과 책임의 수용을 포함한 공적 사과"도 만족을 충족하기 위해 필요한 국가의 조치로 규정한다. 인권침해 피해자의 실효성 있는 구제의 권리를 보장하기 위해서는 공적 사과가 필요하다는 것이다. 공적 사과를 할 의무는 사법기관을 비롯한 모든 국가기관이 실효성 있는 구제의 권리를 보장하기 위해 부담하는 의무로 보아야 한다. 특히 사법기관의 경우 잘못된 선례를 통해 인권침해의 결과를 초래했다면 최소한 그 선례를 변경하여 그 과오를 인정하는 것이 필요하다. 오판의 인정이 피해자들에 대하여 공적 사과를 할 의무 이행의 기초가 되기 때문이다.

이처럼 사법기관은 인권침해 피해자들의 실효성 있는 구제를 받을 수 있는 권리의 본질적 요소인 배상의 권리 실현을 위해 인권침해 피해자들의 존엄, 명예, 권리를 회복시키는 사법적 결정을 내리고, 잘못된 결정으로

---

458 UN Committee Against Torture(CAT), General comment No. 3, 2012 : Convention against Torture and Other Cruel, Inhuman or Degrading Treatment or Punishment : implementation of article 14 by States parties, 13 December 2012, para. 16.

인권침해를 방치한 점에 대해 공적으로 사과할 의무를 부담한다. 국제인권협약에 가입한 당사국의 사법기관의 지위를 가지는 헌법재판소는 위와 같은 사법기관의 의무를 이행하여 인권을 침해당한 피해자들이 실효성 있는 구제를 받을 권리를 적극적으로 보장해야 한다.

(3) 국가보안법 피해자들의 존엄과 기본적 인권을 보장하기 위한 위헌결정 또는 폐지 필요

국가보안법 제7조는 이미 30여 년 전부터 여러 조약기구 등으로부터 국제인권조약에 위배된다는 공식 판단을 받았지만, 현재까지 존속하며 수많은 피해자들을 낳았다. 국가안보를 위협한 범죄자로 취급되어 강압적인 수사를 받았고, 기소되어 가혹한 처벌을 받은 피해자들은 재범의 위험성을 이유로 보안관찰을 받으며 사생활과 일반적 행동의 자유를 통제당했고, 사회의 낙인과 혐오로 각종 차별에 시달리며 살아갈 수밖에 없었다.[459] 그러나 기본권 보장의 최후의 보루여야 할 헌법재판소는 제7조를 합헌이라 결정해 인권침해 상황을 외면하였다.

방치되어 온 국가보안법 피해자들의 인권침해에 대한 공적 사과와 훼손된 존엄, 명예, 권리 회복을 위해서는 헌법재판소가 해당 법률규정을 위헌으로 판단하거나 국회가 폐지하는 조치가 있어야 한다. 그렇지 않으면 피해자들은 훼손당한 자신들의 존엄을 회복할 수 없고, 과거의 고통 속에서 현재를 살아가게 된다. 헌법재판소는 지금까지 외면되어 온 국가보안법 피해자들의 실효성 있는 구제를 받을 권리가 구체적으로 실현될 수 있도록, 제7조에 대해 위헌결정을 내려야 한다. 국회는 하루 빨리 제7조를 폐지해야 한다.

---

[459] 민주화실천가족운동협의회b, 위의 글, 487~488쪽.

2. 제7조는 개정이 아니라 폐지되어야 할 위헌규정

제7조에 대한 헌법재판소 최초의 선례는 1990. 4. 2. 한정합헌결정[460]이다. 위헌결정은 해당 조항을 즉시 무효화하지만, 한정합헌결정 등은 법원의 해석에 제한을 가하거나 국회의 일부 개정만을 불러올 뿐이다. 위 결정의 취지는, "국가보안법 제7조 제1항 및 제5항의 규정은 각 그 소정의 행위가 국가의 존립·안전을 위태롭게 하거나 자유민주적 기본질서에 위해를 줄 명백할 위험이 있을 경우에만 축소적용되는 것으로 해석한다면 헌법에 위반되지 아니한다."는 것이었다. 그 후 1991년 개정으로 제7조에 '국가의 존립·안전이나 자유민주적 기본질서를 위태롭게 한다는 점을 알면서'라는 초과주관적 구성요건이 더해진 뒤로는, 제7조에 대해 줄곧 합헌 결정이 내려졌다.

흔들림 없이 계속된 합헌 결정은, 또다시 제7조의 위헌성을 논증한다해도 과연 헌법재판소의 판단이 바뀔지 의구심을 불러일으킨다. 혹여 헌법재판소가 위헌 결정이 아닌 한정합헌결정 등을 택하면 1991년 개정처럼 불충분한 개선과 실질적인 개악으로 귀결되지 않을지 우려도 있을 수 있다. 헌법재판소가 완고했던 합헌 판단을 바꾸고 한정합헌결정 등이 아니라 분명한 위헌 결정을 낼 수 있도록, 미국 연방대법원의 선례변경 논거를 검토한다.

(1) 합헌 결정은 '최초 선례에 반하는' 법리적 오류 내포

기업이 후보자를 당선시키거나 낙선시키기 위하여 기업의 일반 재정자금을 독립적으로 지출하는 것을 금지하는 초당적 선거운동개혁법

---

[460] 헌법재판소 1990. 4. 2. 선고 89헌가113 결정.

이 기업의 정치적 표현의 자유를 침해하는지 여부가 쟁점이었던 2010년 Citizens United v. FEC 결정에서, 미국 연방대법원은 위 법률이 합헌이라고 본 Austin 결정[461] 등 선례들을 번복하고 위헌이라고 판단하였다. 위 판결 내용을 한국 현실에서 어떻게 볼지와 무관하게, 선례 변경에 관해 미국 연방대법원이 제시한 논거들은 국가보안법 제7조에 대해 연이어 나온 합헌결정들을 마주하는 우리에게도 시사하는 바가 있다.

Citizens United v. FEC 결정에서 케네디 대법관이 집필한 법정의견과 로버츠 대법원장이 작성한 동조의견은 선례 변경의 필요성에 대한 논증을 담고 있다.[462] 케네디 대법관의 법정의견[463]은, 선례로부터 이탈할 근거로 다음 사항을 들었다. 첫째, 선례인 Austin 결정은 그 이전 선례들보다 표현의 자유 보호 범위를 너무 좁게 설정하는 등 법리적 오류를 내포하고 있어 법리적으로 "잘 근거 지워지지 않았"고, 둘째, Austin 결정은 시대 변화에 따라 기업들이 정치적 목소리를 낼 수 있게 된 그 후의 사회적 경험에 의해 약화되었으며, 셋째, 일정 영역에서는 전문성에 기초한 기업들의 정치적 표현이 필요하게 되었으므로 당해 사건에서 선례를 고수해야만 하는 중대한 신뢰이익(reliance interest)도 문제되지 않는다는 것이다.[464]

당초 헌법재판소는 최초 선례인 한정합헌결정에서, 1991년 개정 전 제 7조 제1항 중 "구성원", "활동", "동조", "기타의 방법", "이롭게 한" 모두 다섯 군데의 용어가 지나치게 다의적이고 그 적용범위가 광범위하고, 제5 항 역시 같은 위헌적인 요소가 생길 수 있다고 보았다. 동시에 "국가보안법 제7조 제1항 및 제5항의 규정은 각 그 소정의 행위가 국가의 존립·안

---

461 Austin v. Michigan Chamber of Commerce, 494 U.S. 652 (1990).(강일신, 위의 글, 39쪽에서 재인용)
462 강일신, 「헌법재판소 선례변경에 관한 연구」, 헌법재판연구원, 2017, 39쪽.
463 Citizens United v. FEC, 558 U.S. 310, 362-365 (2010).(강일신, 위의 글, 39쪽에서 재인용)
464 강일신, 위의 글, 40-42쪽.

전을 위태롭게 하거나 자유민주적 기본질서에 위해를 줄 명백한 위험이 있을 경우에만 축소적용되는 것으로 해석한다면 헌법에 위반되지 아니한다."고 하였다. 이 취지를 반영해 법을 개정하려면, 최소한 다의적인 용어들을 삭제하고 '명백한 위험' 여부를 판단할 객관적 기준을 구체화하는 조치가 있었어야 한다.

그러나 1991년 개정은 "기타의 방법", "이롭게 한" 부분만 삭제했을 뿐, 자의성이 지적된 다른 세 부분의 객관적 구성요건은 삭제 또는 축소하여 명확하게 하지 않고 객관적 행위태양의 핵심 요소들은 그대로 둔 채, "국가의 존립·안전이나 자유민주적 기본질서를 위태롭게 한다는 정을 알면서"라는 초과주관적 구성요건만을 더하였다. 그 뒤 헌법재판소는 초과주관적 구성요건을 둔 이상 단순히 정부의 정책에 반대하거나 제도개혁을 주장한다는 이유만으로 행위자를 처벌하는 수단으로 악용될 가능성이 거의 없다고 판단하였으며, 이러한 판단을 반복하여 왔다. 하지만 합헌 결정의 반대의견은 "지적한 문언 중 과반수가 넘는 문언에 대하여 입법자가 우리 재판소의 위 결정취지에 따르지 아니하였음을 확인할 수 있다"고 지적하였다.[465] 1991년 국가보안법 개정은 최초 선례의 한정합헌 취지도 반영하지 못한 것이다. 따라서 개정된 제7조에 대한 합헌결정들은 '최초 선례에 반하는' 법리적 오류를 내포한 선례들이다.

(2) 끊이지 않는 논란

미국 연방대법원은 여러 사건들에서 선행판결이 "원리상 건전하지 않거나 실제상 작동불가능하다"고 여겨진다면 그것으로부터 이탈할 권한을

---

465 헌법재판소 1997. 1. 16. 선고 92헌바6 결정 중 조승형 재판관의 반대의견.

갖는다고 하고,[466] 선례로부터 이탈할 때 고려하여야 할 요소들에 대해 설시한 바 있다. 그 중 하나가 "연방대법원을 비롯하여 각급법원에서 해당 법에 관하여 선례변경이나 심각한 이의제기가 이루어졌는지 여부(United States v. Aman, 1994)"이다.[467]

또한 Citizens United v. FEC 결정에서 로버츠 대법원장은 동조의견으로,[468] 오류있는 선례를 폐기하는 것은 그것을 재확인하거나 확장하는 것보다 법의 정합성을 보존하고 선례의 퇴행적 영향력을 감축하는 적절한 수단이 된다고 하였다. 오류 있는 선례에 대한 집착은 안정적이고 질서 잡힌 사법판단을 침해한다는 것이다. 선례를 뒷받침하는 추론의 신빙성이 떨어져서 법원이 그 선례의 생명력을 더 이상 유지할 수 없을 때, 그 선례는 번복되어야 한다는 주장이다. 로버츠 대법원장은 이 주장을 아래와 같이 정리했다. 첫째, Austin 결정은 이전 선례들로부터 일탈이었고, 둘째, Austin 결정이 이후 대법관들 사이에서 지속적인 논쟁거리였으며, 셋째, Austin 결정을 떠받치는 이론이 비정상적으로 광범위하다는 것이다. 특히 둘째 근거와 관련하여, 어떤 결정이 단순히 그것을 둘러싸고 대법관들 간 다툼이 있다는 이유로 번복되어서는 안 되지만, 그와 같은 지속적인 논란, 불일치는 안정적이고 질서 잡힌 법의 발전에 기여하는 그 선례의 능력을 잠식한다는 것이다.[469]

국가보안법 제7조 제1항, 제5항에 대해 2015년에도 합헌결정이 내려

---

466 Garcia v. San Antonio Metro. Transit Autho., 469 U.S. 528, 546 (1985).(강일신a, 위의 글, 34쪽에서 재인용)

467 이동민, 「영미법상 판례변경의 법리 – 법원칙 모델을 중심으로」, 서울대학교 박사학위 논문, 2012, 76-77쪽.

468 Citizens United v. FEC, 558 U.S. 310, 373-385 (2010) (Roberts, C.J., concurring).(강일신a, 위의 글, 40쪽에서 재인용)

469 강일신a, 위의 글, 40-41쪽.

졌지만, 그 후 2017년 수원지방법원(판사 김도요)의 위헌심판제청결정,[470] 대전지방법원(판사 김용찬)의 위헌제청결정[471]이 다시 이어졌다. 위 조항들은 1991년 개정 이후로만 8번째 위헌법률심판을 받게 되었다. 제7조를 적용해 구체적 사건을 판단해야 하는 법관들은 연이은 합헌 결정에도 불구하고 최근까지도 여전히 위 조항들이 헌법에 반하는 것이 아닌가 하는 의구심을 갖고 있으며, 헌법재판소에 위헌판단을 지속적으로 요청하고 있다.

자유권규약위원회는 줄곧 국가보안법 제7조가 표현의 자유를 제약하고 자유권 규약에도 부합하지 않는다며 우리나라에 대하여 조속한 개정을 권고하였다. 2011년 프랑크 라 뤼 표현의 자유 특별보고관 보고서, 2015년 자유권규약위원회의 최종견해도 제7조 폐지를 권고했다. 해당 조항에 대한 지속적인 논란과 불일치는 합헌 결정의 능력을 이미 잠식하고 있다. 헌법재판소는 기존 합헌 결정들을 전면 재검토하여 안정적이고 질서 잡힌 법의 발전에 기여하는 새로운 결정을 내려야 할 책무를 지며, 이를 더 이상 회피해서는 안 된다.

(3) 제7조의 합헌적 법률해석이 불가한 이유 세 가지

첫째, 명확성의 원칙에 위배되는 법률에 대해서는 합헌적 법률해석이 불가하다. 합헌적 법률해석의 대상 법규는 법률명확성의 한계를 벗어날 수 없으며, 법규의 문언상 의미가 국민에게 위법의 예견가능성을 주고 법규의 자의적 집행을 방지할 수 있는 정도를 넘어 명백히 불명확하면 문언상 무효이며, 이 경우에는 합헌적 법률해석은 채택될 여지가 없다.[472]

---

470 수원지방법원 2017. 8. 4. 선고 2017초기1410 결정.
471 대전지방법원 2019. 1. 28. 선고 2017초기226 결정.
472 강금실, 「국가보안법 제7조 5항의 한정합헌결정에 관하여(상)」,《인권과 정의》, 제171호, 대한변호사협회지, 1990, 124-125쪽.(신현직, 「합헌적 법률해석과 변형결정의 문제점」, 『헌법재판의 이론과 실제 금랑 김철수 교수 화갑기념 논문집』, 박영사, 1993, 257쪽에서 재인용)

제7조 제1항은 전문 법관조차도 구성요건에 대한 해석이 불일치하는데, 1990년 최초 선례 직후 나온 또 한 건의 한정합헌결정의 반대의견[473]대로, 불명확성에 불명확성을 더하여 수범자는 물론 법규의 해석자에게도 혼란을 불러온다. 제1항을 그대로 차용하는 제3항, 제5항에도 같은 문제가 있음은 물론이다. 따라서 제7조는 법규의 문언상 의미가 국민에게 위법의 예견가능성을 주고 법규의 자의적 집행을 방지할 수 있는 정도를 넘어 명백히 불명확한 경우에 해당하여 문언상 무효이며, 이 경우에는 합헌적 법률해석은 채택될 여지가 없다.

둘째, 정신적 자유권을 제한하는 입법에 대하여는 '엄격한 합헌성 심사'가 필요하다. 제7조는 사상과 양심의 자유 및 표현의 자유 등 정신적 자유권을 심각하게 제약하는 법률인 바, 이와 같은 법률에 대해서는 경제적 기본권 등을 규제하는 법률의 경우보다 훨씬 더 엄격한 기준에 따라 합헌성 심사가 이루어져야 한다. 즉, 정신적 자유를 규제하는 입법의 경우 합헌적 법률해석은 적극적으로 적용되어서는 안 되며, 매우 신중할 필요가 있다.

셋째, 합헌적 법률해석이란 오직 법률이 '이성적이며 공개적인 토론'을 거쳐 제정된다는 전제하에서만 인정될 수 있다.[474] 그러나 국가보안법 제개정과정에는 중대한 하자가 있어, 합헌적 법률해석의 전제 자체가 인정될 수 없다.

국가보안법은 제정 당시부터 인권침해 우려 때문에 폐기 동의안이 제출될 정도로 태생적 한계를 지닌 것으로, 비상시기 임시조치법이라는 전제 위에서만 만들어질 수 있었다. 그러므로 1953년 형법 제정과 함께 응당 폐기되었어야 할 법이었는데 국민 정서를 이유로 존치되었다가 줄곧

---

[473] 헌법재판소 1990. 6. 25. 선고 90헌가11 결정 중 변정수 재판관의 반대의견.
[474] 차강진, 『헌법강의』, 13판, 청출어람, 2014, 20-21쪽.

반민주적 집권 세력의 정치적 목적에 따라 악용되었다.

개정 과정에서 정당성 역시 전혀 갖추지 못했다. 1958년 3차 개정 때는 무술경관을 동원, 야당 의원들을 국회의사당 밖으로 끌어낸 후 여당 의원만으로 3분 만에 통과시킨 소위 '2.4파동'이 발생했고, 1980년 6차 개정은 민주적 정당성조차 없는 국가보위입법회의를 통해 가결된 것이며, 1991년 7차 개정도 폐지를 주장하는 야당 의원들에게 심의, 표결에 참여할 기회조차 주지 않은 날치기 통과였다. 그러므로 국가보안법은 합헌적 법률해석의 대상이 될 수 없다.

(4) 단순위헌결정 및 폐지만이 정답이다

문제되는 법률에 대해 여러 해석방법이 있을 때, 다수 또는 주요한 해석방법에 따르면 위헌이라 판단되는데도 헌법합치적 해석방법만을 선택하여 합헌으로 결론내리면, 도리어 헌법의 최고규범성과 법질서의 통일성을 해칠 우려가 있다. 분명히 합헌이라고 확신할 수 없는 규범에 대해서는, 위헌선언 등을 통해 효력을 배제하고 입법자로 하여금 명백히 합헌적인 법률을 제정하도록 해야 한다. 이것이 법질서의 통일성의 요구와 권력분립의 요청에 보다 충실[475]한 대처다.

제7조에 대해 자유권규약위원회 등의 지속적 개정 권고가 있었으나 입법적 개선이 전혀 이루어지지 않아 결국 폐지 권고에 이른 점, 최근 법원에서도 제7조 사건에 대해 무죄 판결을 내리는 사례가 늘고 있는 점 등을 감안할 때, 위헌 여부 판단을 더 이상 미룰 수 없다. 헌법재판소는 제7조에 대해 한정합헌결정 등 변형결정이 아닌 '위헌선언'을 함으로써 기본권 침

---

475 신현직, 위의 글, 246쪽.

해상황을 제거할 의무가 있다.[476]

더구나 자유권을 제한하는 대표적 법률인 제7조를 또다시 합헌결정하고 법원에 기본권침해가 없도록 판결하라고 맡기는 것은, 법률이 위헌인 경우 무효로 선언되어야 한다는 원칙과 그에 기초한 결정 형식으로서 위헌결정의 존재 이유를 사라지게 하는 것이다. 위헌적인 법률을 합헌적 법률해석의 이름으로 유지시켜 결과적으로 기본권 침해 상태를 존치시켜서는 안 된다. 독소 조항의 존재에도 불구하고 그 문제 해결을 법원의 해석에 맡기게 될 경우 합헌과 위헌의 경계 및 그 판단기준 자체가 불명확하여 국민의 법적 안정성을 저해할 소지가 있다. 또 그러한 폐단 전부를 개인에게만 부담시키는 것은 지나치게 가혹하다.[477]

따라서 국가보안법 제7조에 대하여 헌법재판소는 헌법불합치 결정이 아니라 단순위헌 결정을 내려야 하고, 국회는 이 조항을 개정할 것이 아니라 폐지하여야 한다.

---

476 헌법재판소는 최근 양심적 병역거부자를 위한 대체복무제를 규정하지 아니한 병역종류조항에 대한 헌법불합치 결정을 하면서, "헌법재판소는 2004년 입법자에 대하여 국가안보라는 공익의 실현을 확보하면서도 병역거부자의 양심을 보호할 수 있는 대안이 있는지 검토할 것을 권고하였는데, 그로부터 14년이 경과하도록 이에 관한 입법적 진전이 이루어지지 못하였다. 그사이 여러 국가기관에서 대체복무제 도입을 검토하거나 그 도입을 권고하였으며, 법원에서도 양심적 병역거부에 대해 무죄판결을 선고하는 사례가 증가하고 있다. 이러한 사정을 감안할 때 국가는 이 문제의 해결을 더 이상 미룰 수 없으며, 대체복무제를 도입함으로써 기본권 침해 상황을 제거할 의무가 있다."고 판시하였다(헌법재판소 2018. 6. 28. 선고 2011헌바379등 결정).
477 헌법재판소는 자기낙태죄 등 조항에 대해서도 헌법불합치 결정을 하였는데, 이때 '단순위헌의견'은, "자유권을 제한하는 법률에 대하여, 기본권의 제한 그 자체는 합헌이나 그 제한의 정도가 지나치기 때문에 위헌인 경우에도 헌법불합치결정을 해야 한다면, 법률이 위헌인 경우에는 무효로 선언되어야 한다는 원칙과 그에 기초한 결정형식으로서 위헌결정의 존재 이유가 사라진다. 국가보안법 제7조가 예방하는 효과가 제한적이고, 형벌조항으로서의 기능을 제대로 하지 못하고 있으므로, 이들 조항이 폐기된다고 하더라도 극심한 법적 혼란이나 사회적 비용이 발생한다고 보기 어렵다. 반면, 헌법불합치결정을 선언하고 사후입법으로 이를 해결하는 것은 형벌규정에 대한 위헌결정의 효력이 소급하도록 한 입법자의 취지에도 반할 뿐만 아니라, 그 규율의 공백을 개인에게 부담시키는 것으로서 가혹하다. 또한 앞서 본 바와 같이 국가보안법 제7조 중 적어도 임신 제1삼분기에 이루어진 낙태에 대하여 처벌하는 부분은 그 위헌성이 명확하여 처벌의 범위가 불확실하다고 볼 수 없다. 국가보안법 제7조에 대하여 단순위헌결정을 하여야 한다."고 판시한 바 있다(헌법재판소 2019. 4. 11. 선고 2017헌바127 결정).

참고문헌

[단행본]

계희열, 『헌법학(중)』, 박영사, 2007.

고승우, 『인문사회과학적 시각으로 본 국보법』, 유북스, 2018.

김두식, 『법률가들 - 선출되지 않은 권력의 탄생』, 창비, 2018.

김득중, 『'빨갱이'의 탄생』, 도서출판 선인, 2009.

김병진, 『보안사 - 보안사령부에서의 체험』, 소나무, 1988.

김정기, 『국회 프락치사건의 재발견 I 』, 도서출판 한울, 2008.

김정인·황병주·조수룡·정무용·홍정완·홍종욱·유상수·이정은, 『간첩시대』, 도서출판 책과함께, 2020.

김태형a, 『트라우마 한국사회』, 서해문집, 2013.

김태형b, 『월북하는 심리학』, 서해문집, 2020.

민주사회를 위한 변호사모임, 『2013 국가보안법 보고서』, 2014.

민주사회를 위한 변호사모임·민주주의 법학연구회, 『국가보안법을 없애라』, 2004.

박용상, 『표현의 자유』, 박영사, 2002.

박원순a, 『국가보안법연구 1』, 역사비평사, 1989.

박원순b, 『국가보안법연구 2』, 역사비평사, 1992.

박원순c, 『국가보안법연구 3 : 국가보안법 폐지론』, 역사비평사, 1992.

박찬표, 『한국의 48년 체제: 정치적 대안이 봉쇄된 보수적 패권 체제의 기원과 구

　　조』, 후마니타스, 2010.

성낙인, 『헌법학』, 법문사, 2011.

이경주, 『평화권의 이해』, ㈜사회평론, 2014.

이정희, 『혐오표현을 거절할 자유』, 들녘, 2019.

이효원a, 『통일법의 이해』, 박영사, 2014.

이효원b, 『평화와 법』, 도서출판 모시는사람들, 2018.

정인섭, 『신국제법강의』, 박영사, 2018.

조국, 『양심과 사상의 자유를 위하여』, 책세상, 2001.

차강진, 『헌법강의』, 13판, 청출어람, 2014.

최진섭, 『법정콘서트 무죄』, 창해, 2012.

한국헌법학회, 『헌법주석서 Ⅰ』, 법제처, 2010.

한상철, 『한반도 이념전쟁 연구(1919-1950)』, 도서출판 선인, 2018.

한수웅, 『헌법학』, 법문사, 2017

한홍구, 『대한민국史: 한홍구의 역사이야기 4』, 한겨레출판, 2006.

홍세미·이호연·유해정·박희정·강곤, 『말의 세계에 감금된 것들』, 도서출판 오월
　　의 봄, 2020.

황교안, 『국가보안법』, 박영사, 2011.

허영, 『한국헌법론』, 박영사, 2016.

[논문 및 보고서]

강일신a, 「헌법재판소 선례변경에 관한 연구」, 헌법재판연구원, 2017.

강일신b, 「헌법상 결사의 자유에 관한 연구」, 헌법재판연구원, 2018.

강일신c, 「실제적 조화원칙에 관한 연구」, 헌법재판연구원, 2019.

강성현a, 「한국전쟁 전 정치범 양산 '법계열'의 운용과 정치범 인식의 변화」, 《사
　　림》 제36호, 수선사학회, 2010,

강성현b, 「한국의 국가 형성기 '예외상태 상례'의 법적 구조」, 《사회와 역사》, 제94
　　집, 2012.

국가인권위원회a, 「국가보안법 폐지 권고 결정문」, 2004. 8. 23.

국가인권위원회b, ILO 강제근로 관련 제29호, 제105호 협약 가입 권고 결정문, 2006. 11. 13.

국가인권위원회c, '평등 및 차별금지에 관한 법률' 시안, 2020.

국정원감시네트워크, 「국가정보원 '프락치' 공작사건 진상조사 보고서」, 2019.

국회 헌법개정특별위원회 자문위원회 보고서, 2018. 1.

권정호, 토론문, 『패킷감청의 문제점과 개선방안에 대한 토론회 자료집』, 2010. 2. 1.

김기영, 「국가보안법상 이적표현물 소지」, 『인권판례평석』, 법원 국제인권법연구회, 박영사, 2017.

김도균, 「NGO와 시민불복종: 정당성과 한계」, 『NGO와 법의 지배』, 박영사, 2006.

김도훈·윤진영, 「국가 특수적 개념이 언론에 번역 소개되는 방식」, 《통번역교육연구》, 2014년 가을 제12권 3호

김선희, 「난민신청자의 권리에 관한 헌법적 검토」, 헌법재판연구원, 2015.

김민웅, 「국가보안법이 만든 대한민국 체제」, 『심리스릴러 다큐멘터리 게임의 전환 인터뷰 모음집』, 2020.

김윤홍, 「미국헌법상 표현의 자유 제한이론에 관한 일고찰 – 매시즈 판결에 나타난 러니드 핸드 판사의 선동기준을 중심으로」, 《세계헌법연구》 제20권 제2호, 세계헌법학회 한국학회, 2014.

김정인, 「학문의 자유와 국가보안법」, 『국가보안법의 야만성과 반학문성』, 도서출판 선인, 2010.

김종서, 「한국사회의 이해와 학문의 자유」, 《민주법학》 8호, 관악사, 1994.

김현귀, 『표현의 자유와 혐오표현규제』, 헌법재판연구원, 2016.

대한민국정부, 「2018~2022 제3차 국가인권정책 기본계획」, 2018.

동서독기본조약에 대한 독일 연방헌법재판소 판결 전문, 『통일과 헌법재판 1』, 헌법재판연구원, 2016.

류성진, 「헌법재판에서 국제인권조약의 원용가능성」, 《아주법학》 제7권 제1호,

2013.

민주사회를 위한 변호사모임, 한총련의 합법적 활동보장을 위한 범사회인대책위
　원회 법률지원단, 「2002 한총련을 위한 변론」, 2002,

박명림, 「전쟁과 인민: 통합과 분화와 학살」, 《아시아문화》 16호, 2000.

박진완, 「유럽연합의 기본권으로서 인간의 존엄의 보장에 대한 검토」, 《공법연구》
　제35집 제3호, 한국공법학회, 2007. 2.

백운선, 「제헌국회 소장파의 활동과 역사적 재평가」, 《역사비평》 가을호(통권 24
　호), 1993.

법무부, 이재정 의원실 제출 국가보안법 현황 답변자료, 2020. 3.

민주화실천가족운동협의회a, 「한총련 수배자 인권실태」, 2003.

민주화실천가족운동협의회b, 『국가보안법 적용상에서 나타난 인권실태』, 2003년
　도 국가인권위원회 연구용역보고서, 2004.

사법정책연구원, 「법원의 국제인권조약 적용 현황과 과제」, 2020.

서중석, 「이승만과 여순사건」, 《역사비평》 86호, 2009.

서철원, 「국제인권시스템 현황에 관한 연구」, 국가인권위원회 연구용역 보고서,
　2013

손상식, 「평등권의 침해 여부에 대한 심사기준」, 헌법재판연구원, 2013.

손제연, 「인간존엄 존중 규범의 정당화」, 《법철학연구》 제23권 제1호, 한국법철학
　회, 세창출판사, 2020.

수원지방법원 2011고단5396, 2012고단6180(병합) 국가보안법위반(찬양·고무
　등) 등 사건 제13회 공판조서 중 이필영 증인신문조서.

신윤진, 「국제인권규범과 헌법 : 통합적 관계 구성을 위한 이론적·실천적 고찰」,
　《서울대학교 법학》 제61권 제1호, 2020.

신현직, 「합헌적 법률해석과 변형결정의 문제점」, 『헌법재판의 이론과 실제 – 금랑
　김철수 교수 화갑기념 논문집』, 박영사, 1993.

오동석, 「강정구사건을 통해 본 학문의 자유와 국가보안법」, 강정구 편저, 『국가보
　안법의 야만성과 반학문성』, 도서출판 선인, 2010.

외교부, 『2019 외교백서』, 2019.

이동민, 「영미법상 판례변경의 법리 – 법원칙 모델을 중심으로」, 서울대학교 박사학위 논문, 2012.

이명웅, 「국제인권법의 국내법적 효력 – 헌법과의 관계 및 헌법재판에서의 법원성」, 국제인권법의 국내이행에 있어 문제점 및 대안 국가인권위원회 심포지엄, 2004.

이상수, 「헌법재판소 결정문을 통해서 본 인간존엄의 의미 – 존엄개념의 과용과 남용」, 《서강법률논총》 제8권 제1호, 2019.

이석민, 『예술의 자유에 대한 헌법적 검토』, 헌법재판연구원, 2018.

이주영·백범석, 「국제인권법상 피해자의 권리와 피해자 중심적 접근(victim-centered approach)」, 《국제법학회논총》 제63권 제1호, 2018.

임지봉a, 「명백·현존하는 위험의 원칙과 표현의 자유」, 《공법연구》 제34집 제4호 제1권, 2006.

임지봉b, 「미국 헌법상 결사의 자유」, 《미국헌법연구》 제23권 제1호, 사단법인 미국헌법학회, 2012. 4.

전종익, 「헌법재판소의 국제인권조약 적용」, 《저스티스》 제170-2호, 2019.

정경수, 「한국 관련 개인통보사건과 시민적·정치적 권리규약 제19조」, 《서울국제법연구》 13권 제1호, 2006,

정광현, 「국제인권규약과 헌법상 기본권」, 《헌법재판연구》 제6권 제1호, 2019.

조기영, 「최근 주요 쟁점과 관련한 통신비밀보호법 개정방향」, 《형사법연구》 제26권 제4호, 한국형사법학회, 2014.

조재현, 「정치적 표현의 자유와 표현내용에 근거한 제한」, 《법학연구》 제19권 제4호, 연세대학교 법학연구원, 2009.

진실화해를위한과거사정리위원회, 「순천지역 여순사건」, 진실화해를위한과거사정리위원회 2008년 하반기 조사보고서 3권, 2009.

차수봉, 「인간존엄의 법사상적 고찰」, 《법학연구》 제16권 제2호(통권 제62호), 한국법학회, 2016.

최관호, 「이적동조죄의 불법성과 불복종」, 『민주법학』 제56호, 2014. 11.

최규환, 「인간존엄의 형량가능성」, 헌법재판소 헌법재판연구원 연구보고서, 2017.

한인섭, 「헌법수호자로서의 김병로 – 보안법 파동 및 경향신문 폐간에 대한 비평을 중심으로」, 《서울대학교 법학》 제56권 제2호, 2015. 2.

[외국서적(번역서)]

미셸린 이사이 지음, 조효제 옮김, 『세계인권사상사』, 도서출판 길, 2005.

베르너 마이호퍼 지음, 심재우·윤재왕 옮김, 『법치국가와 인간의 존엄』, 세창출판사, 2019.

앤서니 루이스 지음, 박지웅·이지은 옮김, 『우리가 싫어하는 생각을 위한 자유』, 간장, 2010.

존 스튜어트 밀 지음, 서병훈 옮김, 『자유론』, 책세상, 2005.

UN OHCHR 펴냄, 국제인권법연구회 번역, 『국제인권법과 사법』, 2014.

[국외 논문 및 보고서]

Bassiouni, M. Cherif. 「International Recognition of Victim's Rights」, 『Human Rights Law Review』 Vol.6 no.2, 2006.

Düwell, Marcus. 「Human Dignity and Human Rights」, 『Humiliation, Degradation, Dehumanization』, Vol. 24. Springer Science & Business Media, 2010.

Grover, Leena. 『UN human rights treaty bodies: law and legitimacy Vol. 1.』, Cambridge University Press, 2012.

Kanetake, Machiko. 「UN HUMAN RIGHTS TREATY MONITORING BODIES BEFORE DOMESTIC COURTS」, 『International & Comparative Law Quarterly』 Vol. 67 Issue 1, January 2018.

Kotzmann, Jane, and Cassandra Seery. 「Dignity in International Human Rights Law: Potential Applicability in Relation to. International Recognition of Animal Rights」, 『Mich. St. Int'l L. Rev.』 26 2017.

McCrudden, Christopher. 「Human dignity and judicial interpretation of human rights」, 『European Journal of international Law』 19.4, 2008.

Neuhäuser, Christian. 「Humiliation: The Collective Dimension」, 「Human Dignity and Human Rights」, 『Humiliation, Degradation, Dehumanization』, Vol. 24. Springer Science & Business Media, 2010.

Office of the United Nations High Commissioner for Human Rights (OHCHR), 『The Core International Human Rights Treaties』, United Nations Publications, 2006

Radačić, Ivana. 「Does International Human Rights Law Adequately Protect the Dignity of Women?」, 『Humiliation, Degradation, Dehumanization』, Vol. 24. Springer Science & Business Media, 2010.

[자유권규약위원회 문서]

(일반논평)

UN Human Rights Committee(HRC), CCPR General Comment No. 20: Article 7(Prohibition of Torture, or Other Cruel, Inhuman or Degrading Treatment or Punishment), 10 March 1992, CCPR/C/GC/20.

UN Human Rights Committee(HRC), CCPR General Comment No. 22: Article 18(Freedom of Thought, Conscience or Religion), 30 July 1993, CCPR/C/21/Rev.1/Add.4.

UN Human Rights Committee(HRC), General comment No. 31, The nature of the general legal obligation imposed on States Parties to the Covenant, 26 May 2004, CCPR/C/21/Rev.1/Add.13.

UN Human Rights Committee(HRC), General comment No. 34, Article 19, Freedoms of opinion and expression, 12 September 2011, CCPR/C/GC/34.

UN Human Rights Committee(HRC), General comment No. 37, Article 21, Right of peaceful assembly, 23 July 2020, CCPR/C/GC/37.

(최종견해 등)

UN Human Rights Committee(HRC), CONSIDERATION OF REPORTS SUBMITTED BY STATES PARTIES UNDER ARTICLE 40 OF THE COVENANT : INTERNATIONAL COVENANT ON CIVIL AND POLITICAL RIGHTS : COMMENTS OF THE HUMAN RIGHTS COMMITTEE : REPUBLIC OF KOREA, 25 September 1992, CCPR/C/79/Add.6.

UN Human Rights Committee(HRC), UN Human Rights Committee: Concluding Observations: Republic of Korea, 1 November 1999, CCPR/C/79/Add.114.

UN Human Rights Committee(HRC), Consideration of reports submitted by States parties under article 40 of the Covenant : International Covenant on Civil and Political Rights : concluding observations of the Human Rights Committee : Republic of Korea, 28 November 2006, CCPR/C/KOR/CO/3.

UN Human Rights Committee(HRC), Concluding observations on the fourth periodic report of the Republic of Korea, 2015, CCPR/C/KOR/CO/4.

(개인진정에 대한 결정)

Tae Hoon Park v. Republic of Korea, CCPR/C/64/D/628/1995, UN Human Rights Committee (HRC), 3 November 1998.

Keun-Tae Kim v. Republic of Korea, CCPR/C/64/D/574/1994, UN Human Rights Committee (HRC), 4 January 1999.

Shin v. Republic of Korea, CCPR/C/64/D/628/1995, UN Human Rights

Committee (HRC), 16 March 2004.

Jeong-Eun Lee v. Republic of Korea, CCPR/C/84/D/1119/2002, UN Human Rights Committee (HRC), July 2005.

[사회권규약위원회 문서]

(일반논평)

UN Committee on Economic, Social and Cultural Rights(CESCR), General comment no. 21, Right of everyone to take part in cultural life(art. 15, para. 1 (a) of the Covenant on Economic, Social and Cultural Rights), 21 December 2009, E/C.12/GC/21.

UN Committee on Economic, Social and Cultural Rights(CESCR), UN Committee on Economic, Social and Cultural Rights: Concluding Observations, Republic of Korea, 21 May 2001, E/C.12/1/Add.59.

[고문방지위원회 문서]

(일반논평)

UN Committee Against Torture(CAT), General Comment No. 2: Implementation of Article 2 by States Parties, 24 January 2008, CAT/C/GC/2.

UN Committee Against Torture(CAT), General comment No. 3, implementation of article 14 by States parties, 13 December 2012, CAT/C/GC/3

(최종견해 등)

UN Committee Against Torture(CAT), Consideration of reports submitted by States parties under article 19 of the Convention, A/52/44.

UN Committee Against Torture(CAT), Conclusions and recommendations of the Committee against Torture : Republic of Korea, 25 July 2006, CAT/C/KOR/CO/2.

UN Committee Against Torture(CAT), Concluding observations on the combined third to fifth periodic reports of the Republic of Korea, 30 May 2017, CAT/C/KOR/CO/3-5.

[유엔 인권이사회 문서]

(UPR 보고서)

UN Human Rights Council, Report of the Working Group on the Universal Periodic Review - Republic of Korea, 29 May 2008, A/HRC/8/40.

UN Human Rights Council, Report of the Working Group on the Universal Periodic Review : Republic of Korea, 12 December 2012, A/HRC/22/10.

UN Human Rights Council, Report of the Working Group on the Universal Periodic Review : Republic of Korea, 27 December 2012, A/HRC/37/11.

(특별보고관 보고서)

UN Commission on Human Rights, Report on the mission to the Republic of Korea of the Special Rapporteur on the promotion and protection of the right to freedom of opinion and expression, Mr. Abid Hussain, submitted pursuant to Commission on Human Rights resolution 1993/45, E/CN.4/1996/39/Add.1.

UN Human Rights Council, Report of the Special Rapporteur on the Promotion and Protection of the Right to Freedom of Opinion and Expression : Addendum, Mission to Republic of Korea, 21 March

2011, A/HRC/17/27/Add.2.

UN Human Rights Council, Report of the Special Rapporteur on the rights to freedom of peaceful assembly and of association on his mission to the Republic of Korea, 17 November 2016, A/HRC/32/36/Add.2.

Human Rights Council, Promotion and protection of all human rights, civil, political, economic, social and cultural rights, including the right to development : report of the Special Rapporteur on Torture and Other Cruel, Inhuman or Degrading Treatment or Punishment, Manfred Nowak, 15 January 2008, A/HRC/7/3.

UN Human Rights Council, Report of the Special Rapporteur on torture and other cruel, inhuman or degrading treatment or punishment, Addendum : Study on the phenomena of torture, cruel, inhuman or degrading treatment or punishment in the world, including an assessment of conditions of detention, 5 February 2010, A/HRC/13/39/Add.5.

[유엔 총회 문서]

UN General Assembly, Basic Principles and Guidelines on the Right to a Remedy and Reparation for Victims of Gross Violations of International Human Rights Law and Serious Violations of International Humanitarian Law : resolution / adopted by the General Assembly, 21 March 2006, A/RES/60/147.

UN General Assembly, Declaration on the Protection of All Persons from Being Subjected to Torture and Other Cruel, Inhuman or Degrading Treatment or Punishment, 9 December 1975, A/RES/3452(XXX).

UN General Assembly, Report of the Special Rapporteur on minority issues, 28 January 2016, A/HRC/31/56.

UN General Assembly, Vienna Declaration and Programme of Action, 12 July 1993, A/CONF.157/23.

[유엔 국제인권문서-기타]

Article 19, 『The Johannesburg Principles on National Security, Freedom of Expression and Access to Information』, International Standards Series, 1 October 1995.

Declaration on the Right to Peace, A/RES/71/189, 2017. 12. 19. Resolution adopted by the General Assembly.

United Nations Resolution 195(Ⅲ)

UN Office of the High Commissioner for Human Rights(OHCHR), Fact Sheet No. 33, Frequently Asked Questions on Economic, Social and Cultural Rights, December 2008.

United Nations Mission in South Sudan(UNMISS) Office of the United Nations High Commissioner for Human Rights(OHCHR), REPORT ON THE RIGHT TO FREEDOM OF OPINION. AND EXPRESSION IN SOUTH SUDAN. SINCE THE JULY 2016 CRISIS, 22 February 2018, 9.

UN Commission on Human Rights, The Siracusa Principles on the Limitation and Derogation Provisions in the International Covenant on Civil and Political Rights, 28 September 1984, E/CN.4/1985/4, para. 29-32.

2000년 제78호 EU지침(COUNCIL DIRECTIVE 2000/78/EC of 27 November 2000 establishing a general framework for equal treatment in employment and occupation)

[남북합의문]

통일부 통일교육원, 『2020 통일문제 이해』
  - 7.4 남북공동성명(1972)
  - 남북사이의 화해와 불가침 및 교류 협력에 관한 합의서(1991)
  - 한반도 비핵화 공동선언(1992)
  - 6.15 남북공동선언(2000)
  - 남북관계 발전과 평화번영을 위한 선언(10.4 선언)(2007)
한반도의 평화와 번영, 통일을 위한 판문점선언(판문점선언)(2018)
평양공동선언(2018)
판문점선언 군사분야 이행합의서(2018)
개성공업지구와 금강산관광지구 출입 및 체류에 관한 합의서
55주년 광복절 경축식 대통령 연설문
72주년 광복절 경축사

[국회 속기록]

제헌국회 제1회 제99차 본회의(1948. 11. 9.)
제헌국회 제1회 제105차 본회의(1948. 11. 16.)
제헌국회 제1회 제108차 본회의(1948. 11. 19.)
제헌국회 제1회 제109차 본회의(1948. 11. 20.)
제헌국회 제5회 제56차 본회의(1949. 12. 2.)
2대국회 제16회 제19차 본회의(1953. 7. 8.)

[법률안]

2004. 10. 20. 최용규 의원 등 150인 발의 국가보안법 폐지법률안
2004. 10. 21. 노회찬 의원 등 10인 발의 국가보안법 폐지법률안

2005. 4. 14. 장윤석 의원 등 111인 발의 국가보안법 일부개정법률안

2020. 10. 22. 이규민 의원 등 15인 발의 국가보안법 일부개정법률안

[언론 보도]

경기신문, 2020. 10. 15.,「김용민 의원 "공무원들의 국가보안법 포상금 잔치…사건 조작해도 환수 안해"」

경향신문, 2005. 4. 1.,「최장집 교수 · 소설 태백산맥 국보법 위반 무혐의」

경향신문, 2014. 4. 5.,「평범하게 살고 싶다, 이제 나를 놓아주라」

국민일보, 2005. 8. 6.,「SBS드라마 '장길산' 비화…95년 안기부 압력에 무기한 제작중단」

머니투데이, 2010. 1. 29.,「검 '북 로켓발사 축하글' 신해철 무혐의 처분」

머니투데이, 2019. 8. 26.,「[단독] 국정원, 文대통령 뜻 거역한 민간인사찰 이어왔다」

법률신문, 2009. 10. 28.,「법원 '패킷감청' 영장발부 신중해야」

성남피플, 2020. 6. 3.,「시 낭송극 '남누리 북누리', 국가보안법 고발사건 각하 결정」

시사IN, 2009. 9. 21.,「그놈 목소리 그리고 또 다른 그놈 목소리」

씨네21, 2015. 11. 4.,「"〈공동경비구역 JSA〉 없었다면 지금과는 다른 인생 됐을 것", 박찬욱 감독 인터뷰」

아시아경제, 2019. 11. 6.,「'김일성 배지' 논란에 보수단체, 은수미 성남시장 '국가보안법 위반' 고발」

연합뉴스, 2003. 1. 10.,「"김준배 사건 무혐의 결론 '실망'"」

연합뉴스, 2020. 6. 4.,「자유연대, 문재인 대통령 국가보안법 위반 고발…"이적성 발언"」

오마이뉴스, 2002. 7. 9.,「경찰 피하려다 사망한 김준배, 의문사진상委, '민주화운동' 인정」

오마이뉴스, 2008. 8. 24.,「이 그림에서 '김일성 생가' 찾아보세요 [세상을 바꾼

예술작품들 22] 법정에서만 전시되는 그림, 신학철 '모내기'」

오마이뉴스, 2010. 2. 1., 「신해철 "국보법 무혐의 유감"」

오마이뉴스. 2020. 7. 22., 「언론사 사이트에서 받은 북한 노래, 국보법 위반이라니」

중앙일보, 2019. 9. 16., 「[사진] 홍대 앞 주점에 인공기, 김일성 부자 사진」

중앙일보, 2020. 1. 22., 「"북 미화·선동"… 드라마 '사랑의 불시착', 국보법위반 고발당해」

한겨레21, 1998. 12. 31., 「영남위 사건 '냄새'가 난다」

한겨레, 1999. 4. 13., 「마구잡이 보안법 수사…특진 - 포상제가 부채질」

한겨레, 2005. 10. 11., 「"미·소 개입 안 했으면 여운형 집권했을 것" - [전격인터뷰] "6·25는 통일전쟁" 강정구 교수 심경 토로」

한겨레, 2012. 8. 25., 「딸과 우쿨렐레 치던 순한 그는 왜 투신자살을 했나」

한겨레, 2014. 4. 3., 「[단독] 국정원 증거조작 논란 거센데…보안법수사 포상금은 3배 급증」

한겨레, 2005. 1. 3., 「'태백산맥', 이적표현물이면서 권장도서?」

한겨레, 2016. 12. 27., 「국가보안법 위반 신고 포상 4배 올려」

한겨레, 2019. 6. 16., 「[단독] 기무사, 촛불집회 엮어서 간첩 사건 기획했다」

헤럴드경제, 2020. 8. 9., 「[단독] 논란의 홍대앞 '평양술집' 폐업 "'조국' 끝나니 코로나 남북경색"」

KBS, 2014. 9. 30., 「검찰 '국가보안법 위반 고발' 정대세 무혐의」

CNN, July 4, 2012, Paula Hancocks, 「South Korean 'joke' may lead to prison」